KB126128

일제의 조선관습조사 자료 해제 III

조선총독부 중추원 관련 자료

A collection of Data Interpretation relating to custom investigation on Choson(朝鮮) by Japanese imperialism 3

Material Documents of Jungchuwon (the Governor-General's Secretariat) in Choson Chongdokbu (The Government General of Choson)

Choe Won kyu, Kim Kyeong Nam, Ryu Ji A, Won Jae Young

이 저서는 2011년 정부(교육부)의 재원으로 한국학중앙연구원(한국학진흥사업단)의 지원을 받아 수행된 연구임(AKS-2011-EBZ-3107)

일제의 조선관습조사 자료 해제 Ⅲ

조선총독부 중추원 관련 자료

최원규 / 김경남 / 류지아 / 원재영 편

혜안

서언

　일제는 조선 관습조사사업(1906~1938)을 추진하면서 한국사회의 전통과 관습을 일본식으로 크게 왜곡했을 뿐만 아니라 일제의 식민지기 법제의 제정에 기초자료로 활용하였다. 본 연구팀은 근대시기 한국인의 법 생활과 법 의식의 원형을 복원하기 위하여 일제의 관습조사 보고서류를 종합적으로 수집, 분류, 정리하는 것을 목표로 삼았다.

　본 연구팀은 2011년부터 3년 동안(2011.12.1.~2014.11.30.) 『일제의 조선관습자료 해제와 DB화 작업』 연구과제로 한국학중앙연구원에서 지원을 받았다. 제1~3차년도 연구는 1906년부터 1938년까지 일제가 한국을 침략하면서 생산한 한국인의 각종 관습, 민속, 제도, 일상 생활 등에 관한 자료들을 종합적으로 조사, 수집, 정리하였다. 이 자료 중에서 핵심 자료를 대상으로 DB 구축, 해제, 자료 복사 및 디지털화를 단계별로 수행하였다. 본 사업은 크게 <조사·분류·정리>, <해제·역주>, <기초자료 및 자료집 간행> 분야로 진행되었는데, 다음 4부분으로 나누어 진행되었다.

　첫째, 관습조사자료 약 7,700여 책 중에서 약 3,850책을 전수 조사하고 이 중에서 핵심적인 관습조사자료를 선별하여 목록 DB에 등재하였다. 제1차 년도에는 국사편찬위원회와 수원박물관 소장 자료를 중심으로 등재하고 국립중앙도서관 및 일본의 도쿄 지역 대학도서관에 소장된 자료를 정리하였다. 제2차 년도에서 미국 하와이 대학 등 추가 조사 및 기존 목록 수정 작업을 수행했다. 최근 기록학 연구 방법에 따라 최종 목록 DB를 구축한 것은 2,784책이다.

　둘째, 부동산법조사회 및 법전조사국의 생산기록물 중에서 700책을 대상으로 해제작업을 수행하였다. 현재 관습조사자료들이 관련 학계에서 잘 활용되지 못하는 이유로 해당 자료의 사료적 성격이 제대로 소개되지 못한 측면이 있다는 점을 감안하여 부동산법조사회 기록물, 법전조사국 생산 기록물 중에서 부동산, 친족, 상속 등에 관한 자료를 중심으로 해제 작업을 수행하였다. 기본정보, 내용정보, 가치정보 등으로 나누어 상세하게 해제하였다.

　셋째, 관습조사자료들 중에서 실지조사서, 특별조사서, 풍속조사서, 제도조사서 등을 중심으로 700책에 대한 복사 및 디지털화 작업을 수행하였다. 본 연구팀의 목표는 관련

연구자들이 손쉽게 관습조사자료에 접근할 수 있도록 관련 시스템 등을 구축하는 데 있었다. 이 중에서 가치가 높은 주요 자료를 선별하여 별도로 원문 자료 DB와 영인본 작업을 수행하였다.

넷째, 본 관습조사자료의 대부분이 해당 연구자조차도 해독하기 어려운 초서로 작성된 것이 많았다. 이에 따라 본 연구팀에서는 핵심 자료를 선별하여 탈초 작업을 수행하고 색인어 추출에 필요한 기초작업을 수행하였다. 탈초 대상은 부동산법조사회와 법전조사국에서 생산한 입법 관련 자료 및 핵심적인 관습조사자료 중에서 약 6만여 자를 탈초하였으며, 탈초 색인서 1권으로 정리하였으나 사정상 간행하지는 않았다.

본 연구팀의 활동은 원래 한국역사연구회 토지대장 연구반에서 기획되었다. 이 작업에는 연구책임자 왕현종을 비롯하여 일반공동연구원으로 이영학, 최원규, 김경남, 한동민, 마리킴과 전임연구원으로 이승일, 원재영, 그리고 연구보조원으로 이상순, 이순용, 채관식, 류지아, 김성국, 김달님, 이예슬, 함승연, 최서윤, 황외정, 전소영, 하영건, 유지형 등 대학원 및 학부생이 참여하였다. 이외에도 정용서, 심철기, 요시카와 아야코(吉川絢子) 등이 도왔다.

본 연구의 협조기관으로는 수원박물관, 국사편찬위원회, 서울대학교 규장각한국학연구원, 연세대학교 학술정보원 한국학자료실, 고려대학교 학술정보원, 한국학중앙연구원 장서각도서관, 국립중앙도서관, 국회도서관, 일본 호세이(法政) 대학 도서관, 호세이 대학 이치가야 캠퍼스 도서관 귀중서고 및 현대법연구소, 교토(京都) 대학 도서관, 가쿠슈인(學習院) 대학 동양문화연구소(東洋文化研究所, 友邦文庫), 도쿄 게이자이 대학 도서관(四方博文庫, 櫻井義之文庫), 도쿄(東京) 대학 도서관, 게이오(慶應義塾) 대학 후쿠자와 연구센터, 와세다(早稻田) 대학 도서관, 일본 국립국회도서관, 오사카 시립대학 학술정보센터, 미국 하버드 대학 하버드옌칭연구소 도서관, 하와이 대학 해밀턴 도서관, UCLA, USC 도서관 등이었다. 지난 3년 동안 번거로운 방문과 열람 요청에도 조선 관습조사에 관한 귀중한 자료를 열람, 복사, 활용하게 해 주신 여러 관련 기관에 감사를 드린다. 또한 어려운 여건에도 불구하고 원고 자료를 잘 정리하여 편찬해 주신 오일주 사장님 이하 혜안출판사 여러분께 감사의 말씀을 드린다.

앞으로 이번 일제의 조선 관습조사에 대한 기초연구로 모아진 자료와 DB화 작업을 계기로 하여 향후 공동연구로 이어져 조선의 독자적인 관습의 재발견과 더불어 일제의 식민지 연구 및 법사학·민속학·사회학·경제학 등 근대한국학의 연계학문간 활발한 토론과 교류를 기대해 본다.

2016년 11월 30일 공동연구팀이 쓰다

일러두기

1. 이 책은『일제의 조선 관습조사 자료 해제 I -부동산법조사회·법전조사국 관련 자료-』과 『일제의 조선 관습조사 자료 해제Ⅱ-법전조사국 특별조사서·중추원 관련 자료-』와 『일제의 조선 관습조사 자료 해제Ⅲ-조선총독부 중추원 관련 자료-』으로 이루어져 있다.

2. 각 책별 관습조사 자료 번호는 "①-②-③-④-(제목)"으로 표기되어 있는데, 첫 번째(①)는 제1~3책으로 해제 책의 권수를 말하며, 두 번째(②)는 해당 기관의 기호 "1=부동산법조사회, 2=법전조사국, 3=조선총독부 중추원" 등이며, 세 번째(③)는 주제 분류이다. 네 번째(④)는 자료의 수록 순서를 가리킨다. 예컨대 " I -1-1-01 한국부동산에 관한 조사기록"은 "해제집 I 권-부동산법조사회-일반민사-첫 번 문서"를 가리킨다.

3. 이 책에 수록된 자료의 주제 분류 기준 번호는 다음과 같다.

분류번호	분류내용	관련 사항
1	일반 민사	일반 민사 관습 사항
2	민사(친족)	친족, 상속, 유언
3	민사(혼인)	혼인
4	제도조사	국제, 구역, 관직, 관원, 향약 제도 등
5	구관조사	구관습조사, 노비, 호적 등
6	법규	이조법전고, 경국대전, 이조 법전 등 등
7	풍속, 제사, 위생	관혼상제, 의식주, 미신, 오락, 유희 등
8	물권, 채권, 상사	종교 등 기타 사항 포함
9	왕실자료	종묘연혁, 왕가혼례, 황족 소송 등

4. 해제의 구성은 먼저 원자료 관련 설명 박스로 원문 첫장, 관리기호/기록번호/자료명/작성자/생산기관/생산연도/지역/언어/분량/소장기관/키워드 등으로 되어 있다. 인명은 한국인 및 일본인 모두 한자로 표기한다.

Ⅰ-1-1-01. 한국부동산에 관한 조사기록

	관리기호	기록번호	자료명	
	朝21-B21	-	韓國不動産ニ關スル調査記錄	
	작성자	생산기관	생산 연도	
	中山成太郎, 川崎萬藏	부동산법조사회	1906년 8월	
	지역	언어	분량	소장기관
	-	일본어	93면	국립중앙도서관
	키워드	부동산법조사회, 조사자, 토지소유권제도, 부동산관련 조사사항		

5. 본문 내용 해제는 [기본정보], [세부목차], [내용정보], [가치정보]로 구성되어 있다. 단 세부목차가 없는 경우도 있다.

6. 본문의 문서 표기는 『 』(책 표시), ' '(문서표시), < >(법령표시) 등으로 표기하였다. 문장을 인용할 때는 " "으로 표기하고, 중요 단어나 어절의 경우 ' '으로 표기하였다. 원문 제목을 풀어썼을 경우 [원제]를 추가하였다.

7. 본문 서술의 용례로는 인명은 한글(한자), 일본인 인명 발음(한자) 표기를 원칙으로 하였으며, 연도 표시는 한국과 관련되면 '1909년(융희 3)', 일본과 관련되면 '1909년(명치 42)' 등으로 표시하였다. 책의 이름이 처음 등장한 것은 가급적 한글(한자)로 표기하고 계속해서 반복해서 나오는 것은 한글로만 표기하였다. 지명일 경우 현대 외국어 표기에 따랐다.

8. 원 자료의 쪽수 표시는 한쪽이나 양쪽 면일 경우 '면'으로 표시하는 것을 원칙으로 하였다.

9. 해제 작성자는 초고본 및 수정 과정에서 공동으로 맡았기 때문에 별도로 표기하지 않았다.

목 차

서언 5

Ⅰ. 자료해설 • 17

조선총독부 중추원 구관조사개관 ·· 19

Ⅱ. 조선총독부 중추원 관련자료 • 23

1. 조선총독부 중추원 관련자료 개관 ·· 25

2. 조선총독부 중추원 관련자료 해제 ·· 27

1) 민사(친족)에 관한 자료 ··· 27

Ⅲ-3-2-01. 가족범위가속가구 ·· 27

Ⅲ-3-2-02. (대정 6년도) 계친자급적모서자 관계 ················· 28

Ⅲ-3-2-03. (소화 4년도) 친족회종류 및 성문별에 관한 건 ·· 30

Ⅲ-3-2-04. 종약소에 관한 사항 ·· 31

Ⅲ-3-2-05. 조선의 성 ··· 32

Ⅲ-3-2-06. 노비·전택·기타의 재산에 관한 상속제도관습 ····· 33

Ⅲ-3-2-07. 명에 관한 기술원고(초고) ····································· 35

Ⅲ-3-2-08. 명에 관한 조사서 ·· 36

Ⅲ-3-2-09. 명명에 관한 조사서 ··· 37

Ⅲ-3-2-10. 성명에 관한 자료 ·· 39

Ⅲ-3-2-11. 성명에 관한 초고 2호 ·· 40

Ⅲ-3-2-12. 성명 및 관 ··· 42

Ⅲ-3-2-13. 성에 관한 자료 ·· 43

Ⅲ-3-2-14. 이연에 관한 자료 ·· 44

Ⅲ-3-2-15. 첩의 취려의 가부에 관한 건 ·· 46

Ⅲ-3-2-16. 문중 및 종중에 관한 자료 ·· 47

Ⅲ-3-2-17. 상속에 관한 사항 ··· 48

Ⅲ-3-2-18. 수양자·시양자·차양자·양자에 관한 자료 ································· 49

Ⅲ-3-2-19. 양자에 관한 자료 ··· 52

Ⅲ-3-2-20. 양자연조에 관한 법문발췌 ··· 54

Ⅲ-3-2-21. 유언에 관한 자료 ··· 56

Ⅲ-3-2-22. 자 인식 및 부인(否認)에 관한 자료(원본) ······························· 58

Ⅲ-3-2-23. 재산상속에 관한 자료 ··· 59

Ⅲ-3-2-24. 절가재흥에 관한 자료 ··· 60

Ⅲ-3-2-25. 종법에 관한 자료 ··· 61

Ⅲ-3-2-26. 종중·문중에 관한 자료 ·· 62

Ⅲ-3-2-27. 친자에 관한 자료 ··· 63

Ⅲ-3-2-28. 친족상속편찬자료항목 ··· 64

Ⅲ-3-2-29. 친족의 종류와 친등에 관한 자료 ··· 65

Ⅲ-3-2-30. 타가상속 폐가절가 폐절가재흥 ··· 67

Ⅲ-3-2-31. 법외계후등록 ··· 68

Ⅲ-3-2-32. 은거에 관한 자료 ··· 70

Ⅲ-3-2-33. 성명급관 일 ··· 72

Ⅲ-3-2-34. 양자에 관한 자료 원본 ·· 75

Ⅲ-3-2-35. 성명에 관하여 참고하는 제서에서 발췌한 자료 ························ 77

2) 민사(혼인)에 관한 자료 ··· 79

Ⅲ-3-3-01. 보통인 혼례 ··· 79

Ⅲ-3-3-02. 혼례 ··· 81

Ⅲ-3-3-03. 혼인 ··· 82

Ⅲ-3-3-04. 혼인에 관한 자료원본 ·· 83

Ⅲ-3-3-05. (특종) 혼인원본 ··· 84

Ⅲ-3-3-06. 관례, 계례에 관한 조사보고서 ·· 85

Ⅲ-3-3-07. 남녀상호 신분관계에 의한 혼인의 제한 ·································· 86

Ⅲ-3-3-08. 혹 사정이 있는 남녀에 대한 혼인의 제한 ······························ 88

Ⅲ-3-3-09. 특정한 신분에 대한 혼인의 제한(원본) ··································· 90

Ⅲ-3-3-10. 혼인 ··· 92

Ⅲ-3-3-11. 혼인에 관한 자료 ··· 93

Ⅲ-3-3-12. 혼인의 무효에 관한 자료 ··· 94

Ⅲ-3-3-13. 혼인의 실질상 요건에 관한 자료 ··· 96

Ⅲ-3-3-14. 혼인의 제한에 관한 자료 ··· 97

Ⅲ-3-3-15. 혼인의 제한자료 3-부마의 의의 ·· 98

III-3-3-16. 혼인의 형식상 요건에 관한 자료 ································· 99

3) 제도조사 ·· 101

III-3-4-01. 제도조사항목 ··· 101
III-3-4-02. 조사자료서목 ··· 102
III-3-4-03. 조사사항철 ··· 104
III-3-4-04. 조선 구시의 사회사업 일반 ································ 105
III-3-4-05. 민적예규 ·· 106
III-3-4-06. 조선지방적 조세과징에 관한 조사 ·························· 107
III-3-4-07. 조선의 부곡에 대하여 ····································· 110
III-3-4-08. 제18호-5 민사소송기록 ··································· 112
III-3-4-09. 조선의 사법제도 ·· 113
III-3-4-10. 소송에 대한 참고문기 ····································· 115
III-3-4-11. (군병) 훈련도감의 군향보는 납미하고 포수보 ·············· 116
III-3-4-12. 노비에 관한 자료 ··· 117
III-3-4-13. 전라도 고금도 등 4진 이폐절목 ···························· 119
III-3-4-14. 조선호적령사안 ··· 120
III-3-4-15. 조세징수법의 2대 계통 ···································· 122
III-3-4-16. 한국시대의 제제도 개요 ···································· 123
III-3-4-17. 호적 호패에 관한 자료 ···································· 124
III-3-4-18. 호조공물 ·· 127
III-3-4-19. 노비에 관한 자료 ··· 128
III-3-4-20. 조선백정조사록 ··· 129
III-3-4-21. 민사판결철 ··· 131
III-3-4-22. 관습에 관한 조회 회답철 ·································· 132
III-3-4-23. 관습에 관한 조회 회답철 ·································· 134
III-3-4-24. 고등토지조사위원회사무보고서 ····························· 135
III-3-4-25. 입회(조사보고 함흥지방) ·································· 136
III-3-4-26. 관개조사 ·· 137
III-3-4-27. 소작관례 및 역둔도에 관한 조사서 ························ 140
III-3-4-28. 조선의 소작관습 ·· 142
III-3-4-29. 조선의 소작관행(상, 하) ·································· 144
III-3-4-30. 소작에 관한 관습 ··· 150
III-3-4-31. (서산) 팔봉면 진장리 추수기 ······························ 153
III-3-4-32. 개간소작자료 ··· 154
III-3-4-33. 궁장토 ·· 155
III-3-4-34. 입안과 입지의 성질 및 구별 ······························ 157
III-3-4-35. 조선의 부역연혁략 ·· 159

Ⅲ-3-4-36. 토지에 관한 건 ··· 161

Ⅲ-3-4-37. 토지에 관한 건 ··· 162

Ⅲ-3-4-38. (명문) 함풍10년 6월 초7일 김명실전명문 등 ················ 163

Ⅲ-3-4-39. 궁방전 ··· 164

Ⅲ-3-4-40. 동치 사년 정월일 함경도 삼갑 각진보 갑자조 방포년종성책 ··· 166

Ⅲ-3-4-41. 양안에서 자연인 이외의 소유자 ···································· 167

Ⅲ-3-4-42. 수리에 관한 구관 ·· 170

Ⅲ-3-4-43. 입안과 입지의 성질 및 구별 ··· 172

Ⅲ-3-4-44. 조선전토명칭고 ··· 173

Ⅲ-3-4-45. 조세징수의 방식에 관한 자료 ·· 175

Ⅲ-3-4-46. 지세에 관한 조사 ·· 177

Ⅲ-3-4-47. 허여문기 ··· 180

Ⅲ-3-4-48. 화리매매자료 ·· 181

Ⅲ-3-4-49. 화리매매자료(호적 호패에 관한 자료의 460~503 부분) ··· 183

Ⅲ-3-4-50. 전택에 관한 자료 ·· 185

Ⅲ-3-4-51. 역둔토조사 ··· 188

Ⅲ-3-4-52. 제위토에 관한 자료 ·· 191

Ⅲ-3-4-53. 제위토에 관한 자료 ·· 193

Ⅲ-3-4-54. 사환미제도 ··· 195

4) 구관조사에 관한 자료 ·· 198

Ⅲ-3-5-01. 명치45년 이후 휘보게재 조선구관에 관한 회답 ············ 198

Ⅲ-3-5-02. 관습에 관한 조회회답철(1927~29) ····························· 199

Ⅲ-3-5-03. 민사관습회답휘집 ··· 200

Ⅲ-3-5-04. 민사 및 상사에 관한 특별조사 ···································· 213

Ⅲ-3-5-05. 압록강 하류 국강조사복명서 제2편 문서조사 ·············· 214

Ⅲ-3-5-06. 압록강 하류 국강조사복명서 제1편 실지조사 ·············· 215

Ⅲ-3-5-07. (구관조사)복명서 ··· 216

Ⅲ-3-5-08. (구관조사)복명서 ··· 218

Ⅲ-3-5-09. (원산 등) 시찰 및 조사사항 출장복명서 ····················· 220

Ⅲ-3-5-10. 보고서 ·· 221

Ⅲ-3-5-11. 구관제도조사 ··· 223

Ⅲ-3-5-12. 구관제도조사 ··· 225

Ⅲ-3-5-13. 지방제도조사[전주·광주·목포·군산] ····························· 227

Ⅲ-3-5-14. 출장조사보고서 ·· 229

Ⅲ-3-5-15. 지방제도조사[경주·울산·동래] ····································· 231

Ⅲ-3-5-16. 관습조사 ··· 233

Ⅲ-3-5-17. 복명서 ·· 234

Ⅲ-3-5-18. 제일, 자문기관 개혁에 관한 의견 ··· 236

Ⅲ-3-5-19. 중추원개혁에 관한 의견서 ··· 238

Ⅲ-3-5-20. 조선구관제도 조사사업개요 원고(소화 12년 12월) ··························· 240

Ⅲ-3-5-21. 조선구관제도조사사업개요 ·· 246

Ⅲ-3-5-22. 사무일지 ··· 251

Ⅲ-3-5-23. 백두산을 중심으로 한 자원조사에 관한 건 ······································· 252

Ⅲ-3-5-24. 경상남도조사보고서 ·· 253

Ⅲ-3-5-25. 관습 급 제도조사 연혁 기고 상황 ·· 254

Ⅲ-3-5-26. 금강산 보승조사 상원촉탁 구두복명개요 ·· 255

Ⅲ-3-5-27. 4-내3 경주 ·· 256

Ⅲ-3-5-28. 이조직원 ··· 257

Ⅲ-3-5-29. 일본공사취직연월 ··· 258

Ⅲ-3-5-30. 제1회 간사회 금강산풍경계획안 ··· 259

Ⅲ-3-5-31. 조사자료서목 ·· 260

Ⅲ-3-5-32. 조선구관 및 제도조사 연혁의 조사(제18책) ····································· 261

Ⅲ-3-5-33. 위원회(분과회) 서류 ··· 262

Ⅲ-3-5-34. 중추원 관제 개정에 관한 참고자료 ··· 264

Ⅲ-3-5-35. 출장조사보고서 ··· 265

5) 법규에 관한 자료 ··· 268

Ⅲ-3-6-01. 친족상속관계자료 : 이조실록 기타 ··· 268

Ⅲ-3-6-02. 토지에 관한 건 2(실록발췌) ·· 269

Ⅲ-3-6-03. 파양에 관한 자료(이조실록발췌) ·· 271

Ⅲ-3-6-04. 제사상속에 관한 자료(이조실록 발췌) ··· 273

Ⅲ-3-6-05. 이조법전고 ·· 275

Ⅲ-3-6-06. 경국대전 제정반포에 관한 사항 ··· 276

Ⅲ-3-6-07. 둔전(일성록) ··· 277

Ⅲ-3-6-08. 고문기 사(조선사료집진 발췌) ·· 280

Ⅲ-3-6-09. 장세조(실역총수에서 발초) ·· 281

Ⅲ-3-6-10. 제2책 이조최초의 법전 ·· 282

Ⅲ-3-6-11. 이조의 법전에 관한 자료 ·· 283

Ⅲ-3-6-12. 제사상속에 관한 자료(법외계후등록 발췌 부본) ······························ 285

Ⅲ-3-6-13. 제사(비국등록) ·· 287

6) 풍속, 제사, 위생에 관한 자료 ··· 289

Ⅲ-3-7-01. 조선지지방주가 ··· 289

Ⅲ-3-7-02. 온돌의 축조방법과 연료 ··· 290

Ⅲ-3-7-03. 조선동화집 ·· 292

Ⅲ-3-7-04. 조선의 미 ··· 294

Ⅲ-3-7-05. 조선의 재래농구 ··· 296

Ⅲ-3-7-06. 조선의 군중 ··· 297

Ⅲ-3-7-07. 조선리언집 ··· 298

Ⅲ-3-7-08. 조선의 복장 ··· 300

Ⅲ-3-7-09. 풍속조사[함흥·북청·이원] ···································· 301

Ⅲ-3-7-10. 조선의 무격 : 민간신앙 제3부 ··························· 302

Ⅲ-3-7-11. 색복과 단발 ··· 305

Ⅲ-3-7-12. 조선의 점복과 예언 ·· 306

Ⅲ-3-7-13. 조선의 유사종교 ·· 307

Ⅲ-3-7-14. 조선의 종교급신앙 ·· 309

Ⅲ-3-7-15. 미신 1 목차 ·· 310

Ⅲ-3-7-16. 미신 3 ··· 313

Ⅲ-3-7-17. 선, 좌승, 타구, 포(조선풍속자료집설) ················ 317

Ⅲ-3-7-18. 조선의 연중행사 ·· 318

Ⅲ-3-7-19. 조선의 향토신사. 제1부, 부락제 ························· 320

Ⅲ-3-7-20. 조선의 향토신사. 제2부, 석전, 기우, 안택 ·········· 321

Ⅲ-3-7-21. 조선의 향토오락 ·· 323

Ⅲ-3-7-22. 무 ··· 325

Ⅲ-3-7-23. 생활용품 ··· 326

Ⅲ-3-7-24. 신주의 체천에 관한 자료 ···································· 328

Ⅲ-3-7-25. 야담 ··· 329

Ⅲ-3-7-26. 온돌의 개조에 대하여 ··· 330

Ⅲ-3-7-27. 조선사회조사강목 ·· 331

Ⅲ-3-7-28. 차 ··· 332

Ⅲ-3-7-29. 풍속 ··· 334

Ⅲ-3-7-30. 풍속 ··· 335

Ⅲ-3-7-31. 풍속조사 ··· 336

Ⅲ-3-7-32. 풍속조사계획 ·· 337

Ⅲ-3-7-33. 풍속조사항목(1) ·· 338

Ⅲ-3-7-34. 풍속조사항목(2) ·· 339

Ⅲ-3-7-35. 풍속조사항목(3) ·· 340

Ⅲ-3-7-36. 풍속조사항목(4) ·· 341

Ⅲ-3-7-37. 풍수 ··· 342

Ⅲ-3-7-38. 풍수설 ··· 343

Ⅲ-3-7-39. 흉례 ··· 344

Ⅲ-3-7-40. 주거 ··· 345

Ⅲ-3-7-41. 주례 ··· 348

Ⅲ-3-7-42. 차, 여, 선에 관한 사항 ······································ 350

Ⅲ-3-7-43. 풍수설 ·· 352

Ⅲ-3-7-44. 민요 ·· 354

Ⅲ-3-7-45. 악 ··· 357

Ⅲ-3-7-46. 연초 ·· 360

Ⅲ-3-7-47. 풍속조사서 정리보고서 ··· 362

Ⅲ-3-7-48. 조선의 동 ·· 364

7) 물권, 채권, 상사에 관한 자료 ··· 366

Ⅲ-3-8-01. 조선향약에 관한 서 ·· 366

Ⅲ-3-8-02. 평안남도(시장) ··· 367

Ⅲ-3-8-03. 양고승전발췌 ·· 370

Ⅲ-3-8-04. (조선민정자료) 계에 관한 조사 ······························· 371

Ⅲ-3-8-05. 조선의 시장 ·· 372

Ⅲ-3-8-06. 조선의 특수부락 ··· 374

Ⅲ-3-8-07. 승니의 사제관계 ··· 375

Ⅲ-3-8-08. 미권창고에 관한 조사서 ··· 378

Ⅲ-3-8-09. 의장에 관한 건 ··· 379

Ⅲ-3-8-10. 제사 ·· 380

Ⅲ-3-8-11. (금석문 명칭) 삼척 척주동해비등 ···························· 381

Ⅲ-3-8-12. (명문) 건륭삼년오월초삼일 이서방댁노청복전명문등 ······· 382

Ⅲ-3-8-13. 계에 관한 자료 ·· 383

Ⅲ-3-8-14. 보통인 분묘 ·· 385

Ⅲ-3-8-15. 조선사료 ·· 386

Ⅲ-3-8-16. 특수재산 ·· 387

Ⅲ-3-8-17. 분묘의 종류와 그 경계 ··· 390

Ⅲ-3-8-18. 관계전망 ·· 392

8) 왕실자료 ·· 394

Ⅲ-3-9-01. 종묘연혁 ·· 394

Ⅲ-3-9-02. 종묘연혁(후속) ··· 395

Ⅲ-3-9-03. 왕가혼례에 관한 건 ··· 396

Ⅲ-3-9-04. 왕공가상복규정 ·· 397

Ⅲ-3-9-05. 황족의 소송에 관한 사항 ·· 398

찾아보기 399

Ⅰ. 자료해설

조선총독부 중추원 구관조사개관

1915년 4월 30일 칙령 제62호로 중추원관제가 개정되어 구관 및 제도에 관한 조사는 참사관실에서 중추원으로 이관되었다. 1915년 5월 1일부터 구관제도조사는 중추원 소관이 되었지만 참사관실에서 추진했던 관습조사는 아직 종료하지 못한 상태였다. 중추원은 완결하지 못한 부분을 계속하여 조사하여 정리하기로 하고, 고래의 법제 및 관습을 적당하게 분류하여 기술할 것을 계획하였다. 특히, 제도 및 사법 이외의 구관에 대해서는 종래 필요에 따라 일부 조사를 하였지만 아직 전반에 걸쳐 조사하지 못하였기 때문에 중추원에서는 다시 계획을 세워서 백반의 제도를 조사함과 동시에 행정상 및 일반의 참고가 될 풍속관습을 모두 조사하기로 하였다. 1915년 7월에 데라우치 총독의 결재를 받아서 다음과 같은 방침을 세웠다.

1. 사법(私法)에 관한 관습의 조사를 완결하고 편찬할 것
2. 널리 구래의 제도를 조사할 것
3. 행정상 및 일반의 참고가 될 풍속관습을 조사·편성할 것

참사관실은 조사의 범위를 조선민사령 제10조~제12조로 국한하였지만, 중추원은 풍속관습을 비롯한 구래의 제도로까지 확장하였다. 조선총독부는 구관조사의 관련사업으로서 조선반도사 편찬, 조선인명휘고(朝鮮人名彙考)[이후 조선인명사서(朝鮮人名辭書)로 개칭] 편찬, 조선사회사정조사(朝鮮社會事情調査), 조선지지(朝鮮地誌) 편찬, 부락조사 등 사업의 영역을 확대하였다. 1915년에 관습조사사무를 인계받은 중추원에서는 대체로 참사관실의 방침을 답습하여 조사하였는데, 1915년부터 1919년까지의 조사사항은 다음과 같다.

<표> 중추원의 관습조사 활동(1915~1919)

	전적조사	실지조사
1915년	역둔토 및 각 궁장토에 관한 사항 외 17항 실록 중에서 법전 외 12항	합천 외 12개 지방(특별사항) 강원도·함북(물권 및 채권)
1916년	위와 같이 계속 조사	위와 같이 계속 조사
1917년	양자·입후에 관한 사항 외 22항	실지조사 경비가 대폭 축소되어 예정과 같이 수행못함
1918년	구관심사위원회 활동	구관심사위원회 활동
1919년	완료한 전적조사 279건	

조선총독부 중추원은 각종 사항에 관해서 전적조사(典籍調査)에 치중하였다. 물론 실지조사도 병행하였으나, 1917년부터는 실지조사 경비가 대폭 축소되어 전적조사를 중심으로 진행되고 있었다. 1919년에 1차로 조사를 완료하였는데, 1919년은 조선총독부의 법제정책에서 중요한 시기였다. 조선민사령 제11조 개정이 진행 중이었고, 또 다른 한편으로는 구관심사위원회를 설치하여 조선관습에 대해 심의를 하고 있었다. 이런 상황에서 1919년에 조선관습에 대한 전적조사(典籍調査)를 일단 마친 것은 법제화를 위한 상당한 기초를 마련한 것이라 볼 수 있다.

1920년부터는 제2차 실지조사를 하기로 하고 각도마다 조사구[1도(道)내의 각군을 참작하여 3·4개구로 나눔]를 정하여 전도에 걸쳐 보충적 조사를 하기로 하였다. 제1차 조사에서 실지조사가 취약했기 때문에 중추원은 1920년부터 이를 강화하려 했던 것으로 보인다. 중추원은 먼저 종래 조사했던 조사보고서를 정리하고 각지 관습의 이동(異同)을 쉽게 파악할 수 있도록, 각지 관습이동표(慣習異同表)를 작성하려 하였으나, 중도에 또 방침을 변경하여 해당 사업을 중지하였다. 그 대신 종래 조사한 보고서 및 전적조사에 의해 얻은 조사자료를 편찬하고, 자료가 부족한 것이 있을 때는 전적(典籍)을 조사하거나 또 수시로 지방으로 출장하여 그 자료를 수집하고 편찬하기로 하고 속(屬) 4명에게 분담시켰다. 1920년에 중추원이 자료 조사를 마친 항목은 다음과 같다.

<표> 1920년 자료조사 항목 현황

조사보고서 편찬을 완료한 것	자료 정리를 완료한 것
토지소유권의 연혁, 전당권, 소작권, 보증채권, 객주, 능력(법인 제외)	지상권, 지역권, 입회권, 류치권, 선취특권, 연대채무, 채무양도, 매매, 가(家), 친족의 명칭, 친족의 범위, 친등(親等), 친족관계의 발생과 소멸, 혼인(연령, 종류, 제한), 친자, 친족회, 부양의무, 상속, 거간(居間), 위탁, 중개, 수형(手形), 운송, 해상(海商)

출처 : 조선총독부중추원, 『조선구관제도조사사업개요』, 1938

위 표에서 알 수 있듯이, 1920년에 조사보고서 편찬을 완료한 것이 6종, 자료정리를 완료한 것이 24종으로 친족상속 및 상거래에 관한 중요한 관습을 조사하였다. 1918년부터 조선총독부가 조선민사령 제11조 개정에 착수한 것을 생각하면, 제11조 영역에 관한 전반적인 조사가 진행되고 있었음을 알 수 있다. 위 조사항목 중에서 1918년에서 1919년 사이에 소작에 관한 관습, 친족의 범위, 분가(分家)양자 및 이이(離異)[이혼-인용자]의 경우에 배우자, 직계비속의 전적(轉籍) 등에 관한 것은 일정하게 심의를 마쳤고, 1921~23년에는 '가(家)', 혼인 및 이혼, 친족(회), 양자, 상속관습 등에 대한 심의를 마쳤다. 이 당시 위 항목에 관해서 조사보고서를 작성하지는 않았지만 국사편찬위원회에 의안, 회의록·결의안(決議案) 형태로 남아 있다. 중추원은 대체로 참사관분실 당시의 방침을 답습하여 구관조사를 실시하였지만 1921년에는 민사관습·상사관습·제도·풍속 등 4가지로 구분하여 조사하기로 하고 1930년대까지 수행하였다.

1936년까지 중추원에서 탈고를 마친 것은 토지소유권의 연혁 및 현행법령과의 관계, 계(契), 호적, 성명 및 관(貫), 혼인요건 등이었다. 민사관습에 관한 각종 조사보고서는 『소작에 관한 관습조사서(小作에 關한 慣習調査書)』(1930), 『민사관습회답휘집(民事慣習回答彙集)』(1933), 『이조의 재산상속법(李朝의 財産相續法)』(1936), 『조선제사상속법론서설(朝鮮祭祀相續法論序說)』(1939) 등이 차례로 편찬되었다. 이상으로 조선총독부가 추진했던 민사관습 사업은 친족, 상속, 부동산 물권에 집중되어 있었고, 대략 1930년대 말에 종료될 예정이었음을 알 수 있다. 이는 조선총독부가 민사관습을 조사하여 관습법을 정립함과 동시에 조선총독부가 추진한 조선의 친족상속에 관한 관습의 성문법화 계획과도 밀접한 관련이 있었다.

조선총독부 중추원이 생산한 관습조사자료는 국사편찬위원회와 수원역사박물관에 다수 소장되어 있다. 관습조사자료 중에서 중추원 생산자료가 가장 많은 것이다. 또한 1920년대에 중추원 조사가 민사관습, 상사관습, 풍속조사, 제도조사 등으로 진행된 것을 반영하듯이 이 같은 유형의 자료군들이 포함되어 있다. 그리고 1920~30년대 조선총독부의 소작정책을 뒷받침하기 위하여 생산된 소작관련 자료도 많이 있다. 이외에 주목할 자료로는 국사편찬위원회에는 조사한 관습을 구관심사위원회와 구관급제도조사위원회에서 심의한 자료이다. 구관심사위원회지, 구관심사위원회회의록, 구관심사위원회 의안 원고이다. 회의록에는 관습 심사에 참여한 위원들의 발언을 그대로 기록하고 있어서 심의의 방향을 잘 파악할 수 있다. 이외에, 전적조사자료와 풍속조사, 제도조사자료가 매우 방대한 분량으로 남아 있다. 특히 조선총독부 중추원에서 출판한 각종 조사자료의 초안이 소장되어 있는 것이 특징이다. 지금까지 관습에 대한 연구가 극히 일부 자료만을 대상으로 진행되고 있는데 본서에 수록된 자료들을 종합한 연구가 나온다면 관습연구를 한 단계 높일 수 있을 것이라고 생각한다.

Ⅱ. 조선총독부 중추원 관련자료

1. 조선총독부 중추원 관련자료 개관

『일제의 조선 관습조사 자료 해제 Ⅲ』에 수록된 자료는 조선총독부 중추원에서 1921년에 민사관습·상사관습·제도·풍속 등 4가지로 구분하기로 하고 1930년대까지 구관조사를 실시하여 수집·정리한 자료가 수록되어 있다. 수록된 자료는 1) 민사(친족)에 관한 자료, 2) 민사(혼인)에 관한 자료, 3) 제도조사, 4) 구관조사에 관한 자료, 5) 법규에 관한 자료, 6) 풍속·제사·위생에 관한 자료, 7) 물권·채권·상사에 관한 자료, 8) 왕실자료로 나눠서 재정리하였다.

1) 민사(친족)에 관한 자료

주로 가족·문중에 관한 것, 성명에 관한 것, 첩·양자에 관한 것, 유언에 관한 것, 상속에 관한 것, 친족에 관한 것 등이 정리되어 있다.

2) 민사(혼인)에 관한 자료

보통인의 혼례·관례·계례에 관한 조사보고서, 신분관계에 의한 혼인의 제한, 혼인 무효에 관한 자료, 혼인의 실질상 요건에 관한 자료 등이 수록되어 있다.

3) 제도조사

제도조사항목, 조선지방의 조세과징, 조선의 부곡, 사법제도, 조선호적령, 호적제도, 노비에 관한 자료, 소작관습, 토지에 관한 자료, 수리에 관한 자료, 화리매매, 사환미제도, 궁장토, 역둔토, 제위토 등에 관한 자료가 있다.

4) 구관조사에 관한 자료

조선구관에 관한 회답, 민사관습회답휘집, 관습에 관한 조회회답철을 비롯하여, 압록강 하류 국강조사, 백두산 중심의 자원조사, 금강산 보승조사, 금강산 풍경계획안, 전주·광주·목포·군산지방 제도조사, 경주·울산·동래지방 제도조사, 경상남도 조사보고서, 중추원 개혁, 자문기관 개혁, 조선구관제도 조사사업개요 등이 수록되어 있다.

5) 법규에 관한 자료

『조선왕조실록』에서 발췌한 친족상속관계자료, 토지에 관한 자료, 파양에 관한 자료, 제사상속에 관한 자료 등과 『경국대전』 제정반포에 관한 사항, 『실역총수』에서 발초한 장세조, 『조선사료집진』에서 발췌한 고문기사, 법전에 관한 자료, 『비변사등록』의 제사 등이 정리되어 있다.

6) 풍속, 제사, 위생에 관한 자료

조선의 동화집, 미, 재래농구, 군중, 이언집, 복장, 겨울, 무격, 점복과 예언, 유사종교, 종교급신앙, 연중행사, 향토신사, 향토오락과 함께 온돌에 관한 자료, 미신, 생활용품, 야담, 풍속, 풍수, 흉례, 주거, 주례, 민요, 연초 등이 수록되어 있다.

7) 물권, 채권, 상사에 관한 자료

조선향약, 시장, 특수부락을 비롯하여 계에 관한 조사, 미권창고에 관한 조사, 금석문, 명문, 조선사료, 분묘, 관계전망 등이 정리되어 있다.

8) 왕실자료

종묘, 왕가혼례, 왕공가상복규정, 황족의 소송 등의 자료가 있다.

조선총독부 중추원이 1920~30년대 실시한 관습조사의 내용을 통해 조선의 제도·풍속 등을 확인할 수 있다.

2. 조선총독부 중추원 관련자료 해제

1) 민사(친족)에 관한 자료

III-3-2-01. 가족범위가속가구

관리기호	기록번호	자료명	
中B13IF-1	-	家族範圍家屬家口	
작성자	생산기관	생산 연도	
劉猛	조선총독부	1917	
지역	언어	분량	소장기관
-	한문, 국한문	20면	국사편찬위원회
키워드	가족, 가속, 가구, 호주, 호적		

[기본정보]

　이 자료는 조선총독부 중추원에서 가족, 가속(家屬), 가구(家口) 등의 개념 및 범위에 대하여 주례(周禮) 등 중국문헌과 『대전회통(大典會通)』 등 한국 법전을 인용하여 설명한 것이다. 작성자는 중추원 참의 유맹(劉猛)이다. 복명서는 없다. 이 자료는 모두 20면이다.

[내용정보]

이 자료는 가족, 가속, 가구 등의 범위에 대하여 중국문헌과 한국 법전을 인용하여 설명한 것이다. 주요 내용은 관련 자료를 인용한 전반부와 관련 내용을 정리한 후반부로 나눌 수 있다. 전반부에서 인용한 자료는 중국인『주례』,『설문(說文)』,『주관(周官)』,『한선제기(漢宣帝記)』등과, 한국의『대전회통(大典會通)』,『형법대전(刑法大全)』,『전율통보(典律通補)』,『상변통고(常變通攷)』등에 기록된 내용이며 순한문과 국한문혼용으로 기재하였다.

후반부에서는 인용한 내용을 정리하며 앞의 자료에서 가장(家長), 가속(家屬), 가인(家人), 족속(族屬), 권솔(眷率), 혈족(血族) 등 가족에 관한 문자와 호주(戶主), 가구(家口), 여서(女婿), 기구(寄口), 부적(附籍), 고공(雇工), 노비(奴婢), 가동(家僮) 등 호적에 관한 문자가 있다고 지적하였다. 그리고 호(戶)가 있으면 호주가 있고, 호주가 있으면 호적이 있으니, 배우자는 성관(姓貫)이 달라도 가족이며, 동거하는 제제(諸弟), 자녀, 제손(諸孫), 자매와 처첩은 모두 가족으로 칭한다고 하였다. 그 외에 가속, 가구에 대해서도 설명하였다.

[가치정보]

이 자료는 가족, 가속, 가구 등의 개념과 범위를 중국문헌과『대전회통』등에서 조사 정리한 것으로 조선의 가족, 가속, 가구의 개념 등을 파악할 수 있다는 점에서 의미가 있다.

III-3-2-02. (대정 6년도) 계친자급적모서자 관계

관리기호	기록번호	자료명	
中B13IF-2	-	大正六年度 繼親子及嫡母庶子ノ關係	
작성자	생산기관	생산 연도	
-	조선총독부 중추원	1917	
지역	언어	분량	소장기관
-	국한문	38면	수원시박물관
키워드	계친자, 적모, 서자, 친생자, 계부모		

[기본정보]

이 자료는 조선총독부 중추원이 1917년 발간한 자료이다. 자료명은 '대정 6년도 계친자 급적모서자 관계'이다. 이 자료는 조사지역이 세부적으로 기술되어 있지 않다. 일반적인 계친자, 적모, 서자, 친생자를 언급하고 있다. 분량은 총 38면으로 구성되어 있다. 국한문 혼용체의 서술형식을 사용하고 있다.

[내용정보]

계친자와 적모·서자의 관계와 계부의 종류에 대해 기술하고 있다. 즉 계부는 동거계부(同居繼父), 부동거계부(不同居繼父)가 있고, 금부동거계부(今不同居繼父, 지금은 동거하지 않으나 과거에 동거했던 계부)가 있다. 계모자 관계는 전혀 친생자관계와 다르지 않다. 법령에 단순히 모(母)라고 칭한 경우에는 대개 계모도 포함하고, 상복(喪服)과 같은 것도 친생모(親生母)와 완전히 같다. 그렇지만 계모(繼母)는 부의 후처[後妻, 후배(後配)]인 관계에서 계자간(繼子間)에 모자관계(母子關係)가 생기므로, 만약 계모가 이혼을 당하면 모자관계가 소멸한다. 이것이 친생자와 다른 것이다.

[가치정보]

이 자료는 계친자, 적모, 서자, 계부 등에 관한 관습을 정리한 것으로 조선시대 가족관계의 일면을 알 수 있다는 점에서 의미가 있다.

III-3-2-03. (소화 4년도) 친족회종류 및 성문별에 관한 건

관리기호	기록번호	자료명	
中B13IF-19	-	昭和四年度 親族會種類及姓門別ニ關スル件	
작성자	생산기관	생산 연도	
沈皖鎭	조선총독부 중추원	1929	
지역	언어	분량	소장기관
-	한문	38면	수원시박물관
키워드	친족회, 족보, 종화, 대종회, 소종회		

[기본정보]

자료명은 '친족회종류 및 성문별에 관한 건'이다. 친족회의 관습 및 각 성문별 조사사항과 별지를 기술하였다. 분량은 총 38면이다. 한문으로 기술되어 있다.

[내용정보]

친족회의 조사를 중심으로 친족회 종류 및 종회란 무엇이며, 종회의 특징을 기술하고 있다. 또한 동래정씨종약소규칙(東萊鄭氏從約所規則)을 기술하였다. 조선사회에서는 남계혈족(男係血族)을 일족(一族)이라 하고, 일족 가운데 분파(分派)가 있고 이를 일문(一門)이라 한다. 즉 일족의 범위는 혈통이 연속하는 범위로서 동성동본(同姓同本)은 모두 일족에 속한다. 일문은 대개 유복친(有服親)의 범위에 그치는 것 같다. 그리고 일족에 관한 중요한 사항은 예컨대 대종가(大宗家)의 분묘지(墳墓地)에 대한 쟁의나 이의 변경 또는 족보(族譜)의 정정(訂正) 등에 대해서는 널리 일족의 호주를 소집하여 이를 의논하는데 이를 종회(宗會)라고 한다. 또 일문(一門)의 분묘지, 양자의 선정, 후견인의 선임 등 일문에 관한 사항을 결정하기 위하여 문중(門中)의 호주(戶主)가 회동하여 협의하는 일이 있는데, 이를 문회(門會)라고 한다. 이를 모두 친족회(親族會)로 볼 수 있다.

[가치정보]

이 자료는 친족회의 관습 및 각 성문별 조사사항을 정리한 것으로 1920년대 말 친족회,

종회 성격 및 운영 등에 대해 파악할 수 있다는 점에서 의미가 있다.

III-3-2-04. 종약소에 관한 사항

관리기호	기록번호	자료명	
中B13F-2	-	宗約所ニ關スル事項	
작성자	생산기관	생산 연도	
-	조선총독부 중추원	1932	
지역	언어	분량	소장기관
-	국한문	293면	수원시박물관
키워드	종약소, 대동보, 종중, 문중, 대소종법		

[기본정보]

자료명은 '종약소에 관한 사항'이다. 분량은 총 293면이다. 국한문혼용체로 기술되어 있다. 전주이씨(全州李氏) 대동종약소종헌 및 세칙, 풍양조씨(豊壤趙氏) 종약소규칙, 동래정씨(東萊鄭氏) 종약소규칙, 전씨(全氏) 대동종약소규칙, 광산김씨(光山金氏) 종약소규칙, 양주조씨(楊州趙氏) 종약소규칙, 복명서(復命書), 한산이씨(韓山李氏) 종약소규칙, 전씨(全氏) 종약총회 및 평의회 회록, 창원황씨(昌原黃氏) 대동보소규칙, 한산이씨 종중의결안, 한산이씨(韓山李氏) 종중규약, 전의이씨(全義李氏) 종계좌목, 대소종법의 순서대로 기록되어 있다.

[내용정보]

종약소는 부계 친족집단이 일정한 약조에 의해 구성한 조직으로, 종헌(宗憲)과 종약(宗約) 또는 규칙이라고 한다. 따라서 그 목적과 기능 등에 있어서 종친회와 별로 다를 것이 없는 경우가 많다. 그러나 그 조직에 있어서는 반드시 같지 않으며 두 가지 종류가 있다. 종회 대신에 일정한 친족집단의 성원을 자동적으로 그 구성원으로 하여 조직하는 경우가 그 하나이다. 이러한 경우의 종약소는 실질적으로 종친회의 다른 이름으로 해석할 수 있다. 일정한 사법을 집중적으로 수행하기 위해서 종친회와 별도의 조직으로서 종친회와 함께 2원적으로 구성되는 경우도 있다. 이러한 경우에는 종회의 성원이 자동적으로 그 구성원이 되는 것이 아니고, 그 약조에 따라서 종회 성원 중의 특정인으로 구성된다.

[가치정보]

이 자료는 전주이씨 등 몇몇 가문의 종약소에 관련된 사항을 정리한 것이지만 1930년대 종약소의 성격과 운영에 대해 파악할 수 있다는 점에서 의미가 있다.

III-3-2-05. 조선의 성

관리기호	기록번호	자료명	
-	-	朝鮮の姓	
작성자	생산기관	생산 연도	
-	조선총독부	1934	
지역	언어	분량	소장기관
경성	일본어	595면	국립중앙도서관
키워드	조선, 성, 동족집단, 호주, 가족		

[기본정보]

이 자료는 조선총독부가 기록한 자료로 자료명은 '조선의 성'으로 표기되어 있으며 작성자는 조선총독부 관방임시국무조사과(官房臨時國務調査課)로 보이며 작성년도 1934년(소화 9)이다. 이 자료는 모두 595면이며 일본어로 기록되어 있다.

이 자료는 조선에 존재하는 성(姓)에 대한 조사로 성의 연혁, 성의 종류, 성의 분포, 동족집단에 대한 조사를 바탕으로 기록되었다. 특히 조선과 일본을 비교하여 조선의 사회조직과 가족제도를 특수한 것으로 파악하여 이를 조사하였다.

이 자료는 인쇄자료(책자형) 총 1책(冊)으로 이루어졌으며 삽화(揷畫)가 포함되어 있으며 27㎝의 형태로 국립중앙도서관에 소장되어 있다.

[내용정보]

이 자료는 조선총독부 관방임시국무조사과(官房臨時國務調査課)가 조선의 성(姓)에 관한 조사자료를 정리하여 발간한 자료이다. 당시 일본인들은 조선의 사회조직과 가족제도가 특수한 것으로 파악하고 이것과 관련하여 조선의 성(姓)을 조사하였다. 성과 관련하여서 먼저 성의 기원(基源)과 본(本)을 조사하여 성의 연혁을 조사하였고 성의 종류 특히 당시 존재하던 성과 각 성의 수, 대성(大姓)[김(金), 이(李), 박(朴), 최(崔)]의 발전과 희성의 소재를 파악하였다. 그리고 각 지역별로 성의 분포를 파악하여 지방에 보이는 성의 특색과 각 도의 어떠한 성이 가장 많은지를 파악하고 있다. 또한 동족집단, 동족부락의 발생과 저명한 동족집단지역을 조사하며 각 지역별로 동족집단의 상황을 조사하여 기록하였다. 이것을 통하여 조선의 성에 대한 조사만큼이나 동족집단에 대한 파악을 중요시함을 알 수 있다.

[가치정보]

이 자료는 조선의 성, 동족집단 등에 대한 조사자료로 당시 일본이 조선의 가족제도와 친족제도를 조사함으로써 후에 호주제도 등을 마련하는 데 이용되었을 것으로 생각된다. 또한 각 지역별로 성의 분포와 동족집단의 상황을 파악함으로써 조선의 가족제도와 동족 집단 전반에 대한 파악을 하고자 했던 것으로 보인다.

III-3-2-06. 노비·전택·기타의 재산에 관한 상속제도관습

관리기호	기록번호	자료명	
中B13H-14	272	奴婢田宅其他ノ財産ニ關スル相續ノ制度慣習	
작성자	생산기관	생산 연도	
劉猛	조선총독부 중추원	-	
지역	언어	분량	소장기관
-	국한문	10면	국사편찬위원회
키워드	노비, 전택, 재산상속, 형법대전, 대전회통, 문헌비고		

[기본정보]

이 자료는 조선총독부 중추원에서 재산상속에 관한 제도관습을 정리한 것이다. 작성자는 유맹(劉猛)이며, 자료는 모두 10면이다. 국한문 혼용체로 작성되어 있다.

[내용정보]

이 자료는 노비와 전택 및 기타 재산을 상속하는 것에 관한 관습을 조사하여 기록하고 있다. 문헌자료인『대전회통』과『형법대전』,『문헌비고』등에서 재산상속과 관련 있는 부분을 발췌하여 정리하였다. 본문의 서술은 출전을 먼저 알려준 다음 주요 내용을 간략하게 서술하는 형식이다.

상속에서 먼저 이루어져야 하는 피상속인의 선정에 대해서는『대전회통』과『문헌비고』를 중심으로 하여 자세하게 수록하고 있다. 적장자가 없는 경우 피상속인은 양첩(良妾)의 자손, 천첩(賤妾)의 자손 순으로 정해졌다. 자손이 없는 경우에 친족 중 양자(養子)를 들이는 법 및 상속을 받게 되는 촌수의 순서 등에 관한 내용도 함께 서술하고 있다.

『형법대전』에서 발췌한 내용은 상속이 잘못 이루어졌을 때의 처벌내용이 주를 이루고 있다. 적자가 있는데도 첩의 아들이 상속을 받은 것을 적발하면 태(笞) 80에 처한다는 등의 처벌내용을 통해 상속법의 엄중함을 살필 수 있다.

문서의 가장 마지막에는 작성자가 노비 및 전택 등의 재산 처리에 대해 그 의의를 짧게 정리하였다.

[가치정보]

이 자료는 노비, 전택, 기타 재산상속에 관한 관습을『대전회통』,『문헌비고』,『형법대전』등에서 발췌 정리한 것으로 조선시대 재산상속의 관습을 파악할 수 있다는 점에서 의미가 있다.

III-3-2-07. 명에 관한 기술원고(초고)

관리기호	기록번호	자료명	
中B10F-8	-	名ニ關スル記述原稿(草稿)	
작성자	생산기관	생산 연도	
-	조선총독부 중추원	-	
지역	언어	분량	소장기관
-	일본어	107면	국사편찬위원회
키워드	성명, 항렬, 아명, 관명, 시호		

[기본정보]

이 자료는 조선총독부 중추원이 한국의 성명을 조사하여 작성한 보고서이다. 자료명은 '명에 관한 기술원고'라고 되어 있으나 성명 모두를 조사하여 싣고 있다. 필체를 비교해 보면 성과 명의 작성자가 다르며, 최종 수정한 인물이 따로 있었다는 사실을 추정할 수 있다. 초고를 작성한 다음 여러 번에 걸쳐 수정한 흔적이 있다. 이 자료는 모두 107면이다.

[내용정보]

이 자료는 성명에 관한 조사보고서이다. 원고를 작성하기에 앞서 참고한 자료를 정리하고 있는데 그 목록은 다음과 같다.

『동사강목』, 『해동역사』, 『삼국사기』, 『고려사』, 『증보 문헌비고』, 『지봉유설』, 『성호사설』, 『대전회통』, 『명률』, 『한국법전』, 『형법대전』, 『좌전』, 『대만사법』, 『청국행정법』, 『강연집』, 『동양법제사본론』, 『조선풍속집』, 『호적장』, 『관습조사보고서』, 『신문절원』, 『강희자전』, 『아언각비』.

자료는 먼저 성에 대한 총설을 서술한 다음 성씨의 변천, 변개, 효과 및 종류를 정리하고 있다. 다음으로 명에 대해 기록하고 있는데 명의 성질과 종류[아명·관명·자(字)·시호·택호], 항렬자의 사용 등이 주 내용이다.

목차와 내용이 『성에 관한 자료(姓ニ關スル資料)』중 성·명에 관한 내용과 매우 비슷하다.

[가치정보]

이 자료는 성명에 관한 정보를 수록하여 한국인의 풍속 및 예법 이해에 많은 도움을 주고 있다. 특히 조사에 참고가 된 서적목록을 일목요연하게 정리하여 자료의 내용을 이해하는데 활용할 수 있도록 한 것이 매우 유용하였다. 자료를 수정하여 정리하는 과정을 직접 확인할 수 있었기 때문에 일제가 관습조사를 시행하던 당시의 작업 상황을 알수 있게 되었다. 이 자료는 자료의 내용뿐만 아니라 관습조사의 과정을 이해하는 데에도 매우 중요한 가치를 지닌다.

III-3-2-08. 명에 관한 조사서

관리기호	기록번호	자료명	
中B10F-4	334	名ニ關スル調査書	
작성자	생산기관	생산 연도	
-	조선총독부 중추원	-	
지역	언어	분량	소장기관
-	일본어	42면	국사편찬위원회
키워드	명(名), 항렬, 세계, 아명, 족맥(族脈)		

[기본정보]

이 자료는 조선총독부 중추원이 한국인의 이름에 대해 조사하여 작성한 문서이다. 자료명은 '명에 관한 조사서(名ニ關スル調査書)'라고 되어 있으나 '명명에 관한 조사서(命名ニ關スル調査書)'의 일부도 함께 편철되어 있다. 이 자료는 모두 42면이며, 이 중 '명에 관한 조사서(名ニ關スル調査書)'에 해당하는 내용은 27면이다.

[내용정보]

이 자료는 한국의 각 성씨에서 세계(世系) 및 항렬 등에 따라 어떻게 이름을 짓는지 그 실례를 정리하여 보여주고 있다. 양반계층에서 세계 또는 항렬을 표명하기 위해 이름에 사용하는 한자와 그 의미를 예시와 함께 기록하였다. 이 조사서에 등장하는 성씨는 다음과 같다.

창녕조씨, 김해김씨, 이천서씨, 기계유씨, 파평윤씨, 안동김씨, 청주한씨, 은진송씨, 전의이씨, 전주이씨, 강릉김씨, 안동권씨, 양성이씨, 연일정씨, 한산이씨, 고령신씨, 청주한씨, 전주류씨, 양천허씨, 경주이씨, 진주정씨, 양주조씨, 행주기씨, 동래정씨, 반남박씨, 덕수이씨, 풍산홍씨, 진주강씨, 예안이씨, 경주정씨, 진주소씨, 청송심씨, 진주류씨, 청풍김씨, 풍양조씨, 성주이씨, 해주오씨, 광산김씨, 해평윤씨, 광주이씨, 함종어씨, 대구서씨, 광주김씨, 평산신씨.

이 자료는 한 사람이 2개 이상의 이름을 가지는 이유를 관습 상 아명(兒名)을 사용하다가 관례 이후 항렬자가 들어간 이름을 사용하기 때문이라 설명하고 있다. 항렬자는 양반이 그 세계와 족맥(族脈) 등을 표시하기 위한 것으로 신분을 명료하게 표현하기 위한 것이다.

[가치정보]

이 자료는 각 성씨의 세계 및 항렬 등에 따라 이름을 짓는 실례를 조사 정리한 것으로 양반계층에서 세계 또는 항렬을 표명하기 위해 이름에 사용하는 한자와 그 의미를 알 수 있다는 점에서 의미가 있다.

III-3-2-09. 명명에 관한 조사서

관리기호	기록번호	자료명	
中B10F-3	-	命名ニ關スル調査書	
작성자	생산기관	생산 연도	
-	조선총독부 중추원	-	
지역	언어	분량	소장기관
-	한문	16면	국사편찬위원회
키워드	중추원, 명(名), 명명(命名), 항렬, 아명		

[기본정보]

이 자료는 조선총독부 중추원에서 조사한 한국인의 작명에 관한 관습을 정리한 문서이다. 자료는 모두 16면이며 한문으로 작성하였다. 일반적인 관습을 정리한 것이기 때문에 조사 지역이나 작성자는 기록되어 있지 않다.

[내용정보]

이 자료는 한국인이 작명을 하는 법칙과 그 연혁 및 실례를 정리하고 있다. 이름을 지을 때는 예부터 5가지 지켜야 할 법칙과 6가지 피해야 할 것이 있다고 하였다. 항렬자의 사용은 고려중기 이후로 등장하였는데 처음에는 형제들이 사용하다 조선중기 이후 형제 및 친족들이 함께 사용하게 되었다고 한다.

고려 이전 항렬자가 없던 시기의 예로 창녕조씨와 김해김씨, 이천서씨, 기계유씨를 들어 설명하고 있다. 또 고려중기 이후 형제들이 항렬자를 사용한 예를 파평윤씨, 안동김씨, 청주한씨, 이천서씨로 들었다.

조선중기 이후 세계의 전통이 변하여 형제 및 친족들이 함께 항렬자를 사용하게 되었는데 이러한 예는 매우 많다고 하며 은진송씨·전의이씨·경주김씨·전주이씨·강릉김씨·양성이씨·안동권씨·연일정씨·한산이씨·고령신씨·청주한씨·전주류씨·양천허씨·반남박씨·경주이씨·동래정씨·안동김씨·풍산홍씨·경주정씨·진주류씨·성주이씨·해평윤씨·광주이씨·해주오씨의 실례를 들어 설명하였다.

이와 함께 부록으로 아명(兒名)의 예를 싣고 있는데, 남자 아이뿐만 아니라 여자 아이의 아명까지 수록하고 있다.

[가치정보]

이 자료는 한국인의 작명에 관한 관습을 조사 정리한 것으로 작명을 하는 법칙과 그 연혁, 실례 등을 파악할 수 있다는 점에서 의미가 있다.

III-3-2-10. 성명에 관한 자료

관리기호	기록번호	자료명	
中B10F-7	-	姓名ニ關スル資料	
작성자	생산기관	생산 연도	
-	조선총독부 중추원	-	
지역	언어	분량	소장기관
-	일본어	136면	국사편찬위원회
키워드	성명, 사성, 개명, 관원, 왕자		

[기본정보]

이 자료는 조선총독부 중추원에서 조사한 성명에 관한 관습을 정리한 것이다. 전적조사를 통해 성명과 관련 있는 내용을 발췌하여 기록하고 출처를 밝혀두었다. 자료명 아래 '원본'이라 표기한 것으로 보아, 원고 작성 이전 참고자료를 정리한 원본자료로 짐작된다. 이 자료는 모두 136면이며, 작성자와 생산연도는 기록되어 있지 않다.

[내용정보]

이 자료는 『동국문헌비고』, 『춘관지』, 『승정원일기』, 『일성록』, 『조선왕조실록』 및 여러 등록류의 사료에서 성명에 관한 내용을 발췌하여 정리하고 있다. 내용은 매우 다양하여 성의 연혁에 관한 기록부터 사성(賜姓)의 실시에 대한 연원 등 성명에 대한 모든 기록을 포함하고 있다.

특히 개인의 개명에 대한 기록이 많이 등장하고 있는데, 관원부터 왕자에 이르기까지 다양한 계층의 개명에 대한 내용을 발췌하고 있다. 자료를 살펴보면, 관원이 개명을 할 경우 상소를 통해 왕에게 알리고 이에 왕이 답하여 허락하는 형식을 취하고 있음을 알 수 있다.

[가치정보]

이 자료는 다양한 사료들을 정리한 것으로 성명에 관한 한국의 관습을 이해하는 데 많은 도움을 준다. 특히 자료를 통해 실생활에서 성명의 법제적인 성격이 매우 강하였고, 국가가 이를 관리하기 위해 노력했다는 사실을 알 수 있었다. 계층에 따라 이름에 사용할 수 있는 글자에 차이가 있었고, 예법에 맞지 않는 이름은 죄를 물어 처벌하는 등 엄격한 기준이 있었다는 것도 확인할 수 있었다. 이 자료를 통해 성명이 가지는 법제적·사회적인 성격을 깊이 있게 파악할 수 있었다.

III-3-2-11. 성명에 관한 초고 2호

관리기호	기록번호	자료명	
中B10F-9	-	姓名ニ關スル草稿 二號	
작성자	생산기관	생산 연도	
-	조선총독부 중추원	-	
지역	언어	분량	소장기관
-	일본어	81면	국사편찬위원회
키워드	성명, 본관, 아명, 관명, 개명		

[기본정보]

이 자료는 조선총독부 중추원에서 명(名)과 관(貫)에 대하여 기술한 원고이다. '초고 2호'라고 기록된 것으로 보아, 1차 초고 이후 작성된 것으로 보인다. 원고의 수정 흔적 등은 없으며 동일한 필체로 작성하고 있다. 이 자료는 모두 81면이다.

[내용정보]

이 자료는 명과 관을 주요 항목으로 하여 이를 설명하고 있다. 『명에 관한 기술원고(초고)[名ニ關スル記述原稿(草稿)]』와 명에 대한 서술에서 거의 일치하고 있다. 자료의 목차를 정리하면 다음과 같다.

제2관 명

　제1항 명의 성질

제2항 명의 종류

　(1)아명 (2)관명 (3)자 (4)시(諡) (5)별호 (6)택호

제3항 명의 선택

　1. 아명의 선택

　(1)희망에 의한 것 (2)기념에 의한 것 (3)반대의 표현에 의한 것

　2. 관명의 선택

　3. 명의 기피

　4. 명의 변경

　(1)개명의 원인 (2)개명의 수속

제3관 관

　제1항 관의 연혁

　제2항 관의 의의

　제3항 관과 혼인

이 자료의 목차와 내용은『성에 관한 자료(姓ニ關スル資料)』중 명과 관을 서술할 부분과 동일하다. 목차의 순번 오류부분은『성에 관한 자료(姓ニ關スル資料)』에서도 똑같이 나타난다. 이를 종합해보면 이 자료는『명에 관한 기술원고(초고)』와『성에 관한 자료』사이에 작성된 것으로 보인다.

[가치정보]

이 자료는 관과 명에 대해 조사 정리한 것으로 관의 연혁, 의의, 명의 성질, 종류, 선택 등에 대해 알 수 있다는 점에서 의미가 있다.

III-3-2-12. 성명 및 관

관리기호	기록번호	자료명		
中B10F-6	886	姓名及貫		
작성자	생산기관	생산 연도		
村山源誨	조선총독부 중추원	-		
지역	언어	분량	소장기관	
-	일본어	103면	국사편찬위원회	
키워드	성씨, 본관, 항렬, 아명, 관명			

[기본정보]

이 자료는 조선총독부 중추원이 한국의 성명을 조사하여 정리한 것이다. 자료명은 '성씨 및 관'이라고 표기되어 있으나 성과 명을 중심으로 수록하고 있다. 자료정리에 55면, 성명에 관한 초고에 46면을 할애하였으며, 자료는 모두 103면이다. 작성자는 정확하지 않으나 초고에 무라야마 겐안(村山源誨)이라고 표기되어 있다.

[내용정보]

이 자료는 성과 명에 관한 관습을 조사하여 정리한 것으로, 성과 명을 각 1절씩 서술하고 있다. 제1절은 성의 유래와 구별, 본관에 대해 정리하였다. 제2절은 명에 대한 기록으로 관명과 아명을 나누어 정리하고 있다. 관명에서는 이름을 지을 때 고려하는 항렬자를 통해 친족 간의 세계(世系) 및 형제간의 구분이 이루어지는 원리를 설명하였다. 아명은 그 종류를 남자와 여자로 나누어 정리하고 있다.

자료의 말미에는 앞의 내용을 원고형태로 정리하여 수록하고 있다. 내용은 앞에서 서술한 것과 크게 다르지 않으며 원고 윗부분에 색인 형식으로 주요 내용을 정리해두고 있다. 초고라고 되어 있듯이 완성된 형태의 원고는 아니어서, 본관에 대한 서술을 제3절로 할 것인지 등을 고민하는 모습이 보인다.

[가치정보]

이 자료는 성과 명에 대해 조사 정리한 것으로 성의 유래, 구별, 본관, 관명, 아명, 항렬자를 통한 친족 간의 세계 등을 파악할 수 있다는 점에서 의미가 있다.

III-3-2-13. 성에 관한 자료

관리기호	기록번호	자료명	
中B10F-12	-	姓ニ關スル資料	
작성자	생산기관	생산 연도	
-	조선총독부 중추원	-	
지역	언어	분량	소장기관
-	일본어	80면	국사편찬위원회
키워드	성(姓), 성명, 본관(本貫), 아명, 관명		

[기본정보]

이 자료는 조선총독부 중추원에서 성명에 관한 전반적인 사항을 조사·정리한 것이다. '성에 관한 자료(姓ニ關スル資料)'라는 자료명 아래 '기술원고(記述原稿)'라고 표기되어 있다. 자료의 목차 순번이 '제7절'로 시작하는 것으로 보아 전체 원고의 일부분인 것으로 짐작된다. 생산연도나 작성자는 표기되어 있지 않다. 일부 내용의 필체가 다른 것으로 볼 때, 2명 이상이 각각의 항목을 나누어 기술한 것으로 추정된다. 이 자료는 모두 80면이다.

[내용정보]

이 자료는 성명 및 본관에 대하여 조사한 내용을 항목에 맞추어 기술한 원고이다. 내용은 크게 성(姓)과 명(名), 관(貫)의 3부분으로 나누어져 서술되어 있다.

가장 먼저 성의 연혁 및 씨(氏)·족(族)과의 관계를 살펴보고, 한국인의 성의 종류를 개괄하여 정리하였다. 또 성의 법적인 효과를 혼인관계와 양자입적 과정을 통해 살펴보고 있다. 또 고유한 성이 변하는 과정과 절차를 설명하였다.

다음으로 명의 성질을 정리하였다. 명의 종류로는 아명·관명·자(字)·시(諡)·별호·택호
가 있어서 각각의 개념을 서술하였다. 이 중 아명과 관명이 선택되는 과정은 구체적인
예를 들어 설명하였다. 이름을 지을 때 기피하는 여러 관습을 정리하고, 개명의 원인
및 그 수속절차를 자세히 기술하였다.

마지막으로 관에 대하여 살펴보고 있는데, 특히 같은 관끼리 혼인하지 않는 예법이
성립하는 과정을 역사적으로 조사하여 정리하고 있다.

[가치정보]

이 자료는 성명에 관한 전반적인 사항을 조사 정리한 것으로 성의 연혁, 씨족과의 관계,
성의 법적인 효과, 고유한 성의 변화 과정 등을 파악할 수 있다는 점에서 의미가 있다.

III-3-2-14. 이연에 관한 자료

관리기호	기록번호	자료명	
B-1-418	미상	離緣ニ觀スル資料	
작성자	생산기관	생산 연도	
-	조선총독부 중추원	-	
지역	언어	분량	소장기관
-	한문	57면	수원시박물관
키워드	이연, 법외계후등록, 예사, 입양, 파양		

[기본정보]

이 문서의 작성자는 기재되어 있지 않으나 조선총독부 중추원 기안용지에 기록되어
있는 것으로 볼 때 조선총독부 중추원이 구관제도조사 업무를 시작한 1915년 이후에 작성
된 것으로 추정된다. 이 문서는 양자의 파양에 관하여 법외계후등록(法外繼後謄錄)의 관련
부분을 필사한 것이다. 조선총독부 중추원이 법외계후등록을 발췌한 이유는 한국인들의
파양에 관한 관습의 연혁을 확인하고 법제에서 규정하는 사항을 조사하기 위해서였다.

[내용정보]

조선시대 양자제도에 관해서는 계후등록, 법외계후등록, 수양시양등록, 수양승적일기 등 4종류의 문서에 잘 나타나 있다. 일반적으로 친부모와 양부모의 합의에 의하여 성립되고 예조에 고하여 예사를 받는 것을 원칙으로 하지만 실제는 관청에 신고하지 아니하고 입양한 사례도 많다. 이 문서에서 주로 발췌한 법외계후등록은 별계후등록(別繼後謄錄)이라고도 하고 1637년(인조 15)부터 1753년(영조 29)까지 약 116년간의 특수 입양자를 기록하였다.

이 등록을 발췌한 이유는 당시에도 일반적인 양자를 입양하지 아니하고 특수한 입양을 하는 사례가 일부 나타나고 있었기 때문이다. 1910년대에는 차양자에 대한 논의가 많이 일어나고 있다. 원래 조선시대의 양자는 부계혈족의 남자 중에서 자(子) 항렬에 해당하는 자를 양자로 맞이하는 것이 원칙이지만, 일부에서는 자식 항렬이 아니라 형제 항렬에 해당하는 남자를 차양자로 입양한 이후에 그 차양자가 자식을 낳은 후에 차양자는 본가(本家)로 복귀하고 그 자식을 정식 양자로 삼는 경우가 나타났기 때문이다. 이 같은 문제는 상속을 둘러싼 분쟁도 발생하여 특수한 양자를 조사한 것이다.

[가치정보]

이 자료는 조선시대 인조대부터 영조대까지에 걸쳐 특수 입양자에 대한 상속 등의 관습을 파악할 수 있다는 점에서 의미가 있다.

III-3-2-15. 첩의 취려의 가부에 관한 건

관리기호	기록번호	자료명		
B-1-413	미상	妾ノ取戻ノ可否ニ關スル件		
작성자	생산기관	생산 연도		
-	조선총독부	-		
지역	언어	분량	소장기관	
-	일본어	5면	수원시박물관	
키워드	첩, 취려, 이혼, 이이, 부부			

[기본정보]

이 문서의 작성자는 기재되어 있지 않으나 조선총독부의 13행 괘지에 기록되어 있는 것으로 미루어볼 때 조선총독부에서 작성한 것으로 추정된다. 모두 5면으로 간단한 내용으로 구성되어 있다.

[내용정보]

이 문서는 첩과의 이혼에 관한 내용을 간략히 소개하고 있다. 원래, 부부간의 이혼의 경우에는 법전조사국의 조사에 따르면 일반적으로 부(夫)의 의사에 따른 것만이 인정되었고 부부가 서로 협의하는 협의이혼이나 처(妻)의 의사에 따른 이혼은 관습으로서 성립하지 않았다. 법전조사국의 조사는 정식 부부간의 이혼의 요건과 절차, 방법 등을 규정하였을 뿐 첩에 대한 조사는 아니었다.

그러나 이 문서는 부부간의 이혼이 아니라 첩(妾)과 이혼에 대한 내용으로 구성되어 있다. 이 문서의 첫 장에는 "첩 취려(取戻)의 청구에 대하여 그 청구를 정당하다고 인정하는 판결을 가하다고 하는 자, 불가하다고 하는 자"라고 되어 있는데 아마도 부(夫)와 첩의 이혼을 둘러싸고 재판까지 진행되었고 이에 대한 한국인들의 견해를 조사한 것이 아닌가 생각된다. 사실, 법전조사국에서 조사할 당시에는 협의이혼이나 재판상이혼을 제기하는 경우가 거의 없었으나 1910년대에는 점차 재판상이혼을 제기하는 경우가 증가하였으며 조선총독부 재판소에서도 일정한 조건 하에서 재판상이혼을 인정하는 판결을 하는 사례가 나타나기 시작하였다. 이 문서는 첩의 취려 청구에 대한 한국인의 의견을 기록하는 형식으로 구성되어 있다는 점에서 독특하다고 볼 수 있다.

[가치정보]

이 자료는 첩과의 이혼에 관한 자료로 첩의 취려 청구에 대한 한국인들의 인식과 관습을 파악할 수 있다.

III-3-2-16. 문중 및 종중에 관한 자료

관리기호	기록번호	자료명		
中B10B-17	-	門中及宗中ニ關スル資料		
작성자	생산기관	생산 연도		
-	조선총독부 중추원	-		
지역	언어	분량	소장기관	
-	한문	68면	수원시박물관	
키워드	문중, 종중, 가문, 족보, 문장			

[기본정보]

자료명은 '문중 및 종중에 관한 자료'이다. 각 권별 법외계후등록 기록을 기술하고 있다. 분량은 총 68면이다. 한문으로 기술되어있다.『율곡전서(栗谷全書)』 및『동춘당선생집(同春堂先生集)』,『상변통고(常變通攷)』,『송자대전부록(宋子大全附錄)』,『단양우씨족보(端陽禹氏族譜)』 등에 기록된 문중과 종중에 관한 자료를 기술하였다.

[내용정보]

문중은 종중과 같은 뜻으로도 사용되나 엄격히 구별하면 문중은 일족(一族) 한 지파(支派)로 소종중(小宗中)을 가리킨다. 즉, 관습에 따라 일반 제사 최고한(最高限)인 고조(高祖)를 공동시조(共同始祖)로 하는 친척간을 말한다. 각 사례별 문중과 종중 기록 및 몇몇 인물의 족보 확인을 통해 당시 문중의 개념을 설명하다. 문중은 종가를 중심으로 이루어져 있다. 그 종가의 장손을 종손이라 한다. 그 밖에도 대내외적으로 문중을 대표하는 어른으로 문장(門長)이 있으며, 문장·종손과 함께 문중 내 실제적 서무와 재무를 담당하는 유사(有司)가 있다. 문중의 중심은 직계장손 집안의 호주인 종손이나, 연령·항렬·학문·인품으로 보아서 대내외적으로 대표자격인 문장을 선출한다.

[가치정보]
이 자료는 문중과 종중의 관계를 정리한 것으로 당시 문중조직, 문중에 대한 인식 등에 대해 파악할 수 있다는 점에서 의미가 있다.

III-3-2-17. 상속에 관한 사항

관리기호	기록번호		자료명
B-1-649	-		相續ニ關スル事項
작성자	생산기관		생산 연도
-	조선총독부 중추원		-
지역	언어	분량	소장기관
-	일본어	40면	수원시박물관
키워드	제사상속, 재산상속, 호주상속, 상속인, 일가창립		

[기본정보]
이 자료는 출장조사를 통한 상속에 관한 사항을 제사상속, 재산상속, 호주상속, 상속의 승인과 포기, 상속의 정지, 상속인의 광결, 상속의 회복, 폐가 절가와 그 재흥(再興), 일가창립 등에 관한 사항을 정리한 것으로 총 40면으로 구성되어 있다.

[내용정보]
상속에 관한 사항으로 첫째, 제사상속은 제사상속의 개시원인, 제사상속인, 제사상속

인의 순위, 제사상속인의 실격, 제사상속인의 폐제(廢除), 제사상속의 효과, 생양가봉사 등에 대해 서술하였다. 다음으로 재산상속은 재산상속의 개시원인, 재산상속인, 재산상속인의 순위·실격·폐제, 상속분과 상속재산의 분배, 유류분(遺留分), 재산상속의 효과, 상속재산과 고유재산의 분별, 재산상속과 생양가봉사와의 관계, 종중재산과 문중재산 등에 대해 서술하였다. 호주상속은 호주상속의 개시원인, 호주상속인, 호주상속인의 순위·실격·폐제, 호주상속의 효과, 호주상속과 생양가봉사와의 관계에 대해 서술하였다. 상속의 승인과 포기는 제사상속의 승인과 포기, 재산상속의 승인과 포기, 호주상속의 승인과 포기에 대해 기술하였다. 상속의 정지도 제사상속의 정지, 재산상속의 정지로 나눠 서술하였다. 상속인의 광결은 제사상속인의 광결, 제사상속인의 광결 중에 제사의 집행, 재산상속인의 광결 및 재산의 관리, 상속인 광결의 경우 유산에 대해 서술하였다. 상속의 회복은 제사상속의 회복, 재산상속의 회복, 호주상속의 회복에 대해 서술하고, 폐가, 절가와 폐가, 절가의 재흥에 대해 기술하고 있다. 또 일가창립, 제사에 대해 서술하고 있다.

[가치정보]

이 자료는 조선총독부 중추원에서 실시한 상속에 관한 조사로 당시 일반적으로 행해지고 있던 상속에 관한 관습을 파악할 수 있다는 점에서 의미가 있다.

III-3-2-18. 수양자·시양자·차양자·양자에 관한 자료

관리기호	기록번호	자료명	
中B13IF 7	-	收養子·侍養子·次養子·養子ニ關スル資料	
작성자	생산기관	생산 연도	
-	조선총독부 중추원	-	
지역	언어	분량	소장기관
-	일어	211면	국사편찬위원회
키워드	양자, 수양자, 시양자, 차양자, 승적		

이 자료는 조선시대 양자에 대한 문헌을 발췌하여 정리한 것으로, 조선의 양자에 대한 관습조사의 일환으로 작성된 것으로 추정된다. 수양자와 시양자, 차양자 및 양자 일반에 관한 기록을 『고려사(高麗史)』와 『동국통감(東國通鑑)』, 역대 조선왕조실록, 『수양시양등록(收養侍養謄錄)』(奎12960) 등의 다양한 문헌에서 발췌하여 수록하였다.

[내용정보]

조선총독부 중추원 용지에 작성하였으며, 제목인 '수양자·시양자·차양자·양자에 관한 자료(收養子·養子·次養子·養子ニ關スル資料)' 아래에는 '원본(原本)'이라 기록되어 있고, 그 윗편에 '제서발췌(諸書拔萃)'라 기록되어 있다. 이 자료는 조선시대 양자에 대한 관습조사의 일환으로 수행한 문헌조사의 결과물 가운데 하나로 보인다. 국사편찬위원회에는 이 자료 외에도 계후 및 양자와 관련한 다수의 조사보고서들이 소장되어 있다. 『법외계후등록(法外繼後謄錄)』(中B13IF 4)과 『양자에 관한 자료 원본(養子에 關한 資料 原本)』(中B18F 63 v.2)과 『양자에 관한 자료(養子에 關한 資料)』(中B18D 1 v.2), 『양자연조에 관한 법문발췌(養子緣組에 관한 法文拔萃)』(中B13IF 8), 『양자연조의 방식에 관한 조사보고서(養子緣組의 方式에 關한 調査報告書)』(中B13IF 9), 『파양에 관한 자료-이조실록발췌(罷養에 關한 資料-李朝實錄拔萃)』(中B18E 131) 등의 자료들이 이에 해당한다.

이 자료에서 발췌한 문헌은 『고려사(高麗史)』, 『동국통감(東國通鑑)』, 『해동잡록(海東雜錄)』, 『대전회통(大典會通)』, 『대명률(大明律)』, 『태종실록(太宗實錄)』 등 역대 실록, 『승정원일기(承政院日記)』, 『일성록(日省錄)』, 『춘관지(春官志)』, 『증보문헌비고(增補文獻備考)』, 『목민심서(牧民心書)』, 『조선금석총람(朝鮮金石總攬)』, 『병계집(屛溪集)』, 『동춘당선생집(同春堂先生集)』, 『사례찬설(四禮纂說)』, 『송자대전(宋子大典)』 등 매우 다양하다. 또한 『법외계후등록(法外繼後謄錄)』(奎12903)과 『수양시양등록(收養侍養謄錄)』(奎12960) 역시 발췌하고 있는데, 이 두 자료는 『법외계후등록(法外繼後謄錄)』이라는 또 다른 조사보고서(국사편찬위원회 中B13IF 4)에서 발췌하여 정리한 바 있는 자료이기도 하다. 차이라면 본 자료집에서는 다양한 양자 일반에 대하여 발췌하여 정리한 반면, 『법외계후등록(法外繼後謄錄)』 보고서에서는 법외의 계후 사례에 집중하여 정리하고 있는 점이다. 정리방식을 보면 각 자료의 관련 기록을 수록하고, 기록한 본문의 위에 해당 관련 요약 내용을 기재하고 있다.

이 자료의 구성을 살피면, 우선은 '수양자(收養子)'와 '시양자(侍養子)', '차양자(次養子)'의 양자유형별로 각 문헌에서 기록들을 발췌하여 수록하였다. 그리고 이어서는 『수양시양등록(收養侍養謄錄)』 등의 문헌에서 양자와 관련한 기록과 문서사례 등을 발췌하여 수록하고 있다.

'수양자'는 동성 또는 이성의 남의 자식을 3세가 되기 전에 얻어 길러 양자로 하는 경우를 일컫는다. 수양자의 경우 조선전기 무렵까지는 양부의 성을 따라 대를 잇는 것이 가능하였으나, 이후 기아 구제를 위한 정책적 측면에서 이성 수양자 및 자식이 있는 경우의 수양자를 허용함으로써 그 지위가 약화, 계사(繼祀)의 자격을 상실하고 양첩자녀와 동일하게 간주되게 되었다. 이 자료에서는 이와 같은 수양자의 관련 기록을 『고려사』를 비롯하여 『동국통감』과 역대 조선왕조실록, 『대전회통』 등의 법전류, 『매산집(梅山集)』 등의 문집자료 등을 통하여 발췌하고 있다.

'시양자' 역시 남의 자식을 길러 자식으로 삼는 것을 칭하나, 수양자와는 달리 4세 이상의 아이를 대상으로 하였고 대를 잇는 것이 목적이 아니었다. 이에 대한 기록을 발췌한 문헌 역시 앞서 '수양자'에서 언급한 문헌과 크게 다르지 않다.

'차양자'는 대를 잇기 위하여 양자를 들여 혼인을 시켰으나, 그 양자가 대를 이을 손을 낳지 못하고 사망한 경우, 양자의 대를 이을 손을 낳기 위하여 아들 대에서 임시로 두 번째 양자를 세운 경우를 일컫는다. 차양자는 일단 제사를 주관하는 등 적손의 역할을 하지만, 아들을 낳아 첫 번째 양자의 대를 잇게 하면 그 아들이 제사와 재산 등을 승계하고, 차양자는 생가로 복귀하게 된다. 이와 같은 차양자의 사례는 수양자나 시양자의 경우만큼 많지는 않으며, 『승정원일기(承政院日記)』와 『일성록(日省錄)』, 『법외계후등록(法外繼後謄錄)』, 『춘관지(春官志)』 등의 상대적으로 적은 문헌에서 관련 내용을 발췌하였다.

이어서 다양한 경우의 양자 일반에 관한 기록들을 조사·수집하여 기록하였다. 우선 1916년 3월 30일에 경상도장관이 내린 「차양자와 그 처의 양자의 선정 판례요지(次養子及其/妻/養子/選定 判例要旨)」 1926년(대정 15) 2월 26일 '양자연조확인 급 신청수속 이행청구 사건(養子緣組確認及申請手續履行請求事件)'에 대한 민사부판결(民事部判決)을 수록하였고, 계속하여 『수양시양등록』에서 69건의 기사를 발췌하여 수록하였다. 이성 수양이 33건으로 가장 많았고, 시양자 17건, 수양자 12건으로 역시 수양과 시양이 관련 기록의 대부분을 차지한다. 그러나 이외에도 외손봉사나 환관양자, 승적(承嫡) 등의 기사도 함께 발췌, 정리되었다. 끝부분에서는 『수양승적일기(收養承嫡日記)』와 『수시양등록(收侍養謄錄)』에서 관련한 문서의 사례 8건을 등사하였고, 마지막으로 『일성록』에서 '신주양자(神主養子)'와 관련한 기사를 발췌하여 수록하였다.

조선의 양자에는 대를 잇기 위하여 동성동본의 지자(支子)를 대상으로 양자를 택하여 후계를 삼는 입후 외에도 수양·시양자녀와 의자녀(義子女), 유기아(遺棄兒) 입양 등의 다양한 형태가 존재하였다. 이와 같은 조선의 관습은 민법의 제정과 관련한 일제의 주요한 구관조사대상이기도 하였다. 이 자료는 이와 같은 일제의 구관조사양상과 조선시대 양자의 다양한 실태를 보여주는 자료이다.

III-3-2-19. 양자에 관한 자료

관리기호	기록번호	자료명	
中B18D 1 v.2	-	養子ニ關スル資料	
작성자	생산기관	생산 연도	
-	조선총독부 중추원	-	
지역	언어	분량	소장기관
-	일본어	195면	국사편찬위원회
키워드	양자, 입후, 연조, 제사, 상속		

[기본정보]

이 자료집은 이이(李珥, 1536~1584)의『율곡전집(栗谷全集)』과 홍직필(洪直弼, 1776~1852)의『매산집(梅山集)』등 조선의 개인 저술 문집류 자료를 대상으로 양자에 관한 기록을 발췌하여 수록한 문헌조사보고서이다. 조선총독부 중추원 용지에 작성되었다. 21종의 문헌을 대상으로 양자의 입후, 양자의 관계를 맺는 요건과 효력, 제사상속 등의 양자와 관련한 159건의 기사를 정리하였다.

[내용정보]

이 자료는 조선의 양자에 관한 조사보고서 가운데 하나로, 문헌자료에서 해당 내용을 발췌하여 정리한 문헌조사보고서이다. 여기에서 발췌의 대상으로 삼은 문헌은 주로 개인 저술 문집류 자료들이다. 발췌한 원문기사에 주묵으로 일본어 가타카나 현토를 부기하였고, 본문의 상단 난외에는 해당 주제어와 핵심내용을 정리하여 기록하였다.

국사편찬위원회에는 이 자료 외에도 계후 및 양자와 관련한 다수의 조사보고서들이 소장되어 있다. 본 자료 외에 『양자에 관한 자료 원본(養子에 關한 資料 原本)』(中B18F 63 v.2)이 있으며, 이외에도 『법외계후등록(法外繼後謄錄)』(中B13IF 4)과 『수양자·시양자·차양자·양자에 관한 자료(收養子·侍養子·次養子·養子에 關한 資料)』(中B13IF 7), 『양자연조에 관한 법문발췌(養子緣組에 關한 法文拔萃)』(中B13IF 8), 『양자연조의 방식에 관한 조사보고서(養子緣組의 方式에 關한 調査報告書)』(中B13IF 9), 『파양에 관한 자료-이조실록발췌(罷養에 關한 資料-李朝實錄拔萃)』(中B18E 131) 등의 자료들이 존재한다.

특히 『양자에 관한 자료 원본(養子에 關한 資料 原本)』(中B18F 63 v.2)은 본 자료의 저본이 된 자료집으로 보인다. 그러나 내용이 상이하며, 해당 책의 표제에 '제서발췌 제2(諸書拔萃 第二)'라 기재된 것으로 볼 때, 『양자에 관한 자료』라는 제명의 문헌보고서가 여러 권이 작성되었고, 원본을 토대로 다시 부본들이 작성된 것임을 추정할 수 있다. 이 자료에 정리된 기사의 수는 총 159건으로 21종의 문헌들을 대상으로 발췌하여 수록하였다. 수록된 기사의 현황을 정리하면 다음과 같다.

〈표〉 『양자에 관한 자료』에 수록된 기사 현황

순서	책명	저자, 제작시기	기사수	관련 주제
1	율곡전집(栗谷全集)	이이, 1611	2	입후(立後)
2	매산집(梅山集)	홍직필, 1866	4	입후(立後), 연조(緣組)의 요건, 연조(緣組)의 효력
3	퇴계선생집(退溪先生集)	이황, 1598	3	입후(立後)와 형의 사망, 양자연조(養子緣組), 연조(緣組)의 효력
4	정재집(定齋集)	박태보, 1892	3	연조(緣組)의 효력, 연조(緣組)의 요건
5	한수재집(寒水齋集)	권상하, 1761	5	양자연조(養子緣組), 연조(緣組)의 효력, 타가(他家)의 양자, 입후(立後)와 봉사(奉祀) 상속
6	간재집(艮齋集)	이덕홍, 1666	19	양자연조(養子緣組), 양자와 적자, 연조(緣組)의 요건, 연조의 폐습, 연조의 효력, 입후(立後), 간세입후(間世立後)
7	간재사고(艮齋私稿)	전우, 1927	21	양자연조(養子緣組), 제사상속, 연조(緣組)의 요건, 연조(緣組)의 효력, 양자와 계후자(繼後子)와의 일차(一差), 연조의 독효(毒效) 및 취소, 입후(立後)
8	의례문해(疑禮問解)	김장생, 1646	1	연조(緣組)의 효력[입후후이생자(立後後已生子)]
9	동춘당선생문집(同春堂先生文集)	송준길, 1680	9	연조(緣組)의 효력, 제사상속, 양자연조(養子緣組)
10	상변통고(常變通考)	유장원, 1830	4	양자연조(養子緣組), 제사상속
11	사례찬설(四禮纂說)	이혁, 1867	2	위인후(爲人後), 이생위후(異姓爲後)
12	예의유집(禮疑類集)	박성원, 1783	5	입후(立後), 연조(緣組)의 효력, 제사상속, 양자

13	예의속집부록(禮疑續輯附錄)	이응진,	1912	44	양자연조(養子緣組), 연조(緣組)의 요건, 연조(緣組)의 효력, 이거(異居), 입후(立後), 제사상속
14	성호선생문집(星湖先生文集)	이익,	1774	1	입후(立後)
15	임하필기(林下筆記)	이유원,	1871	2	양자연조(養子緣組), 양손(養孫)
16	백사집(白沙集)	이항복,	1629	1	입후(立後)
17	송자대전(宋子大典)	송시열,	1787	27	양자연조(養子緣組), 연조(緣組)의 요건, 연조(緣組)의 효력, 입후(立後), 왕실입후(王室立後), 시양(侍養)
18	여유당전서(與猶堂全書)	정약용,	1934~8	3	입후(立後)
19	방산선생문집(舫山先生文集)	허훈,	1910	1	입후(立後)
20	동계집(東溪集)	박태순,	1736	1	양자연조(養子緣組)
21	가례부췌별록(家禮附贅別錄)	안공,	1628	1	제사상속, 양자연조(養子緣組)

[가치정보]

조선의 양자에는 대를 잇기 위하여 동성동본의 지자(支子)를 대상으로 양자를 택하여 후계를 삼는 입후 외에도 수양·시양자녀와 의자녀(義子女), 유기아(遺棄兒) 입양 등의 다양한 형태가 존재하였다. 이런 조선의 양자 관습은 호주의 승계, 제사상속, 재산상속 등 근대 민법의 제정과도 밀접하게 관련된 주제였다. 일제는 조선의 양자관습에 대한 다양한 조사를 수행하였다. 이 자료는 이와 같은 일제의 구관조사양상과 조선시대 양자의 다양한 실태를 보여주는 자료 가운데 하나로, 개인 저술 문헌에서 관련 기사를 발췌한 것이다.

III-3-2-20. 양자연조에 관한 법문발췌

관리기호	기록번호	자료명	
中B13IF 8	-	養子緣組ニ關スル法文拔萃	
작성자	생산기관	생산 연도	
-	조선총독부 중추원	-	
지역	언어	분량	소장기관
-	한문	30면	국사편찬위원회
키워드	양자, 입후, 봉사, 적자, 계후		

[기본정보]

이 자료집은『경국대전』과『대전후속록』등 법전 자료를 대상으로 양자에 관한 기록을 발췌하여 수록한 문헌조사보고서이다. 조선총독부 중추원 용지에 작성되었다. 10종의 법전 문헌들의 입후조(立後條)와 봉사조(奉祀條) 등에서 양자의 입후 요건과 제사상속 등 27개 관련조문을 발췌하여 수록하였다.

[내용정보]

이 자료는 조선의 양자에 관한 조사보고서 가운데 하나로, 문헌자료에서 해당 내용을 발췌하여 정리한 문헌조사보고서이다. 여기에서 발췌의 대상으로 삼은 문헌은 조선시대 법전 자료들이다. 국사편찬위원회에는 이 자료 외에도 계후 및 양자와 관련한 다수의 조사보고서들이 소장되어 있다. 본 자료 외에『법외계후등록(法外繼後謄錄)』(中B13IF 4)과 『양자에 관한 자료 원본(養子에 關한 資料 原本)』(中B18F 63 v.2)과『양자에 관한 자료(養子에 關한 資料)』(中B18D 1 v.2),『수양자·시양자·차양자·양자에 관한 자료(收養子·侍養子·次養子·養子에 關한 資料』(中B13IF 7),『양자연조의 방식에 관한 조사보고서(養子緣組의 方式에 關한 調査報告書)』(中B13IF 9),『파양에 관한 자료(罷養에 關한 資料)(이조실록발췌(李朝實錄拔萃)』(中B18E 131) 등의 자료들이 이에 해당한다.

이 자료에서 언급된 법조문의 수는 총 27건으로 조선시대에 제정된 10종의 법전에서 발췌하였다. 해당 법전에는 우리나라에 전해오는 법전 중 가장 오래된 것으로, 조선의 헌법이라 할 수 있는『경국대전』으로부터 광무 말년인 1905년에 반포된『형법대전』까지 걸쳐 있다. 그 밖에도『대전속록』이후의 법령을 모아 1543년에 편찬, 시행한『대전후속록』, 이후 150년 간의 새로운 조례와 규식을 정리하여 1698년에 편찬한『수교집록』, 1743년에 숙종 이후의 임금의 명령을 모아 엮은『신보수교집록』이 있다. 또한 1746년 『경국대전』후 공포된 법령 중 시행한 법령만을 추려서 편찬한 통일 법전인『속대전』과 1865년에 이전의 수교와 각종 조례 등을 보첨하여 정리한 조선시대 최후의 통일 법전인 『대전회통』, 조선시대의 현행법으로 적용한 중국 명나라의 형률서인『대명률』, 1585년과 1707년 수령이 사송의 처리를 함에 있어 참고하도록 편집하여 반포한『사송유취』와『결송유취보』를 포함하였다.

이 자료집에서 수록하고 있는 법조문들은 양자관계의 성립 조건과 효력 등을 다루고 있는 예전(禮典) 입후조(立後條)의 조문들이 대부분이다. 우선『경국대전』예전 입후조의 "부(婦)·첩(妾)이 모두 아들이 없는 경우 관에 고하여 동종지자(同宗支子)로서 계후자를 세운다"는 조문을 수록하였다. 그리고 다른 법조문들의 입후조 내용을 통하여 이후의 조례와 규식들을 발췌하였다. 그리고 이외에 양자의 의무나 권한 등과 관련한 봉사(奉祀), 복제(服制)와 관련한 조문들이 존재한다. 그 밖에 처벌 규정으로서 『대명률』의 입적자위법조(立嫡子違法條)와 『형법대전』의 입사위범률(立嗣違犯律), 그리고 『속대전』 이전(史典) 상피조(相避條)의 양자를 간 자식에 대한 생가의 상피규정까지를 수록하였다.

[가치정보]

조선의 양자에는 대를 잇기 위하여 동성동본의 지자(支子)를 대상으로 양자를 택하여 후계를 삼는 입후 외에도 수양·시양자녀와 의자녀(義子女), 유기아(遺棄兒) 입양 등의 다양한 형태가 존재하였다. 이와 같은 조선의 양자 관습은 호주의 승계, 제사상속, 재산상속 등 근대 민법의 제정과도 밀접하게 관련된 주제였다. 따라서 일제는 조선의 양자관습에 대한 다양한 조사를 수행하였다. 이 자료는 이와 같은 일제의 구관조사 양상과 조선시대 양자의 다양한 실태를 보여주는 자료 가운데 하나로, 조선시대 법전 문헌을 대상으로 관련 조문들을 발췌한 것이다.

III-3-2-21. 유언에 관한 자료

관리기호	기록번호	자료명	
中B13IF-10	-	遺言ニ關スル資料	
작성자	생산기관	생산 연도	
-	조선총독부 중추원	-	
지역	언어	분량	소장기관
-	한문	152면	국사편찬위원회
키워드	유언, 상속, 재산상속, 유서, 본손		

[기본정보]

이 자료는 조선총독부 중추원이 기록한 자료로 자료명은 '유언에 관한 자료'로 표기되어 있으며 작성자와 작성년도는 알 수 없다. 이 자료는 모두 152면이며 한문으로 기록되어 있다. 이 자료는 유언과 관련된 문헌조사자료로서 유언의 방식, 유언의 효력, 특히 재산상 속에 있어서의 유언 때문에 발생된 문제와 해결 기록을 수록하고 있다. 1책으로 이루어졌 으며 사본(寫本)이며 28×20㎝의 형태로 국사편찬위원회에 소장되어 있다.

[내용정보]

이 자료는 조선총독부 중추원이 유언에 관한 것을 정리한 자료이다. 『경국대전』, 각종 판결문뿐만 아니라 『고려사』와 『고려사절요』에 나타나는 유언, 그리고 유언으로 발생한 문제를 판결한 내용들을 구체적으로 기술하고 있다. 특히 상속에 있어서 유언으로 마찰을 빚은 부분들을 많이 인용하고 있다. 세종실록 기사에 보면

"이전에 수양(收養)에게 전해 준 노비(奴婢)를, 본손(本孫)이 만일에 그 조부의 '본손 외에 는 주지 말라.'는 유서(遺書)를 가지고 다투면, 유서에 따라 결정해 줄 것이오나, 그 법을 세우기 전에 이미 본손 외의 사람에게 결급(決給)한 것은 어떻게 처리하오리까."하여 유언 이나 유서로 인하여 발생한 상속문제가 나타나 있다.

또한 유언의 효력이 언제 발생되고 또 이 유언을 받은 자와 상속인과의 관계 등을 조사하고 있어 당시에 유언이 가지고 있던 영향력을 파악하고 있음을 알 수 있다.

[가치정보]

이 자료는 『고려사』, 『고려사절요』, 『경국대전』, 각종 판결문 등 유언과 관련된 문헌자 료를 조사 정리한 것으로 고려 이후 조선에 이르기까지 유언의 관습을 파악할 수 있다는 점에서 의미가 있다.

III-3-2-22. 자 인식 및 부인(否認)에 관한 자료(원본)

관리기호	기록번호	자료명	
B16FB-38	-	子ノ認知及否認ニ關スル資料 (原本)	
작성자	생산기관	생산 연도	
-	조선총독부 중추원	-	
지역	언어	분량	소장기관
-	한문	280면	수원시박물관
키워드	가문, 친자, 양자, 서자, 사생자		

[기본정보]

자료명은 '자 인식 및 부인에 관한 자료(원본)'이다. 분량은 총 280면이다. 조선시대부터 일제시기까지의 자 인식과 관련된 문건을 한문으로 기술하였다.

[내용정보]

인지(認知)의 방법이나 절차에 대해서는 특정한 관례가 없었던 것으로 보인다. 일반적으로 부(父)가 구두로 인정하는 것에 불과하며 관청에 신청하는 절차도 없다. 즉, 부모의 피와 자식의 피를 섞어서 합해지면 부(父)의 자식으로 인정하고 합해지지 아니하면 부자관계가 없다고 결정하는 관습이 있다는 것이다. 또한 사생아의 인지에 대해서도 별도의 절차가 없고 다만, 그 부가 직접 인지하거나 그 모의 신청으로 인지했던 것으로 특별한 절차가 없었다.

[가치정보]

이 자료는 자식을 인정하는 방법에 대해 정리한 것으로 조선시대 자식으로 인정하고 인정하지 않는 관습을 알 수 있다는 점에서 의미가 있다.

III-3-2-23. 재산상속에 관한 자료

관리기호	기록번호	자료명	
中B13IF-13	-	財産相續ニ關スル資料	
작성자	생산기관	생산 연도	
-	조선총독부 중추원	-	
지역	언어	분량	소장기관
-	한문	119면	국사편찬위원회
키워드	재산상속, 상속, 분급, 분급대상, 상속분쟁		

[기본정보]

이 자료는 조선총독부 중추원이 기록한 자료로 자료명은 '재산상속에 관한 자료'로 표기되어 있으며 작성자와 작성년도는 알 수 없다. 이 자료는 모두 119면이며 한문으로 기록되어 있다. 이 자료는 재산상속과 관련된 문헌조사자료로서 재산의 분급과 분급의 대상에 대한 자료를 인용하고 있다. 1책(冊)으로 이루어졌으며 사본(寫本)이며 28×20㎝의 형태로 국사편찬위원회에 소장되어 있다.

[내용정보]

이 자료는 조선총독부 중추원이 재산상속에 관한 것을 정리한 자료이다. 재산상속이 누구에게 어떻게 이루어졌는지를 살펴보고 있다. 남녀간의 차별은 있었는지, 어떠한 것들이 재산상속의 대상이 되었는지, 어느 시점에서 재산상속이 이루어졌는지를 살펴보고 있다.

[가치정보]

이 자료는 재산상속과 관련된 문헌조사자료로서 조선시대의 재산상속의 관행이 어떠하였는지를 살펴보고 있다. 이를 통하여 재산상속의 분쟁에 있어서 특히 그 권리를 가지는 사람들이 다양했기에 다양한 사례들을 통해 기준을 세우는 데 도움이 됐을 것으로 보인다.

III-3-2-24. 절가재흥에 관한 자료

관리기호	기록번호	자료명	
中B13IF-14	-	絶家再興ニ關スル資料	
작성자	생산기관	생산 연도	
-	조선총독부 중추원	-	
지역	언어	분량	소장기관
-	한문	70면	국사편찬위원회
키워드	절가, 재흥, 폐가, 호주, 양자		

[기본정보]

이 자료는 조선총독부 중추원이 기록한 자료로 자료명은 '절가재흥에 관한 자료'로 표기되어 있으며 작성자와 작성년도는 알 수 없다. 모두 70면이며 한문으로 기록되어 있다. 이 자료는 절가재흥과 관련된 문헌조사자료로서 1책으로 이루어졌으며 사본(寫本)이며 28×20㎝의 형태로 국사편찬위원회에 소장되어 있다.

[내용정보]

이 자료는 조선총독부 중추원이 절가재흥에 관한 것을 정리한 자료이다. 절가재흥이란 호주가 사망하고 장기간 상속할 자가 없으면 그 가(家)는 스스로 절가되는 것인데 오랜 후에 이를 상속할 자가 있으면 그 가(家)는 재흥된다. 절가의 재흥은 양부사후(養父死後)의 양자(養子)와 비슷하다.

[가치정보]

이 자료는 절가재흥에 관한 것을 정리한 것으로 조선시대 절가가 재흥하는 관습을 알 수 있다는 점에서 의미가 있다.

III-3-2-25. 종법에 관한 자료

관리기호	기록번호	자료명	
中B13IF-15	-	宗法ニ關スル資料	
작성자	생산기관	생산 연도	
-	조선총독부 중추원	-	
지역	언어	분량	소장기관
-	한문	71면	수원시박물관
키워드	종법, 친자, 서자, 장자, 문중		

[기본정보]

자료명은 '종법관계자료'이다. 각 권별 법외계후등록 기록을 기술하고 있다. 분량은 총 71면이다. 한문으로 기술되어 있다.

[내용정보]

종법(宗法)은 크게 대종(大宗)과 소종(小宗)으로 이루어진다. 대종과 소종의 각 사례별 특징 및 친자, 양자, 장자, 서자(별자) 등의 사례에서 어떻게 반영되고 있는지 기록되어 있다.

[가치정보]

이 자료는 종법에 관한 자료로 대종과 소종의 사례별 특징, 친자, 양자, 장자, 서자 등에 대한 관습을 알 수 있다는 점에서 의미가 있다.

III-3-2-26. 종중·문중에 관한 자료

관리기호	기록번호	자료명	
中B13IF-16	-	宗中門中ニ關スル資料	
작성자	생산기관	생산 연도	
-	조선총독부 중추원	-	
지역	언어	분량	소장기관
-	한문	184면	수원시박물관
키워드	종중, 문중, 법외계후 등록, 입양, 파양		

[기본정보]

자료명은 '종중문중에 관한 자료'이다. 각 권별 법외계후등록 기록을 기술하고 있다. 분량은 총 184면이다. 한문으로 기술되어 있다.

[내용정보]

법외계후등록은 일명 별계후등록(別繼後謄錄)이라고 한다. 법외계후등록과 관련하여 규장각에『법외계후등록』(奎12903)이『별계후등록(別繼後謄錄)』의 표지서명으로 소장되어 있다. 인조 15년~영조 29년(1637~1753)의 기록을 20책에 수록하고 있다. 이 책은『계후등록』의 별편으로, 정규의 경우를 벗어난 여러 가지 양자의 사례에 관한 사실을 모은 등록이다. 조선총독부 중추원이 법외계후등록을 발췌한 이유는 한국인들의 파양에 관한 관습의 연혁을 확인하고 법제에서 규정하는 사항을 조사하기 위해서였다.

[가치정보]

이 자료는 종중문중의 관계 자료로 한국인들의 파양에 관한 관습과 법제에서 규정하는 사항을 알 수 있다는 점에서 의미가 있다.

III-3-2-27. 친자에 관한 자료

관리기호	기록번호	자료명	
中B18E-125	-	親子ニ關スル資料	
작성자	생산기관	생산 연도	
-	조선총독부 중추원	-	
지역	언어	분량	소장기관
-	한문	86면	수원시박물관
키워드	친자, 양자, 서자, 친족회, 친권		

[기본정보]

자료명은 '친자에 관한 자료'이다. 분량은 총 86면이다. 한문으로 기술되어 있다. 또한 조선왕조실록에 기록된 친자관련 자료 및 일제시기 친자관련 자료가 기술되어 있다.

[내용정보]

친권은 친자관계에서 발생하는 당연한 것으로 친권자가 친권을 포기하는 경우는 거의 없으며 친권자의 친권의 전부 또는 일부를 친족회 등에서 강제로 박탈하는 사례도 거의 없다는 점이 특징이다.

[가치정보]

이 자료는 조선왕조실록에 기록된 친자관련 자료와 일제시기 친자관련 자료를 조사 정리한 것으로 친권자의 친권, 친족회 등의 친권관여 등에 대한 관습을 파악할 수 있다는 점에서 의미가 있다.

III-3-2-28. 친족상속편찬자료항목

관리기호	기록번호	자료명	
中B13IF-18	-	親族相續編纂資料項目	
작성자	생산기관	생산 연도	
-	중추원	-	
지역	언어	분량	소장기관
-	일본어	49면	국사편찬위원회
키워드	친족, 상속, 가(家), 호주, 혼인		

[기본정보]

이 자료는 중추원이 친족 및 상속 조사보고서류를 종류별로 정리 기록한 것이다.

[내용정보]

이 자료가 제3장 친족 제4장 상속 등으로 구분하고 있는 것으로 보아서 앞의 물권 및 채권 분야도 있지 않을까 추정된다. 친족 부분은 친족의 명칭, 친등, 친족관계의 발생 및 소멸, 가(家), 호주, 가족, 호주 가족간의 권리 의무, 가족의 특유재산, 성급명(姓及名), 혼인, 혼인의 종류, 혼인의 연령, 혼인의 조건, 이혼, 양자, 양자의 요건, 후견인, 친족회 등으로 구성되어 있다. 상속 부분은 상속의 종류, 상속의 개시, 상속인, 상속의 효력, 상속분, 상속재산의 분배, 상속의 회복 등으로 구성되어 있다. 이 자료는 각 조사항목에 대한 참고자료 및 조사자료를 소개하고 있다.

[가치정보]

이 자료는 친족의 명칭, 친등, 친족관계, 호주, 가족, 성명, 혼인, 상속의 종류, 상속의 개시, 상속분 등을 조사 정리한 것으로 친족 및 상속에 대한 관습을 파악할 수 있다는 점에서 의미가 있다.

III-3-2-29. 친족의 종류와 친등에 관한 자료

관리기호	기록번호	자료명		
A5Z 26 v.1	-	親族ノ種類卜親等ニ關スル資料		
작성자	생산기관	생산 연도		
-	조선총독부 중추원	-		
지역	언어	분량	소장기관	
-	한문	23면	국사편찬위원회	
키워드	친족, 종성, 복친, 본종, 이성			

[기본정보]

이 자료는 조선에서 친족의 종류와 친등에 관하여 조선총독부 중추원에서 작성한 조사보고서이다. 12줄의 조선총독부 중추원 용지에 기술하였으며, 『대전회통(大典會通)』과 『형서통회(刑書統會)』 등 10종의 문헌에서 10건의 관련 기록을 발췌·수록한 문헌조사자료이다.

[내용정보]

이 자료는 조선총독부 중추원에서 조선의 친족에 대한 자료를 여러 문헌에서 발췌하여 정리한 것이다. 여기에서 발췌한 문헌은 『대전회통(大典會通)』, 『형서통회(刑書統會)』, 『형법대전(刑法大全)』, 『주례(周禮)』, 『전계예악지(前溪禮樂志)』, 『고려사(高麗史)』, 『육례의집(六禮疑輯)』, 『야곡집(冶谷集)』, 『여유당전서(與猶堂全書)』, 『아언각비(雅言覺非)』의 10종으로, 각 문헌에서 1건씩 총 10건의 기사를 발췌하여 수록하였다. 이들 문헌에 기록된 관련 기사를 발췌하여 국한문으로 기록하였으며, 한글 조사 옆에 붉은색으로 일본어 현토를 부기한 경우가 존재한다. 본문 상단에는 관련 주제를 기록하였는데, 대체로 친족의 종류와 친등(親等)의 계산, 친속(親屬)의 명칭 등이다.

여기에 수록된 기사 가운데 친족의 종류에 관한 기사가 6건이고, 친등의 계산관련 기사가 3건, 나머지 1건은 친족의 명칭에 대한 것이다. 친족의 종류에 대해서는 『대전회통』과 『형서통회』, 『형법대전』의 기사에서 복제(服制)를 통한 친족의 종류와 범주를 인용하고 있다. 『대전회통』에서는 종성(宗姓)의 단문[단면(袒免)]을 하는 친족으로 고조의 형제와 증조의 4촌 형제, 조부의 6촌 형제, 부(父)의 8촌 형제, 그리고 나의 10촌 형제를 언급하였다. 『형서통회』에서는 동종무복친(同宗無服親)으로 고조의 친형제자매, 증조의 당형제자매, 조부의 재종형제자매, 부의 3종형제자매, 나의 4종형제자매 및 3종질 및 재종질손은 모두 단문을 하는 친족이라 하였다. 『형법대전』의 기사는 좀 더 자세하여, 친속(親屬)이라 칭함은 본종(本宗)과 이성(異姓)의 유복(有服)과 단면친(袒免親)을 이른다고 하면서, 참쇠(斬衰)·제쇠(齊衰), 기친(朞親), 대공친(大功親), 소공친(小功親), 시마친(緦麻親), 무복친(無服親), 동거계부(同居繼父), 금부동거계부(今不同居繼父) 등으로 친족을 분류하였다. 여기서 단문은 3개월 동안 복(服)을 입는 시마(緦麻) 이하의 복에서 웃옷의 오른 소배를 벗은 채로, 관을 벗고 머리를 묶거나 사각건을 쓰는 복제를 이른다.

이와는 다른 친족의 종류 또한 언급하고 있는데, 부·모·형·제·처·자의 육친(六親)을 언급한 『주례』와 본족(本族)과 외족(外族) 및 처족(妻族)으로 구분한 『고려사』의 형지(刑志) 상피조(相避條) 기사가 이에 해당한다. 그리고 『육례의집』과 『여유당전서』, 『아언각비』 등의 문헌에서는 세수위차(世數位次)와 같은 친등의 계산법에 대한 기사를 발췌하였다.

[가치정보]

이 자료는 조선의 친족을 이해하기 위하여 『대전회통』 등 10종의 문헌에서 친족의 종류와 친등에 관계된 기사를 발췌하여 정리한 문헌조사자료이다. 일제는 민사(民事)와 관련한 매우 중요한 주제로서 조선에서 친족의 성격과 관계 등을 조사, 정리하였으며, 이를 관습조사 및 민법을 통하여 실효성을 지니게 하려 하였다. 이 자료는 이와 같은 일제의 친족에 대한 관심과 이해의 양상을 보여주는 한 자료로서 의미를 지닌다.

III-3-2-30. 타가상속 폐가절가 폐절가재흥

관리기호	기록번호	자료명	
中B13IF-20	-	他家相續廢家絶家廢絶家再興	
작성자	생산기관	생산 연도	
-	조선총독부 중추원	-	
지역	언어	분량	소장기관
-	국한문	12면	국사편찬위원회
키워드	타가상속, 폐가, 절가, 폐절가 재흥		

[기본정보]

이 자료는 조선총독부 중추원이 기록한 자료로 자료명은 '타가상속 폐가절가 폐절가재흥'으로 표기되어 있으며 작성자와 작성년도는 알 수 없다. 이 자료는 모두 12면이며 한문으로 기록되어 있다. 이 자료는 일반적인 상속과는 달리 제사를 상속할 자가 없거나 절가를 재흥한 경우와 관련된 문헌조사자료로서 타가상속과 폐가와 절가의 재흥과 관련된 내용을 다루고 있다. 1책(冊)으로 이루어졌으며 사본(寫本)이며 28×20㎝의 형태로 국사편찬위원회에 소장되어 있다.

[내용정보]

이 자료는 조선총독부 중추원이 타가상속과 폐가, 절가의 재흥에 관한 것을 정리한 자료이다. 조선에서의 상속은 주로 제사상속과 관련되었다. 즉 제사상속을 하는 자가 호주상속을 하는 것을 원칙으로 하고 있다. 다만 제사상속을 할 자가 없는 경우에는 망호주(亡戶主)의 처(妻) 또는 모(母)가 호주가 되는 것에 지나지 않는다. 그래서 제사상속을 해야 하는 자는 피상속인의 적장자이고, 적장자가 없으면 서자가 승적하고, 남자가 전혀 없으면 나계혈족 중 입양하여 상속을 받게 하였다. 즉 타가상속은 항상 입양으로 하고 이외의 타가상속은 없었다.

폐가는 호주가 타가상속을 위해 양자로 된 경우에만 발생하는 것이다. 조선의 가계절승법칙에서는 폐가를 재흥함에는 그 가의 양자가 되는 것 외에는 방법이 없으므로, 그

가에 제사를 지낼 조상(祖上)이 있어야 하고 단대(單代)로 폐가된 가는 재흥할 수 없다. 재흥자는 폐가된 가의 선대의 친자와 동행렬의 남계혈족남자여야만 했다.

[가치정보]

이 자료는 재산상속과 관련된 문헌조사자료로서 조선시대의 타가상속과 폐가, 절가의 재흥의 방법과 원칙 그리고 그것들의 관행이 어떠하였는지를 살펴보고 있다. 상속의 분쟁에 있어서 제사와 관련된, 그리고 호주와 관련된 것을 살펴봄으로써 상속분쟁을 해결하는 데 도움이 되는 자료를 모은 것이다.

III-3-2-31. 법외계후등록

관리기호	기록번호	자료명	
中B13IF 4	-	法外繼後謄錄	
작성자	생산기관	생산 연도	
-	조선총독부 중추원	-	
지역	언어	분량	소장기관
-	한문	192면	국사편찬위원회
키워드	계후, 양자, 수양, 시양, 적장손		

[기본정보]

이 자료는 조선시대 계후에 대한 문헌을 발췌하여 정리한 것으로, 조선의 양자에 대한 관습조사의 일환으로 작성된 것으로 추정된다. 자료의 표제이기도 한『법외계후등록(法外 繼後謄錄)』을 비롯하여 『수양시양등록(收養侍養謄錄)』과 『계후등록속(繼後謄錄續)』에서 144개 기사를 발췌하여 수록하였다.

[내용정보]

이 자료는『수양시양등록(收養侍養謄錄)』과 『법외계후등록(法外繼後謄錄)』, 『계후등록속(繼

後謄錄續)』의 세 자료에서 법외 계후의 사례로 주목할 만한 144개의 기사를 발췌하여 수록한 것이다. 세 자료는 현재 모두 규장각에 소장되어 있다. 국사편찬위원회에는 이 자료 외에도 계후 및 양자와 관련한 다수의 조사보고서들이 소장되어 있다.『양자에 관한 자료 원본』(中B18F 63 v.2)과『양자에 관한 자료』(中B18D 1 v.2),『수양자·시양자·차양자·양자에 관한 자료』(中B13IF 7),『양자연조에 관한 법문발췌』(中B13IF 8),『양자연조의 방식에 관한 조사보고서』(中B13IF 9),『파양에 관한 자료(이조실록발췌)』(中B18E 131) 등의 자료들이 이에 해당한다.

최초의 기사는『수양시양등록』에 수록된 을해년 12월 초8일의 기사로, 한성부 서부에 거주하는 상궁 서씨가 그 동생 치환(致煥)의 제2자 호진(好進)을 양자로 하는 입안을 성급했다는 기록이다. 그리고 이어서『수양시양등록』의 16개 기사를 추가 수록하였다.『수양시양등록』(奎12960)은 1책(107장)이며, 예조에서 접수한 수양(收養)·시양건(侍養件)을 시기순으로 기재한 것으로, 숙종 10년~영조 26년(1684~1750)까지의 기록을 모은 책이다.

『수양시양등록』에 이어『법외계후등록』의 기사들이 이어지는데, 실질적으로 본 자료의 대부분인 123개 기사를 수록하고 있다. 첫 기사는 무인년 4월 28일자 기사로, 전군수 윤응지(尹應之)의 상언(上言)에 의거하여 예조(禮曹)에서 올린 해평부원군(海平府院君) 윤근수(尹根壽)의 적장손(嫡長孫) 계후(繼後)와 관련한 기사이다.『법외계후등록』(奎12903)은『별계후등록(別繼後謄錄)』의 표지서명으로, 인조 15년~영조 29년(1637~1753)의 기록을 20책에 수록하고 있다. 이 책은『계후등록』의 별편으로, 정규(正規)의 경우를 벗어난 여러 가지 양자의 사례에 관한 사실을 모은 등록이다.

마지막에는『계후등록속』에서 4개 기사를 발췌하여 등재하였다.『계후등록』(奎12869)은 광해군 10년~철종 14년(1618~1863)의 기록을 20책에 나누어 기록한 등록이다. 해당시기 예조 계제사(稽制司)에서 예사(禮斜)의 발급을 기록한 등록으로, 앞서『법외계후등록』이 정규의 경우를 벗어난 여러 가지 양자의 사례에 관한 사실을 모은 등록인 반면, 이 자료는 동성동본의 지자(支子) 중에서 양자를 택하여 후계를 삼는 사례를 모두 취급하였다.

위 자료들은 조선시대 가족관계연구 및 법제사에서 중요한 자료들이며, 특히『수양시양등록』의 경우는 조선시대의 유기아수양(遺棄兒收養)과 이성(異姓)입양의 실태를 보여준다. 이와 함께 볼 수 있는 자료들로는 한말의 적자수양(嫡子收養)을 기록한『수양승적일기(收養承嫡日記)』(奎13038)를 비롯하여『계후초록초기(繼後抄錄草記)』(奎9859) 등이 존재한다.

[가치정보]

조선의 양자에는 대를 잇기 위하여 동성동본의 지자(支子)를 대상으로 양자를 택하여 후계를 삼는 입후 외에도 수양·시양자녀와 의자녀(義子女), 유기아(遺棄兒) 입양 등의 다양한 형태가 존재하였다. 이와 같은 조선의 관습은 민법의 제정과 관련한 일제의 주요한 구관 조사 대상이기도 하였다. 이 자료는 이와 같은 일제의 구관조사양상과 조선시대 양자의 다양한 실태를 보여주는 자료이다.

III-3-2-32. 은거에 관한 자료

관리기호	기록번호	자료명	
中A5E20 v.1	-	隱居ニ關スル資料	
작성자	생산기관	생산 연도	
-	조선총독부 중추원	-	
지역	언어	분량	소장기관
-	한문	17면	국사편찬위원회
키워드	은거, 전중, 제사, 봉사, 매산집		

[기본정보]

이 자료집은 조선총독부 중추원에서 조선의 은거(隱居)에 관하여 조사하여 정리한 것이다. 조선총독부 중추원 용지에 작성되었으며, 은거와 관련한 제사의 상속 문제를 주로 정리하였다. 조선시대 문헌에서 관련 내용을 발췌한 문헌조사보고로,『매산집(梅山集)』등 개인 저술 문헌 8종에서 12개의 관련기사를 발췌하여 수록하였다.

[내용정보]

'은거에 관한 자료'라는 제명을 달고 있는 이 자료집은 조선시대 은거와 제사의 승계 문제를 중점적으로 다루고 있다. 홍직필(洪直弼, 1776~1852)의『매산집』등 개인 저술에서 관련기사를 발췌하여 수록하였다. 12줄의 조선총독부 중추원 용지에 작성되었으며, 기사별로 별도의 용지에 작성되었다. 원문 기사를 수록하고 붉은 색으로 일본어 현토를 부기하였으며, 본문의 난 위에 역시 붉은 색으로 '은거(隱居)', '전중(傳重)' 등의 관련 핵심어를 기록하였다.

이 자료에서 인용한 문헌은 8종이고, 12개의 기사를 발췌하였다. 『매산집』에서는 「연보(年譜)」와 「고가묘문(告家廟文)」에서 은거와 관련한 기사 2건을 수록하였는데, 제사의 계승과 관련된 기사이다. 이어지는 『신독재집(愼獨齋集)』에서는 「고선묘문(告先廟文)」에서 1건의 기사를 발췌하고 있으며 역시 제사와 관련한 기사이다. 이밖에 권상하(1641~1721)의 『한수재집(寒水齋集)』, 김장생(1548~1631)의 『의례문해(疑禮問解)』, 유장원(1724~1796)의 『상변통고(常變通攷)』, 박성원(1697~1767)의 『예의류집(禮疑類輯)』, 남도진(1674~1735)의 『예서차기(禮書箚記)』에서 각 1건씩의 기사를 발췌하여 수록하였고, 조선말기의 학자 이응진이 저술한 『예의속집(禮疑續輯)』의 부록에서는 4건의 기사를 발췌하여 수록하였다.

'은거'는 사전적으로 세상의 일에 관여하지 않고 숨어서 사는 것을 의미한다. 그러나 여기에서는 주로 관직과 봉사(奉祀) 등의 공적인 일에서 물러나는 것으로, 이 경우 제사 등의 상속이 어떻게 이루어지는지에 관한 문헌상의 자료들을 조사하여 수집한 것이다.

[가치정보]

은거는 기본적으로 개인의 삶의 태도와 관련되며, 조선에서도 관직 등 세상의 일에 관여하지 않고 숨어서 사는 것으로 이해하고 있다. 그러나 이 자료집에서는 은거를 단순한 개인의 삶의 태도로서가 아닌, 그로 인한 제사의 상속 등 민사관련 측면에서 중점적으로 검토하고 있다. 이와 같은 일제의 은거 조사에 관한 인식은 일제가 조선에서 수행한 관습조사의 중심적 방향과 목적이 조선사회의 이해 자체보다는 통치를 위한 것으로서, 그 법적 토대를 수립하는 것에 있음을 보여준다 하겠다.

관리기호	기록번호	자료명	
中B10F 6	風俗 116	姓名及貫 一	
작성자	생산기관	생산 연도	
村山	조선총독부 중추원	-	
지역	언어	분량	소장기관
-	일본어	103면	국사편찬위원회
키워드	성명, 본관, 관명, 아명, 귀화		

[기본정보]

이 자료는 조선총독부 중추원에서 조선의 성명과 본관에 대해 작성한 조사보고서 가운데 하나이다. 조선총독부 중추원 용지에 작성하였으며, 풍속조사의 일환으로 조사하여 정리하였다. 문헌이나 실제 사례들을 바탕으로 조사한 내용을 토대로 정리한 최종보고서이며, 뒷부분에 초고가 함께 묶여져 있다.

[세부목차]

목차(目次)

제10장 성명(姓名)

제1절 성(姓)

1) 성(姓)의 유래(由來)

2) 성(姓)의 구별(區別)

3) 본관(本貫)

제2절 명(名)

1) 관명(冠名)

2) 아명(兒名)

(1) 명명(命名)

(2) 아명(兒名)의 종류(種類)

성명(姓名) 초고(草稿)

[내용정보]

조선의 성명과 본관에 관한 이 조사보고서는 조선총독부 중추원에서 1921년 초부터 시작한 풍속조사의 일환으로 생산된 자료이다. 조선총독부 중추원의 풍속조사는 이전까지 구관조사사업의 일환으로 부분적으로 실시해 오던 것을 독립시켜 본격화한 것으로, 조선에서 풍속의 연혁과 변천을 구명하기 위한 것이었다. 복장, 음식, 주거, 차(車)·여(輿)·선(船), 출생, 관혼상제 등 조선의 풍속 일반을 조사 대상으로 삼았다.

표지의 우상귀를 보면 '제43 성명급관(第四十三 姓名及貫)'이라 기록되어 있으며, 좌상 장원형 안에 '풍속(風俗)'이라 붉은색 도장이 찍혀 있어, 풍속조사의 43번 항목인 '성명 및 관'에 대한 조사보고서임을 알 수 있게 해준다. 제목을 보면 '성명급관 1(姓名及貫 一)'로 쓰고 그 아래에 '기술합책(記述合冊)'이라 기록하여, 이 이외에 별도의 보고서들이 더 있었음을 알 수 있다. 이 자료집이 문헌 및 실지조사를 바탕으로 기술한 최종보고서의 성격임을 고려하면, 다른 책들은 문헌조사 및 실지조사의 결과보고서일 가능성이 높다.

이 보고서는 앞부분에 목차가 있으며, 본문이 이어진 후 말미에는 초고를 첨부하고 있다. 본문의 구성은 간단해서 '성(姓)'을 다루는 1절과 '명(名)'을 다루는 2절의 두 부분으로 구성되어 있으며, 그 내용을 살피면 실지조사와 문헌조사를 아우른 내용을 정리하고 있다.

제1절은 '성의 유래'와 '성의 구별', 그리고 '본관'에 대하여 다루고 있다. 이 가운데 성을 구별하는 방식을 보면, 크게 '스스로 칭한 성(自稱姓)'과 '하사받은 성(賜姓)'으로 구분하고 있다. '스스로 칭한 성'의 경우는 그 유래에 따라 구분하고 있는데, 선우(鮮于)와 한(韓) 등 지명에서 유래한 경우와 고신씨의 후예로 일컬어지는 고(高)씨와 연안이씨(延安李氏) 등 중국에서 유래한 경우, 기피를 위하여 성을 바꾸는 경우, 귀화 및 투화(投化)한 자의 경우와 남의 성을 훔쳐 쓰는 경우를 구분하였고, 신라의 3성인 박(朴)·석(昔)·김(金) 등은 기이(奇異)한 경우로 별도로 언급하였다. 성을 하사받은 경우도 취의(取義), 기능(伎能), 기이(奇異), 호우(好遇), 전공(戰功) 등 유래를 통하여 설명하고 있다.

제2절은 관명(冠名)과 아명(兒名)을 구분하고 그 명명법과 종류에 대하여 설명하고 있다. 우선 관명에 대해서는 그 이름붙이는 규칙으로 항렬법과 세계법, 그리고 형제법을 사례와 더불어 제시하였다. 항렬법에 대해서는 파평윤씨 윤관(尹瓘)의 가계 등을 사례로써 가계도를 제시하면서 설명하고 있다. 항렬자를 구하는 규칙으로 설명하고 있는 세계법으로는

오행(五行)의 사례로 은진송씨(恩津宋氏)를, 천간(天干)의 사례로 전주이씨(全州李氏)를, 지문(地文)의 사례로는 강릉김씨(江陵金氏), 숫자로는 안동권씨(安東權氏), 성(聖)·현(賢)·인(仁)·의(義)·예(禮)·지(智) 등 아름다운 글자로 양성이씨(陽城李氏) 등을 사례로 제시하면서 설명하였다. 마지막으로 형제간에 항렬자 외의 이름자를 택하는 규칙으로 설명하고 있는 형제법의 사례로는 28숙(宿)의 성신명(星辰名)으로 경주김씨(慶州金氏) 등을, 64괘(卦)의 사례로는 전주유씨(全州柳氏) 등을, 산이름과 물이름으로 동래정씨(東萊鄭氏)와 한산이씨(韓山李氏) 등을 사례로 제시하고 있으며 이밖에도 나라이름과 사람이름, 영물(靈物)과 서차(序次) 등의 사례를 제시하고 있다.

아명(兒名)에 대해서는 그 이름을 붙이는 까닭과 종류를 중심으로 설명하고 있다. 종류는 크게 넷으로 구분하고 있는데, 축원명(祝願名)과 우의명(寓意名), 기념할 일과 그 밖의 경우이다. 축원명으로는 남아의 경우 수(壽), 복(福), 창(昌), 귀(貴) 등의 글자를 사용하는 수남(壽男), 수길(壽吉), 수복(壽福), 창남(昌男), 귀남(貴男) 등을, 여아의 경우는 귀(貴), 인(仁), 정(貞), 순(順) 등의 글자를 사용하는 귀녀(貴女), 귀례(貴禮), 인순(仁順), 정순(貞順), 순덕(順德) 등을 제시하였다. 우의명(寓意名)의 사례로는 남아의 경우 천석(千石)과 흥업(興業), 수(壽)·복(福)·귀(貴)를 얻으라는 삼달(三達), 판쇠(判釗), 마당쇠(馬堂釗), 말쇠(末釗), 봉이(鳳伊), 거복이(巨福伊), 호랑이(好郞伊), 귀돌(貴乭), 옥동(玉童) 등을 거론하였고, 여아에 대해서는 잇분이, 의져시, 용녀(龍女), 봉희(鳳姬), 정옥(貞玉), 둑겁이 등을 사례로 들었다. 기념할 일로 아명을 삼는 경우는 대체로 출생과 관련한 일들로 이름짓는 것으로, 태몽과 관련한 몽룡(夢龍), 얻은 해와 장소를 딴 갑득(甲得), 인득(寅得), 경득(京得), 경득(慶得), 차자인 경우의 우복(又福)과 쏘녀 등이 있다. 마지막으로 기타 이름으로는 더 이상 딸을 낳지 말라는 뜻의 달막(達莫), 팔아버린 아이라는 뜻의 판악(判岳) 외에 문둥이, 개동(介同)[개똥], 말똥, 동쇠(洞釗)[똥쇠], 똥파리 등을 거론하고 있다.

[가치정보]

우리나라를 포함한 동아시아의 경우 아명과 초명, 관명, 자와 호 등 다양한 종류의 이름을 사용해 온 전통이 있다. 이 보고서는 그 가운데 관례 후에 항렬자를 넣어서 짓게 되는 공식적인 이름인 관명과 그 이전에 무병장수를 기원하면서 명명한 아명에 대하여 기술한 것이다. 조선에서 전통적으로 행해지던 성명관습에 대하여 근대적으로 조사, 분석하고 체계화하여 기술한 자료로서, 조선의 성명에 대한 일제의 조사·연구의 방향성을 보여줌과 동시에 근대적 접근으로서의 의미를 지닌다고 할 수 있다.

III-3-2-34. 양자에 관한 자료 원본

관리기호	기록번호	자료명	
中B18F 63 v.2		養子ニ關スル資料 原本	
작성자	생산기관	생산 연도	
-	조선총독부 중추원	-	
지역	언어	분량	소장기관
-	한문	216면	국사편찬위원회
키워드	양자, 입후, 연조, 제사, 상속		

[기본정보]

이 자료집은 심흥모의 『사례안(四禮按)』과 박세채의 『육례의집(六禮疑輯)』 등 조선의 개인 저술 문집류 자료를 대상으로 양자에 관한 기록을 발췌하여 수록한 문헌조사보고서이다. 조선총독부 중추원 용지에 작성되었다. 34종의 문헌을 대상으로 양자의 입후, 양자의 관계를 맺는 요건과 효력, 제사상속 등의 양자와 관련한 150여 건의 기사를 정리하였다.

[내용정보]

이 자료는 조선의 양자에 관한 조사보고서 가운데 하나로, 문헌자료에서 해당 내용을 발췌하여 정리한 문헌조사보고서이다. 여기에서 발췌의 대상으로 삼은 문헌은 주로 개인 저술 문집류 자료들이다. 발췌한 원문기사에 주묵으로 일본어 가타카나 현토를 부기하였고, 본문의 상단 난외에는 해당 주제어와 핵심내용을 정리하여 기록하였다.

국사편찬위원회에는 이 자료 외에도 계후 및 양자와 관련한 다수의 조사보고서들이 소장되어 있다. 본 자료 외에 『양자에 관한 자료(養子에 關한 資料)』(中B18D 1 v.2)가 있으며, 이외에도 『법외계후등록(法外繼後謄錄)』(中B13IF 4)과 『수양자·시양자·차양자·양자에 관한 자료(收養子·侍養子·次養子·養子에 關한 資料)』(中B13IF 7), 『양자연조에 관한 법문발췌(養子緣組에 관한 法文拔萃)』(中B13IF 8), 『양자연조의 방식에 관한 조사보고서(養子緣組의 方式에 關한 調査報告書)』(中B13IF 9), 『파양에 관한 자료(罷養에 關한 資料) (이조실록발췌(李朝實錄拔萃))』(中B18E 131) 등의 자료들이 존재한다.

특히 『양자에 관한 자료(養子에 關한 資料)』(中B18D 1 v.2)는 본 자료를 저본으로 작성한 부본으로 보인다. 그러나 내용이 상이하며, 본 책의 표제에 '제서발췌 제2(諸書拔萃第二)'라 기재된 것으로 볼 때, 『양자에 관한 자료』라는 제명의 문헌보고서가 여러 권이 작성되었고, 원본을 토대로 다시 부본들이 작성된 것임을 추정할 수 있다.

이 자료에는 34종의 문헌자료에서 관련 기사를 발췌하여 정리하였는데, 수록순서에 따라 발췌한 문헌을 본문이 시작되기에 앞서 '발췌서목록(拔萃書目錄)'으로 정리하여 놓았다. 단 이 목록에는 32종의 문헌만이 기록되었고, 마지막에 발췌한 『수원수필(隨園隨筆)』과 『오복연혁도(五服沿革圖)』 2건은 목록에서는 누락되어 있다. 이 자료에 정리된 기사의 현황을 정리하면 다음과 같다.

〈표〉『양자에 관한 자료』에 정리된 기사 현황

순서	책명	저자, 제작시기	기사수	관련 주제
1	사례안(四禮按)	심홍모(沈弘模), 미상	7	연조(緣組)의 요건, 양자연조(養子緣組)
2	육례의집(六禮疑輯)	박세채(朴世采), 미상	6	입후(立後), 양자연조(養子緣組)
3	의례유설(疑禮類說)	신기(申沂), 1792	2	연조(緣組)의 요건
4	의례문해(疑禮問解)	김장생(金長生), 1646	4	연조(緣組)의 요건, 연조(緣組)의 효력
5	예의유집속편(禮疑類輯續編)	오재능(吳載能), 1812	1	연조(緣組)의 요건
6	예의유집(禮疑類輯)	박성원(朴聖源), 1783	14	양자연조(養子緣組)의 요건, 연조(緣組)의 효력
7	상례비요(喪禮備要)	신의경(申義慶), 1648	6	연조(緣組)의 요건
8	예서차기(禮書箚記)	남도진(南道振), 1888	4	양자연조(養子緣組)의 요건
9	남계예설(南溪禮說)	박세채(朴世采), 미상	6	양자연조(養子緣組), 양자연조(養子緣組)의 요건
10	근재예설(近齋禮說)	박윤원(朴胤源), 미상	2	양자연조(養子緣組)의 요건
11	매산예설(梅山禮說)	홍직필(洪直弼), 1893	5	양자연조(養子緣組)의 요건
12	의례(儀禮)		1	연조(緣組)의 요건
13	가례집고(家禮集考)	김종후(金鍾厚), 1801	1	연조(緣組)의 요건
14	가례원류(家禮源流)	유계(兪棨), 1711	2	연조(緣組)의 요건
15	상변통고(常變通攷)	유장원(柳長源), 1830	4	양자연조(養子緣組)의 요건, 양자연조(養子緣組)의 효력
16	여유당전서(與猶堂全書)	정약용(丁若鏞)	46	양자연조(養子緣組)의 요건, 양자연조(養子緣組), 출후(出後)
17	우암집(尤庵集)	송시열(宋時烈)	11	연조(緣組)의 요건, 연조(緣組)의 방식
18	송자대전(宋子大典)	송시열(宋時烈), 1787	2	양자연조(養子緣組)의 형식상의 요건, 연조(緣組)의 방식
19	대산선생문집(大山先生文集)	이상정(李象靖), 1802	1	양자연조(養子緣組) 및 봉사상속(奉祀相續)
20	동강유고(東岡遺稿)	오대하(吳大夏)	2	양자
21	학암집(鶴庵集)	조문명(趙文命), 미상	2	고관입후(告官立後), 양자
22	동춘당문집(同春堂文集)	송준길(宋浚吉), 1680	3	파계(罷繼), 입사후생친자(立嗣後生親子), 양자
23	병계집(屛溪集)	윤봉구(尹鳳九), 미상	7	양자봉사상속(養子奉祀相續), 양자연조(養子緣組)의 요건, 사후양자(死後養子)
24	용주집(龍洲集)		1	파계귀종(罷繼歸宗)

25	숙재집(肅齋集)	조병덕(趙秉悳), 미상	1	양자
26	미호집(渼湖集)	김원행(金元行), 미상	1	양자
27	매산집(梅山集)	홍직필(洪直弼), 1866	1	연조(緣組)의 요건
28	역천집(櫟泉集)	송명흠(宋明欽), 1805	1	연조(緣組)의 요건
29	남당집(南塘集)	한원진(韓元震), 미상	1	연조(緣組)의 요건
30	탄옹집(炭翁集)	권시(權諰), 1738	1	연조(緣組)의 요건
31	노주집(老洲集)	오희상(吳熙常), 1892	2	양자연조(養子緣組)의 요건, 양자연조(養子緣組)의 효력
32	노사집(蘆沙集)	기정진(奇正鎭), 1890	2	양자연조(養子緣組)
33	수원수필(隨園隨筆)	원매(袁枚)	1	양자연조(養子緣組)
34	오복연혁도(五服沿革圖)	정구(鄭逑), 1629	1	양자연조(養子緣組)의 효과

[가치정보]

조선의 양자에는 대를 잇기 위하여 동성동본의 지자(支子)를 대상으로 양자를 택하여 후계를 삼는 입후 외에도 수양·시양자녀와 의자녀(義子女), 유기아(遺棄兒) 입양 등의 다양한 형태가 존재하였다. 이와 같은 조선의 양자 관습은 호주의 승계, 제사상속, 재산상속 등 근대 민법의 제정과도 밀접하게 관련된 주제였다. 따라서 일제는 조선의 양자관습에 대한 다양한 조사를 수행하였다. 이 자료는 이와 같은 일제의 구관조사양상과 조선시대 양자의 다양한 실태를 보여주는 자료 가운데 하나로, 개인 저술 문헌에서 관련 기사를 발췌한 것이다.

III-3-2-35. 성명에 관하여 참고하는 제서에서 발췌한 자료

관리기호	기록번호	자료명	
中B10F-10	-	姓名ニ關シ參考トシテ諸書ヨリ拔萃セル資料	
작성자	생산기관	생산 연도	
-	조선총독부 중추원	1926~1927	
지역	언어	분량	소장기관
-	일본어	202면	국사편찬위원회
키워드	성씨, 성명, 씨명, 씨성, 혼인		

이 자료는 조선총독부 중추원이 1926년부터 1927년 사이에 생산한 6개의 부책들을 하나로 합철한 것이다. 자료명은 '성명에 관하여 참고하는 제서(諸書)에서 발췌한 자료'이며, 일본·한국·대만·중국 등 동아시아의 성명과 관련한 자료를 여러 서적에서 조사하여 소개하고 있다. 1927년에 정리한 자료는 '씨성에 관한 서류', '성씨록', '법제사의 연구(씨명)' 등 3책이고, 1926년 자료로는 '씨명에 관한 서류', '동양법제사', '대만사법' 등 3책이다. 생산연도나 주제와는 상관없이 무작위로 합철되어 있다. 일부 부책이 서로 필체가 다른 것으로 보아, 각각 조사하여 정리한 서류를 조선총독부 중추원에서 수합하여 합철한 것으로 생각된다. 이 자료는 모두 202면으로 부책마다 분량이 상이하다. 작성자는 기록되어 있지 않으나 필체로 보아 3명 이상으로 추정된다.

[내용정보]

이 자료는 동아시아의 성명에 관한 다양한 연혁을 여러 문헌에서 조사하여 정리한 것이다. 일본의 씨성 및 씨명에 대한 서술이 주를 이루고 있다. 먼저 일본의 씨성법 및 족제에 대하여 소개하고, 씨족제의 기원을 일본서기 등 사서를 통해 설명하고 있다. 일본 법제사에서 족제가 성립하고 씨명이 법적으로 확립하는 과정을 자세하게 서술하였다.

성은 혼인의 필요에서 동족과 이족을 구별하기 위해 만들어진 것이라고 정의하며 일본의 대표적인 성씨를 예로 들어 설명하였다. 이와 함께 한국에서 성이 신분을 구별하는 방편으로 사용된 예를 성종실록에서 찾아 정리하였다.

동양법제사 중 성씨에 관한 것만을 정리한 부책에서는 중국에서 성이 만들어진 기원부터 발전하는 과정까지 체계적으로 정리하여 서술하고 있다. 씨의 연원도 함께 정리한 다음 성과 씨를 구별하는 방법과 성씨의 종류를 기록하였다.

[가치정보]

이 자료는 일본, 한국, 대만, 중국의 성명에 대해 조사 정리한 것으로 동아시아 각국의 성명에 관한 관습을 파악할 수 있다는 점에서 의미가 있다.

2) 민사(혼인)에 관한 자료

III-3-3-01. 보통인 혼례

관리기호	기록번호	자료명	
中A5E-10	46	普通人婚禮	
작성자	생산기관	생산 연도	
-	조선총독부 중추원	-	
지역	언어	분량	소장기관
-	국한문	340면	국사편찬위원회
키워드	보통인, 혼례, 가례, 고례(古禮), 풍속		

[기본정보]

이 자료는 조선총독부 중추원에서 보통인 혼례에 대해 조사하여 정리한 책으로 340면으로 구성되어 있다. 작성자와 생산연도는 미상이다. 국한문 혼용체로 기록되어 있다.

[내용정보]

이 자료는 조선총독부 중추원에서 조사한 관혼상제(冠婚喪祭) 제3절 혼례(婚禮) 제2관 보통인의 혼례이다. 이 자료는 『조선왕조실록』, 『승정원일기』, 『경국대전』, 『삼국사기』, 『고려사』 등 관찬사료와 『시암집(時庵集)』, 『지촌집(芝村集)』 등 문집에서 혼인에 대한 내용을 발췌하여 나열한 것이다. 발췌 인용된 자료의 목록은 다음과 같다. 1. 『태종실록』, 2. 『문종실록』, 3. 『승정원일기』, 4. 『세종실록』, 5. 『성종실록』, 6. 『단종실록』, 7. 『중종실록』, 8. 『상변통고(常變通考)』, 9. 『수교집록(受教輯錄)』, 10. 『동국통감(東國通鑑)』, 11. 『오주연문장전(五洲衍文長箋)』, 12. 『화천집(華泉集)』, 13. 『연길급사주사(涓吉及四柱寫)』, 14. 『영천군호적단자급혼서식사(永川郡戸籍單子及婚書式寫)』, 15.『경국대전』, 16.『융희원년 8월 조칙(隆熙元年八月詔勅)』, 17.『개국 503년 의안(開國五百三年議案)』, 18.『휘찬여사(彙纂麗史)』, 19.『열조통기(列朝通紀)』, 20.『삼국사기』, 21.『해동잡록(海東雜錄)』, 22.『연려실기술별집(練藜室記述別集)』, 23.『대동기년(大東紀年)』, 24.『고려사』, 25.『춘관통고(春官通考)』, 26.『지촌집(芝村集)』, 27.『동춘당별집(同春堂別集)』, 28.『병계집(屏溪集)』, 29.『문헌비고』, 30.『시암집(時庵集)』, 31.『유심재집(有心齋集)』, 32.『야곡집(冶谷集)』, 33.『문헌촬요(文獻撮要)』, 34.『국조보감』, 35.『후잔집(朽殘集)』, 36.『고려도경(高麗圖經)』, 37.『지봉유설(芝峯類説)』, 38.『고려고도징(高麗古都徵)』, 39.『보만재집(保晚齋集)』, 40.『견첩록(見睫錄)』, 41.『중추원조사(中樞院調査)』, 42.『대동야승(大東野乘)』, 43.『광례람(廣禮覽)』, 44.『해동역사(海東繹史)』, 45.『양와집(養窩集)』, 46.『사례편람(四禮便覽)』, 47.『대명률(大明律)』, 48.『대전회통』, 49.『성호사설유찬(星湖僿説類選)』, 50.『목민심서』, 51.『형법대전』, 52.『의례문해(疑禮問解)』, 53.『용재총화(慵齋叢話)』, 54.『상변통고(喪變通考)』, 55.『표주령의해발본(標注令義解拔本)』, 56.『당률소의(唐律疏議)』, 57.『대청률예회통신찬(大淸律例會通新纂)』, 58.『삼국유사』, 59.『공사견문록(公私見聞錄)』, 60.『역옹패설(櫟翁稗説)』

[가치정보]

이 자료는 보통인의 혼례에 대해 조사 정리한 것으로 삼국시대부터 조선시대에 이르기까지 혼례의 관습에 대해 파악할 수 있다는 점에서 의미가 있다.

III-3-3-02. 혼례

관리기호	기록번호	자료명	
A5Z-28	-	婚禮	
작성자	생산기관	생산 연도	
-	조선총독부 중추원	-	
지역	언어	분량	소장기관
-	한문	127면	국사편찬위원회
키워드	혼례, 재취, 상복, 상중, 혼인		

[기본정보]

이 자료는 조선총독부 중추원이 기록한 자료로 자료명은 '혼례'로 표기되어 있으며 작성자와 생산연도는 알 수 없다. 이 자료는 모두 127면이며 한문으로 기록되어 있다. 이 자료는 혼례와 관련된 문헌조사자료이다.

[내용정보]

조선총독부 중추원이 혼례에 관한 것 전반을 정리한 자료이다. 혼례에 대한 전반적인 내용을 모두 적어 놓았다. 고려 이전시기의 혼례, 혼례에 관한 전반적인 풍속, 혼례의 의식, 혼인 연령, 혼례의 효력, 재취, 상복과 혼례와의 관계, 상중의 혼례 등의 자료를 모아 수록하였다.

[가치정보]

이 자료는 혼례와 관련된 자료를 정리한 것으로 고려 이전시기부터 조선에 이르기까지 혼례에 대한 관습을 파악할 수 있다는 점에서 의미가 있다.

III-3-3-03. 혼인

관리기호	기록번호	자료명	
中B18B- 83	62	婚姻	
작성자	생산기관	생산 연도	
-	조선총독부	-	
지역	언어	분량	소장기관
-	한문	6면	국사편찬위원회
키워드	혼인, 정혼자, 미정혼자, 선혜청, 가장		

[기본정보]

이 자료는 조선총독부 중추원이 기록한 자료로 자료명은 '혼인(婚姻)'으로 표기되어 있으며 작성자와 생산연도는 알 수 없다. 조선총독부 중추원에서 제사와 관련하여 조사한 책으로 약 6면으로 구성되어 있다. 『비변사등록』에서 발췌하여 정리한 것이다. 특히 영조 계해(癸亥) 2월 25일 기록이다.

[내용정보]

한성부, 호조, 선혜청에서 혼인 시기를 놓친 남녀 중 정혼자가 있는 경우와 없는 경우를 구별하여 그들이 속한 가장(家長)과 문장(門長)에게 분급해야할 미(米)의 양을 정리해 놓은 것이다.

[가치정보]

이 자료는 『비변사등록』에서 혼인, 제사와 관련된 자료를 정리한 것으로 영조대의 혼인여부와 분급미의 관계를 파악할 수 있다는 점에서 의미가 있다.

III-3-3-04. 혼인에 관한 자료원본

관리기호	기록번호	자료명
中B135F-27	-	婚姻ニ關スル資料原本
작성자	생산기관	생산 연도
-	조선총독부 중추원	-

지역	언어	분량	소장기관
-	한문	128면	국사편찬위원회

키워드	혼인, 의혼, 납채, 납폐, 재취

[기본정보]

이 자료는 조선총독부 중추원이 기록한 자료로 자료명은 '혼인에 관한 자료원본(婚姻ニ 關スル資料原本)'으로 표기되어 있으며 작성자와 작성년도는 알 수 없다. 이 자료는 모두 128면이며 한문으로 기록되어 있다. 이 자료는 혼인과 관련된 문헌조사자료로서 혼인의 의식과 연령, 혼인의 효력, 재취 등에 대한 자료를 수록하고 있다.

[내용정보]

조선총독부 중추원이 혼인에 관한 것 전반을 정리한 자료이다. 혼인의 의식, 연령, 혼인의 효력, 재취, 상복과 혼인과의 관계, 상중의 혼인, 혼인의 절차인 납채와 의혼, 납폐 등의 자료를 모아 수록하였다.

[가치정보]

이 자료는 혼인의 의식, 연령, 효력, 재취, 상복과 혼인, 상중의 혼인 등을 조사 정리한 것으로 혼인에 대한 관습을 파악할 수 있다는 점에서 의미가 있다.

III-3-3-05. (특종) 혼인원본

관리기호	기록번호	자료명	
中B13IF-21	-	(特種) 婚姻原本	
작성자	생산기관	생산 연도	
-	조선총독부 중추원	-	
지역	언어	분량	소장기관
-	국한문	21면	국사편찬위원회
키워드	특종혼인, 혼인, 초서(招壻), 췌서(贅壻), 의혼(議婚), 납채(納采), 납폐(納幣), 친영(親迎)		

[기본정보]

이 자료는 조선총독부 중추원(中樞院)이 기록한 자료로 자료명은 '(특종)혼인원본'으로 표기되어 있으며 작성자와 작성년도는 알 수 없다. 이 자료는 모두 21면이며 국한문혼용으로 기록되어 있다. 각 면의 필체가 다르며 혼인과 관련된 기존의 법률과 관습을 조사한 문헌조사자료이다. 1책(冊)으로 이루어졌으며 사본(寫本)이며 28×20㎝의 형태로 국사편찬위원회에 소장되어 있다.

[내용정보]

이 자료는 조선총독부 중추원이 혼인(婚姻) 특히 초서(招壻), 췌서(贅壻), 즉 딸의 사위를 맞이하는 것과 관련된 내용으로 이것과 관련된 법전 등[『경국대전』, 『대명률(大明律)』, 『형법대전』, 『당명률(唐明律)』, 『고려사』, 『고려사절요』 등]을 인용하였다. 뿐만 아니라 혼인의 중요성과 절차, 그리고 혼인의 연령을 기술하고 있다.

남녀가 있은 연후에 부처(夫妻)가 있고 부처가 있은 연후에 부자(夫子)가 있고 부자가 있은 연후에 군신이 있은 즉 남녀가 함께 사는 것이 대륜(大倫)이라고 하여 혼인의 중요성을 강조하였으며 혼인의 절차는 의혼(議婚), 납채(納采), 납폐(納幣), 친영(親迎)으로 설명하고 있으며 혼인의 연령제한을 설명하고 있다.

[가치정보]

이 자료는 법전에서 초서, 췌서 등과 관련된 내용을 조사 정리한 것으로 사위를 맞이하는 절차, 혼인의 중요성, 연령 등을 파악할 수 있다는 점에서 의미가 있다.

III-3-3-06. 관례, 계례에 관한 조사보고서

관리기호	기록번호	자료명		
中B13FB-1	-	冠禮笄禮二關スル調査報告書		
작성자	생산기관	생산 연도		
-	조선총독부 중추원	-		
지역	언어	분량	소장기관	
-	일본어	11면	국사편찬위원회	
키워드	관례, 계례, 혼인, 성인, 초서			

[기본정보]

이 자료는 조선총독부 중추원이 기록한 자료로 자료명은 '관례, 계례에 관한 조사보고서'로 표기되어 있으며 작성자와 작성년도는 알 수 없다. 이 자료는 모두 11면이며 일본어로 기록되어 있다. 관례와 계례에 관한 내용을 담고 있으며 1책(冊)으로 이루어졌다. 유인판(油印版)이며 28×20㎝의 크기로 국사편찬위원회에 소장되어 있다.

[내용정보]

이 자료는 조선총독부 중추원이 혼인 특히 초서(招胥), 췌서(贅胥), 즉 딸의 사위를 맞이하는 것과 관련된 내용으로 이것과 관련된 법전 등[『경국대전』, 『대명률(大明律)』, 『형법대전』, 『당명률(唐明律)』, 『고려사』, 『고려사절요』, 『세종실록』 등]을 인용하였다. 뿐만 아니라 혼인의 중요성과 절차, 그리고 혼인의 연령을 기술하고 있다. 또한 남녀가 있은 연후에 부처(夫妻)가 있고 부처가 있은 연후에 부자(夫子)가 있고 부자가 있은 연후에 군신(君臣)이 있는 즉 남녀가 함께 사는 것이 대륜(大倫)이라고 하여 혼인의 중요성을 강조하였으며 혼인의 절차는 의혼, 납채, 납폐로 설명하고 있으며 혼인의 연령제한을 설명하고 있다.

[가치정보]

이 자료는 관계, 계례에 대해 조사 정리한 것으로 조선시대 혼인의 중요성, 절차, 연령제한 등에 대해 파악할 수 있다는 점에서 의미가 있다.

III-3-3-07. 남녀상호 신분관계에 의한 혼인의 제한

관리기호	기록번호	자료명	
中B18E-26	-	男女相互ノ身分關係ニ因ル婚姻ノ制限	
작성자	생산기관	생산 연도	
-	조선총독부 중추원	-	
지역	언어	분량	소장기관
-	한문	173면	국사편찬위원회
키워드	혼인, 신분, 첩, 처, 체전		

[기본정보]

이 자료는 조선총독부 중추원이 기록한 자료로 자료명은 '남녀상호 신분관계에 의한 혼인의 제한'으로 표기되어 있으며 작성자와 작성년도는 알 수 없다. 이 자료는 모두 173면이며 한문으로 기록되어 있다. 혼인, 특히 처와 첩의 구분과 이와 관련된 기존의 법률과 관습을 조사한 문헌조사자료이다. 1책(冊)으로 이루어졌으며 사본(寫本)이며 28×20㎝의 형태로 국사편찬위원회에 소장되어 있다.

[내용정보]

이 자료는 조선총독부 중추원이 혼인 특히 처와 첩의 구분, 그리고 처와 첩과 관련된 다양한 사례와 형벌에 관련된 기록을 인용하였다. 세종실록의 내용을 인용하였는데, "부부는 인륜의 근본이니 적첩(嫡妾)의 분수를 어지럽힘은 불가합니다. 이리하여 성인이 『춘추(春秋)』를 지으실새, '노(魯)나라 혜공(惠公)이 중자(仲子)로서 부인(夫人)을 삼았으나, 천왕(天王)이 봉(賵)을 보내고, 총재(冢宰)가 이름을 썼는데 희공(僖公)이 이로써 성풍(成風) 하였다.' 하였은즉, 부인에게 치부(致賻)하는데 천왕이 함옥(含玉)과 봉(賵)을 보냈으되, 왕(王)이 천왕(天王)이라 일컫지 아니한 소이는 적(嫡)·첩(妾)의 분수가 있음을 밝힘이니 만세(萬世)의 상경(常經)을 일시의 사사로써 어지럽힘은 불가한 것입니다. 생각하건대, 우리 태조는 『춘추』와 백왕(百王)의 대경(大經)을 몸 받아, 사대부의 처·첩의 한계를 엄하게 하여 봉작(封爵)과 체전(遞田)의 법을 만든 것은 적서(嫡庶)의 분수를 밝힘이요, 인륜의 근본을 바르게 함입니다.

그러나, 전조(前朝)의 말년에 예의(禮義)의 교화가 행해지지 못하고 부부의 의리가 문란해지기 시작하여, 경(卿)·대부(大夫)·사(士)들이 오직 제 욕심만을 좇고 정애(情愛)에 혹하여서 처(妻)가 있는데도 처를 얻는 자가 있고, 첩(妾)으로써 처를 삼는 자도 있게 되어, 드디어 오늘날 처첩이 상송(相訟)하는 실마리가 되었습니다. 세대가 오래되고 사람이 없어져 증거를 취하기 부족하니, 거짓을 꾸미고 실정을 숨겨서 진위(眞僞)를 밝히기 어렵고 처결(處決)도 근거하는 바가 없어, 원망이 번다하게 일어나서 화기(和氣)를 상하고 변(變)을 이루게 하니, 이것은 소실(小失)이 아니어서 바로 하지 않을 수 없습니다. 신 등이 삼가 살피건대, 황명(皇明)에서 반강(頒降)한 제율(制律)에, '처가 있는데도 첩으로써 처를 삼은 자는 장 90대에 아울러 고쳐서 바루고, 만약 처가 있는데 다시 처를 얻은 자 또한 장 90에 이이(離異)한다.' 하였습니다. 신 등은 일찍이 매빙(媒娉)·인례(姻禮)가 갖추어졌느냐 약(略)하였느냐를 가지고 처·첩으로 정하였으니, 앞으로는 자기 자신이 현재 첩으로써 처로 삼은 자나 처가 있는데도 처를 얻은 자는 아울러 모두 안율(按律)하여 처결하고, 당자가 죽었어도 다시 고쳐 바루거나 이이(離異)하지 않는 자는, 원컨대, 『춘추』의 중자(仲子)를 폄(貶)하여 성풍(成風)한 예에 의하여 먼저 사람을 적(嫡)으로 하여 봉작하고 체전(遞田)한다면 성인의 교화가 흥기할 것이요, 처·첩의 분수가 밝아질 것입니다."라는 부분으로 시작하여 처와 첩의 분명한 구분이 있으며 처첩의 질서를 어겨 형법으로 다스려진 상산군(商山君) 황효원(黃孝源)의 사례를 또한 기록하고 있다. 또한 첩으로 처를 삼는 경우, 반대의 경우 등의 판결 내용을 담고 있다.

[가치정보]

이 자료는 처와 첩의 구분과 이와 관련된 기존의 법률과 관습을 조사 정리한 것으로 조선시대 처와 첩에 대한 관습을 파악할 수 있다는 점에서 의미가 있다.

III-3-3-08. 혹 사정이 있는 남녀에 대한 혼인의 제한

관리기호	기록번호	자료명	
中B13IF-22	-	或ル事情ノ下ニ在ル男女ニ對スル婚姻ノ制限	
작성자	생산기관	생산 연도	
-	조선총독부 중추원	-	
지역	언어	분량	소장기관
-	한문, 국한문, 일본어	108면	국사편찬위원회
키워드	혼인, 노비, 상중, 처, 첩		

[기본정보]

이 자료는 조선총독부 중추원이 기록한 자료로 자료명은 '혹 사정이 있는 남녀에 대한 혼인의 제한'으로 표기되어 있으며 작성자와 작성년도는 알 수 없다. 이 자료는 모두 108면이며 한문, 국한문, 일본어로 기록되어 있다. 이 자료는 특별한 상황에 있어서의 혼인의 제한과 관련된 문헌조사자료로서 상중(喪中)에 있거나 처(妻)의 죽음 등의 상황에서 혼인의 제한이나 허용 등과 관련된 자료를 인용하고 있다. 1책(冊)으로 이루어졌으며 사본(寫本)이며 28×20㎝의 형태로 국사편찬위원회에 소장되어 있다.

[내용정보]

이 자료는 조선총독부 중추원이 특별한 상황에 있어서의 혼인의 제한에 관한 것을 정리한 자료이다. 상중에 있으면서 혼인한 경우 이것을 처벌해야 하는가, 취소해야 하는가 등에 대한 문제에 대한 기록을 인용하고 있다.

『명종실록』에 "전(前) 절도사(節度使) 경유공(慶由恭)이 국상(國喪) 3년 안에 어유소(魚有沼)와 중매로 기약한 여자를 빼앗아 첩(妾)으로 삼으려고 하였으니, 죄가 『대명률(大明律)』의 '거상가취조(居喪嫁娶條)'에 견주면, '무릇 부모상(父母喪)에 있으면서 자신이 시집가고 장가든 자는 장(杖) 1백 대이고 만약 남자가 상중에 첩을 얻는 자는 3등을 감한다."고 하여 상(喪)과 혼인의 시기가 관련이 되어있음을 나타내고 있다.

또한 『중종실록』에서 "상중(喪中)에 있으면서 혼인하는 것은 그 정상이 가증스럽습니다. 일체 헌부의 공사(公事)에 따라 상(喪)을 마칠 때까지 이이(異離)시켜야 합니다." 하고, 우의정 이유청은 의논드리기를, "상중에 있으면서 혼인한 것은 정상이 가증스러운 것이 사실입니다. 그러나, 이미 예(禮)를 마쳤고 또 이미 죄를 받았으니 이이시킬 필요가 없습니다." 하여 상과 혼인의 관련성을 논하고 있다.

『명종실록』에서는 "상기(喪紀)는 사람 자식의 큰 도리이고 혼례는 풍속 교화의 기본이 되는 것입니다. 우리나라는 수천 년의 기자(箕子) 봉국으로 수백 년 동안 성군이 계속 일어나 법을 만들고 교화를 베풀어 치화가 행해지고 풍속이 아름다우므로 혼인과 초상의 예가 고대를 놓고 보더라도 부끄러움이 없었습니다. 그런데 큰 변란을 치른 뒤로는 민풍(民風)이 크게 무너지고 예속이 전혀 없어져서 최마(衰麻)복을 미처 벗기도 전에 사위를 맞이하고 장가를 들여도 이상하게 여길 줄 모르고 유식한 가정에서도 간혹 그런 일이 있으니, 습속이 사람을 변화시키는 것이 안타깝기 그지없습니다. 심지어는 부모의 상을 당한 딸자식이 최복을 벗어던지고 길복을 입고서 슬픔을 머금고 혼인을 하는 일까지 있으니, 이는 천리가 사라지고 인도가 끊어진 것입니다. 예서(禮書)에 '본인의 부모가 기년복(朞年服) 이상의 초상이 없어야만 혼인을 할 수 있다.' 하였으니, 예관으로 하여금 예서를 상고하여 법식을 정하되 앞으로 삼년상 안에 시집보내고 장가들이는 자는 '그 상사를 삼가지 않았다[부근기상(不謹其喪)]'는 율로 논하고, 상중에 성혼한 처녀는 주혼(主婚)한 사람이 관원일 때는 사판(仕版)에서 삭제하고 사인(士人)이면 영원히 정거(停擧)에 처하며, 상중의 여자에게 장가든 자도 똑같은 율을 시행하게 하소서." 하고 있다.

이처럼 상중에 있어서의 혼인과 관련된 기사, 그리고 처가 죽은 후 어느 시기에 혼인이 가능한가, 그리고 상을 지키지 않고 혼인을 했을 때의 처벌, 그리고 재혼과 관련된 혼인 기사를 인용하고 있다.

[가치정보]
이 자료는 상중 같은 특별한 상황에서 혼인여부 등을 정리한 것으로 조선시대 특별한 상황에서 혼인의 제한 여부를 파악할 수 있다는 점에서 의미가 있다.

III-3-3-09. 특정한 신분에 대한 혼인의 제한(원본)

관리기호	기록번호	자료명	
中B13IF 23	-	或ル身分ヲ有スル者ニ對スル 婚姻ノ制限	
작성자	생산기관	생산 연도	
-	조선총독부 중추원	-	
지역	언어	분량	소장기관
-	한문	128면	국사편찬위원회
키워드	혼인, 과녀, 부마, 승려, 환관, 외국인		

[기본정보]

이 자료는 조선의 관습에 있어 신분에 따른 혼인의 제약에 대하여 조사한 것이다. 조선총독부 중추원에서 작성하였으며, 과부의 재가와 부마의 재취 등 6개의 주제에 대하여 다양한 문헌자료에서 관련 기사를 발췌하여 수록한 문헌조사자료이다. 12줄의 조선총독부 중추원 용지에 작성되었다.

[내용정보]

이 자료는 조선의 신분에 따른 혼인의 제한을 조사한 것으로, '과부(寡婦)의 재가(再嫁)', '부마(駙馬)의 재취(再娶)', '명부(命婦)의 재가(再嫁)', '승려(僧侶)의 혼인(婚姻)', '환관(宦官)의 취처(娶妻)', '외국인(外國人)과의 혼인(婚姻)'의 6개의 주제에 대하여 작성하였다. 『경국대전』 등 법전류 자료와 조선의 역대 왕조실록, 『고려사』 및 개인 저술류 문헌, 근대 문헌들에서 관련 내용들을 발췌하였다. 마지막에는 동색(同色)의 금혼(禁婚)과 사족(士族)의 잡혼(雜婚)을 금하는 『영조실록』과 『승정원일기』의 기사를 수록하고 있다. 해당 본문 위에 관련 주제 및 내용을 간략히 정리하였다.

첫 번째로 정리한 '과부의 재가'와 관련한 기사들은 『고려사』와 『경국대전』, 『대전속록』, 『기년아람(紀年兒覽)』, 『성종실록』을 비롯한 왕조실록, 『열조통기(列朝通紀)』, 『증보문헌비고』, 『승정원일기』, 『대사편년(大事編年)』, 『연려실기술(練藜室記述)』, 『여유당집(與猶堂集)』, 『학암집(鶴庵集)』 등의 문헌에서 52건의 기사를 발췌하였다. 내용의 대체는 과부재가의 금지 규정들과 재가한 과부의 자식들에 대한 출사(出仕) 제한 등의 기사들이다. 그러나 근대의 자료로, 1896년(개국 505) 6월 28일의 「의안(議案)」인 '과녀재가(寡女再嫁)를 자유(自由)케 하는 건(件)'을 수록하였다. 또한 일제강점기 일제의 조사보고서 가운데 신조사보고서(新調查報告書) 제33호인 경성지방의 '여자(女子)의 재가(再嫁)'에 대한 조사보고서 등 청주, 공주, 전주, 광주, 제주 등 각지의 조사보고서의 관련 내용도 정리하고 있다.

나머지 다섯 항목의 내용은 '과부의 재가' 항목에 비하면 상당히 소략하다. '부마의 재취'에 대해서는 22건의 기사가 수록되었다. 『한서(漢書)』의 「백관공경표(百官公卿表)」와 『행영잡록(行營雜錄)』 및 『경국대전』을 통하여 부마의 의의 등에 대한 내용을 정리하였고, 『속대전』과 『전율통보』, 성종과 중종 및 숙종대 실록과 『춘관지』, 『승정원일기』, 『증보문헌비고』, 『열조통기(列朝通記)』 등의 문헌에서 부마의 재취를 금지하는 법규와 제한의 내용 등을 정리하였다.

'명부(命婦)의 재가(再嫁)'에 있어서는 『고려사』와 『경국대전』, 『대명률』과 실록 자료에 등장하는 혼인 제한 법규와 내용 및 재가시의 처벌과 논죄에 관한 기사 6건을 수록하였다. '승려의 혼인'에 대해서도 유사한 내용에 대하여 『고려사』와 『계림지(雞林志)』, 『해동역사』, 『경국대전』, 『용재총화』, 『동국통감』, 『대명률』 및 실록 등의 자료에서 23건의 기사들을 정리하였다. '환관의 취처'에 대해서는 더욱 소략하여 실록과 『승정원일기』에서 환관의 축처(畜妻)와 혼인의 제한관련 내용 2건을 발췌하였을 따름이다.

'외국인과의 혼인'에 대해서는 9건의 기사가 발췌되어 수록되었다. 『고려사』에서는 남송(南宋)의 군인이 아내를 구하는 기사가 수록되었고, 『동국통감』에는 거란인의 청혼 관련 기사가 수록되는 등 외국인과의 혼인 관련 사례 기사들이 정리되어 있다. 또한 실록과 『야곡집』에 실린 외국인과의 혼인 제한 관련 기사들도 수록되었다. 마지막으로는 1932년 8월 18일 민사갑(民事甲) 제860호로 사법성(司法省) 민사국장(民事局長)이 발송한 조회(照會) 「내선인간(內鮮人間)의 혼인(婚姻)에 관한 건」에 대하여, 같은 해 9월 7일 법무국장(法務局長)의 회답(回答)의 내용을 수록하였는데, 이는 『사법협회잡지(司法協會雜誌)』에 등재된 내용을 발췌하여 수록한 것이다.

이상 6개 항의 본문 내용에 뒤이어 별 건의 두 기사가 첨부되어 있다. 하나는 『영조실록』에서 발췌한 것으로, 1772년(영조 48) 8월의 동색(同色)간의 혼인을 금지하는 내용의 기사이다. 그리고 다른 하나는 『승정원일기』 1806년(순조 6) 3월의 기사로, 사족으로 공상(工商) 등 잡호(雜戶)와 혼인하는 잡혼(雜婚)을 금지하는 기사이다.

[가치정보]

　전통시대의 조선은 남성중심의 성리학에 기초한 신분제 사회로서 개인이 처한 사회적
위치에 따라 서열이 주어지고, 제도상 등급이 나누어졌으며, 권리와 의무가 다르게 주어
졌다. 이 자료는 이와 같은 조선의 전통사회에서 특수 신분의 혼인에 관한 문헌기록들을
정리한 것이다. 여기에는 과부와 부마 및 봉작을 받은 부인인 명부와 같이 배우자의
신분에 귀속되는 사람들의 재혼에 대한 것과 승려와 환관 및 외국인 등 특수한 신분인
자들의 혼인에 대한 내용이 포함된다. 일제는 조선의 신분과 혼인에 대한 기초자료로서
이 자료를 작성하여 활용하였다.

III-3-3-10. 혼인

관리기호	기록번호	자료명	
中B18F-116	125	婚姻	
작성자	생산기관	생산 연도	
-	조선총독부 중추원	-	
지역	언어	분량	소장기관
-	한문	30면	국사편찬위원회
키워드	혼인, 국혼, 예조, 혼반, 의계		

[기본정보]

　이 자료는 조선총독부 중추원이 기록한 자료로 자료명은 '혼인에 관한 자료'로 표기되
어 있으며 작성자와 생산연도는 알 수 없다. 총 30면으로 구성되어 있으며, 작성자와
생산연도는 알 수 없다. 한문으로 기록되어 있다.

[내용정보]

　『일성록』 중에서 정조, 순조, 헌종대에 이르는 시기에서 혼인 관련 기사를 발췌하여
정리한 것이다. 특히 국혼(國婚)에 관한 내용을 중심으로 기록된 것이다. 예조(禮曹)의 대신

이하 의계(議啓) 및 이민행가(李敏行家) 혼반(婚班) 등 혼인의 절차에 대한 자료를 수록해 놓았다.

[가치정보]

이 자료는 『일성록』에서 혼인과 관련된 기사를 발췌 정리한 것으로 조선후기 양반가의 혼인 절차 등을 파악할 수 있다는 점에서 의미가 있다.

III-3-3-11. 혼인에 관한 자료

관리기호	기록번호	자료명	
中B13IF-26	-	婚姻ニ關スル資料	
작성자	생산기관	생산 연도	
-	조선총독부 중추원	-	
지역	언어	분량	소장기관
-	한문	373면	국사편찬위원회
키워드	혼인, 재취, 상중, 납채, 의혼, 납폐		

[기본정보]

이 자료는 조선총독부 중추원이 기록한 자료로 자료명은 '혼인에 관한 자료'로 표기되어 있으며 작성자와 작성년도는 알 수 없다. 이 자료는 모두 373면이며 한문으로 기록되어 있다. 이 자료는 혼인과 관련된 문헌조사자료로서 혼인의 의식과 연령, 혼인의 효력, 재취 등에 대한 자료를 수록하고 있다. 총 2책으로 이루어졌으며 사본(寫本)이며 28×20㎝의 형태로 국사편찬위원회에 소장되어 있다.

[내용정보]

이 자료는 조선총독부 중추원이 혼인에 관한 것 전반을 정리한 자료이다. 혼인의 의식, 연령, 혼인의 효력, 재취, 상복과 혼인과의 관계, 상중의 혼인, 혼인의 절차인 납채와 의혼, 납폐 등의 자료를 모아 수록하였다.

[가치정보]

이 자료는 혼인의 의식, 연령, 효력, 재취 등을 조사 정리한 것으로 혼인에 대한 일반적인 관습을 파악할 수 있다는 점에서 의미가 있다.

III-3-3-12. 혼인의 무효에 관한 자료

	관리기호	기록번호	자료명
	中B13IF-29	-	婚姻ノ無效ニ關スル資料
	작성자	생산기관	생산 연도
	-	조선총독부 중추원	-
	지역	언어	분량	소장기관
	-	국한문, 한문, 일본어	337면	국사편찬위원회
	키워드	혼인, 상간자, 이혼, 이이, 근친혼

[기본정보]

이 자료는 조선총독부 중추원이 기록한 자료로 자료명은 '혼인의 무효에 관한 자료'로 표기되어 있으며 작성자와 작성년도는 알 수 없다. 이 자료는 모두 337면이며 국한문혼용, 한문, 일본어로 기록되어 있다. 혼인의 요건과 성립, 무효와 취소에 대한 기록을 수록하였으며 주로 실록과 관습조사보고서를 참고하였다. 각 면의 필체가 다르며 혼인의 무효와 관련된 기존의 법률과 관습을 조사한 문헌조사자료이다. 2책(冊)으로 이루어졌으며 사본(寫本)이며 28×20㎝의 형태로 국사편찬위원회에 소장되어 있다.

[내용정보]

이 자료는 조선총독부 중추원이 혼인 특히 혼인의 요건과 성립, 무효와 취소에 대한 내용을 수록하고 있다.

『문종실록』기사에서는 "전 헌납(獻納) 고태필(高台弼)은 아내가 있는데도 아내를 얻고서 사칭(詐稱)하기를 전처(前妻)를 망처(亡妻)라 하니, 사죄(私罪)로 장(杖) 90대를 집행하고 후처 (後妻)를 이이(離異)시키고 전처(前妻)와 다시 합하게 하소서." 하고 있으며 『승정원일기』에서도 두 명의 처(妻)를 가진 자를 처벌하였다는 기록이 있다.

『세조실록』기사에서는 "절제사(節制使) 홍흥조(洪興祚)는 이미 총제(摠制) 홍보(洪寶)의 외손녀 강씨(姜氏)에게 장가들고, 또 순창(淳昌) 별시위(別侍衛) 우백민(禹伯敏)의 딸에게 장가 들어 두 아내를 두었는데, 그래도 부족하여 본도(本道)의 병사(兵使)로서 영광(靈光)에 안치 (安置)된 조정서(趙廷瑞)의 딸에게 장가들고자 하여 그 집에 이르러 많은 위세(威勢)를 부려 협박하였으나, 조정서가 허락하지 아니하고 딸이 머리를 깎았다고 말하였는데도, 홍흥조 가 그 고을의 수령과 그 동생 홍흥치(洪興致)로 하여금 침실에 마구 들어가서 이를 보고 서로 발로 차게 하였으므로, 탐음(貪淫)하고 완폭(頑暴)하며 무례함이 매우 심하였으므로 유사(宥赦) 전(前)이라 하여 이를 석방하는 것은 불가(不可)하니, 청컨대 추국(推鞫)하여 엄히 징계하게 하소서."라고 하고 후처(後妻)와 이이(離異)하게 하였다는 기사가 있다. 두 기사 외에도 수많은 기사가 존재하며 다양한 사례들과 다양한 판결이 내려져있음이 기록되어 있다.

한편 근친혼인과 관련된 기사, 친족상혼의 금지, 간통, 상간자(相姦者) 간의 혼인, 상간자 간의 혼인 금지 등에 대한 기사를 수록하고 있다.

[가치정보]

이 자료는 혼인의 요건과 성립, 무효와 취소, 근친혼인, 간통, 상간자 혼인 등에 대해 조사 정리한 것으로 혼인에 대한 관습을 파악할 수 있다는 점에서 의미가 있다.

III-3-3-13. 혼인의 실질상 요건에 관한 자료

관리기호	기록번호	자료명	
中B13IF-30	-	婚姻ノ實質上要件ニ關スル資料	
작성자	생산기관	생산 연도	
-	조선총독부 중추원	-	
지역	언어	분량	소장기관
-	국한문, 한문, 일본어	347면	국사편찬위원회
키워드	혼인, 동성동본 금혼, 혈족, 정실, 첩		

[기본정보]

이 자료는 조선총독부 중추원이 기록한 자료로 자료명은 '혼인의 실질상 요건에 관한 자료'로 표기되어 있으며 작성자와 작성년도는 알 수 없다. 이 자료는 모두 347면이며 국한문혼용, 한문, 일본어로 기록되어 있다. 혼인의 제한과 중혼, 동성동본 등에 대한 내용을 수록하였으며 실록과 『대전회통』, 『승정원일기』, 『의안』 등을 참고하였다. 각 면의 필체가 다르며 혼인의 전반적인 기존의 법률과 관습을 조사한 문헌조사자료이다. 1책으로 이루어졌으며 사본(寫本)이며 28×20㎝의 형태로 국사편찬위원회에 소장되어 있다.

[내용정보]

이 자료는 조선총독부 중추원이 작성한 혼인 특히 혼인의 제한과 동성동본에 대한 혼인의 가능여부, 혈족의 혼인, 정실과 첩 등에 대한 내용을 수록하고 있다.

친족 간의 혼인에 대해서는 고려이전의 혼인풍습, 조선초기부터 1895년 발표된 의안에 이르기까지 다양하게 언급하고 있다. 예전(禮典)의 경우 "본관이 달라도 성이 같으면 혼인을 할 수 없다"고 규정하여 동성 간에는 혼인을 금지하고 있다. 또한 동성동본 즉 남계 혈족간에는 혼인을 할 수 없다고 규정하고 있다. 또한 혼인은 유복친과 무복친과도 관련이 있다. 『대명률(大明律)』에는 "무릇 외척, 인척으로써 유복의 존속비유가 서로 혼인하거나 동모이부(同母異父)의 자매 또는 처의 전부(前夫)의 딸을 취한 자는 각각 간음죄로 논죄한다.”고 하고 있다. “무릇 동종무복친(同宗無服親) 및 무복친의 처를 취한 자는 각각 장(杖) 100에 처한다. 만약 시마복친의 처 및 외삼촌이나 생질의 처를 취하면 각각 장(杖) 60에 처하며 소공이상은 각각 간음죄로 처벌한다.”, “만약 동종시마복 이상의 고모, 조카, 자매를 취한 자도 또한 각각 간음죄로 논죄하고 모두 이혼하게 한다.”고 규정하고 있다.

『경국대전』에는 양자로 인한 친족 등은 이혼, 파양 후에도 혼인을 할 수 있느냐, 없느냐에 대해서는 관습이 분명하지 않으나 실제에서는 서로 혼인을 하지 않는 듯하다고 하고 있다.

[가치정보]

이 자료는 혼인의 제한, 동성동본에 대한 혼인가능 여부, 혈족의 혼인, 정실과 첩 등에 대해 조사 정리한 것으로 혼인 중 동성동본 등에 대한 관습을 파악할 수 있다는 점에서 의미가 있다.

III-3-3-14. 혼인의 제한에 관한 자료

관리기호	기록번호	자료명	
中B13IF-33	-	婚姻ノ制限ニ關スル資料	
작성자	생산기관	생산 연도	
-	조선총독부 중추원	-	
지역	언어	분량	소장기관
-	국한문, 한문, 일본어	52면	국사편찬위원회
키워드	혼인, 양인, 천인, 처, 첩		

[기본정보]

이 자료는 조선총독부 중추원이 기록한 자료로 자료명은 ‘혼인의 제한에 관한 자료’로 표기되어 있으며 작성자와 작성년도는 알 수 없다. 이 자료는 모두 52면이며 국한문혼용, 한문, 일본어로 기록되어 있다. 혼인의 제한에 대한 내용을 수록하였으며 『대명률』, 『고려사』, 『경국대전』, 『승정원일기』 등을 각기 다른 필체로 기록하였다. 혼인의 제한되는 경우의 전반에 대한 기존의 법률과 관습을 조사한 문헌조사자료이다. 1책으로 이루어졌으며 사본(寫本)이며 28×20㎝의 형태로 국사편찬위원회에 소장되어 있다.

[내용정보]

이 자료는 조선총독부 중추원이 혼인 특히 혼인의 제한에 대한 내용을 수록하고 있다. 주로 처와 첩의 질서와 그와 관련된 혼인의 제한을 수록하고 있다. 『대명률』과 『형법대전』 등에서 처가 있음에도 처를 또다시 취한 자의 처벌 등에 대한 기록을 수록하고 있다. 또한 양인과 천인의 혼인관계와 그 제한에 대한 기록을 수록하고 있다.

[가치정보]

이 자료는 처와 첩의 질서, 양인과 천인의 혼인 등에 대한 관습을 파악할 수 있다는 점에서 의미가 있다.

III-3-3-15. 혼인의 제한자료 3-부마의 의의

관리기호	기록번호	자료명	
B-1-639	-	婚姻ノ制限資料三-駙馬ノ意義	
작성자	생산기관	생산 연도	
-	조선총독부 중추원	-	
지역	언어	분량	소장기관
-	한문	25면	수원시박물관
키워드	부마, 재취, 입후, 첩, 왕족		

[기본정보]

이 자료는 조선시대 친족의 범위에 대해 정리한 혼인관련 자료로서 부마(駙馬)의 의의, 부마의 재취, 입후, 혼인의 제한 등에 대해 『행영잡록(行營雜錄)』, 『경국대전』, 『조선왕조실록』,『증보문헌비고』,『승정원일기』 등에서 발췌하여 정리한 것으로 총 25면으로 구성되어 있다.

[내용정보]

부마는 공주, 옹주의 부(夫)로 정1품에서 종3품까지의 품계를 받았다. 부마의 재취(再娶), 의빈(儀賓)의 재취(再娶)를 허락하는 경우를 실록에서 찾아 수록하였는데, 부마의 재취에 대한 명백한 금령(禁令)은 없다. 그러나 부마재취(駙馬再娶)는 국조(國朝) 300년 이래 강자순(姜子順), 정현조(鄭顯祖) 두 사람의 경우가 있다. 부마는 부인이 사망하면 왕의 특별허락으로 재취할 수 있는데 입후(立後)한 후에 재취를 얻었다. 부마는 사족의 여자를 첩으로 취하였다. 왕족, 친족 간에는 혼인이 제한되었다.

[가치정보]

이 자료는 조선시대 부마의 재취, 입후, 혼인의 제한 등 왕실혼인관계와 관습에 대해 파악할 수 있다는 점에서 의미가 있다.

III-3-3-16. 혼인의 형식상 요건에 관한 자료

관리기호	기록번호	자료명	
中B13IF-30	-	婚姻ノ形式上要件ニ關スル資料	
작성자	생산기관	생산 연도	
-	조선총독부 중추원	-	
지역	언어	분량	소장기관
-	국한문, 한문, 일본어	659면	국사편찬위원회
키워드	혼인, 주거, 예(禮), 혼례, 매파		

[기본정보]

이 자료는 조선총독부 중추원이 기록한 자료로 자료명은 '혼인의 형식상 요건에 관한 자료'로 표기되어 있으며 작성자와 작성년도는 알 수 없다. 이 자료는 모두 659면이며 국한문혼용, 한문, 일본어로 기록되어 있다. 혼인의 형식상 요건, 즉 혼인 후 주거형태, 혼인과 예(禮)의 관계, 혼례의 절차 등에 대한 내용을 수록하였으며 『삼국사기』, 『삼국지 위지동이전』, 『주서』 등을 참고하였다. 각 면의 필체가 다르며 문헌조사자료이다. 2책으로 이루어졌고 사본(寫本)이며 28×20㎝의 형태로 국사편찬위원회에 소장되어 있다.

[내용정보]

이 자료는 조선총독부 중추원이 혼인 특히 혼인의 형식적인 요건에 대한 내용과 혼인 후 주거형태, 혼인과 예(禮)의 관계, 『국조오례의』에 실린 종친문무관 1품 이하의 혼례절차, 혼인의 절차 등을 수록하고 있다.

혼인 후 주거형태에 대해서는 『삼국사기』와 『삼국지 위지동이전』 등을 인용하여 조선 중기 이전에는 남귀여가혼이 성행하였던 사실을 기록하고 있으며 『주서』 등을 인용하여 혼인과 예의 관계를 살펴보고 있다. 또한 혼인의 절차를 수록하고 있다.

혼인의 절차에 대해서는 『속대전』의 예전을 인용하여 "반드시 매파(媒婆)가 왕래하여 말을 전하게 하고, 여가의 승낙이 있은 후 납채를 한다. 주혼자가 편지를 쓰고 일찍 일어나 편지를 받고 사당에 고한 후 (중략) 이튿날 사위는 여가에 가서 신부의 부모께 인사를 드리고 다음에 신부의 여러 친척들에게 인사를 한다. 여가에서 사위를 대접하는 일상의식과 같다." 하여 혼인의 절차를 기록하고 있다. 혼인의 절차에서는 매파(媒婆)가 등장하며 납채(納采)와 납폐(納幣), 친영(親迎)의 절차로 진행된다고 하고 있다. 그러나 일반에서는 지방과 가문에 따라 차이가 있는 것으로 파악하고 있다.

[가치정보]

이 자료는 혼인의 형식적인 요건, 혼인 후 주거형태, 혼인과 예(禮)의 관계, 종친문무관 1품 이하의 혼례절차, 혼인의 절차 등의 관습을 파악할 수 있다는 점에서 의미가 있다.

3) 제도조사

III-3-4-01. 제도조사항목

관리기호	기록번호	자료명	
中B13B-34	부책 제11호	制度調査項目	
작성자	생산기관	생산 연도	
-	중추원	-	
지역	언어	분량	소장기관
-	일본어	152면	국사편찬위원회
키워드	국제, 관직, 관원, 왕실, 과거		

[기본정보]

이 자료는 중추원이 제도조사를 수행하면서 참고한 조선시대의 각종 문헌들을 주제별로 나누어 소개한 것이다. 제도조사항목으로는 관제, 재정, 경제, 행정, 법제, 산업, 군제, 교정(教政), 국교(國交) 등 9개 항목이다.

[내용정보]

중추원이 제도조사를 수행한 9개 항목이다. 세부항목으로는 국제는 국호, 강역, 인민, 정치, 연호, 국기(國旗) 등이고 왕실은 왕위, 왕족, 섭정, 책봉, 궁궐, 종표, 사직, 환구, 전궁묘, 능원묘, 묘내(墓內)패이다. 구역으로는 경성, 사도, 각도, 각읍, 방면, 동리이다. 관직으로는 경관직, 외관직을 조사하였다. 지방자치로는 향청, 향회, 향약, 리계, 사창, 작통, 민보, 관원으로는 관원의 종별, 과거, 취재, 고과, 포폄, 증직 등이다. 중추원은 이같은 세부항목의 기술 완료 시점, 착수일 등을 도표로 제시하였다. 이 중에서 관제편,

재정편, 경제편, 행정편, 산업편, 군제편, 교정(敎政), 국교(國交)의 주요 편별이 결정되었다.

[가치정보]

이 자료는 조선의 제도조사를 조사 정리한 것으로 조선의 국제, 관제, 재정, 경제, 행정, 법제, 산업, 군제, 교정, 국교 등에 대해 파악할 수 있다는 점에서 의미가 있다.

III-3-4-02. 조사자료서목

관리기호	기록번호	자료명	
B-17B81	-	**調査資料書目**	
작성자	생산기관	생산 연도	
-	조선총독부 중추원	-	
지역	언어	분량	소장기관
-	일본어	18면	국사편찬위원회
키워드	삼한, 삼국시대, 신라, 고려, 조선		

[기본정보]

조선총독부 중추원에서 전적조사를 위해 참고한 자료의 서목을 시대별로 정리한 자료이다. 작성자와 생산연도는 알 수 없다.

[내용정보]

자료 시대 순에 따라 삼한이전, 삼국시대, 신라시대, 고려시대, 이씨조선시대로 분류하였다. 각 시대별로 자료명을 기술하기 전에 자료조사에 도움을 준 한국인의 성명을 표기하고 있는데 이는 다음과 같다.

〈표〉 자료조사에 도움을 준 한국인 성명

삼한이전	찬의(贊議)	유정수(柳正秀)
	부찬의(副贊議)	나수연(羅壽淵)
삼국시대	찬의(贊議)	이건(李建)
	부찬의(副贊議)	박희(朴熙)
신라시대	찬의(贊議)	남규희(南奎熙)
	부찬의(副贊議)	홍운표(洪運杓)
고려시대	찬의(贊議)	정인흥(鄭寅興)
	부찬의(副贊議)	이도익(李度翼)
	부찬의(副贊議)	이만규(李晩奎)
	부찬의(副贊議)	박제환(朴齊璇)
이씨조선시대	찬의(贊議)	임경양(林慶陽)
	찬의(贊議)	강경희(姜敬熙)
	부찬의(副贊議)	조병건(趙秉健)
	부찬의(副贊議)	송지헌(宋之憲)
	부찬의(副贊議)	유흥세(柳興世)
	부찬의(副贊議)	오재풍(吳在豊)

자료는 『삼국유사』, 『동국통감』, 『동사강목』, 『해동역사』, 『여지승람』, 『대한강역고』, 『기자지』, 『기자외기』, 『선왕유사기』, 『기전고』, 『각읍지』, 『동국문헌비고』, 『양촌집·수산집』, 『기언』, 『순암집』, 『사기』, 『한서』, 『위서』, 『삼국지』, 『삼국사기』, 『삼국사절요』, 『동국통감제강』, 『동국통감외기』, 『동국사략』, 『해동집사』, 『동국이상국집』, 『미암일기』, 『동문선』, 『가락국기』, 『김해김씨보』, 『삼왕사기』, 『해동명장전』, 『해동고승전』, 『성호사설』, 『후한서』, 『원위서』, 『진서』, 『남사』, 『북사』, 『고려사』, 『여사제강』, 『목은집』, 『포은집』, 『삼봉집』, 『용비어천가』, 『발해고』, 『송사』, 『요사』, 『금사』, 『원사』, 『명사』, 『자치통감』, 『국조보감』, 『일성록』, 『등록』, 『대전회통』, 『통문관지』, 『동문휘고』, 『명신언행록』, 『연려실기술』 등이다.

[가치정보]

이 자료는 전적조사를 위해 참고한 자료의 서목을 시대별로 정리한 것으로 삼한이전부터 조선까지 발간된 서적을 파악할 수 있다는 점에서 의미가 있다.

III-3-4-03. 조사사항철

관리기호	기록번호	자료명	
中B14-61	-	**調査事項綴**	
작성자	생산기관	생산 연도	
-	중추원	1924	
지역	언어	분량	소장기관
-	일본어	50면	국사편찬위원회
키워드	치수, 토목, 중추원, 제도조사		

[기본정보]

이 자료는 조선의 치수에서부터 토목 등에 이르는 조사사항만을 간략히 기록한 것이다. 1920년대 전반기 중추원의 조사대상을 이해할 수 있다.

[내용정보]

1923년까지는 '제도조사'사업이 체계적으로 이루어지지 않고, 구관조사의 일부로서 필요한 사항을 그때그때 조사하는 형식이었다. 1924년까지 조사를 일단락 짓고, 보고서를 편찬하기로 하였다. '국제(國制)', '왕실(王室)', '구역(區域)', '관원(官員)', '내무(內務)', '외교(外交)', '군제(軍制)', '재판(裁判)', '재무(財務)', '지방자치(地方自治)' 등의 항목을 선정하고, 이를 다시 여러 세목으로 나누어 체제를 갖추고자 하였다. 조사방식은 전적에 대한 조사를 중심으로 실시되었다. 『조선왕조실록』,『승정원일기』,『일성록』 등이 주로 이용되었으며, 그 외에도 각종 등록(謄錄), 문집(文集) 등에 대한 조사와 발췌작업도 수행되었다. 이러한 일련의 작업을 통해 『사환미제도(社還米制度)』,『이조법전고(李朝法典考)』 등이 편찬되었고, 『경국대전(經國大典)』,『속대전(續大典)』,『대전속록(大典續錄)』,『대명률직해(大明律直解)』,『만기요람(萬機要覽)』의 번각(飜刻)도 이루어졌다.

조사의 내용으로는 제6장 치수 제7장 토목 등으로 구성되어 있다. 다만 이 자료는 조사대상만을 기록한 것으로 내용은 기록되어 있지 않은 한계가 있다.

이 자료는 조선의 치수에서부터 토목에 이르기까지 조선총독부 중추원에서 시행한 구관조사의 대상을 알 수 있다는 점에서 의미가 있다.

III-3-4-04. 조선 구시의 사회사업 일반

관리기호	기록번호	자료명	
중B13G 96	제289	朝鮮舊時ノ社會事業一斑	
작성자	생산기관	생산 연도	
-	중추원	1921	
지역	언어	분량	소장기관
-	일본어	182면	국사편찬위원회
키워드	궁민, 구휼, 진휼, 이재, 교민		

[기본정보]

이 자료는 조선 재래의 사회사업 관련 제도를 역사적으로 기술한 것으로 1921년에 생산되었으며, 총 182면으로 구성되어 있다.

[내용정보]

주요 내용으로는 궁민진휼, 이재(罹災)진휼, 구양사업, 대빈제도(對貧制度), 공익사업, 직업소개, 위생사업 등을 기술하고 있으며 사회교화기관, 교민(敎民)[윤음, 반서(頒書), 감선(感膳)], 과거. 의례, 사회교화, 구제, 이재류(罹災類), 둔전, 시전, 향시, 휼수(恤囚), 복호 등으로 구성되어 있다. 각종 사회사업에 관한 시설에 필요한 자본, 각종 사회사업에 관련된 자료도 함께 수록하고 있다. 이 자료는 조선왕조의 사회복지에 관계된 각종 제도와 관행을 수록하고 있어서 복지 및 공익사업의 연혁을 이해할 수 있는 자료이다.

[가치정보]
조선의 사회사업에 관련된 제도를 조사하여 정리한 것으로 조선의 궁민진휼, 이재진휼, 구양사업, 대빈사업, 공익사업 등에 대한 관습을 파악할 수 있다는 점에서 의미가 있다.

III-3-4-05. 민적예규

민적예규 범례 (원문 이미지)	관리기호	기록번호	자료명
	-	-	民籍例規
	작성자	생산기관	생산 연도
	-	조선총독부 법무국	1922
	지역	언어	분량	소장기관
	-	일본어	485면	국립중앙도서관
	키워드	민적법, 민적부, 창씨개명, 여호주		

[기본정보]
조선총독부 법무국에서 간행한 민적예규로 485면으로 구성되어 있다. 이 자료는 범례에서 밝히고 있듯이 1921년(대정 10) 12월 31일 당시의 민적에 관한 법령통첩질의회답 및 지령을 정리하여 1922년 출간한 책이다.

[내용정보]
자료의 순서를 보면 가장 먼저 부령(府令)과 관련하려 정리하고 있다. 상세한 건명은 다음과 같다.
－민적법
－숙박 및 거주규칙
－조선인의 성명개칭에 관한 건
－민적부의 열람에 관한 건

－내지공장용사의 조선인인원증명에 관한 건

－조선인과 내지인과의 혼인의 민적수속에 관한 건

두 번째로 정리한 내용은 훈령으로 이의 세부목차는 아래와 같다.

－민적법집행심득

－숙박 및 거주규칙취급수속

－수입인지 소인의 건

－외국재유조선인의 소신분에 관한 취급방

－민적이관에 관한 건

－민적부제적부의 열람에 관한 취급수단

－통호번호의 신설, 변경에 요하는 취급방

－민적에 관한 건

이외에도 관통첩과 정무통감·사법부장관·법무국장의 통첩 및 회답·지령 등 민적과 관련한 건들이 상세히 정리되어 있다.

[가치정보]

이 자료는 조선총독부에서 민적에 관한 사항을 조사 정리한 것으로 이 시기 민적과 관련된 현황, 사항에 대해 파악할 수 있다는 점에서 의미가 있다.

III-3-4-06. 조선지방적 조세과징에 관한 조사

관리기호	기록번호	자료명	
中B13G 83	335	朝鮮地方的租稅課徵ニ關スル調査	
작성자	생산기관	생산 연도	
金漢睦	조선총독부 중추원	1923	
지역	언어	분량	소장기관
-	일본어 국한문	36면	국사편찬위원회
키워드	조세, 세목, 세율, 납세의무자, 과세표준		

이 자료는 조선총독부 중추원에서 조선시대 지방관아와 기타 공공 비용의 조세 과징에 대하여 조사한 것이다. 세목과 기원, 과세표준, 세율과 납세의무자 등에 대하여 그 내용을 간단하게 정리하였다. 조선총독부 중추원 용지에 기록되었으며, 1923년 중추원 참의 김한목(金漢睦) 등이 조사하여 작성하였다.

[내용정보]

이 자료는 조선시대 지방에서 집행하는 조세 및 이와 유사한 과징에 대한 조사보고서이다. 내용의 구성을 보면 본문에 앞서 총론을 간단하게 기술하고, 이어서 세목, 기원, 과세표준, 세율, 납세의무자, 납기, 징수방법, 징수액의 주요 용도, 세제의 창설·개정·폐지 등에 관한 수속과 주지방법, 도별 세금종별 누적연도 징수액, 기타 참고할 사항 등으로 구성되어 있다. 이와 같은 내용은 우선 '지방적 조세과징에 관한 조사(地方的租稅課徵ニ關スル調査)'라는 제명으로 일본어로 기술되었으며, 다시 '지방적 조세급과징방법(地方的租稅及課徵方法)'이라는 제명으로 국한문에 일본어 현토를 병기한 형태로 다시 기술되고 있다. 구체적인 기술 내용에 있어서는 다소 차이를 보이고 있으나, 전체적인 구성은 동일하며 내용도 거의 유사하다. 전반적인 내용들을 살펴보면, 국한문으로 후자의 보고서를 작성하고, 이를 바탕으로 수정·편집하여 일본어로 기술된 전자의 보고서를 최종적으로 작성한 것은 아닌가 여겨진다.

조선시대의 지방차원의 조세, 즉 지방관아와 기타 지방 공공지출 비용을 마련하기 위한 지방차원의 과징은 총론에서 국왕의 품정(稟定) 및 규례에 준하거나, 상급관청이나 관의 명령 혹은 향회의 결의 등에 의하여 결정, 수행되었다고 언급하고 있다. 지방의 조세는 지방의 상황 및 관례와 관의 조치가 같지 않아 세목과 세율 및 납기 등의 내용이 지방에 따라 상이하게 나타나는 바, 우선하여 대체적인 세목을 제시하고 설명하고 있다.

여기서 제시하고 있는 세목의 종류로는 일본어본에서는 47개이고, 국한문본에서는 이보다 2종이 많은 49개가 확인된다. 조세 상납 시에 첨납(添納)하는 것으로, 원상납에 더하여 부가적으로 납부하는 가승미(加升米)와 곡상미(斛上米), 수수료로 납부하는 인정미(人情米), 서울 각 기관의 하급역인(下級役人)의 급료 등으로 사용하는 창작지미(倉作紙米)와 호조작지미(戶曹作紙米) 등이 있다. 또한 세곡 상납 시에 운반하는 인부와 공인(貢人)에 대한 역가(役價)로서 경창역가미(京倉役價米)와 하선입창역가미(下船入倉役價米), 공인역가미(貢人役價米)가 있으며, 세곡을 배에 실을 때에 축나는 폐를 막기 위해 뱃사람에게 미리 지급하는 부가미(浮價米)와 가급미(加給米)도 존재한다. 그 밖에 공물(貢物)에 부가되는 것, 세곡 운반시 감리(監吏)와 색리(色吏)의 여비조, 호적 작성시의 각종 비용 등이 일반적으로 징수된다. 또한 지방 관아의 운영에 소용되는 치(雉)·계(鷄)와 시(柴)·탄(炭), 빙(氷) 등도 존재하는 등 지방에서 소용되는 제반 비용의 마련을 위한 다양한 세목들이 간단하게 정리되고 있다.

이러한 세목의 기원에 대해서는 대체로 임진왜란 이후 재정의 곤란에서 과세되기 시작한 것으로 파악하고 있으며, 크게 전세 등 본세(本稅)의 부가세 및 지방특별세의 두 종류가 파악된다. 그 과세표준으로는 전결(田結)의 결부(結負)에 따른 결렴(結斂), 원상납(原上納) 곡(穀)·전(錢)·포목(布木)의 석(石)·양(兩)·필수(匹數)에 따른 석렴(石斂)·양렴(兩斂)·필렴(匹斂), 호(戶)를 기준으로 하는 호렴(戶斂), 동리(洞里)의 대소(大小)에 따른 동렴(洞斂)을 언급하고 있으며, 이밖에 특별한 소산물(所産物)은 해동(該洞)에 한하고, 물품에 대한 것은 그 물품의 단위를 표준으로 한다고 설명하였다. 이 가운데 호렴(戶斂)의 기준이 되는 호(戶)에 대해서는 다시 호적호(戶籍戶)와 연호가좌(煙戶家座) 및 군보호수(軍保戶數)의 3종으로 나누어지며, 지빈(至貧)한 가(家)나 관리(官吏) 및 반호(班戶)는 면세(免稅)하는 예(例)가 있다고 부가설명하고 있다.

세율에 대해서는 일정한 세율이 존재하지 않는다고 하면서, 동리별 운용을 설명하고 있다. 즉 관에서 각 면(面)·동(洞)에 대하여 일정액을 부과하면, 면(面)·동민(洞民) 중 중요한 자들이 협의하여 각 호에 할당하여 징수한다는 것이다. 납세의무를 지는 사람은 결렴의 경우 토지소유자나 기경자(起耕者), 호(戶)와 가좌(家座)에 부과되는 것은 호주(戶主) 혹은 가좌(家座)의 장(長)이 납세의무자가 되고, 면(面)·동(洞)에 대하여 부과하는 경우에는 주민들이 납세의무자가 된다고 한다.

세금의 징수는 원상납(原上納)에 부가(附加)하는 것은 원세(原稅)에 합산하여 동시에 징수하나, 대물상납(代物上納)의 경우는 건기(件記)[납입고지서(納入告知書)]를 납세의무자에게 배부하고 색리(色吏)가 수취하여 관(官)에 납부한다고 하였다. 이렇게 징수한 세액은 관용(官用)으로 인한 상납원세(上納原稅)의 부족액 보충이나, 각사군아(各司郡衙)의 비용 및 관공리용인(官公吏庸人)의 수당 및 기타 잡비(雜費), 또는 직접 공공(公共)의 용처에 사용한다.

마지막으로는 기타 참고할 사항으로서 갑오개혁 이후의 변화에 대하여 기술하고 있다. 이에 대하여 일본어본에서는 단지 1906년(광무 10)의 <지방세규칙(地方稅規則)의 제도(制度)>를 발포(發布)한 후의 세제(稅制)에 관해서는 구한국정부(舊韓國政府)가 편찬한 관련 법규를 통하여 명확히 알 수 있다고만 언급하였다. 반면 국한문본에서는 '도로, 교량 및 기타 지방 토목에 관한 경비' 등 지방에서 소용되는 7항목의 용처를 언급하고, 이를 위하여 시장세와 포세, 여객세, 인력거세, 교세(轎稅), 자전차세(自轉車稅), 하차세(荷車稅), 화세(花稅)의 8종의 세목을 지방세로 징수함을 기록하고 있다.

[가치정보]
　이 자료에서 다루고 있는 지방 차원의 과세들은 전세와 군포, 대동 등의 본세에 따르는 부가세와 기타 다양한 용처를 위한 다양한 조세들이다. 이와 같은 조세들은 원상납하는 조세의 부담을 가중시키는 한편, 이른바 잡세로서 조선후기에 많은 폐단을 낳고 있었다. 특히 19세기에는 전정, 군정, 환정의 삼정과 더불어 조세문란을 야기하는 중요한 이유로 언급되어지는 부분이다. 이 자료는 이와 같은 조선후기의 지방 조세 운영과 잡세의 양상에 대한 자료로서의 가치와 더불어 조선의 조세제도와 운영에 대한 일제의 조사와 접근 태도를 엿볼 수 있는 자료이기도 하다.

III-3-4-07. 조선의 부곡에 대하여

관리기호	기록번호	자료명		
中B6B 240 v.1	-	朝鮮の部曲に就て		
작성자	생산기관	생산 연도		
松田甲	조선총독부 중추원	1930		
지역	언어	분량	소장기관	
-	일본어	25면	국사편찬위원회	
키워드	부곡, 향, 지방제도, 속현, 군현			

[기본정보]
　이 책은 조선총독부 중추원에서 우리나라의 전근대사회에 존재했던 특수 행정구역인 부곡(部曲)에 관한 자료로 작성한 것이다. 조선총독부 중추원 용지에 작성된 이 자료는 마쓰다 고우(松田甲, 1868~1945)가 『조선(朝鮮)』 1930년 7월호에 게재한 「조선(朝鮮)의 부곡(部曲)에 대하여」란 글을 전재한 것이다.

[내용정보]

이 글의 저자인 마쓰다 고우는 일제강점기 조선에 거주하면서 조선에 대한 연구를 진행한 대표적 인물 가운데 한 명이다. 일찍이 측량학을 배웠고 청일전쟁과 러일전쟁에 종군하기도 한 마쓰다 고우는 1906년 이후 임시측량부의 측량주임으로 조선을 비롯하여 대만과 만주 등을 탐사하였다. 그리고 1911년 조선총독부의 임시토지조사국 기사로서 조선에서 생활하기 시작하였고, 체신이원양성소(遞信吏員養成所)에서 교원으로 재직하면서 조선과 일본의 문화교류에 대하여 본격적인 연구에 착수하였다. 1923년 퇴직 후에는 조선총독부 관방촉탁(官房囑託)이 되어 문서과에서 근무하였으며, 1945년 7월 조선에서 사망하였다. 대표적인 저술로는 『조선잡기(朝鮮雜記)』(1925)에서 『조선만록(朝鮮漫錄)』(1928)을 거쳐 『조선총화(朝鮮叢話)』(1929)로 이어지는 연작과 『조선의 금석(朝鮮の今昔)』(1927), 『한일관계사연구(韓日關係史硏究)』(1929) 등이 있다.(박영미, 「일제강점기 재조일본인(在朝日本人)의 한문학연구 성과와 그 의의」, 『한문학논집』 34, 근역한문학회, 2012)

이 자료에 전재된 마쓰다의 연구는 우리나라 부곡에 관한 본격적인 첫 연구라 할 수 있다. 그는 일본 상대의 사회조직 제도 중 하나인 "부(部)"가 신라의 "육부(六部)"나 고구려와 백제의 "오부(五部)"와 같이 조선의 사회조직에도 존재함을 주목하였다. 이어서 일본에 대한 기존연구를 토대로 그 성과를 조선과 비교함으로써 조선의 부곡에 대하여 살피고 있다.

일본뿐 아니라 중국에도 부곡의 용례가 있는데, 중국에서는 "부(部)"를 '군대(軍隊)의 부(部)', "곡(曲)"을 '부(部)의 하위'인 대오(隊伍)나 행오(行伍)와 같이 일컫는 것으로 조선의 부곡과는 유사한 점이 없다고 하였다. 반면 일본의 부곡에서 기존 연구 등을 토대로 유사점이 존재하다고 주장하고 있다.

일본의 경우 황족이나 귀족이 지방의 토지를 전장(田莊)으로 삼아 일부(一部)의 백성을 자기의 것으로 영유하는 것을 '품부(品部)'라 칭하는 반면, 각씨(各氏)가 사유하는 것을 부곡이라 이른다. 그리고 대신(大臣)이나 대련(大連) 이하 신련(臣連) 등 중앙의 제씨(諸氏)와 국조(國造), 현주(縣主) 등 지방의 제씨(諸氏)들이 각각 다소의 토지인민을 사유할 때도 이 사민(私民)을 부곡 또는 노(奴)라 칭한다. 이러한 부곡에는 3종류가 있는데, 조정으로부터 하사받은 것과 다른 씨(氏)로부터 얻은 것, 그리고 미간지를 개척하거나 정복하여 얻은 것이다.

마쓰다가 조선의 부곡을 설명하기 위하여 중심적으로 활용하는 자료는 『동국여지승람(東國輿地勝覽)』이다. 그는 신라 지방제도를 설명하면서 조선 부곡도 그 기원에서 일본과 유사하다고 주장한다. 신라는 각 주(州) 아래 반드시 같은 이름의 주(州) 하나와 약간의 군(郡)과 현(縣)을 설치하고, 그 아래에 "향(鄕)"이나 "부곡(部曲)"을 두어 예속시켰다. 또한 『동국여지승람』의 고적조(古跡條)를 통하여 조선시대까지를 포함하는 부곡의 흥폐(興廢)를 파악하고 있는데, 부곡을 현으로 올리거나 현을 내려 부곡으로 삼거나, 내린 후 다시 올려 현(縣)·군(郡)·부(府) 등이 되는 경우 등의 다양한 사례들을 『동국여지승람』을 통하여 설명하고 있다.

[가치정보]

이 자료에 전재된 마쓰다 고우의 조선의 부곡(部曲)에 대한 연구를 비롯하여 일제강점기하 일본인의 조선에 대한 연구는 기본적으로 일제의 대한 식민통치를 위한 일환으로 추진되었다. 실지조사와 문헌조사를 비롯한 관습조사와 풍속조사 등이 일제강점기의 전시기를 거쳐 지속적으로 상당규모로 수행되었다. 그리고 이를 통하여 축적된 자료들이 분석되면서 일제의 식민통치를 위한 기초자료로 활용됨과 동시에 이와 같은 연구로 이어지게 된 것이다. 이러한 조선에 대한 연구가 다시 조선의 지배를 위한 기본 자료로 활용된 것은 물론이다. 이 자료는 조선에 대한 연구가 조선에 대한 통치자료의 일환으로써 간주되고 수집되고 있었음을 보여주는 한 사례라 할 수 있다.

III-3-4-08. 제18호-5 민사소송기록

관리기호	기록번호	자료명	
B-1-677	-	第18號-5 民事訴訟記錄	
작성자	생산기관	생산 연도	
-	조선총독부 중추원	1935	
지역	언어	분량	소장기관
부산, 횡성	일본어	25면	수원시박물관
키워드	민사소송, 증인심문서, 구두변론서, 매매계약서, 토지, 가옥		

[기본정보]

이 자료는 1935년 10월 12일 토지 및 가옥과 관련된 민사소송에서 관련 소장, 청구대리 위임장, 구두변론조서(口頭辯論調書), 갑(甲)제1호 증거 매매계약서, 갑(甲)제2호 증거 계약서,

증거의 신출(申出), 증인심문조서, 판결언도조서 등을 민사소송기록으로 정리한 것으로 총 25면으로 구성되어 있다.

[내용정보]

이 자료는 강원도 횡성군 횡성읍에 거주하는 원고 신현주(申鉉周)가 부산부 좌천정에 거주하는 피고 장지한(張志漢)을 상대로 진행한 토지와 가옥명도등기말소와 손해금청구소송과 관련된 것이다. 소장을 통해 청원원인과, 입증방법을 밝히고 있으며, 소송대리위임장을 통해 변호인을 선임하고 있다. 구두변론조서(口頭辯論調書)로 사실관계를 확인하고 증거로 제출된 갑(甲)제1호 증거 매매계약서, 갑(甲)제2호 증거 계약서 등이 수록되었다. 또한 증인심문조서에는 증인으로 김기태(金基泰), 최실봉(崔實逢), 홍영숙(洪永淑)이 진술한 내용이 정리되어 있다. 마지막으로 1936년 5월 28일 부산지방법원에서 판결한 판결언도조서가 수록되어 있다.

[가치정보]

이 자료는 1930년대 민사소송과 관련하여 소장, 변호인선임, 재판과정 등을 파악할 수 있다는 점에서 의미가 있다.

III-3-4-09. 조선의 사법제도

관리기호	기록번호	자료명		
朝24-34	-	朝鮮の司法制度		
작성자	생산기관	생산 연도		
-	조선총독부 법무국	1935		
지역	언어	분량	소장기관	
-	일본어	100면	국립중앙도서관	
키워드	사법, 재판소, 검찰, 변호사, 등기, 공증, 공탁			

[기본정보]

이 책자는 조선총독부 법무국이 식민지 조선의 검찰, 법원의 조직과 그 활동 양상을 기록한 것이다. 일제 통치 25주년을 기념하여 1935년에 출판하였다.

[내용정보]

이 책은 재판 및 검찰제도를 통감부 이전시기부터 1930년대 초반까지의 역사적 변동을 일제의 시각에서 정리한 것이다. 이 책은 대한제국 말기에 사법제도가 문란하고 정비되지 못하였으나 일제의 사법권 하로 들어오면서 점차 개선되어 선진 외국의 제도에도 뒤지지 않는 사법제도로 개편되었다고 평가하고 있다. 이와 함께 사법제도의 핵심이라 할 수 있는 등기제도, 호적제도, 공탁제도, 민사쟁송조정제도, 소작조정제도, 변호사제도, 공증제도, 집행제도, 사법서사제도 등을 개설적으로 소개함으로써 일제 사법제도를 손쉽게 파악할 수 있다. 특히 조선총독부 재판소 등에 설치된 주요 사법부속기관 등의 연혁을 함께 소개하고 있다. 예컨대, 친족 상속에 관한 법규조사회, 판례조사회, 사법협회 등이다. 이와 함께 한국병합 이전과 이후의 주요 민사 및 형사에 관한 적용법규들을 소개하고 있어서 일제의 침략의 진행과 함께 수행된 법령의 변천도 함께 이해할 수 있다.

[가치정보]

이 자료는 대한제국 시기부터 1930년대까지의 사법제도와 그 특징을 연혁적으로 기술한 것으로 일제 사법제도의 특성을 파악하기에 좋은 자료가 될 수 있다. 특히, 종전에는 잘 알려져 있지 않던 친족 상속에 관한 법규조사회, 판례조사회, 사법협회 등에 대해서도 간략히 기술하고 있어서 당시 사법에 관계된 주요 기구의 성격과 활동을 파악할 수 있다.

III-3-4-10. 소송에 대한 참고문기

관리기호	기록번호	자료명		
中B13IB-14	-	訴訟에 대한 參考文記		
작성자	생산기관	생산 연도		
-	조선총독부 중추원	-		
지역	언어	분량	소장기관	
-	한문	66면	국사편찬위원회	
키워드	소송, 상언, 전명문(前明文), 호조, 동일감법			

[기본정보]

이 자료는 조선총독부 중추원에서 소송에 대한 참고문기에 대해 조사하여 정리한 책으로 66면으로 구성되어 있다. 작성자와 생산연도는 미상이다. 한문으로 기록되어 있다.

[내용정보]

이 자료는 조선총독부 중추원에서 조사한 소송에 대한 참고문기 자료이다. 이 자료는 업무(業武) 백여성(白與声)에 관련된 항목으로 정리되어 있다. 구체적인 항목은 다음과 같다. 호조, 동일감법(同日甘法), 내수사(內需司)[경기광주거업무백여성(京畿廣州居業武白與声)], 암태도반금도도장차윤석처(岩泰島华衿導掌車胤錫處), 암태도도장차윤석박영진처(岩泰島導掌車胤錫朴永鎭處), 나주암태도도장안영락(螺舟岩泰島導掌安永樂), 궁감홍수재(宮監洪壽才), 내수사계거김두서○(內需司契居金斗瑞○), 녹아도도장문세명처(鹿兒島導掌文世明處), 주균처(朱均處), 노책용(奴責龍), 박효건(朴孝建), 최차만(崔次萬), '강희 35년 7월 14일 김시해전명문(康熙三十五年七月十四日金時海前明文)', '강희 36년 정월 27일 최정석전명문(康熙三十六年正月二十七日崔廷錫前明文)', '옹정 2년 6월 17일 최익녕전명문(雍正二年六月十七日崔益寧前明文)', '건륭 8년 8월 초9일 김두칠전명문(乾隆八年八月初九日金斗七前明文)', '건륭 43년 6월 초10일(乾隆四十三年六月初十日), 이세급(李世伋), '옹정 4년 11월 16일 이세급전명문(雍正四年十一月十六日李世汲前明文)', '무신 정월 28일 재주자등김주욱(戊申正月二十八日財主自等金周郁)', '옹정 6년 정월 28일 ○성부입지(雍正六年正月二十八日○城府立旨)', '건륭 23년 초10일 윤성복전명문(乾隆二十三年初十日尹聖福前明文)',

'건륭 48년 6월 24일 윤구서전명문(乾隆四十八年六月二十四日尹構瑞前明文)', '건륭 58년 5월 21일 정우철전명문(乾隆五十八年五月二十一日鄭寓喆前明文)', '가경 8년 11월 25일 조완성전명문(嘉慶八年十一月二十五日趙完城前明文)', '도광 9년 9월 26일 전명문(道光九年八月二十六日前明文)'

[가치정보]

이 자료는 업무(業武) 백여성(白與声)에 관련된 자료를 조사 정리한 것으로 조선시대 소송에 대한 관습을 알 수 있다는 점에서 의미가 있다.

III-3-4-11. (군병) 훈련도감의 군향보는 납미하고 포수보

관리기호	기록번호	자료명	
B-1-637	-	(軍兵) 訓鍊都監の軍餉保は納米し砲手保	
작성자	생산기관	생산 연도	
-	조선총독부 중추원	-	
지역	언어	분량	소장기관
-	일본어	16면	수원시박물관
키워드	훈련도감, 병조, 경상좌수영, 영진, 군보		

[기본정보]

이 자료는 조선후기 훈련도감, 병조, 각도(各道), 각 지방의 영진(營鎭), 각 관청 등에서 운영되고 있던 입번(入番), 상번(上番), 납미(納米), 납포(納布) 등 군사관련 규정에 대해 정리한 것으로 총 16면으로 구성되어 있다.

[내용정보]

훈련도감의 군향보(軍餉保), 포수보(砲手保)의 납부 방식, 기병·보병의 상번(上番), 정군·보인에 대한 규정 등을 정리하였으며, 군사제도로 모병제, 당번대립(當番代立), 군포 납부 등에 대해 정리하고 있다. 또 병조(兵曹) 기보병자(騎步兵者)의 입번, 기병 상번(上番), 병조별

기마(兵曹別騎馬), 훈련도감의 포보(砲保), 금위영(禁衛營) 별파진보(別破陳保), 어영청(御營廳) 별파진보(別破陳保) 등에 대해 정리하였다. 그리고 각 관청의 군보(軍保)를 감액(減額)하고 여보(餘保)를 작성하였다. 각 지방의 진영(鎭營) 중 경상좌도 7진(鎭)을 영구 혁파하고 그 처리에 대해 정리했다. 경상좌수영, 통영 등의 군액과 병조급대(兵曹給代), 훈련도감 급대 등에 대해 기록하였다.

[가치정보]

이 자료는 훈련도감을 비롯한 군사기구에서 이뤄지고 있던 상번(上番), 군보(軍保) 등 조선후기 군사제도에 대하여 파악할 수 있다는 점에서 의미가 있다.

III-3-4-12. 노비에 관한 자료

관리기호	기록번호	자료명		
中B13H12	-	奴婢ニ關スル資料		
작성자	생산기관	생산 연도		
-	조선총독부 중추원	-		
지역	언어	분량	소장기관	
-	한문	251면	국사편찬위원회	
키워드	노비, 양인, 천인, 신역, 신공			

[기본정보]

이 자료는 조선총독부 중추원에서 노비(奴婢)에 관한 문헌조사를 수행한 것으로, 『조선왕조실록』에서 노비와 관련한 내용을 발췌하여 정리한 조사보고서이다. 표지에 '태조(太祖), 정종(定宗), 태종(太宗), 문종(文宗), 단종(端宗), 예종실록중발췌(睿宗實錄中拔萃)'라 기록하고 있으며, 이외에 『세종실록』에서도 2건의 기사가 삽입되어 있다. 12줄의 조선총독부 중추원 용지에 작성되었으며, 표제 아래에 '원본(原本)'이라 기록되어 있어, 이를 원본으로 다른 부본(副本)들이 만들어졌음을 미루어 짐작할 수 있다. 또한 여타 실록에서도 같은 작업을 수행했으리라고 미루어 짐작할 수 있다. 실제로 비록 왕조실록은 아니지만 『신보수교집록(新補受敎輯錄)』에서 노비에 대한 기사를 발췌한 동일 제명의 보고서가 존재한다.

[내용정보]

이 자료에는 『태조실록』 등 조선전기의 왕조실록에서 발췌한 227건의 기사가 시간순으로 수록되어 있다. 기사의 분포를 보면 태조대 기사가 19건, 정종대 기사가 4건이며, 태종대 기사가 160건으로 상당히 많은 양을 보여준다. 나머지는 세종 2건, 문종 19건, 단종 13건, 예종 10건 등이다. 세종대의 2건의 경우는 『세종실록』에서 발췌할 별도의 자료에 들어가야 할 내용이 잘못 편철된 것이 아닌가 여겨진다.

여기에는 세종과 세조대를 제외한 조선전기 실록의 노비와 관련한 다수의 기사들이 망라되어 있다. 태조 원년인 1392년 8월 고려 종친의 노비 숫자를 제한하도록 한 조치를 시작으로, 1469년(예종 원) 8월의 충순위에게 충찬위의 예에 따라 시행하도록 한 기사까지, 조선의 기틀이 잡혀가는 시기의 노비를 둘러싼 논의와 정책 등의 내용이 수록되어 있는 것이다.

조선초기 노비제 개혁의 중심기관이었던 노비변정도감(奴婢辨定都監)과 관련한 다수의 기사들을 비롯하여, 부채노비(負債奴婢)를 금지하거나, 노비 숫자의 제한과 속공, 노비의 몸값을 올리거나 역(役)을 규정하고 적(籍)을 작성하는 등의 조선시대 노비제의 기틀이 되는 제반 내용들이 태조~태종연간의 실록에서 발췌한 기사들에 포함되어 있다. 이외에도 노비의 매매와 상속, 노비를 둘러싼 여러 쟁송과 다양한 사건기사들을 발췌하였다.

각 왕대별로 주요한 기사들의 사례를 보면, 우선 『태조실록』에는 1392년(태조 원) 11월의 부채노비(負債奴婢) 금지, 1395년(태조 4) 11월의 노비변정도감 설치와 노비변정도감에서 1397년(태조 6) 7월에 올린 노비 쟁송 판결에 관한 사의 19조목을 비롯한 각종 활동기사들이 있다. 이 밖에 1398년(태조 7) 6월의 노비 몸값을 올려 정한 것과 9월의 관청에 속한 노비의 역을 규정한 기사 등이 주요하다. 정종대에는 1399년(정종 원) 6월 공사노비의 적(籍)을 만들고자 하는 논의와 이듬해 6월 노비변정도감을 재설치한 내용이 눈에 띈다.

태종대인 1405년(태종 5) 4월에는 노비의 상속 문건을 작성하는 법을 세운 기사를, 9월에는 천인이 양인 여자에게 장가드는 것을 금지하는 기사를 수록하였다. 1413년(태종 13)에는 4월에 외방 각사의 노비 숫자를 정한 내용과, 9월에 노비 중분법을 세운 기사 등이 수록되었다. 노비변정도감의 설치·운영과 관련하여 노비의 결송 등 노비를 둘러싼 치열한 갈등의 기사들은 보다 집중적으로 등장하고 있다. 그러나 이러한 노비에 관한 제반 제도와 정책의 내용들은 이후의 문종과 단종, 예종대에는 거의 나타나지 않는다. 이때의 것으로 발췌된 기사들을 살피면 대부분이 주로는 노비를 둘러싼 사인간의 갈등과 사건기사가 대부분이다. 이는 조선의 노비제도가 태종대에 이르러 어느 정도 완비된 상황을 반영하고 있다고 하겠다.

[가치정보]

조선의 노비는 그 인신이 타인에게 예속된 존재이면서도, 독자적인 재산과 가정을 소유하였으며, 심지어 속오군(束伍軍)으로서의 군역까지 수행한 존재이다. 즉 서양의 노예와는 달리 사회적, 경제적으로 독자적인 행위주체로서의 지위를 지니고 있었다. 이 자료는 조선전기의 왕조실록에서 관련 기사를 발췌한 전적조사로서, 조선의 노비에 대한 양상을 파악하는 주요한 자료가 되었을 것이며, 동시에 이를 통하여 조선구관조사의 일 양상을 엿볼 수 있다.

III-3-4-13. 전라도 고금도 등 4진 이폐절목

관리기호	기록번호	자료명		
B-1-734	-	全羅道古今島等四鎭釐弊節目		
작성자	생산기관	생산 연도		
-	조선총독부 중추원	-		
지역	언어	분량	소장기관	
고금도, 신지도 임자도, 智島	한문	11면	수원시박물관	
키워드	방군, 결전, 영읍주인, 진민(鎭民), 진(鎭)			

[기본정보]

이 자료는 1817년 10월 전라도 고금도, 신지도, 임자도, 지도(智島)의 4진(鎭)에 대한 이폐절목(釐弊節目)을 정리한 것으로 총 11면으로 구성되어 있다.

1817년 전라도 고금도, 신지도, 임자도, 지도(智島) 4개 진의 백성들이 영읍주인(營邑主人) 등에 의한 침탈 등의 각종 폐단에 시달리는 것에 대해 절목을 내려 신칙(申飭)하며, 방군(防軍), 결전(結錢) 등에 대한 폐단 또한 다스려 진민(鎭民)들을 보살핀다는 전라관찰사의 보고 이다.

[가치정보]

이 자료는 1810년대 전라도 해안에 설치된 진(鎭)의 현황과 소속 민들의 상황을 파악 할 수 있다는 점에서 의미가 있다.

III-3-4-14. 조선호적령사안

관리기호	기록번호	자료명	
한古朝33-15	-	朝鮮戶籍令事案	
작성자	생산기관	생산 연도	
-	조선총독부	-	
지역	언어	분량	소장기관
-	일본어	58면	국립중앙도서관
키워드	민적법, 조선호적령, 조선호적령사안, 호적제도, 민사령 급민적법개정조사위원회		

[기본정보]

이 자료는 조선총독부가 조선호적령을 제정하기에 앞서 작성한 초안(草案)으로서 모두 137개 조항으로 구성되어 있다. 1909년에 제정된 민적법이 불과 8조항인 것과 비교하면 조선인의 호적에 관한 사항을 매우 세부적으로 규정하는 등 호적제도의 정비를 목표로 한 것이었다. 이 자료와 밀접하게 관계되어 있는 자료는 <조선호적령안>인데 국립중앙 도서관에 함께 소장되어 있다. <조선호적령사안>, <조선호적령안> 등은 1922년에 제정 공포된 조선호적령의 초안(草案)으로 조선총독부의 입법과정을 상세히 파악할 수 있다.

[내용정보]

조선총독부는 식민지 조선인의 호적에 관해서는 한국병합 이후에 별도의 법령을 제정하지 아니한 채, 대한제국 정부 하에서 제정된 민적법의 법적 효력을 그대로 활용하였다. 그러나 민적법은 복잡한 호적사건을 규율하기에는 너무 간략하게 규정되어 있었고, 또 조선인과 일본인 사이의 호적사건에 대해서도 규정하지 못하는 등 제도상 불비한 점이 많이 있었다. 따라서 조선총독부는 1910년대에 호적제도 정비를 추진하였고 이 과정에서 초안(草案)이 작성되었다.

조선호적령사안은 1910년대에 작성된 것으로 보이는데, 조선호적령 사안의 앞 부분에 조선호적령 제정의 입법 방침을 기술하고 있다. 조선총독부는 1914년에 개정된 일본 호적법을 모법(母法)으로 하고, 조선인의 친족 및 상속관습을 일부 반영하는 방식으로 조선인의 호적법규를 제정하려고 하였다. 입법 방침을 일부 소개하면, ① 신호적법(新戶籍法)[일본 호적법] 중에서 조선에 필요 없는 규정은 전부 삭제한다. 예컨대, 은거(隱居), 상속인의 선정 및 지정에 관한 규정과 같다. ② 존치(存置)할 필요가 있는 규정은 조선의 관습에 비추어 지장이 없도록 변경한다. 예컨대, 혼인 및 입양에 관한 규정과 같다. ③ 본안(本案)은 조선 재래의 혼인 및 양자제도는 모두 구관(舊慣)에 맡기고, 그 성립시기가 불명하기 때문에 신고에 의해서 성립 시기를 정하는 주의를 채용한다. 따라서 민사령(民事令) 개정 또는 단행법(單行法)을 제정할 필요가 있다. ④ 또 능력에 대해서도 관습에 의하게 하는 것은 시세(時世)에 적합하지 않다. 따라서 혹은 민법에 의하게 하거나 또는 단행법을 제정할 필요가 있다. 그것을 전제로 규정을 두었다.

조선호적령사안은 일본 호적법 조항을 그대로 수용하는 것을 제1원칙으로 하고, 조선 재래의 친족상속에 관한 관습을 고려하여 일부 변형하는 것을 방식으로 작성되었다. 이와 같은 사실은 조선호적령사안의 각 조항에 일본 호적법에 해당하는 조항번호를 표기하여, 일본 호적법과 서로 비교·대조하고 있는 것을 통해서도 확인할 수 있다. 이와 함께 조선호적령 입안의 제2원칙이 실체법규상에서 구관주의(舊慣主義)였다. 왜냐하면 1910년대까지 친족 상속에 관해서는 조선 재래의 관습에 의하기로 하였기 때문에 실체법규는 구관을 따를 수밖에 없었다. 다만, 일부 항목에 대해서는 관습법 대신에 일본 민법의 조항을 도입하기로 결정하였다. 예컨대, 능력에 관해서는 1921년 5월 6일 중추원회의 및 5월 30일경에 일본 민법을 채택할 것을 확정한 상태였기 때문에 사안의 작성자는 능력에 관한 조선총독부의 일본 민법 의용(依用) 방침을 미리 알고 있었고, 따라서 일본 민법주의를 전제로 사안을 작성했던 것이다. 그리고 능력에 관해서는 관습에 의하지 않고 민법에 의거하거나 새로운 단행법을 제정할 필요가 있다는 표현에서, 사안이 1921년 11월 조선민사령 제11조 개정 이전에 작성되었다는 것도 알 수 있다.

[가치정보]

이 자료는 한국에서 일본식 호적제도가 어떻게 이식되었고 그 특징이 무엇인지를 알 수 있게 한다는 점에서 사료적 가치를 가지고 있다. 특히, 조선총독부가 조선인의 호적제도를 어떻게 개편하려고 하였는지를 역사적 맥락 속에서 살펴볼 수 있게 해준다. 1922년에 공포된 조선호적령과는 다수 중복되거나 유사한 측면이 있으나 전혀 다른 내용도 담겨 있다. <조선호적령안> <조선호적령사안> <조선호적령> 등과 비교 분석하면 조선총독부의 식민지 호적제도의 입법과정을 상세히 파악할 수 있다.

III-3-4-15. 조세징수법의 2대 계통

관리기호	기록번호	자료명		
B-1-666	-	租税徴収法の二大系統		
작성자	생산기관	생산 연도		
-	조선총독부 중추원	-		
지역	언어	분량	소장기관	
-	일본어	43면	수원시박물관	
키워드	연분법, 전분법, 조세, 징세, 공법			

[기본정보]

이 자료는 조선시대 조세징수법과 그 운용과 관련된 연분법(年分法)의 제정, 전분연분법(田分年分法)의 운용 등에 대해 정리한 것으로 총 43면으로 구성되어 있다.

조선에서 징세방법 중 하나는 매년 그 토지의 수확을 조사하고 그 수를 정하여 징수하는 것이었고, 다른 하나는 수년 동안 수확을 계산하여 그 평균을 정하여 매년 그 율에 따라 징수하는 것이었는데, 이 두 징세방법에 대해 구체적으로 기술하고 있다. 또한 공법(貢法)에 대한 것으로 조선 조정에서 제기되었던 적극론(積極論), 소극론(消極論), 절충론(折衷論)에 대해 서술하고 있다. 조세제도의 운용의 하나로 세종 때 제정되었던 연분법에 대해 설명하고 있으며, 전분연분법(田分年分法)의 운용에 대해 기술하고 있다.

[가치정보]

이 자료는 조선시대 조세징수 방법에 대해 파악하고 그것에 대한 조선정부의 운용과 논의에 대해 파악할 수 있다는 점에서 의미가 있다.

III-3-4-16. 한국시대의 제제도 개요

관리기호	기록번호	자료명	
中B13B-37	-	韓國時代의 諸制度 개요	
작성자	생산기관	생산 연도	
김한목	중추원	-	
지역	언어	분량	소장기관
-	일본어	140면	국사편찬위원회
키워드	종교, 구휼제도, 천도교, 불교, 기독교		

[기본정보]

이 자료는 중추원에서 수행한 제도조사서의 일환으로 작성된 것으로 김한목이 조선 재래의 각종 제도에 대해서 주요 기록들을 발췌한 것이다.

여기에서는 행정제도 및 조직을 중앙과 지방으로 나누어 기술하고 있다. 세부사항으로는 중앙관부, 지방관아, 행정구획 등을 기술하고 있다. 이와 함께 재정제도(세입 세출현황), 구휼제도, 교통 및 위생, 산업제도, 교육, 경찰, 민의창달, 종교(유교, 불교, 도교, 기독교 등), 비공인종교신앙단체에 단군교 및 대종교, 천도교 및 시천교 등을 포함하여 기술하고 있다.

[가치정보]

이 자료는 행정제도 및 조직을 중앙과 지방으로 나눠 조사 정리한 것으로 재정, 구휼, 교통, 교육, 산업, 종교, 비공인종교신앙단체 등을 파악할 수 있다는 점에서 의미가 있다.

III-3-4-17. 호적 호패에 관한 자료

관리기호	기록번호	자료명	
中B13G 118	-	戶籍 號牌二關スル資料	
작성자	생산기관	생산 연도	
松寺竹雄 등	조선총독부 중추원	-	
지역	언어	분량	소장기관
-	일본어	459면	국사편찬위원회
키워드	호적, 호패, 민적, 호주, 호구		

[기본정보]

이 자료는 조선총독부 중추원에서 조선의 호적 및 호패에 관하여 조사한 자료들을 엮은 것이다. 호적대장과 호구단자 등 실제 장부와 문서는 물론, 각종 개인 저술과 역대 왕조실록, 『일성록』, 대한제국기와 일제강점기의 관련 법령, 나아가 조선의 호적제도에 대한 연구성과까지 수록한 문헌조사 결과물이라 할 수 있다. 12줄의 조선총독부 중추원 용지에 작성되었으며, 현재 묶여 있는 상태는 착간이 심한 상태로, 정확한 내용의 파악을 위해서는 재편철이 요청되는 자료이다.

[내용정보]

조선의 호적과 호패에 관한 문헌조사 내용을 수록한 이 보고서는 상당히 다양한 문헌들을 대상으로 방대한 양의 내용들을 발췌하여 수록하였다. 착간이 심하여 온전한 내용을 파악하기는 어려우나, 전체적인 편철상태를 보면 대체로 관련 시기의 역순으로 묶여 있다. 또한 발췌한 각각의 내용의 문두와 문말에 나타난 기사의 제목과 출전을 통하여 대체적인 개요를 이해하는 것은 비교적 용이하다.

이 자료에서 발췌하고 있는 문헌으로는 고려말 이태조 호적을 비롯하여 호적대장과 호구문서 등 호적관련 자료들을 등사한 것을 비롯하여, 「호적사목(戶籍事目)」과 「호패사목(號牌事目)」을 비롯한 법전류의 내용들을 발췌하였다. 또한 조선시대 개인 저술류와『일성록』,『승정원일기』, 역대 왕조실록,『증보문헌비고』등의 문헌과『고려사』와『삼국사기』및『고려사절요』등을 통하여 조선시대까지의 관련 기록들을 뽑아서 수록하였다. 이밖에 1896년(건양 원)의 <호구조사규칙(戶口調查規則)>과 <호구조사세칙(戶口調查細則)>을 비롯한 대한제국기의 새로운 호적법과 민적법에 관련한 법령도 수록하였다. 더하여『조선총독부관보』와『조선법령집람』등의 자료를 통하여 일제강점기의 민적관련 법령까지를 수록하고 있다. 이와 같은 내용의 구성은 이 자료가 단지 조선시대의 호적과 호패에 관한 자료가 아니라, 우리나라의 고대로부터 조사 당대인 일제강점기까지의 호적에 관한 방대한 자료집임을 알게 해 준다.

자료집의 처음에는 일제강점기 재조일본인들을 대상으로 한 일본어 잡지 중 1908년부터 1941년까지 간행된『조선(朝鮮)』에 게재된 두 글을 전재하였다. 하나는 제100호에 실린 마쓰데라 다케오(松寺竹雄)의 「조선의 호적제도에 부쳐서(朝鮮の戶籍制度に付て)」란 글이고, 다른 하나는 1922년 7월호에 실린 법무국 민사과장(法務局民事課長) 미야모토(宮本元)의 「개정호적제도의 특색(改正戶籍制度の特色)」이란 글이다. 이는 우리나라의 역대 호적제도와 1922년에 개정된 조선호적령에 대한 소개의 글이다.

이어서『조선법령집람(朝鮮法令輯覽)』과『조선총독부관보』를 통하여 일제강점기의 호적관련 법령들을 정리하였다. 여기에서 언급된 법령들은 민적법(民籍法)과 민적사무의 취급과 관련한 제반 법령들이며, 차양자(次養子)의 취급이나 승려의 민적, 여호주(女戶主)의 폐가, 개명(改名), 지번호의 설정 등에 대한 법령들도 기술하였다.

대한제국기에 대해서도 관련 법령을 중심으로 발췌하였다. 우선 대한제국기 신호적법의 기초가 된 1896년(건양 원)의 <호구조사규칙>과 <호구조사세칙>을 비롯하여 그 한 달 전에 반포된 <지방관리사무장정(地方官吏事務章程)>을 수록하였다. 그밖에 1909년 (융희 3) 3월 6일 '법률 제8호'로 공포된 <민적법(民籍法)>을 비롯, <호적법위반자(戶籍法違反者)에 대(對)한 벌칙(罰則)>(1905), <민적법집행심득(民籍法執行心得)>(1909), <민적취급요항(民籍取扱要項)>(1909) 등의 관련 법률을 수록하였다.

전통시대의 기사로는 <호적사목>과 <호패사목>을 비롯하여 『경국대전』과 『속대전』, 『수교집록』과 『추관지』 등의 법전류 자료에 규정된 법률조목 외에도 상당히 다양한 기록들을 수록하였다. 우리나라의 대표적인 유서(類書)인 『증보문헌비고』를 비롯하여, 역대 조선의 왕조실록, 『일성록』과 『승정원일기』, 『고려사』와 『삼국사기』 및 『고려사절요』, 『연려실기술』이나 『목민심서』, 『반계수록』과 같은 개인 저술류 문헌에 이르기까지 방대한 문헌들에서 다양한 기록들을 발췌하였다.

마지막으로는 실제 호적자료를 사례로 베껴 놓았다. 조선시대의 준호구(準戶口)와 호구단자(戶口單子) 등 문서를 비롯하여, 1609년(광해 1)의 『경상도울산부기유식장적』과 1570년 (선조 3)의 『산음현경오식호적대장』 등 호적대장, 그리고 당시 함경남도 영흥의 영흥본궁에서 소장하고 있었던 고려말의 「이태조호적」까지를 등사하였다.

[가치정보]

이 자료집은 조선의 호적에 관한 조사보고서로, 본 자료집을 작성하는 당대까지에 걸친 조선의 호적에 관한 여러 문헌상의 기록과 법령들을 발췌하여 수록한 것이다. 다루고 있는 시기와 대상 문헌, 수록된 기사의 양의 측면에서 매우 방대한 자료를 담고 있는 자료집이라 할 수 있다. 이와 같은 자료집의 존재를 통하여 식민지 조선의 주민에 대한 통치의 기초로서 호적법을 제정하여 수행함에 있어, 일제의 조선의 호적제도에 대한 관심과 조사, 연구의 정도를 엿볼 수 있다. 또한 착간과 필체의 문제만 해결한다면 자료집 자체로도 호적의 연구와 관련하여 유의미한 기초자료로서 활용될 여지가 존재한다.

III-3-4-18. 호조공물

관리기호	기록번호	자료명	
B-1-667	-	**戶曹貢物**	
작성자	생산기관	생산 연도	
-	조선총독부 중추원	-	
지역	언어	분량	소장기관
-	일본어	7면	수원시박물관
키워드	호적, 호패, 민적, 호주, 호구		

[기본정보]

이 자료는 공안(貢案)에 기록되어 있는 정기적인 공물의 구입과 그 대가에 대해 돈으로 환산하여 정리한 것으로 총 7면으로 구성되어 있다.

[내용정보]

호조공물에서 구입한 공물은 봉상시 등 18개 기관에서 산삼 등의 공물 136,663냥이었고, 원공(元貢)에 없는 것을 구입한 것이 봉상시 등 15개 기관에서 106,072냥이었다. 또 상전(商廛)에서 구입한 것이 입전(立廛) 등 28곳에서 113,639냥이었다. 총합계는 356,374냥이었다.

[가치정보]

이 자료는 호조에서 구입한 공물의 종류와 양, 구입방법 등에 대해 파악할 수 있다는 점에서 의미가 있다.

III-3-4-19. 노비에 관한 자료

관리기호	기록번호	자료명	
中B13H11	-	奴婢ニ關スル資料	
작성자	생산기관	생산 연도	
-	朝鮮總督府 中樞院	-	
지역	언어	분량	소장기관
-	한문	80면	국사편찬위원회
키워드	노비, 공천, 사천, 혜휼, 노비매매		

[기본정보]

이 자료는 조선총독부 중추원에서 노비(奴婢)에 관한 문헌조사를 수행한 것으로, 『신보수교집록(新補受敎輯錄)』에서 노비와 관련한 내용을 발췌하여 정리한 조사보고서이다. 12줄의 조선총독부 중추원 용지에 작성되었으며, 발췌한 기사의 상단에는 관련 주제를 기록하였다. 제목 아래에는 '원본(原本)'이라고 기록되어 있어, 이를 원본으로 다른 부분(副本)들이 만들어졌음을 미루어 짐작할 수 있다. 이외에 조선왕조실록에서 노비에 대한 기사를 발췌한 동일 제명의 보고서가 존재한다.

[내용정보]

이 자료에는 『신보수교집록(新補受敎輯錄)』에서 발췌한 49건의 기사가 수록되어 있다. 『신보수교집록』은 『수교집록』의 편찬 방식에 따라 편찬한 『수교집록』의 속편으로, 1694년(숙종 20)부터 1737년(영조 13)까지의 수교와 정탈(定奪), 절목(節目), 사목(事目) 등이 주로 수록되었다.

여기에서 다루고 있는 내용들은 노비의 발생으로부터 소멸에 이르기까지 노비와 관련하여 『신보수교집록』에 등장하는 거의 모든 내용들을 망라하고 있다. 노비의 발생에 대한 기사만 해도 예전(禮典)의 휼전조(恤典條)와 호전(戶典)의 징채조(徵債條) 및 조전조(漕轉條), 병전(兵典)의 군수조(軍需條), 형전(刑典)의 위조조(偽造條)·장도조(贓盜條)·추단조(推斷條) 등에서 9개 기사를 수록하고 있다.

이 밖에도 이 자료에서 다루고 있는 내용들은 상당히 다양하다. 형전(刑典)에서 중점적으로 등장하는 노비에 대한 제재와 노비의 감독자 및 소유자에 대한 제재의 내용도 8건을 수록하고 있다. 그 외에 재산과 관련한 내용도 상당수를 차지하는데, 노비의 점유와 수입, 재산과 보호 등에 관련한 다양한 내용들을 발췌하였다. 노비의 도망이나 몰수, 진고(陳告) 등의 내용도 다루고 있으며, 군역이나 속량(贖良), 천처첩자녀(賤妻妾子女) 등과 관련한 노비의 소멸에 대한 사항들도 수록하였다. 그 밖에도 군제(軍制)와 상전(賞典), 역로(驛路) 등 다양한 공사천(公私賤)의 노비와 관련한 제반 기사들을 『신보수교집록』에서 발췌하고 있다.

[가치정보]

조선의 노비는 그 인신이 타인에게 예속된 존재이면서도, 독자적인 재산과 가정을 소유하였으며, 심지어 속오군(束伍軍)으로서의 군역까지 수행한 존재이다. 즉 서양의 노예와는 달리 사회적, 경제적으로 독자적인 행위주체로서의 지위를 지니고 있었다. 이 자료는 『신보수교집록』에서 관련 기사를 발췌한 전적조사로서, 조선의 노비에 대한 양상을 파악하는 주요한 자료가 되었을 것이며, 동시에 이를 통하여 조선구관조사의 일 양상을 엿볼 수 있다.

III-3-4-20. 조선백정조사록

관리기호	기록번호	자료명	
中B13H-22	-	朝鮮白丁調査錄	
작성자	생산기관	생산 연도	
洪奭鉉	조선총독부	1925	
지역	언어	분량	소장기관
尙州, 靑松, 英陽, 奉化 固城, 唐津, 서울	한문, 국한문	42면	국사편찬위원회
키워드	백정(白丁), 민적(民籍), 관노(官奴), 백정부락(白丁部落)		

　이 자료는 조선총독부 중추원에서 백정(白丁) 등의 개념 및 범위에 대하여 『고려사』, 조선왕조실록주례, 지방출장서류, 조선사회고(朝鮮社會考), 조선백정고(朝鮮白丁考) 등을 인용, 참고하여 설명한 것이다. 작성자는 중추원 촉탁(囑託) 홍석현(洪奭鉉)이며, 모두 42면이다.

[내용정보]

　이 자료는 백정(白丁)에 대하여 『고려사』, 조선왕조실록, 지방출장서류(地方出張書類), 「조선사회고(朝鮮社會考)」, 「조선백정고(朝鮮白丁考)」 등을 인용하고 참고하여 설명한 것이다. 고려사에서는 고려 고종(高宗), 정종(靖宗), 충숙왕(忠肅王) 등에서 인용하여 백정을 설명하였다. 또 정약용의 『아언각비(雅言覺非)』, 이익의 『성호사설(星湖僿說)』 등에서 백정에 관한 내용을 인용하고 있다. 조선왕조실록에서는 『세종실록』, 『세조실록』, 『성종실록』 등에서 인용하고 있으며, 『문헌비고(文獻備考)』도 인용하고 있다.

　문헌자료 이외에도 「중추원조사초출(中樞院調査抄出)」과 백정에 대한 현지조사서가 수록되어 있다. 「중추원조사초출」은 백정의 연혁과 명칭, 백정의 직업, 백정의 주소, 백정의 호적, 백정의 혼인, 백정의 성(姓) 등으로 구성되어 있다. 현지조사는 상주(尙州), 청송(靑松), 영양(英陽), 봉화(奉化), 고성(固城), 당진(唐津)지방에서 실시되었다. 현지조사에 대한 보고서가 수록되어 있는데, 상주에 대한 조사는 「백정에 관한 사항」으로 수록되어 있다. 청송, 영양, 봉화에 대한 조사는 하나로 묶여서 「백정에 관한 관습」으로 작성되었다. 고성도 「백정에 관한 관습」이란 제목으로 수록되어 있다. 당진지방에 대한 현지조사도 「백정에 관한 관습」이란 제목으로 수록되어 있으며, 세부사항으로 백정이 생긴 유래, 백정의 사회적 지위, 백정의 법률상 지위, 백정의 직업여하, 백정의 복장, 백정의 식물(食物), 백정의 성명, 백정의 혼인, 백정의 묘지, 백정의 공법상의 의무 등이 기재되어 있다.

　이외에도 이마니시 류(今西龍)가 작성한 「조선백정고(朝鮮白丁考)」가 수록되어 있고, 고려고종왕시대(高麗高宗王時代)가 수록되어 있다. 또 「경성백정부락(京城白丁部落)」이란 제목으로 경성에 거주하는 백정에 대해 서술하고 있다. 이와 함께 1924년 12월 경무국에서 조사한 「백정의 분포 부(附) 생활상태」와 「백정분포와 직업조(白丁分布及職業調)」가 수록되어 있다.

[가치정보]

　이 자료는 문헌조사와 현지조사를 통해 백정에 대한 유래, 연혁, 명칭, 주소, 호적,

혼인 등에 대해 파악하였다. 또 백정의 마을, 백정의 분포, 백정의 직업 등에 대해 지역별 조사와 서울에서의 분포 등을 파악하였다. 이를 통해 고려 이후 조선시대까지 백성의 개념, 생활상태 등을 이해할 수 있다는 점에서 의미가 있다.

III-3-4-21. 민사판결철

관리기호	기록번호	자료명	
-	0632	民事判決綴	
작성자	생산기관	생산 연도	
-	조선총독부 재판소	1931~1933	
지역	언어	분량	소장기관
-	일본어	401면	국립중앙도서관
키워드	민사소송, 판결		

[기본정보]

이 자료는 조선총독부 재판소에서 생산한 것으로 1931년부터 1933년까지 진행되었던 민사소송 및 판결문을 정리하였다. 총 401면으로 구성되어 있다.

[내용정보]

이 자료는 조선총독부 재판소에서 작성한 자료로 자료명은 '민사판결철(民事判決綴)'로 표기되어 있으며 1931~1933년에 생산되었다. 조선총독부 재판소에서 조선의 민사판결에 관한 것을 묶어 놓은 자료이다. 401면으로 구성되어 있으며, 일본어로 작성되었다.

[가치정보]

이 자료는 1930년대 민사소송의 현황을 정리한 것으로 1930년대 민사소송의 현황을 파악할 수 있다는 점에서 의미가 있다.

관리기호	기록번호	자료명	
中B14-16	-	慣習ニ關スル照會回答綴	
작성자	생산기관	생산 연도	
-	중추원	1936~1938	
지역	언어	분량	소장기관
-	일본어	213면	국사편찬위원회
키워드	관습 회답, 동성동본, 창씨개명, 이혼, 종중재산		

[기본정보]

이 자료는 조선총독부가 친족 상속 관습에 대하여 중추원에 질의 및 회답한 사항을 묶은 것이다. 조선총독부가 『민사관습회답휘집』을 1933년에 발행하였는데 그 이후의 질의 회답에 대해서는 발행한 것이 없는 상황에서 11건의 관습에 대한 회답을 중추원이 작성한 것이다. 조선의 관습에 관해 법원이나 도(道), 단체 등 여러 기관에서 조선총독부 중추원에 자문하고, 여기에 대해 답신한 공문서들을 모아 편철한 책으로, 원제는 『관습에 관한 조회회답철(慣習ニ關スル照會回答綴)』이다. 중추원에 주로 자문을 의뢰한 기관은 지방법원(地方法院), 복심법원(覆審法院) 등이다. 민사소송에 계류된 사안들 중 성문화된 법조문만으로는 유권해석을 할 수 없어서, 조선의 전통적인 관습에 의해 처리할 수밖에 없는 사안들에 대해 중추원에 자문을 의뢰한 것이다. 하나의 문서사건명(文書事件名)은, 의뢰해온 기관에 대한 답신공문이 먼저 철해져 있고, 해당 사안에 대한 답신을 요구한 의뢰공문이 그 다음에 있으며, 때에 따라서는 의뢰를 받고 답신을 하기까지 관련되는 각종 자료들을 발췌해서 모아놓은 '참고자료' 등으로 구성되어 있다.

이 편철문서에서 참고자료로 활용된 전적들을 보면,『조선왕조실록』,『승정원일기』,『일성록』,『비변사등록』,『의정부등록』등 방대한 분량의 종합자료,『경국대전』,『속대전』,『육전조례』,『대전속록』,『대명률』등 주요 법전류,『증보문헌비고』,『동화성보(東華姓譜)』,『조선씨족통보(朝鮮氏族統譜)』등의 주요 문헌은 물론『조선의 성(朝鮮の姓)』,『민사관습회답휘집(民事慣習回答彙集)』등 중추원이 이미 자체적으로 간행한 자료집에 이르기까지 매우 다양하다.

[내용정보]

주요 회답안으로는 동성동본혼인, 절가(絶家)의 유산귀속, 개명(改名), 이혼, 종중원의 자격 등이 있다. 이 중에서 조선총독부의 법제 정책에서 중요했던 것이 동성동본혼인의 문제였다. 1930년대 말 조선총독부는 창씨제도 및 이성양자 도입과 함께 동성동본불혼 관습을 부정하려는 움직임이 있었다. 이와 관련되어 법무국에서 중추원이 동성동본혼인의 관습 실태를 중추원에 질의하고 그에 대하여 중추원이 회답하였다. 질의 프로세스는 법무국장→ 조선고등법원장→ 중추원 서기관장이었다. 1936년 법무국 법무과에서는 한국의 55개 지역을 별도로 선정하여 동성동본혼인에 대해 조사하였다. 이 조사 결과를 통해서도 당시 한국에서는 동성동본혼인의 관행이 거의 이루어지지 않았음이 나타나고 있다.

한편, 이혼에 관하여도 중요한 회답이 결정된다. 처가 부(夫)와의 동거를 거절하고 도주, 영년(永年) 행방불명인 경우에는 어떠한 절차도 없이 당연히 이혼이 성립하고 처는 부가(夫家)에 돌아갈 수 없는 관습은 없다고 통지하였다. 이러한 판단의 배경으로『대명률 (大明律)』의 <호율출처조(戶律出妻條)>의 규정 등을 들고 있다.

문서사건명(文書事件名)의 내용과 순서는 아래와 같다.

6호 동본동성자(同本同姓者) 간의 혼인(婚姻)에 관한 건(件)

7호 절가(絶家)의 유산(遺産) 귀속(歸屬)에 관한 건(件)

8호 조선인(朝鮮人)의 명행(名行) 개변(改變)에 관한 건(件)

9호 촌(寸)에 관한 관습(慣習)의 건(件)

10호 전주박씨(全州朴氏)의 유무(有無)에 관한 건(件)

12호 이혼(離婚)에 관한 관습조사(慣習調査)의 건(件)

13호 동제(洞祭)에 관한 건(件)

14호 전주최씨(全州崔氏)의 시조(始祖) 및 혼인(婚姻)에 관한 건(件)

15호 종중재산(宗中財産) 관리 대표자 선정에 관한 건(件)

16호 종중원(宗中員)의 자격(資格)에 관한 건(件)

책의 목차에는 [11호 본관조사(本貫調査)에 관한 건(件)]이 들어있지만, 이는 그 전호(前號) 인 [10호 전주박씨(全州朴氏)의 유무(有無)에 관한 건(件)] 내용의 일부이다. 문서를 정리하고 편철하는 과정에서 정리자가 실수하여 독립된 문서사건명(文書事件名)에 포함시킨 것으로 보인다.

[가치정보]

이 자료는 1933년에 발행된 『민사관습회답휘집(民事慣習回答彙集)』이후의 관습에 대한 조선총독부의 회답안을 묶은 것으로, 1930년대 중후반의 조선총독부의 관습법 정책을 이해할 수 있는 자료이다.

III-3-4-23. 관습에 관한 조회 회답철

관리기호	기록번호	자료명		
中B14-15	-	慣習ニ關スル照會回答綴		
작성자	생산기관	생산 연도		
-	중추원	1941~1945		
지역	언어	분량	소장기관	
-	일본어	208면	하와이대학	
키워드	종중, 제위토, 중추원, 시양자			

[기본정보]

이 자료는 관습에 대한 중추원의 조회 및 회답안을 편철한 것으로 1941년부터 1945년 해방 직전까지 작성된 안건이다. 주로 조선총독부 재판소가 분쟁 해결을 위하여 중추원에 관습의 존부 및 그 성격에 대해서 조회하고 그에 대한 회답안들로 편철되어 있다. 이 자료의 보존상태가 매우 불량한데 습기로 인하여 잉크가 번져 있는 곳도 있고 찢겨진 부분도 일부 있다.

[내용정보]

이 자료는 시산(柴山) 및 묘지에 관한 건, 종중 및 제위토에 관한 건, 조선에서의 절가(絶家)의 유산에 관한 현행 관습의 건, 제언의 공유에 관한 건, 환관가(宦官家)의 양자에 관한 건, 소종중의 시조 및 그 칭호에 관한 건, 시양자의 상속 자격 및 단신녀(單身女)호의 유산승계에 관한 건 등 모두 8종류의 조회 회답문으로 구성되어 있다. 이 자료들은 조선총독부 재판소가 재판과정에서 관습의 존부 등에 관하여 의문이 있을 때에 중추원에 조회한 공문서의 취급절차와 회답안의 작성과정, 관습에 관한 각종 첨부자료의 일체를 파악할 수 있다. 따라서 조선총독부가 특정 관습에 대하여 회답안을 확정하기까지 활용한 자료를 이해할 수 있다.

[가치정보]

이 자료의 특징은 관습의 존부에 대해 조선총독부가 필요에 의해서 조사, 심의한 것이 아니라 민사재판 과정에서 조선관습에 대해서 분규가 발생했을 경우에 조선총독부 내부에서 어떻게 처리되어 최종 회답안으로 발송되는지 알 수 있는 장점이 있다.

III-3-4-24. 고등토지조사위원회사무보고서

관리기호	기록번호	자료명	
-	1272	高等土地調査委員會社務報告書	
작성자	생산기관	생산 연도	
水野鍊太郎	조선총독부	1920	
지역	언어	분량	소장기관
-	일본어	87면	국립중앙도서관
키워드	고등토지조사위원회, 토지조사, 불복신립사건, 토지조사령, 임야조사		

[기본정보]

이 자료는 조선총독부 관방 서무부 인쇄소에서 인쇄한 자료로, 자료명은 '고등토지조사위원회사무보고서(高等土地調査委員會社務報告書)'로 표기되어 있으며 1920년(대정 9) 8월 13일에 작성된 것으로 조선총독부 정무총감(政務總監) 미즈노 렌타로(水野鍊太郎)가 작성하였다. 이 자료는 모두 87면이며 일본어로 기록되어 있다. 관례와 계례에 관한 내용을 닮고 있으며 1책으로 이루어졌다. 현재 국립중앙도서관에 소장되어 있다.

'고등토지조사위원회사무보고서'는 총 5장으로 구성되어 있다. 1장은 총설(總說)[본회 (本會)·조직급권한(組織及權限)·사무분업(事務分業)], 2장은 계획 및 사건처리(事件處理), 3장은 타관청 연락(他官廳 聯絡), 4장은 서무(庶務)[종사직원(從事職員)·경비·부서정리급인계 (簿書整理及引繼)·통계]로 내용을 정리해 놓았다. 4장 중에 통계(統計)의 경우는 불복신립사 건(不服申立事件)의 처리 및 처분에 관한 표, 불복신립인의 국적(國籍)에 관한 표, 불복신립 사건 종류별 표, 불복신립사건 인원 및 필수(筆數)표, 예산 및 결산표, 종사인원(從事人員)표, 사건처리경비조(事件處理經費調) 표 등이 기재되어 있다. 마지막 5장은 제규정에 관한 것으로, <고등토지조사위원회의 관제(官制) 및 사무장정>, <처무규정>, <토지조사령(土地調査令)>, <토지조사령시행규칙(土地調査令施行規則)>, <증인 또는 감정인의 여비 및 수당에 관한 규정>을 기록해 놓았다. 이를 통해 토지조사, 산야, 불복신립사건, 임야 및 토지조사 및 권리관계에 관한 전반적인 내용을 알 수 있다.

[가치정보]

이 자료는 '고등토지조사위원회사무보고서'로 토지조사사업에 대해 정리한 것으로 불복신령, 제 규정, 타관청과의 협조 등을 파악할 수 있다는 점에서 의미가 있다.

III-3-4-25. 입회(조사보고 함흥지방)

관리기호	기록번호	자료명		
B-1-652	-	入會(調査報告 咸興地方)		
작성자	생산기관	생산 연도		
-	조선총독부 중추원	1920		
지역	언어	분량	소장기관	
함흥, 흥원 장진	일본어	41면	수원시박물관	
키워드	입회, 화리, 혼인, 소작, 첩			

[기본정보]

이 자료는 함흥지방의 사유산(私有山)에 대한 입회권, 혼인 등 함경남도에서 행해지고 있던 관습에 대해 참사관 조병교(趙秉敎)를 비롯한 7명의 응답자를 중심으로 조사 정리한 것으로 총 41면으로 구성되어 있다.

[내용정보]

입회권은 사유산, 국유산에 대한 입회권으로 구분하여 정리하였다. 소작권은 소작의 매매, 화리, 소작과 화리에 대한 함경남도 지방의 상황 등에 대해 정리하였으며, 화리, 방매에 관련된 문서를 첨부하였다. 또한 함흥군, 홍원군, 장진군의 소작계약총수에 대한 정조(定租)와 타조(打租)의 각 계약수보합과 소작료와 그 취립(取立)방법에 대해 서술하였다. 이외에도 혼인에 대해 상간자(相姦者)의 혼인, 혼인성립의 시기, 재가, 혼인의 식, 혼인과 풍기(風紀), 혼인의 연령으로 나눠 조사하였으며, 조선인 결혼연령표 등이 첨부되어 있다. 또한 첩, 사생자의 성 등에 대해 정리하였다.

[가치정보]

이 자료는 함경남도 지방에 대한 조사이지만 1920년대 전후 지방에서 행해지고 있던 입회, 혼인, 소작 등 관습을 알 수 있다는 점에서 의미가 있다.

III-3-4-26. 관개조사

관리기호	기록번호	자료명	
中B16CB1	362	灌漑調査	
작성자	생산기관	생산 연도	
洪奭鉉	조선총독부 중추원	1925	
지역	언어	분량	소장기관
-	일본어, 한자	143면	국사편찬위원회
키워드	제(堤), 언(堰), 보(洑), 지(池), 동(垌)		

조선총독부 중추원 용지에 작성된 이 조사보고서는 1925년 2월, 홍석현(洪奭鉉)이 조선의 대표적인 관개(灌漑)시설인 보(洑)와 제언(堤堰) 등에 대한 문헌조사와 실지조사 결과를 정리한 것이다.『문헌비고』와『경국대전』등의 문헌을 통하여 보와 제언의 성질과 설치방법 등을 정리하였고, 경상북도 군위(軍威) 등 9개 지역을 대상으로 보와 제언에 대한 실지조사를 진행하여 수록하였다.

[내용정보]

보(洑)와 제언(堤堰) 등 관개에 관하여 정리한 이 자료는 문헌조사와 실지조사의 결과를 취합하여 정리한 것이다. 본격적인 내용에 앞서 간단한 항목의 제시와 관개시설별 정의를 기술하였다. 이어지는 본문은 크게 두 부분으로, 전반부에 문헌조사의 내용과 결과를 정리하였다. 후반부에 각 지역별 실지조사 내용을 수록하였다.

권두에 목차처럼 제시한 내용은 자료의 구성에 대한 목차가 아닌, 본 자료를 통하여 정리하고 있는 주된 내용들로 보인다. 실제 문헌조사 전반과 각각의 실지조사 내용들이 해당 항목들에 초점을 맞추고 있다.

이어서 본문을 제시하기에 앞서 제(堤), 언(堰), 보(洑), 지(池), 동(垌)의 관개시설에 대하여 정의하고 있다. 우선 '제(堤)'에 대해서는 '흙을 쌓아 물을 막은 것으로, 물을 안으로 가두고 밖으로 새지 않게 하는 것'이라 정의하고 이를 '보태(洑埭)', 방언으로는 '둑막이'라 한다고 하였다. '언(堰)'에 대해서는 '둑을 쌓아 물을 막아서 보를 삼은 것'(壅水爲埭曰堰)으로 정의하였고, 조수를 막아 경지로 개간하는 것을 '해언(海堰)', 강을 막아 경지를 보호하는 것을 '야언(野堰)'이라 하며, 방언으로는 '언막이'라 한다고 기술하였다. '보(洑)'는 '물을 모아 경지에 물을 대는 것으로, 하천에 물길을 내어 경지에 물을 대며', 방언으로 '보막이'라 한다고 하였다. '지(池)'는 '구덩이를 파서 물을 모아두는 것'(坎陷停水曰池)으로 방언으로는 '습'이라 하며, '동(垌)'은 '통자(筒字)를 잘못 쓴 것으로 보(洑) 아래쪽의 수문을 통(筒)이라 하고, 돌을 쌓고 구멍을 내어 널판으로 수문을 설치하여 물을 가두고 흐르게 하는 것을 보통(洑筒)이라 하며', 방언으로 "동막이"라 칭한다 하였다.

이어지는 문헌조사 부분에는『문헌비고』146권에서 39건의 기사를 발췌하여 '제언조사(堤堰調査)'의 항목으로 정리하였다. 계속하여『비국등록(備局謄錄)』의 1778년(정조 2) 기사 중에서「제언절목(堤堰節目)」을 발췌하여 수록하였고,『농가집성(農家集成)』의「권농문(勸農文)」을 비롯하여『증보산림경제(增補山林經濟)』,『만기요람(萬機要覽)』,『목민심서(牧民心書)』

에서 관련한 기사들을 발췌하였다. 그 밖에도 『대명률(大明律)』이나 『속대전(續大典)』과 같은 법전자료를 통하여 하방(河防)과 모경(冒耕) 등과 관련한 조목을 소개하고 있다. 그 밖에 1910년대에 제정된 것으로 보이는 「고창군제언급보연합계규약(高敞郡堤堰及洑聯合契規約)」을 수록하였는데, 이는 <전라북도 제언급보 관리규정(全羅北道堤堰及洑管理規定)>에 의거하여 작성된 자료이다.

이러한 문헌조사의 결과로 정리한 내용들은 대체로 문두에서 제시한 보와 제언 등의 사용, 수축과 관리, 모경자(冒耕者)에 대한 제재 등의 범주에 포함되는 것이다. 이어지는 보와 제언 등 관개시설에 대한 개괄적인 정리는 이와 같은 문헌조사의 내용들을 기초자료로 삼아 수행한 것이라 볼 수 있다. 여기서 정리하고 있는 내용들은 제언과 보의 성질, 설치방법, 관리와 수리의 비용 등이다.

실지조사로는 9건 조사보고가 수록되어 있다. 조사보고별로 대상지역을 살펴보면, 경상북도 지역에서 군위와 상주, 청송·영양의 3건, 전라북도의 김제와 전주 2건, 전라남도의 곡성과 무안 2건이며, 충청남도의 아산과 평안북도의 정주가 각각 1건씩이다. 이 가운데 경상북도의 청송과 영양이 1건의 보고서로 정리되어 있으며, 전라남도 무안지방보고서에는 무안 외에도 나주와 광주의 조사내용에 포함되어 있어, 총 12개 지역이다.

각각의 조사보고에는 각 지역에 소재한 보와 제언 등의 관개시설에 대한 개괄적 설명과 더불어 특히 소유관계와 사용관습 등을 서술하고 있다. 군위와 상주, 전주, 아산 등지에서 해당 관개시설 부지의 소유관계를 주요하게 서술하고 있으며, 특히 군위의 경우에는 국유와 사유에 따라 제언의 현황을 구분하고 있다. 그 밖에 상주지방보고서에는 설치의 제한에 대한 내용을, 무안·나주·광주지방에서는 사용관습에 관한 내용을 주요하게 기술하고 있으며, 평안북도 정주지방의 조사보고에서는 보주(洑主)와 몽리자(蒙利者)의 관계를 담고 있다.

[가치정보]

'관개조사(灌漑調査)'의 제명으로 정리된 본 조사보고는 보(洑)와 제언(堤堰) 등 조선의 관개시설에 대한 문헌조사와 실지조사를 반영하고 있다. 개괄적인 내용과 유래, 운영 등의 제반 내용을 조사하고 있으나, 주요하게는 소유와 이용의 권한 및 권리관계를 파악하기 위한 것이다. 다른 한편 구체적인 실지조사의 내용을 수록함으로써 당시 보와 제언의 실상을 알려주는 자료로서 의미를 지닌다.

III-3-4-27. 소작관례 및 역둔도에 관한 조사서

관리기호	기록번호	자료명	
朝21-8	-	小作慣例及驛屯賭に關する調査書	
작성자	생산기관	생산 연도	
-	조선총독부 내무국 사회과	1928	
지역	언어	분량	소장기관
-	일본어	120면	국립중앙도서관
키워드	소작, 역둔토, 역둔도, 지주, 도조		

[기본정보]

이 자료는 소작관례조사, 역둔도 징수의 관례조사, 역둔토 관리방법, 소작인과 지주와의 관계 등 4종류 조사서로 구성되어 있다. 소작관례조사는 1909년 4월에 탁지부 사세국이 각 지역의 재무감독국을 대상으로 실지조사하여 작성한 것이고, 역둔토 징수의 관례조사는 1908년 6월에 탁지부 사세국이 조사한 것이다. 역둔토 관리방법은 1924년 12월에 조선총독부 재무국 세무과가 작성한 것이고 소작인과 지주의 관계는 토지조사의 참고서로서 탁지부가 조사한 것이다. 최종적으로 조선총독부 재무국이 업무상 참고하기 위하여 소작관행에 관한 여러 조사서들을 하나로 편철한 것이다.

[내용정보]

소작관례조사는 한국의 소작제도의 연혁을 간단히 기술하고 소작의 종류를 도지법, 타작법 등으로 구분하였다. 소작계약을 계약관례, 소작기간, 소작료 납부 방법 및 시기, 소작인에 대한 제재, 기타 계약사항 등을 중심으로 기술하였다. 또한 소작인의 감독 방법, 지주와 소작인과의 관계, 자작 및 소작 전답의 면적을 비교함으로써 한국에서의 소작의 관행과 규모를 파악할 수 있도록 하였다. 특히, 여기에서는 소작관습 개량에 대한 의견을 기술함으로써 일제가 한국의 소작관행을 어떠한 방향으로 개편하려고 하였는지를 알수 있다.

역둔토 징수관례의 조사는 역둔토의 징수관행과 그 납부체계를 파악함으로써, 대한제

140

국 정부의 지세행정을 장악하기 위하여 실시된 것이다. 역둔토는 과거 궁내부가 관리하였고 도조는 궁내부가 임명한 수조관이 전납(前納)하고 실제의 수조에 관해서는 수조관의 권한에 일임되었기 때문에 수조의 관례가 각 지방마다 다르고 그 실상이 쉽게 파악하기 어려웠으나 각 재무감독국에서 지방별로 역둔토 징수관례를 실지조사하고 편찬한 것이다. 조사의 내용으로는 정액에 의한 도조와 풍흉에 의한 도조액의 비율 및 지방별 조사, 정액에 의한 경우 1두락당 도조액, 풍흉에 의한 도조액의 결정방법 및 도조액과 소작인의 수득액과의 비율, 도조의 금납과 미곡납의 비율 및 그 지방, 미곡납의 경우 미곡의 종류 및 비율, 미곡납 두량(斗量)의 관행, 역둔토의 종류 및 종래 사용한 마름의 수, 도조 외 결세 납부의 유무 빛 비율 등을 조사하였다.

역둔토관리방법은 조선총독부 재무국 세무과가 1924년에 편찬한 것으로, 역둔토의 관리주체를 기준으로, 궁내부 소관시대의 관리상황, 한국정부탁지부 소관시대의 관리상황, 식민지 시기의 관리상황 등 3분야로 나누어 기술하였다. 특히 탁지부가 관리하던 시기 및 현재의 역둔토 관리체계를 상세히 기록하고 있는데 주요 내용으로는 소작기간, 실지조사에 따른 면적 등을 조사하였다.

소작인과 지주와의 관계에 대해서는 구 탁지부가 조사 기록한 것으로 작성 연대는 미상이다. 조사한 내용으로는 소작계약의 방법(서면 계약인지 구두 계약인지 등), 영소작 및 보통소작의 구별이 있는지, 소작의 기간, 소작계약 해제의 관행, 소작계약 기간 중에 계약을 해제한 경우에 손해배상의 책임 여부, 지세를 부담하는 자가 지주인지 소작인인지, 토지수선비 및 수리비(水利費)의 부담은 누가 하는지, 소작료율 등이다.

[가치정보]

이 자료는 1909년부터 1920년대까지 일제가 소작농 및 역둔토의 관리체계를 어떻게 개편하려고 하였는지를 연혁을 통해 이해할 수 있게 해준다. 그러나 각 조사항목에 대하여 매우 간략히 기술되어 있는 한계가 있다.

III-3-4-28. 조선의 소작관습

관리기호	기록번호	자료명	
朝91-6-26	-	朝鮮の小作慣習	
작성자	생산기관	생산 연도	
善生永助	조선총독부	1929	
지역	언어	분량	소장기관
-	일본어	256면	국립중앙도서관
키워드	소작, 소작관습, 소작관행, 소작료, 마름		

[기본정보]

이 자료는 조선총독부 촉탁으로 고용되었던 젠쇼 에이스케(善生永助)가 조선에서의 소작관습을 조사한 것으로, 조선 각도에서 행해지는 소작제도 전반을 기록한 것이다. 1929년에 발행되었다.

[세부목차]

서(序)

목차(目次)

제1장 총설(總說)

　제1절 경지면적(耕地面積)

　제2절 농가호구(農家戶口)

　제3절 농가경제(農家經濟)

　제4절 소작쟁의(小作爭議)

제2장 소작(小作)의 종류(種類)

　제1절 소작제도(小作制度)의 연혁(沿革)

　제2절 보통(普通)의 소작방법(小作方法)

　제3절 특수(特殊)의 소작방법(小作方法)

제3장 소작계약(小作契約)

제1절 계약(契約)의 체결(締結)

제2절 소작(小作)의 기한(期限)

제3절 소작지(小作地)에 대한 제한(制限)

제4절 계약(契約)의 해제(解除)

제4장 소작료(小作料)

제1절 소작료(小作料)의 종류(種類)

제2절 소작료(小作料)의 납입(納入)

제3절 소작료(小作料)

제4절 소작지(小作地)의 부담(負擔)

제5장 소작지(小作地)의 관리(管理)

제1절 관리인(管理人)의 종류(種類)

제2절 관리인(管理人)의 보수·권한(報酬·權限)

제3절 사음(舍音)의 폐해(弊害)

결론

[내용정보]

이 책은 제1장 총설, 제2장 소작의 종류, 제3장 소작계약, 제4장 소작료, 제5장 소작자의 관리 등 5개장으로 구성되어 있으며, 주요 내용으로는 경지면적, 농가의 호수, 소작쟁의의 전반적 개요를 기술한 후에 소작의 종류를 보통소작과 특수소작으로 구분하여 설명하였다. 소작계약에서는 소작의 기한, 소작지에 대한 제한, 계약의 해제 및 계약의 체결 방법, 소작료의 종류, 소작료율, 소작료의 납부 방법, 소작지의 부담 등을 기술하였고 소작지의 관리에서는 관리인의 종류, 관리인의 보수 및 권한, 마름의 폐해 등을 기록하였다. 이 자료의 특징은 소작관습에 대한 실지조사로서 각도별로 그 특징을 간략히 기술하였다는 점에 있다.

내용 중에서 주목할 것은 특수소작의 항목이다. 일반소작과는 달리 일부 지방에서는 물권적 성격의 소작관계가 형성되어 있었다는 것이다. 전주의 화리매매, 평안북도 의주군 및 용천군의 원도지, 황해도의 중도지 등이 대표적이다. 이러한 특수소작의 소작농은 소작권을 매매, 상속, 전당할 수 있으며, 소작료도 보통소작에 비해서 매우 저렴하였다. 또한 소작기간도 영구적이었기 때문에 지주라고 하여도 마음대로 소작을 교체할 수 없는 등 소작농의 권리는 물권적 성격을 띠고 있는 것으로 조사되었다.

이 책의 결론에서는 식민지 조선의 소작관습 및 제도에 대한 개편 방안을 제안하고 있다. 우선, 소작계약의 방식을 구두에 의한 것보다는 서면에 의한 계약을 장려할 것을 제안하고 있으며 소작기간 중에 소유자가 변경되는 경우에는 신소유자로 하여금 기존의 소작계약을 계승하고 소작료를 인상하지 못하도록 제안하고 있다. 특히 한국의 전통적인 관행 중의 하나였던 소작지의 전대[이른바 중간소작]는 병역, 질병, 기타 불가피한 사유로 인하여 경작할 수 없는 경우 외에는 원칙상 불가능하도록 하였다. 소작권의 존속기간도 일반적으로는 정해진 기간이 없었으나 지주가 임의로 소작인을 변경하면, 소작인의 생활 안정 및 농사의 개량을 방해하기 때문에 보통경작을 목적으로 하는 경우에는 3년, 상원(桑園)의 설정을 목적으로 하는 경우에는 10년 이하로 내려가지 않도록 소작기간을 정하도록 하였다. 또한 소작인이 소작관계의 지속을 바라고, 지주에게 배신행위를 하지 않은 경우에는 함부로 변경하지 못할 것을 제안하였다. 소작료도 전(田) 및 수리관개가 좋은 답(畓)의 소작료는 가능한 한 정조로 하도록 하였다. 이외에도 15가지 항목에 걸쳐서 소작제도 및 관습의 개편에 대한 제안을 하고 있다.

[가치정보]

이 자료는 조선 각도에서 시행되던 소작제도에 대해 정리한 것으로 일제시기 소작과 관련된 관습을 파악할 수 있다는 점에서 의미가 있다.

III-3-4-29. 조선의 소작관행(상, 하)

관리기호	기록번호	자료명	
朝21-17-1-2	-	朝鮮ノ小作慣行(上, 下)	
작성자	생산기관	생산 연도	
-	조선총독부	1932	
지역	언어	분량	소장기관
-	일본어	807면	국립중앙도서관
키워드	소작관행, 소작입법, 영소작, 소작농, 지주		

[기본정보]

이 자료는 조선총독부가 1932년에 편찬한 것으로 조선의 소작관행을 실지조사 및 각종 문기류 등을 조사하였다. 상하권 2책으로 구성되어 있는 방대한 분량의 조사서이다. 조선총독부가 조선의 소작관행을 방대하게 조사한 것은 1920~30년대 소작정책의 전환과 밀접한 관계가 있었다. 1920년대 후반기에 조선총독부는 소작입법을 위한 기초자료를 전국 단위로 수집하였고 결과물이 조선의 소작관행 등이다.

[세부목차]

緒言

插畫

要目

凡例

前篇 朝鮮의 現行 小作慣行 目次

第一章 總說

　第一節 小作에 관한 주된 在來用語

　第二節 小作의 種類

第二章 小作契約의 締結

　第一節 小作契約締結의 形式과 그 契約形式의 起原沿革

　第二節 近時締結 契約의 方法과 契約事項

　第三節 契約締結에 따르는 諸種의 條件並慣行

　第四節 小作期間滿了의 사이에서 小作人及契約內容의 繼續, 變更

　第五節 近時地主의 小作人選擇의 條件

　第六節 小作農一戶의 所屬地主數와 小作地面積의 大小

第三章 小作契約의 期間

　第一節 定期小作과 不定期小作의 變遷과 現行割合과 傾向

　第二節 定期小作에서 小作期間과 傾向

　第三節 不定期小作의 現在 實際繼續小作年數와 傾向

　第四節 주된 作物의 種類에 의한 小作期間

第四章 小作料

　第一節 現物納, 代金納, 金納小作의 割合과 作物의 種類

第二節 現物納, 代金納, 金納小作의 起原沿革과 利弊

第三節 定租, 打租, 執租小作의 割合과 近時의 增減傾向

第四節 定租, 打租, 執租小作의 起原沿革과 形態上의 差異, 內容의 特質

第五節 小作料決定의 時期와 小作料의 決定者

第六節 小作料額決定의 標準

第七節 畓의 小作料

第八節 田의 小作料

第九節 園(桑園 果樹園)의 小作料

第十節 小作料 변환에 勞力을 提供한 경우와 小作料와 勞力과의 關係

第十一節 近時小作料騰落의 趨勢와 原因

第五章 小作料의 減免, 增徵

第一節 小作料의 一時的減免, 增徵

第二節 小作料의 將來에 걸친 減免, 增徵

第三節 小作料을 普通小作料보다 낮게 정하여 흉작시에 減免 慣行

第四節 地主의 協調에 의한 增徵, 減免과 小作人의 協同에 의한 減免要求

第五節 흉작에 대한 輕減步合과 免除協定不成立의 경우의 從來 最後手段

第六章 小作料의 納入

第一節 小作料의 納期

第二節 小作料計量의 方法과 方法別에 의한 作物의 種類

第三節 現物納小作料에 관한 契約 또한 慣行上의 制限

第四節 小作料納入의 場所와 運賃負擔과 運搬途中의 損害負擔其他

第五節 小作料納入의 際 혹은 기타의 時期에 地主가 代理人보다 제공한 慰勞米, 獎勵米, 又ᄂ金品, 酒食類

第七章 小作料의 滯納과 滯納의 경우와 處置

第一節 小作料納入의 猶豫期間과 滯納處置의 時期

第二節 小作料滯納의 경우와 滯納의 處置方法

第三節 小作料滯納의 경우 處置에 관한 豫約

第四節 小作料滯納의 경우 대출할 때 利子와 貸付期間, 기타

第五節 未納小作料의 取立과 損害賠償의 取立

第六節 未納小作料와 地主의 損失, 未納小作料의 新小作人 轉嫁, 保證人의 義務履行, 訴訟, 强制執行

　　　　　기타

第七節 小作料滯納의 爲地主가 小作人을 排斥하고 又 地主의 滯納處置에 小作人反感을 품는
　　　　小作을 共同忌避하고 地主을 排斥 事例

第八節 地主의 委任을 받고 又 小作料의 支拂請求權을 買受小作料取立 事例

第八章 小作地의 轉貸, 小作權의 賣買, 及立毛의 賣買

　第一節 小作地의 轉貸

　第二節 小作權의 賣買

　第三節 立毛의 賣買

　第四節 小作權의 相續, 贈與, 交換

第九章 小作地에 대한 諸制限

　第一節 小作地의 使用, 利用, 地荒, 改良, 기타에 대한 制限

　第二節 小作地의 立入禁止及立毛差押의 事例

第十章 地主 또는 小作人의 賠償

　第一節 地主의 賠償의 경우와 賠償額의 決定

　第二節 小作人의 賠償의 경우와 賠償額의 決定

第十一章 小作地에 걸린 諸負擔

　第一節 小作地의 修繕改良, 기타 負擔

　第二節 公租公課의 負擔

第十二章 小作人의 特殊負擔

　第一節 斗稅, 場稅, 色租, 加賭只, 기타 負擔

　第二節 小作人의 無償勞務와 申譯的報酬을 받는 勞務

　第三節 小作人의 金品의 贈與와 酒食의 提供과 小作人間의 相互負擔

第十三章 小作契約當事者의 變更

　第一節 契約當事者一方의 死亡과 地主土地賣買, 贈與, 交換의 경우 契約關係

　第二節 地主變更의 경우 小作人 影響

第十四章 小作契約의 解除及消滅

　第一節 定期小作契約의 消滅와 解除의 경우 豫告通告

　第二節 不定期小作契約의 解除의 경우 豫告及通告

　第三節 契約의 消滅解除 返還物, 返還期間, 小作地原狀回復, 作離料

　第四節 小作權의 移動期, 移動의 理由, 移動件數及移動ノ趨勢

第十五章 小作地管理慣行

　第一節 管理慣行의 由來管理人의 名稱及變遷傾向

　第二節 管理人設置의 경우와 管理人의 任務

　第三節 管理人의 員數, 管理面積及所屬小作人數

　第四節 地主의 管理人選擇의 條件와 現管理人의 地主와의 關係並出身地, 職業, 기타 關係

　第五節 管理契約의 形式와 近時의 傾向

　第六節 管理契約의 契約事項와 管理期間

　第七節 管理期間消滅의 경우 管理權의 繼續와 契約解除의 경우

　第八節 管理人의 報酬

　第九節 管理人의 土地管理外에 營 業務

　第十節 管理人의 利弊

　第十一節 管理人의 支配者, 任務, 기타

　第十二節 管理人의 補助者, 任務, 기타

　第十三節 地主의 一部 代理行爲을 위한 者, 任務 기타

第十六章 土地改良事業의 小作慣行에 미친 影響

第十七章 穀物檢査의 小作慣行에 미친 影響

第十八章 特殊小作

　第一節 朝鮮民事令에 기초한 永小作

　第二節 鴨綠江과 大同江沿岸에서 賭地慣行

　第三節 慶尙南道固城郡과 晋州郡內에서 倂耕慣習

　第四節 全羅北道全州郡內에서 禾利慣行

　第五節 기타 特殊小作

第十九章 기타 特殊慣行

　第一節 咸鏡南北道에서 禾利慣行

　第二節 黃海道平安南道의 一部地方에서 「黑根」ノ慣行

　第三節 小作權의 移動과 小作料率에 관한 制限慣行

　第四節 從屬小作의 慣行

　第五節 寺田小作慣行

　第六節 學田及祭位田(墓直田)의 小作慣行

　第七節 開墾干拓地小作의 慣行

148

第八節 人蔘, 煙草, 罌, 粟作의 小作慣行

第九節 打租小作에서「蝗飯」의 慣行

第十節 全羅南道務安郡巖泰島의「合卜」制度

第二十章 請負(委託)耕作

附錄

(一) 小作慣行調查要項及同記載例

(二) 小作問題聽取 調查書

(三) 小作慣行調查에 관한 주된 通牒

[내용정보]

조선총독부는 1920년대에 각종 농민단체가 결성되고 소작쟁의가 폭발적으로 증가하자 이에 대한 대응방안으로 소작관행의 개선문제를 검토하기 시작하였다. 1923, 24년에 연이어 소작관행 개선방안을 비밀훈령의 형식으로 발표하고 소작문제에 관심을 보이기 시작하였다. 그러나 이 훈령은 제대로 시행되지도 못하였고 소작쟁의의 증가추세를 막지도 못하였다. 1920년대 후반에 들어가면서 각지에 농민조합이 결성됨에 따라서 소작쟁의는 조직적이고 격렬한 투쟁양상을 보이기 시작했다. 이러한 소작쟁의에 대해서 조선총독부는 1927, 28년부터 적극적으로 대응하여 소작입법을 검토하였다. 그리고 이 같은 정책을 추진하기 위한 기초작업으로서 소작관행에 대한 조사작업을 전반적으로 추진하였다. 일제는 1927년에 소작입법을 위한 기초자료를 마련하기 위하여 쇼다 마사히로(勝田雅弘), 요시다 마사히로(吉田正弘)를 책임자로 하여 소작관행 조사작업에 착수하였다. 이들은 먼저 조사방침, 방법에 관한 구체적으로 요강을 만들고 이듬해 설치된「임시소작조사위원회」에 기초자료를 제공하였으며 그 후에는 주로 문헌자료를 조사, 수집하였다. 그러나 이들이 전면적인 소작관행 조사작업에 착수한 것은 최초의 소작관회의에서 면단위의 실지 조사방식을 채택한 1930년 2월경이었다. 동년 4월에 19개 항목의 소작관행조사요항을 시달하고 5월부터 각도, 군, 면의 기관을 총동원하여 조직적, 체계적, 전면적인 조사작업에 착수하였다. 그 결과를 토대로 하여 각도별「소작관행조사서」를 만들고, 이를 종합하여 『조선의 소작관행』(상·하)을 발간한 것이다. 여기에서 특징적인 것은 각도의「소작관행조사서」에 적극적인 소작관행 개선방안을 제시하고 있는 점이다. 소작기간을 보통작물의 소작은 5년 이상, 특수작물 소작은 10년 이상으로 하여 소작권을 물권화하고 소작료율을 40%로 적절화하며, 기타 마름의 폐단을 시정하는 등 소작관행 전반에 걸친 개선방안을 제시하였다.

[가치정보]

이 자료는 전국적인 소작관행을 실지조사의 방식으로 조사한 것으로, 이 자료에 기초하여 조선총독부의 소작입법이 제정되었다는 점에서 의의가 있다. 또한 1910년까지의 소작관행에 관한 각종 조사서 등을 망라, 종합한 것으로 조선 재래의 소작관행을 기록하고 있다. 특히 물권적 성격의 도지권이 어떤 특징을 가지고 있으며 식민지 하에서 어떻게 소멸되어 가는지를 소개하고 있다.

III-3-4-30. 소작에 관한 관습

관리기호	기록번호	자료명		
中 B13G-57	-	小作ニ關スル慣習		
작성자	생산기관	생산 연도		
-	조선총독부 중추원	-		
지역	언어	분량	소장기관	
-	일본어	222면	국사편찬위원회	
키워드	소작, 보통소작, 특종소작, 영소작, 차지인, 지주			

[기본정보]

소작에 관한 관습이란 제목의 책은 조선총독부 중추원에서 조사한 소작관습을 조사 정리한 기록으로 222면이다. 내부에 「소작조사서」라는 제목을 붙이고 있다. 서기관의 사인이 있다. 국사편찬위원회 소장본.

[내용정보]

이 책은 총설과 보통소작 특종소작 총 3장으로 구성되었다. 총설은 소작의 종류와 연혁을 서술했다. 보통소작은 소작기간과 계약으로 나누어 기록했는데, 계약은 계약의 방식과 성립조건, 그리고 지주와 소작인의 권리와 의무 계약의 종류 등을 기록했다. 여기서 특히 주목할 점은 특종소작이다. 이들은 특종소작을 영소작의 성질을 갖는 것과 영소작이 아닌 것으로 분류하여 그 유형을 각기 조사 기록했다.

영소작권은 차지인이 토지에 대한 권리를 취득하고 지주가 그 권리를 매수하지 않는 한 영구히 존속하는 것이라 설명하고 있다. 1915년 7월 2일 고등법원판례에 의하면 영구존속의 차지권은 영소작권으로 조선민사령 시행 후 민법의 규정에 의하여 그 기간을 50년으로 단축한 것이었다. 영소작권의 권리는 타인에 양도 전당 전대(轉貸)할 수 있었으며, 토지소유자가 변경되어도 차지인은 신소유자에 대하여 그 권리로 대항할 수 있는 것이라 정리했다.

이 책에서 정리한 영소작권의 유형과 내용은 다음과 같다. 첫째 의주(주내, 고진, 위화, 광성, 고성 5개면)와 용천(양서, 양하의 2개면)에 분포한 원도지(原賭地)이다. 이것은 지주소유의 미간지를 개간 혹은 축동(築垌)에 조력하는 등의 특별한 대가를 제공하고 토지에 대한 영구적 차지권을 얻은 것이라고 정리하고 있다. 그리고 지세부담 등의 유형, 매매문기(원도지 방매문기) 전당문기 수표 사도지(私賭地) 방매문기 등의 사례를 번역하여 실고 있다. 다음은 전도지[轉賭地, 굴도지]이다. 대동군의 남곶면 애포리 대이도리 소이도리 월내리 황용리 석사리 포성리 선신리 각금리 10개리와 대동강면 두단리에서 시행된 차지관행으로 주로 대동강변에서 행해지고 있다. 전도지의 내용, 지주와 차지권자 사이의 분쟁과 관련한 법원의 판결문, 전도지 매매문기 등을 예시하고 있다. 여기서 주목할 점은 고등법원의 판결요지이다. 경작을 위한 영구존속의 차지권은 영소작권으로 조선민사령 시행 후는 민법의 규정에 따라 그 기간을 50년으로 단축한다고 정리하고 있다. 다음은 강서군(초리면 남호리)의 전도지[轉賭地, 일명 노세(蘆稅)]이다. 1909년경까지 시행되고 이후에는 흔적이 없어졌다고 정리하고 있다. 이 권리는 양도 전대 전당할 수 있으며 제3자 대항권이 있다고 설명한다. 판결문과 매매문기가 수록되어 있다. 중화군의 도지(賭地)는 중화군 다정면 적선리 검암리 송도리 양나리 양정면 석양리 등에서 시행된 경작을 목적으로 하는 영구적 차지관행이다. 건답(乾畓)도지명문, 도지매매계약서, 도지명문도지기, 노전(蘆田)도지방매문기, 도지표 등이 실려 있다. 중도지(中賭地)는 차지인이 경작하지 않고 타인에 전대하여 차지료의 차액을 이득으로 하는 경우로, 봉산 재령 신천 안악의 궁방전에서 주로 시행되었다고 한다. 소작료가 민유지에 비해 저렴하여 발생했으며, 민유지의 원격지 지주지에서도 그러한 예를 볼 수 있다고 했다. 영세(永稅)는 신천과 안악에서 황무지 개간 후 정한 차지료로, 매매 양도 전당이 가능한 영구 소작권이라는 의미에서 생긴 용어라고 한다. 판결문이 수록되어 있다.

남부 지역의 경우는 두 지역이 소개되어 있다. 전주에서는 지주의 승낙 없이 임의로 차지권을 매매할 수 있는 화리매매가 존재한다고 했다. 발생원인은 지주가 흉년이 발생하면서 지세 대납자나 도조 예납자에게 매매 양도 전당 등의 권리가 있는 소작권을 부여했는데 이를 그렇게 부른다고 했다. 진주(금곡면) 고성군(영오면 영현면 개천면 등)에는 병작(並作)이 있다고 했다. 지주에게 소작권을 매수하거나 지주가 토지를 구입할 경우 지대의 일부를 작인이 부담한 대가로 받은 영대경작권이며, 물(物)도지 수(水)도지라고 부른다고도 했다.

다음은 영소작이 아닌 특종소작을 5가지 사례를 들어 설명하고 있다. 첫째 대동군(남곡면)의 원도지(元賭地)이면서 임대차관계로 보는 경우이다. 지주와 차지인 사이에 협정한 금액(도지전)을 교부하고 그 액에 따라 소작료액을 정한 것이라고 했다. 소작료 담보의 성격을 지닌 것으로 차지기간 중에 이를 임치하고 계약이 종료될 때 반환한다고 설명한다. 둘째 동래군의 진도지(陳賭地)이다. 타인이 소유한 토지를 소작하는 자가 차지한 곳 일부에 가옥을 건축하면서 생긴 것으로 매매 전당이 가능한 것으로 그 액수는 매매가격의 5-6할이라고 했다. 셋째 개간소작이다. 타인 소유의 미간지 또는 황무지를 빌려서 개간하는 것을 조건으로 차지료를 지불하는데, 이때 토지를 사용 수익하기 위한 소작관행이 조선전토에 걸쳐 발생했는데, 일정기간 토지를 무상으로 사용 수익할 수 있다. 넷째 중간소작은 대지주의 소유지에서 차지인이 경작하지 않고 타인에 전대하여 소작료의 차액을 이득으로 하는 특종 소작관습으로 여기서는 영소작이 아니라고 정리하고 있다는 점이 주목된다. 다섯째 삼포(蔘圃)소작이다. 차지기간은 묘포는 1년, 본포는 3-5년이고, 차지료는 보통 경지의 소작료의 2-3배이고 선불제이다. 여섯째 묘위토와 제위토의 소작이다. 조상의 제사비용을 위한 제위전과 묘직에 제공하는 묘직전인데, 소작료를 지불하는 것이 아니라 제사에 필요한 제수품을 제공하는 것이 보통이라고 한다.

[가치정보]

이상과 같이 토지조사사업기 조선총독부 중추원이 조선의 소작관행을 조사하면서 일제의 토지권 처리방침에 따라 법적 권한을 설명하고 있다는 점이 주목된다. 매매문기와 판결문 등이 다수 수록되어 사료적 가치가 높은 편이다. 다만 영대소작권을 물권으로 인정하면서도 최소한으로 제한하고 소유권 중심으로 이행해가는 과도적 모습을 보여주고 있다는 점, 그리고 영대소작을 평남과 황해도 중심적이라는 점에서 지역 편중의 한계를 보이고 있다.

III-3-4-31. (서산) 팔봉면 진장리 추수기

관리기호	기록번호	자료명	
B-1-719	-	(瑞山) 八峯面榛墻里秋收記	
작성자	생산기관	생산 연도	
金明中	-	1933	
지역	언어	분량	소장기관
서산	한문	21면	수원시박물관
키워드	토지, 지번, 과세지가, 타조, 도조		

[기본정보]

이 자료는 서산 팔봉면 진장리 소재 백참봉(白參奉)댁 추수기를 정리한 것으로 총 21면으로 구성되어 있다.

[내용정보]

서산 팔봉면 진장리, 어송리(漁松里), 인지면(仁旨面) 화수리(花秀里), 성리(成里), 차리(車里) 소재 백참봉 댁 토지를 지번, 지목, 면적, 과세지가, 열수(智數), 타도별(打賭別), 구자호(舊字號), 구면적(舊面積), 속수(束數), 수확수(收穫數), 현소작씨명(現小作氏名) 등으로 표로 정리하였다. 합계가 답 26석 3두 3승락, 전 3석 11두 8승락, 대 5두 5승락, 합계평수는 132,293평이고 타조(打租)합계는 376석 7두, 도조(賭租)합계는 21석 12두였다.

[가치정보]

이 자료는 1930년대 수확량, 도조, 과세지가 등을 알 수 있고 이를 통해 농업실정을 파악할 수 있다는 점에서 의미가 있다.

III-3-4-32. 개간소작자료

관리기호	기록번호	자료명		
中B13G-6	-	開墾小作資料		
작성자	생산기관	생산 연도		
-	조선총독부 중추원	-		
지역	언어	분량	소장기관	
-	일본어	259면	국사편찬위원회	
키워드	개간, 개간소작, 개간소작권, 차지권, 부군도			

[기본정보]

이 자료는 조선총독부 중추원에서 개간소작(開墾小作)에 관한 사항을 조사하고 관련 자료와 법령, 판결문 등을 첨부한 것이다. 작성자, 생산연도는 미상이며 복명서는 없다. 이 자료는 모두 259면이다.

[내용정보]

이 자료는 조선총독부 중추원에서 개간소작(開墾小作)에 관한 조사를 바탕으로 심의사항, 관례에 대한 조사내용 및 조사방법, 관련 자료(법령 및 판결문) 등으로 정리한 것이다. 주요내용은 개간소작 심의사항, 개간소작에 관한 차지권의 대항, 개간소작관례, 개간소작 관습에 관한 부군도(府郡島) 회답 요지, 조사서 요령(要領), 개간소작 관습요령, 개간소작권의 대항, 양도 및 담보, 개간소작의 유무 및 기간에 대한 지방별 표, 개간소작관습 조사서 적요, 회답초(抄), 개간에 관한 법령, 판결례 등 12개 항목으로 구성되어 있다.

개간소작 심의사항에서는 개간소작권은 물권(物權)의 성질을 갖는 것으로 해석하는 것이 적정하고, 이후에도 특종의 물권으로 이를 인정하는 것이 마땅하다고 지적되었다. 그리고 이 관습은 지주 측에서는 노력과 비용을 더 들이지 않고 개간할 수 있고 경작자 측에서는 차료(借料)를 부담하지 않고 경작할 수 있는 것으로서 토지의 개간 이용을 용이하게 하고 권리관계가 착잡(錯雜)하지 않다고 평가하였다.

조사지역은 경기도, 충청남북도, 전라남북도, 경상남북도, 황해도, 평안남북도, 강원도,

함경남북도 등 전국 13개도 86개군을 대상으로 하였다. 개간소작 관습에 대해서는 개간 소작 관습이 있는 토지의 종별(種別), 권리의 설정 및 소멸, 소작인의 권리 의무, 토지의 대차(貸借) 기간, 소작료, 지주가 바뀌는 경우의 관계, 조세(租稅) 기타 비용의 부담, 계약의 해제, 기간 경과 후의 소작 방법 등의 항목으로 조사하였고 그 외에 차지권(借地權)과의 관계, 개간소작권의 양도 및 담보 등에 대해서도 조사하였다.

한편 개간에 관한 전근대 법령(고려, 조선시대) 및 근대 법령을 첨부하였는데, 전근대 법령은 『증보문헌비고(增補文獻備考)』의 <전부고(田賦考)>, 『대전회통(大典會通)』, 호전(戶典) 등을 인용하였으며, 근대 법령은 <조세징수규정시행세칙(租稅徵收規程施行細則)>(1906년 10월 13일), <지세령(地稅令)>(1914년 3월 16일), <지세사무 취급에 관한 건>(1914년 8월 14일) 등이다. 자료의 마지막 부분에는 관련 판결 사례를 첨부하였다.

[가치정보]

이 자료는 개간소작에 관한 심의사항, 관례에 대한 조사내용 및 조사방법, 법령·판결문 등의 관련자료를 정리한 것으로 개간소작 심의사항, 개간소작에 관한 차지권의 대항, 개간소작관례, 양도 및 담보 등에 대한 관습을 파악할 수 있다는 점에서 의미가 있다.

III-3-4-33. 궁장토

관리기호	기록번호	자료명	
中B13G-33	-	宮庄土	
작성자	생산기관	생산 연도	
麻生屬調	조선총독부 중추원	-	
지역	언어	분량	소장기관
-	일본어	44면	국사편찬위원회
키워드	궁장토, 장토, 절수, 유토, 무토		

이 자료는 조선총독부 중추원에서 궁장토에 관한 사항을 실록과 관련문헌 조사를 통해 정리한 것으로 작성자는 아소 조쿠초(麻生屬調)이다. 생산연도는 미상이다. 자료는 모두 44면이다.

[내용정보]

이 자료는 조선총독부 중추원에서 궁장토에 관한 사항을 궁장토의 기원 등 총 10개 항목으로 정리하였다. 각 항목은 조선왕조실록과 관련 법전, 등록(謄錄) 등을 인용하여 내용을 설명하고 사례를 소개하였다. 주요 내용(괄호 안은 인용 문헌)은 궁장토의 기원, 장토절수(庄土折受)의 성질(『현종실록』, 『숙종실록』), 면세절수(免稅折受)[『숙종실록』, 『속대전』]와 유토(有土), 무토(無土)의 구별(『탁지지(度支志)』, 『정조명편탁지전부고(正祖命編度支田賦考)』, 『영조실록』), 유토면세지와 무토면세지, 궁장토의 기간(起墾)(『대전회통』), 미간지 개간을 위해 부역을 부여한 실례 1(『수진궁등록(壽進宮謄錄)』), 미간지 개간을 위해 부역을 부여한 실례 2(『수진궁등록(壽進宮謄錄)』), 궁장토의 관리 및 그 귀속 등이다.

한편, 궁장토를 관리하던 궁내부는 대한제국기 관제기구의 변화를 거치며 내장원(1899, 광무 3년), 경리원(1905, 광무 9년), 내장원소속 경리부(1907, 융희 1년) 등으로 개칭되거나 소속이 변경되었지만 일관되게 궁장토 사무를 담당했다고 하였다. 1908년(융희 2) 6월에는 칙령 제39호로 궁내부(宮內府) 소관 및 경선궁(慶善宮) 소속의 부동산을 국유로 하였고, 1908년 8월에는 <탁지신령(度支新令) 제22호>로 역둔토관리규정을 발포하였는데, 1908년 10월에는 <탁지신령(度支新令) 제43호>로 궁장토도 역둔토와 같이 탁지부 소관으로 되었다고 하였다. 한일병합 후에는 1911(명치 44) 7월 칙령 제200호로써 새롭게 <조한관유재산관리규칙(朝韓官有財産管理規則)>을 발포하여 조선총독부의 관리로 되었고, 1918년(대정 7) 1월 칙령 제13호로 개정되어 현재에 이르고 있다고 하였다.

[가치정보]

이 자료는 궁장토에 대한 사항을 조사 정리한 것으로 조선시대, 대한제국에서 궁장토, 역둔토 등에 대한 관리를 알 수 있다는 점에서 의미가 있다.

III-3-4-34. 입안과 입지의 성질 및 구별

관리기호	기록번호	자료명		
中B14 57	226	立案ト立旨ノ性質及區別		
작성자	생산기관	생산 연도		
金漢睦	조선총독부 중추원	1919 또는 1933		
지역	언어	분량	소장기관	
-	국한문	30면	국사편찬위원회	
키워드	입안, 입지, 대전회통, 결송유취(決訟類聚), 추관지			

[기본정보]

이 자료는 조선시대 관(官)에서 발급한 문서로, 사실증명서의 역할을 수행한 입안(立案)과 입지(立旨)에 대한 조사보고서이다. 12줄의 조선총독부 중추원 용지에 작성하였으며, 조사자는 김한목(金漢睦)이다. 본 보고서를 작성하여 중추원 조사과장에게 보고한 것으로 확인되는 일자가 '8년 4월 15일(八年四月十五日)'로, 1919년 혹은 1933년임을 알 수 있다.

기본적으로 『대전회통(大典會通)』과 『결송유취(決訟類聚)』 등 조선의 법전류 자료에 대한 조사를 기본으로 작성한 전적조사이다. 입안과 입지의 성질과 구별에 대하여 국한문으로 간략히 정리한 후 『대전회통』과 『결송유취』, 『추관지(秋官志)』, 『전율통보(典律通補)』 및 『대명률(大明律)』에 수록된 입안과 입지의 내용을 정리하였다. 이어서는 참고할 수 있는 문헌에 나타난 기록들을 발췌하여 첨부하였다.

[세부목차]

－입안(立案)과 입지(立旨)의 성질 및 구별(性質及區別)

－『대전회통(大典會通)』 소재입안(所載立案)

－『결송유취(決訟類聚)』 소재입안(所載立案)

－『추관지(秋官志)』 소재입안 및 입지(所載立案及立旨)

－『대명률(大明律)』 소재입안(所載立案)

[내용정보]

이 자료에서 정리하고 있는 바에 따르면, 입안은 인민(人民)의 신분상 관계, 의무, 면제, 노비 및 토지의 매매, 상속과 허급(許給) 등의 사항과 관청중요사항에 대하여 관청에서 기안(起案)한 서류를 영구보전하게 하고 그 부본을 당사자에게 하부(下付)하여 증빙하게 한 문서이다. 반면 입지(立旨)는 증거문자(證據文字)로 인민의 청구(請求)에 의하여 관에서 조사성급(調査成給)하는 것을 의미한다.

실제 입안과 입지는 공히 개인의 청원에 따라 관에서 발급하는 문서로, 어떠한 사실을 확인하여 공증해 주는 문서라 할 수 있다. 입안은 고려시대부터 조선시대에 걸쳐 사용되었으며, 토지와 노비 등 재산의 매매와 양도, 소송사실에 대한 결송(決訟), 입후사실에 대한 공증을 위하여 발급되었다. 이 가운데 재산의 매매에 대한 입안은 조선후기로 넘어오면서 거의 사용되지 않았는데, 이를 대체한 것이 입안이다. 입안은 조선중기 이후부터 본격적으로 등장하였고, 종래 입안으로 공증하던 사안 중 극히 일부분을 대체하였는데, 그 대표적인 것이 토지 및 노비 등 매매사실에 대한 공증이다. 대체로는 민간에서 본문기의 훼손 및 분실로 인하여 이를 증명할 수 있는 입지의 발급을 요청하는 소지(所志)를 올리면, 관에서는 해당 사실을 증명하여 소지에 제사(題辭)로써 입지를 발급한다는 확인을 해 주는 것이 보통이다.

입안과 입지에 대한 이 자료의 내용은 이와 같이 실제와 다소 차이를 보이고 있다. 이는 조사자가 실제의 문서와 사례들을 충분히 검토한 것이 아니라, 『대전회통』 등 법전을 중심으로 한 문헌에만 의지하여 정리한 결과라 보여진다. 이 자료에서는 『대전회통』과 『결송유취』, 『추관지』, 『전율통보』, 『대명률』 이외에도 『문헌비고(文獻備考)』, 『목민심서(牧民心書)』, 『유서필지(儒胥必知)』, 『청장관전서(靑莊館全書)』 등의 문헌에서 입안과 입지에 관련한 내용을 조사하였다.

본 자료의 '『대전회통』소재입안(大典會通所載立案)'이라 하여 『대전회통』에 나타난 입안에 대하여 정리한 내용을 보면 상당히 광범위한 내용이 포함되어 있다. 국유미간지 대부(貸付)증서, 어업허가장, 농작재상(農作災傷) 및 미경작전답(未耕作田畓)의 측량조서(測量調書), 양자연조(養子緣組)의 인허(認許), 개걸아(丐乞兒) 및 유기아(遺棄兒)를 수양(收養), 병졸의 사망증서, 공사천 소생 자녀를 속량후(贖良後) 보충대(補充隊)에 부(付)하는 증서, 노비의 공역(貢役)을 면제하는 증서, 공사천의 노제(老除) 및 사망한 증서, 노비상속의 증서, 살인안건(殺人案件)에 시체를 검사한 증서, 노비의 속량(贖良) 증서, 소송(訴訟)의 판결서(判決書), 증권(證券)을 서실(閭失) 혹은 소화(燒火)한 때의 증서, 전답가사(田畓家舍)의 매매증서 등이다. 이 가운데 실제 입안이 주로 사용된 곳은 입후와 결송 및 재산의 매매·증여 등과 관련된 부분이다. 면역(免役) 등의 부분은 입안보다는 완문(完文)이 주로 활용되었으며, 증권(證券)의 분실에 대해서는 입지(立旨)가 사용된 부분이다. 특히 입안에 대하여 이와 같이 폭넓게 활용되는 문서로써 설명하고 있는 것은 『전율통보』에서 발췌하였듯, "관청문서(官廳文書)는 병(幷)히 안(案)을 입(立)하는 사(事)"와 같은 실제보다는 법조문에 근거한 이해에 상당부분 기인한다.

[가치정보]

입안과 입지는 조선시대에 재산권의 변동, 양자, 결송 등과 관련한 개인의 사실확인 청원에 대하여 관에서 공증해 주는 문서이다. 이는 개인의 권리에 대한 국가차원의 공증을 의미하는 것으로, 이미 법제로써 확립되어 있는 사항이었다. 입안과 입지는 조선시대 개인의 권리와 국가의 역할을 파악할 수 있는 단초를 제공해 주는 것이라 할 수 있다.

III-3-4-35. 조선의 부역연혁략

관리기호	기록번호	자료명	
中B13G99	第三號	朝鮮ニ於ケル賦役沿革略	
작성자	생산기관	생산 연도	
-	조선총독부 중추원	-	
지역	언어	분량	소장기관
-	일본어	4면	국사편찬위원회
키워드	부역, 역역(力役), 민호, 정, 노역		

[기본정보]

이 자료는 조선총독부 중추원에서 신라시대로부터 조선시대까지의 부역(賦役)에 관하여 정리한 보고서이다. 13줄의 조선총독부 용지에 작성되었으며, 연혁을 중심으로 간단하게 정리하였다.

[내용정보]

이 자료는 신라시대로부터 조선시대에 이르는 기간, 조선의 부역(賦役)에 관하여 주요 연혁을 중심으로 간단하게 정리한 것이다. 조선총독부 중추원에서 작성하였으며, 2면 17줄에 걸쳐 매우 간단하게 요약하여 정리하였다.

부역은 일반적으로 국가나 관, 또는 마을 등의 공공에서 백성에게 공적으로 부과하는 노역(勞役)을 일컫는다. 우리 역사에서 부역은 대체로 인구의 다소나 전답의 광협에 따라 차등을 두어 정하여 내도록 하였다. 중국의 수·당대에 완성된 조세체계인 조용조(租庸調) 체계가 고려조에 우리나라에 전해진 후로, 부역은 조(調)에 해당하는 부세로써 호(戶)를 대상으로 부여하였고, 조선조『경국대전(經國大典)』에서는 '팔결작부(八結作夫)'라 하여 전답(田畓) 8결(結)당 1명의 역부(役夫)를 내도록 규정하였으며, 17세기에 대동법(大同法)이 시행되면서는 전결세로 운영되었다.

이 자료에 처음으로 언급되고 있는 우리나라의 부역은 790년(원성왕 6) 신라에서 전라의 벽골제를 증축하기 위하여 전주 등 7주(州)의 사람을 징발하여 역에 동원한 것이다. 그러나 187년(벌휴왕 4)에 토목(土木)공사로 농사의 때를 빼앗는 일을 금지시키거나, 318년(흘해왕 9)에 농사를 시작할 때에 백성의 노역을 정지시키도록 한 기록을 언급하면서 이미 당시에 부역의 제도가 있었음을 언급하고 있다.

고려조의 부역에 관해서는 매년 민호(民戶)를 계산하여 그 역(役)을 정하였고, 16세부터 "정(丁)"으로 삼아 비로소 역(役)에 복무하게 하였으며, 60이 되면 역(役)을 면하게 한 운영 방식을 기술하였다. 또한 1127년(인종 6)에 수령의 역역(力役) 가징(苛徵)을 금지한 것과 1224년(고종 12)에 농시(農時)에 토목(土木)을 금지한 일을 기술하였다.

조선시대에 대해서는 전(田) 8결(結)에 1부(夫)를 내도록 하는 제도를 마련하고, 1년에 역(役)이 6일을 넘는 것을 금지시켰으며, 만일 길이 멀어 6일을 넘길 경우에는 다음 해의 역(役)에서 감해주는 『경국대전』에 규정된 부역의 운영 법규에 대하여 기술하였다. 그러나 실제로는 노역을 가역(苛役)하는 폐단이 계속 발생하고 민고(民苦)를 줄이지 못하여 결국 여러 정강(政綱)을 문란하게 하는 결과를 초래하였다고 하고 있다.

[가치정보]

우리 역사 속 왕조에서의 부역은 전세 및 군역 등과 더불어 매우 중요한 부세의 하나였다. 왕조국가로서는 나라를 운영하는 중심적인 재원이었으며, 백성에게서는 무거운 부담이었다. 따라서 역대 왕조와 위정자들은 부역의 안정적이고 균등한 운영과 수취를 위하여 지속적으로 노력해 왔다. 중국의 조세체계인 조용조법의 도입과 운용, 조선시대의 『경국대전』을 비롯한 각종 법전의 마련과 이에 따른 운용, 조선후기 대동법의 시행 등이 이러한 역사적 노력의 결과였다. 물론 시대적 한계성이 존재했고, 조선후기 정치체제의 혼란 속에서 부세제도가 문란해지는 결과를 초래하기는 하였지만, 통시대적인 방향성 전체를 부정할 수는 없을 것이다. 그러나 본 자료는 이와 같은 조선의 역사 속에 부역의 연혁에 대하여 단편적이고 부정적으로 서술하고 있다. 이와 같은 본 자료집의 내용은 당대 일제가 조선의 역사를 바라보는 제국주의적 시각을 보여준다 하겠다.

III-3-4-36. 토지에 관한 건

관리기호	기록번호	자료명	
B-18E-130	260	土地二關スル件	
작성자	생산기관	생산 연도	
-	조선총독부 중추원	-	
지역	언어	분량	소장기관
-	한문	130면	국사편찬위원회
키워드	조선왕조실록, 둔전, 토지, 둔병		

[기본정보]

이 자료는 조선총독부 중추원에서 토지에 관한 자료를 정리한 책이다. 약 130면으로 구성되어 있으며, 작성자와 생산연도는 알 수 없다. 활자체나 필기체의 한문으로 작성하였다.

[내용정보]

이 자료는 『조선왕조실록』에서 토지와 관련 있는 기사를 발췌하여 정리한 것이다. 문종·세조·예종·성종 등 조선전기 4왕의 기사를 정리하였는데, 문종조의 기사 이외에는 모든 기사에 붉은색 ×표시가 되어 있다.

문종조의 기사를 살펴보면 둔전에 관한 것으로 1450년 5월에 왕이 둔전을 지급받는 군인들의 요건과 경작방법 등에 대해서 어명을 내리는 내용이다. 다음 기사는 같은 해 8월 의정부에서 상소를 올려 둔전제의 잘못된 점을 지적하고 이로 인해 둔병들이 어려움을 겪고 있다며 제도를 수정할 것을 요구하였다.

[가치정보]

이 자료는 『조선왕조실록』에 수록된 둔전 등의 토지에 대한 기사를 정리한 것으로 조선시대 토지에 관한 관습에 대해 파악할 수 있다는 점에서 의미가 있다.

III-3-4-37. 토지에 관한 건

관리기호	기록번호	자료명		
B-18E-129	260	土地ニ關スル件		
작성자	생산기관	생산 연도		
-	조선총독부 중추원	-		
지역	언어	분량	소장기관	
-	일본어	350면	국사편찬위원회	
키워드	토지, 조선왕조실록, 과전법, 조세, 공신전			

[기본정보]

조선총독부 중추원에서 『조선왕조실록』 중 토지와 관련 있는 기사를 조사하여 정리한 책으로 350면으로 구성되어 있다. 작성자와 생산연도는 알 수 없다. 자료의 뒷면 약 20면은 훼손되어 있다.

[내용정보]

이 자료는 『조선왕조실록』의 기사 중 토지에 관한 내용만을 발췌하여 정리한 것이다. 350여 면에 이르는 분량이지만 정리한 왕은 목조·태조·정종·태종·세종으로 많지 않다.

태종과 세종대의 기사가 대부분으로 특히 세종대의 기사만 200면이 넘는 분량을 차지하고 있다.

주요 내용을 보면 태조대의 기사는 조선을 건국한 개국공신들에 대한 논공행상의 일환으로 공신전을 지급하는 것에 대한 논의를 하고 있다. 이와 함께 왕자와 제군들의 과전 이외 사전 지급과 전조의 토지 처리 등에 대한 기사가 있다. 세종대에 이르면 기사의 수가 많은 것만큼 내용도 다양하여 토지문제, 조세문제 등 지역별로 다양한 내용이 보인다.

[가치정보]

이 자료는 『조선왕조실록』에 수록된 공신전, 과전, 사전 지급 등에 대한 기사를 정리한 것으로 조선시대 토지문제, 조세문제 등을 파악할 수 있다는 점에서 의미가 있다.

III-3-4-38. (명문) 함풍10년 6월 초7일 김명실전명문 등

관리기호	기록번호	자료명		
B-1-636	-	(明文) 咸豊十年六月初七日 金明實前明文等		
작성자	생산기관	생산 연도		
-	조선총독부 중추원	-		
지역	언어	분량	소장기관	
-	한문	10면	수원시박물관	
키워드	방매, 명문, 이매, 토지			

[기본정보]

이 자료는 '1860년(咸豊 10) 경신(庚申) 6월 초7일 김명실전명문' 등 토지 관련 증명문서를 모아 정리한 것으로 총 10면으로 구성되어 있다.

[내용정보]

'1860년(咸豊 10) 경신(庚申) 6월 초7일 김명실전명문(金明實前明文)', '1859년(咸豊 9) 을미(乙

未) 6월 18일 이후영전명문(李厚英前明文)', '1827년(道光 7) 정해(丁亥) 5월 16일 정공명전명문(鄭公明前明文)', '노삼만처(奴三萬處)(甲戌 4월 초6일)', '노계운처(奴戒云處)(辛亥 10월 16일)', '1672년(康熙 11) 임자(壬子) 12월 17일 김복남전명문(金福男前明文)', '1697년(康熙 36) 정해(丁亥) 3월 초7일 김진웅전명문(金進雄前明文)', '1673년(康熙 37) 인술(寅戌) 4월 16일 임생원택(任生員宅) 노복남전명문(奴福男前明文)'으로 토지방매 등 토지관련 증명서를 수집하여 정리하였다.

[가치정보]

이 자료는 조선후기 토지 방매(放賣), 이매(移買) 등 토지소유관계 등을 파악할 수 있는 자료로 조선후기 토지소유관계에 대해 알 수 있다는 점에서 의미가 있다.

III-3-4-39. 궁방전

관리기호	기록번호	자료명	
中B18F18	-	宮房田	
작성자	생산기관	생산 연도	
-	조선총독부 중추원	-	
지역	언어	분량	소장기관
-	한문	9면	국사편찬위원회
키워드	궁방전, 궁장토, 면세결, 환곡, 궁결		

[기본정보]

이 자료는 조선총독부 중추원에서 작성한 것으로, 철종연간『일성록(日省錄)』에서 궁방전(宮房田)과 관련한 기사 5건을 발췌하여 수록한 것이다.

[내용정보]

이 자료는 원본(原本)이 아니라 부본(副本)이다. 관련 기사를 발췌하여 수록한 본문의 오른편에 '궁방전(宮房田)'이라고 관련 주제를 기록하였고, 상단에는 해당 기사의 연월일을, 하단에는 『일성록(日省錄)』의 수록 권자를 기록하였다. 본문은 17칸씩 12줄의 규격에 맞추어 썼다. 비록 구분선은 없고 판심에 용지명칭 기록도 없으나, 이와 같은 양식은 조선총독부 중추원 조사용지와 일치한다. 따라서 본 자료는 여러 주제에 따라 『일성록』의 기사들을 발췌하여 조사용지에 기록한 후, 철종연간 궁방전과 관련한 조사용지를 시기순으로 철하여 원본으로 삼고, 그에 대하여 제작한 부본이라 할 수 있다.

여기에 수록된 기사는 1855년부터 1860년까지의 5건이다. 첫째는, 1855년(철종 6) 4월 29일 전라도 임피현에 소재한 방숙의방(方淑儀房)의 노평(蘆坪)에 농간을 부린 조봉순(趙奉淳) 등을 엄형원배(嚴刑遠配)하는 내용이고, 둘째는 1856년(철종 7) 11월 12일의 기사로 각궁의 장토(庄土)를 경작하는 재령군(載寧郡) 여물평(餘勿坪)의 농민들에 대하여 환곡(還穀)을 덜어 주도록 하는 내용이다. 셋째는 1858년(철종 9) 6월 20일에 황해도의 호역(戶役)을 면해준 궁장토(宮庄土)의 농민에 대하여 환곡도 배제하도록 하는 기사이고, 넷째는 1859년(철종 10) 11월 22일의 기사로 충청도의 궁결(宮結)을 감가(減價)하여 전세를 면하게 하도록 하는 내용이다. 마지막은 1860년(철종 11) 3월 7일의 기사로, 비변사에서 각 궁방의 면세결(免稅結)을 별도의 책자로 만들어 올리는 내용이다.

이 자료 외에도 궁방전에 대한 문헌조사자료는 상당수가 더 존재한다. 『일성록』에서 발췌한 궁방전에 대한 자료 역시 왕대별로 별건의 자료가 제작된 것으로 보이는데, 이는 표지의 "철(哲) 일성록(日省錄)"이라는 기록을 통하여 추정할 수 있다.

[가치정보]

궁방전(宮房田)은 주로 조선후기 후비·왕자대군·왕자군·공주·옹주 등 궁방이 소유하거나 수조(收租)하던 토지를 통틀어 이르는 것으로, 궁장토(宮庄土)라고도 하였다. 궁방전은 소유권과 수조권이 중첩되어 존재하거나, 불분명한 경우가 많아 일제강점기까지도 주요한 소유권분쟁의 대상이 되었다. 따라서 일제는 이와 같은 토지에 대한 많은 조사를 수행하였다. 이 자료는 그 가운데 『일성록』을 대상으로 관련 기사를 발췌한 문헌조사 가운데 하나로, 궁방전의 역사와 배경을 파악하기 위한 중요한 자료로 활용되었을 것이다.

III-3-4-40. 동치 사년 정월일 함경도 삼갑 각진보 갑자조 방포년종성책

관리기호	기록번호	자료명	
B-1-628	-	同治四年正月日咸鏡道 三甲各鎭保甲子條防布年終成冊	
작성자	생산기관	생산 연도	
-	조선총독부 중추원	-	
지역	언어	분량	소장기관
-	한문	20면	수원시박물관
키워드	방포, 군포, 장시, 함경도, 군수		

[기본정보]

이 자료는 조선후기 함경도 지방의 방포(防布), 군포(軍布), 군기(軍器), 군량(軍糧), 장시수세(場市收稅) 등에 관련된 문서를 수집하여 정리한 것으로 총 20면으로 구성되어 있다.

[내용정보]

1865년(同治 4) 정월(正月) 함경도 삼수[三甲 : 삼수, 갑산]의 각 진보(鎭堡)의 「갑자조(甲子條) 방포(防布) 연종(年終) 성책(成冊)」, 1849년(道光 29) 정월(正月) 함경도 삼수[三甲 : 삼수, 갑산]의 각 진보(鎭堡)의 「갑자조(甲子條) 방포(防布) 연종(年終) 성책(成冊)」, 「1878년(光緖 4) 3월 함경도 삼수 군포(軍布) 정축조(丁丑條) 용견재(用遣在) 성책(成冊)」, 「1894년(光緖 20) 7월 함경남도 각군영읍포항(各郡營邑浦港) 장시수세(場市收稅) 성책(成冊)」, 「1849년(도광 29) 2월 함경북도 병관(兵官) 소관 각읍(各邑) 진보(鎭堡) 소재 군기군량(軍器軍糧) 수효(數爻) 성책(成冊)」으로 구성되어 있다. 이를 통해 19세기 중반 이후 개항기까지 함경도 일대의 수취상황과 군사적 상황 등을 알 수 있다.

[가치정보]

이 자료는 함경도 일대의 군포, 방포, 군기군량, 장시 등에 대한 상황을 정리한 것으로 19세기 중반 이후 함경도 일대의 수취상황과 군사적 상황 등을 파악할 수 있다는 점에서 의미가 있다.

III-3-4-41. 양안에서 자연인 이외의 소유자

관리기호	기록번호	자료명	
中B13G65	-	量案ニ於ケル自然人以外ノ所有者	
작성자	생산기관	생산 연도	
-	조선총독부 중추원	-	
지역	언어	분량	소장기관
-	한문	94면	국사편찬위원회
키워드	양안, 토지소유, 위토, 계, 서원, 관, 궁방		

[기본정보]

이 자료는 각종의 양안책들을 검토하여 자연인이 아닌 토지소유자의 사례를 발췌한 것이다. 12줄의 조선총독부 중추원 용지에 작성되었다. 현 울산광역시 울주군에 해당하는 언양현을 비롯하여 경상도와 전라도의 12개 고을, 90여 책의 양안을 대상으로 해당 사례를 발췌하였다.

[내용정보]

여기에서 인용한 양안의 12개 고을은 모두 경상도와 전라도에 속한 지역으로, 경상도가 언양현, 예천군, 용궁현, 남해현, 의성현, 비안현의 6곳이고, 전라도가 고산현, 전주부, 남원현, 능주목, 화순현, 영광현의 6곳이다. 언양의 『경상도 언양현 남삼동전답양안(慶尙道彦陽縣南三同田畓量案)』(1871년)과 같이 19세기 후반에 제작된 양안의 사례도 존재하나, 대부분은 이른바 '경자양안(庚子量案)'으로 통칭되는 1720년(숙종 46)을 전후하여 작성된 양안이다. 이외에는 전라도 고산과 영광지역에서 1759년(영조 35)에 작성된 양안의 사례를 확인할 수 있다. 지역별로 조사한 양안의 수와 언급된 자연인이 아닌 토지소유자의 사례를 살펴보면 다음과 같다.

<표> 지역별 양안의 수와 자연인이 아닌 토지소유자의 사례

도(道)	읍(邑)	양안(量案)	토지소유자(土地所有者)
경상도 (慶尙道)	언양현 (彦陽縣)	4종	우문계(禹門契), 통불위(通佛位), 금묘위(金墓位), 서계(書契), 복배융(福蔭隆), 보광방(普光房), 계중(契中), 안양암(安養庵), 불위(佛位), 교둔(校屯), 백연암(白蓮庵), 이중(里中), 문계(門契), 동중(洞中)
	예천군 (醴泉郡)	5종	공위(公位), 공수위(公須位), 아록(衙祿), 주원(廚院), 선약사(船若寺), 사위(寺位), 지침(紙砧), 학위(學位), 서운암좌지(瑞雲菴坐地), 관둔(官屯), 주원(廚院), 서원(書院), 천주사(天柱寺)
	용궁현 (龍宮縣)	8종	향청(鄕廳), 향사당(鄕射堂), 마위(馬位), 아록(衙祿), 관둔(官屯), 관둔수파(官屯水破), 동평위묘전(東平尉墓田), 지장사불량답(地藏寺佛糧畓), 지장사(地藏寺), 남산사불양답(南山寺佛養畓), 기천정사(箕川精舍), 남산사불양(南山寺佛養), 기천정사(箕川精舍), 동평위묘전(東平尉墓田), 지장사답(地藏寺畓), 관청기(官廳基), 장위(庄位), 공수위(公須位), 상주봉수묘답(尙州烽燧墓畓), 학위(學位), 공위(公位)
	남해현 (南海縣)	4종	용문사(龍門寺), 신흥사(新興寺), 관둔(官屯), 향청(鄕廳), 진리청좌지(鎭吏廳坐地), 화방사(花芳寺), 화방사서암(花芳寺西菴), 평산진둔(平山鎭屯), 평산화포청기(平山火砲廳基), 아좌지(衙坐地), 무사청좌지(武士廳坐地), 진리청좌지(鎭吏廳坐地)
	의성현 (義城縣)	16종	전좌랑사위(前佐郞祀位), 홍좌랑사위답(洪佐郞祀位畓), 신문계답(申門稧畓), 교위(校位), 학위(學位), 관둔(官屯), 서원(書院), 관칠전(官漆田), 김낙응문중묘위(金洛應門中墓位), 계전(稧田), 불답(佛畓), 내수사(內需司), 의국둔답(醫局屯畓), 어의궁절수(於義宮折受), 사위(寺位), 교답(校畓), 보이청(補吏廳), 강당(講堂), 향소(鄕所), 관칠전(官漆田), 의국위(醫局位), 장인이강아지절수(匠人李江牙之折受), 옹기장최어산어의궁절수(甕器匠崔崟山於義宮折受), 홍좌랑사위(洪佐郞祀位), 계답(稧畓), 김세기묘위(金世耆墓位), 관둔교장기(官屯敎場基), 객사작청연당(客舍作廳蓮堂), 서당(書堂), 원위관둔(院位官屯), 무학당묘소(武學堂墓所), 사창기(司倉基), 영고기(永庫基), 묘위(墓位), 오성부원군사절수(鰲城府院君賜折受), 영귀당위답(泳歸堂位畓), 대마위(大馬位)
	비안현 (比安縣)	2종	진부위(津夫位), 관공수위(官公須位), 아록(衙祿), 충훈(忠勳), 용흥사(龍興寺), 관공수위(官公須位), 대마위(大馬位), 아록위(衙祿位), 급주위(急走位)
전라도 (全羅道)	고산현 (高山縣)	11종	요덕사위(了德寺位), 주동사위(主同寺位), 낙수암사위(落水菴寺位), 운문사위(雲門寺位), 수진궁면세(壽進宮免稅), 교위(校位), 관둔(官屯), 관대군관청대(官垈軍官廳垈), 교대(校垈), 화암사위(花岩寺位), 일출암사위(日出菴寺位), 마위(馬位), 역장위(驛長位), 안심사위(安心寺位), 영운암사대(英雲菴寺垈), 정안당(靜安堂), 명혜공주방(明惠公主房), 역공수위(驛公須位), 공수위(公須位), 안수암사좌지(安峀菴寺坐地), 법당사대(法堂寺垈), 십왕사대(十王寺垈), 서상실사대(西上室寺垈), 판전사대(板殿寺垈)
	전주부 (全州府)	22종	소현궁(昭顯宮), 송광사위(松廣寺位), 산성객사대(山城客舍垈), 군기청(軍器廳), 승장청대(僧將廳垈), 관둔(官屯), 향청둔(鄕廳屯), 귀신사위(歸信寺位), 희현당위(希顯堂位), 하성위사패위(河城尉賜牌位), 영가부원군둔(永嘉府院君屯), 사위(寺位), 정귀상계답(鄭貴上契畓), 정귀선계답(鄭貴先契畓), 최시발계답(崔時發契畓), 속오둔전(束伍屯田), 옥창대전(沃倉垈田), 수진궁위(壽進宮位), 송광사위(松廣寺位), 남고사위(南高寺位), 희현당위(希顯堂位), 주원암사위(主圓岩寺位), 고마청둔(雇馬廳屯), 화산성원위(華山書院位), 원둔(院屯), 주희현당(主希顯堂), 마위(馬位), 계답(契畓), 교위(校位), 명례궁(明禮宮), 흥학당위(興學堂位), 역공수위(驛公須位), 사패(賜牌), 진전기(眞殿基), 창기(倉基), 작청대(作廳垈), 관대(官垈), 서청대(書廳垈), 기고청대(旗鼓廳垈), 한망휘속오둔(韓旺輝束伍屯), 부사관대(府司官垈), 북문관대(北門官垈), 관둔포항(官屯浦港), 건산금정(乾山禁畊), 공북정대(拱北亭垈), 수진궁위(壽進宮位), 종수토성금정(種樹土城禁畊), 건산금정(乾山禁畊), 서산서원위(西山書院位), 영가부원군위(寧嘉府院君位), 서계(書契), 어의궁(於義宮), 본부진휼청관대(本府賑恤廳官垈), 교대(校垈), 김정화

168

			공수위(金丁化公須位), 김병령급주위(金丙令急走位), 이태우노영일장위(李泰遇奴永日長位), 관대별군관청(官垈別軍官廳), 관대영군기(官垈營軍器), 관대중군군관청(官垈中軍軍官廳), 관대중군청(官垈中軍廳), 관대영진휼청(官垈營賑恤廳), 관대영진상청(官垈營進上廳), 관대영지침(官垈營紙砧), 관대영선자청급관노청(官垈營扇子廳及官奴廳), 관대검률사처(官垈檢律舍處), 관대사약사처(官垈審藥舍處), 관대현도관(官垈玄都觀), 성균관둔(成均館屯), 정진(井陳), 완성군(完城君), 서애랑내수사위(徐愛郞內需司位), 고마둔죽사위(雇馬屯竹寺位), 학봉서원(鶴峯書院)
남원현 (南原縣)	9종		관위(館位), 둔계중(屯契中), 박위(朴位), 이계(李契), 동고사(洞庫舍), 서재답(書齋畓), 보민청(補民廳), 마위(馬位), 사마위(司馬位), 파근사위(波根寺位), 동암불대(東菴佛垈), 서당위전(書堂位田), 선현청(鮮縣廳), 송림불대(松林佛垈), 동위(洞位), 내수사(內需司), 주촌동위(朱村洞位), 공수위(公須位), 계답(稧畓), 견성암(見星菴), 명안궁(明安宮), 천언사위(天彦寺位), 서재(書齋), 관삼창대(官三倉垈), 보민청(補民廳), 관둔(官屯), 천사위(天寺位), 명안궁(明安宮), 견성암난사동불당답(見星菴蘭寺洞佛堂畓), 동답(洞畓), 문서당(文書堂), 서암(西菴)
능주목 (綾州牧)	4종		관둔(官屯), 개천상판사(開天上判寺), 관위(官位), 개천동위답(開天東位畓), 원삼유문권(院三有文券), 도산강당(道山講堂), 도산사우(道山祠宇), 교삼내위(校三內位), 주도창내위(朱道昌內位), 작청(作廳)
화순현 (和順縣)	3종		교위(校位), 우영둔답(右營屯畓), 학답(學畓), 공수위(公須位), 마위(馬位), 학답(學畓), 양사재답(養士齋畓)
영광현 (靈光縣)	1종		문계(文契)

이 자료를 통하여 알 수 있듯이 양안에 등장하는 자연인이 아닌 소유자는 왕실과 관, 민에 걸쳐 상당히 다양하게 나타난다. 우선 내수사(內需司), 어의궁(於義宮), 수진궁(壽進宮), 명혜공주방(明惠公主房), 소현궁(昭顯宮), 명례궁(明禮宮), 명안궁(明安宮) 등의 궁방전(宮房田)이 있으며, 공수위(公須位), 아록(衙祿), 관둔(官屯), 향청(鄕廳), 마위(馬位), 관청기(官廳基) 등으로 나타나는 관유지(官有地)가 있고, 속오둔전(束伍屯田)이나 우영둔답(右營屯畓)과 같은 군둔전(軍屯田)이 있다. 민간영역으로는 각종의 문계(門契), 서계(書契), 문계(文契) 등 계(契)가 소유자로 나타나는 경우와 민간의 묘위(墓位)와 사위(祀位), 서원(書院)과 서당(書堂) 등의 사례가 존재한다. 그 밖에 사찰(寺刹), 암자(庵子), 정사(精舍)와 같은 사찰이나 교둔(校屯), 학위(學位)로 등장하는 향교(鄕校)의 경우가 있으며, 리중(里中), 동중(洞中), 동답(洞畓)으로 확인할 수 있는 마을 공동 소유사례가 있다.

[가치정보]

일제는 조선의 식민화과정에서 토지조사사업을 시행하였다. 이를 통하여 일물일권적 토지소유를 모든 토지에 대하여 관철시키려 하였고, 기본적으로 자연인 이외의 토지소유를 허용하지 않았다. 이 과정에서 토지소유권을 둘러싼 많은 분쟁이 발생하였음은 물론이다. 따라서 일제는 조선에서 토지소유권을 확립하고 분쟁을 해소하기 위하여 조선의 토지제도에 관한 연구를 심도있게 진행해 나갔고, 이는 관습조사에서도 중요한 대상이 되었다. 그 가운데 자연인이 아닌 토지소유자에 대한 이해는 조선의 토지소유형태를 이해하고 분쟁을 해결하기 위한 핵심 부분이다. 이 자료는 이를 위한 전적조사로써 양안을 통하여 구체적인 사례들을 제시하고 있다는 점에서 가치를 지닌다 하겠다.

III-3-4-42. 수리에 관한 구관

관리기호	기록번호	자료명	
中B16CB-5	-	水利ニ關スル舊慣	
작성자	생산기관	생산 연도	
-	-	-	
지역	언어	분량	소장기관
-	일본어	156면	국사편찬위원회
키워드	수리(水利), 보, 제언, 수리관행, 수리시설		

[기본정보]

이 자료는 조선 재래의 수리시설 및 수리관행을 조사 기록한 것이다. 생산연도 및 작성자는 미상이다.

[내용정보]

이 자료는 수리의 범위, 수리시설의 종류 및 성질, 수리시설 흥폐에 관한 연혁, 수리시설의 소유관계, 감독 및 관리, 몽리자, 모경(冒耕) 등 7개 항목을 조사한 것이다. 수리를 단순히 물의 이용이라고 이해할 때는 매우 광범위한 의미가 된다. 그러나 이 자료에서는 오직 농업상 필요한 토지의 관개(灌漑), 배수(排水) 및 수해방어(水害防禦)를 의미하는 것으로 사용하였다. 배수와 수해방어는 그 자체 관념이 비록 다르지만, 결국 사용하지 않는 물을 배제함에 지나지 않는다는 점에서는 똑같이 방수(防水)에 다름 아닌 것이다. 따라서 수리에

170

관한 조사의 범위는 그 자체 농업상 필요한 토지의 관개 및 방수에 한정하는 것으로 한다. 한국에서는 관개용 수리시설의 종류로서 제언(堤堰), 보(洑), 구거(溝渠), 포강(蒲江) 등을 들고 있다. 소유관계에 대해서도 조사하였는데 제언의 경우에는 대체로 국가의 영조물(營造物)이라고 말하는 것 이외는 없을 것이다. 대개 그 제언은 (1) 국가의 소유에 속하는 물건으로서 (2) 공공의 이용에 이바지할 목적으로 설립되었다. 그래서 (3) 물건 자체만으로 이루어진 설비이기 때문에, 국가는 백성의 사용에 대해 자유롭게 그 관리방법 및 사용조건을 정할 수 있다고 할 수 있다.

보(洑)는 그 원천을 공공물인 계곡 물에서 끌어오고, 특히 그 규모가 큰 것은 자못 넓은 토지를 관개하기 때문에, 사권(私權)의 목적이 된다. 이에 대해 사적 소유권을 인정하는 것이 과연 적당하다고 할 수 있을까? 한편에서는 관유보(官有洑)가 드물게 있고, 동시에 다른 한편에서는 개인 소유의 보가 오히려 이것보다 많다. 그런데 가장 많은 수의 보는 공유(共有)의 성질을 가지고 몽리자 등의 협력에 의해 개설된 것으로, 공사 이후의 관리도 역시 공동관리를 함으로써, 몽리자(蒙利者)는 물을 끌어들일 수 있는 권리를 가짐과 동시에 보에 대해서도 공유권을 소유했다고 말할 수 있다. 따라서 보에 대해서는 일반적으로 사적 소유를 인정하였다고 말할 수는 있을 것이다. 그러나 보를 개인이 설비하려면 역시 막대한 경비가 필요했기 때문에 공유(共有)의 보가 많이 있었던 것이다.

[가치정보]

이 자료는 수리시설 및 수리관행에 대해 조사 정리한 것으로 조선시대 수리에 관련된 관습을 알 수 있다는 점에서 의미가 있다.

III-3-4-43. 입안과 입지의 성질 및 구별

	관리기호	기록번호	자료명	
	-	-	立案卜立旨ノ性質及區別	
	작성자	생산기관	생산 연도	
	김한목	조선총독부 중추원	-	
	지역	언어	분량	소장기관
	-	일본어	56면	국사편찬위원회
	키워드	입안, 입지, 노비, 재주, 대전회통		

[기본정보]

이 자료는 입안과 입지에 대한 개요를 서술하고 각종 법령에 등재되어 있는 입안 및 입지의 양식을 소개하고 있다. 판심(版心)에 중추원이 표기된 것으로 미루어 중추원에서 작성한 것으로 추정된다.

[내용정보]

이 자료는 한국에서의 입안과 입지에 대한 성격과 그 차이점을 간략히 기술한 것이다. 우선 개인의 청원에 따라 관에서 매매·양도·결송(決訟) 등의 사실을 인정하고 증명해주기 위해 발급했다. 예를 들면 토지·가옥·노비, 그밖에 재산의 매매·양도 등의 사유가 발생했을 때 취득자가 관에 입안을 신청하면, 관에서는 재주(財主)와 증인(證人)·필집(筆執) 또는 관계인의 진술을 받아 확인한 뒤 입안을 만들어주었다. 입안제도는 고려시대부터 있었고, 조선시대에는 법제화되었다. 그러나 내용에 따라 조선후기까지 지켜진 것도 있지만 토지매매의 경우처럼 실제로는 실시 초기부터 제대로 시행되지도 못한 것도 있었다. 토지와 가사(家舍)의 매매 때에는 매매계약이 있은 지 100일 이내에 관에 신고하고 입안을 받도록 규정되어 있었으며, 상속의 경우에는 1년 이내에 입안을 받도록 되어 있었다. 그러나 노비의 매매·상속의 경우에는 비교적 조선후기까지 입안이 잘 이행되었는데, 이는 노비가 토지·가옥과 달리 살아 있는 재산이므로 생산으로 인한 증가와 도망의 우려가 항상 따랐으므로 더욱 관의 공증이 필요했기 때문이다. 노비의 매매·상속에 대한 입안기한은 전택(田宅)의 경우와 같았다. 1454년(단종 2) 3월 도적맞은 물건의 문빙(文憑) 작성에 관한 규정이 의정부의 계청(啓請)으로 이루어졌다. 결송입안은 소송사실을 모두 등서(謄書)하고 승소사실(勝訴事實)을 판결하므로, 자연히 장문(長文)의 문서가 되었다. 입안은 문서로 남아 있는 것이 많아, 당시의 정치·경제·사회의 상황을 알 수 있는 좋은 자료가 된다. 입지는 인민의 청구에 의하여 관에서 조사하여 성급하는 것을 의미하였다.

이 자료는 조선 재래의 문헌에 나오는 입안과 입지의 내용을 소개하고 양식도 같이 부한 것이다. 『대전회통』 소재의 입안(立案) 15종, 『결송유취』 소재 입안 10종, 『추관지』 소재 입안 및 입지 10종, 『전율통고』 소재 입안 2종, 『대명률』 소재 입안 등을 소개하고 있다.

[가치정보]

이 자료는 조선 재래의 문헌에 나오는 입안과 입지를 정리한 것으로 입안과 입지에 대한 관습과 성격, 차이점 등을 파악할 수 있다는 점에서 의미가 있다.

III-3-4-44. 조선전토명칭고

관리기호	기록번호	자료명		
中B13G-100	-	朝鮮田土名稱考		
작성자	생산기관	생산 연도		
-	조선총독부 중추원	-		
지역	언어	분량	소장기관	
-	일본어	43면	국사편찬위원회	
키워드	전토, 소작, 토지, 둔전, 범전			

[기본정보]

조선총독부 중추원에서 한국의 토지명칭을 조사 간행한 소략한 책자로 국사편찬위원회가 소장하고 있다. 표지와 목차, 본문 등 43면이다. 책자의 구성은 모든 토지명을 유형별로 10항목으로 분류하고, 각 토지의 명칭 아래 간단한 설명을 붙인 것을 모아놓은 것이다.

[주요내용]

각 토지의 유별 10목(目)과 분류한 전토 명칭을 보면 다음과 같다.

1. 총칭과 범명류(泛名類) : 범전, 제전, 공전, 사전, 민전, 한전, 위전(7개)

2. 지역과 형질류(形質類) : 평전, 평야전, 산전, 산화전, 육지전, 포전, 도전(島田), 도전(都田), 기전(畿田), 제언전, 대전, 장전, 정전(井田), 오형전, 방전, 직전, 제전, 규정, 구고전, 가등전, 상전, 중전, 하전, 일등전, 이등전, 삼등전, 사등전, 오등전, 육등전, 강등전, 수전, 한전, 양전, 수전(腹田), 박전, 황원전(36개)

3. 진기(陳起)와 타량류(打量類) : 기전(起田), 간전(墾田), 신개간전, 가경전, 신가경전, 재경전, 진전, 진구전, 전진전, 정전, 속전, 원전, 원전, 숙전, 실전, 화전, 불역전, 번작전, 재상전, 전재상전, 과반재상전, 양전, 도량전, 원안부전, 원장부전, 안부전, 규전, 망모전, 탈루전, 여전, 잉여전, 분전, 내전(33개)

4. 친경(親耕)과 어용류(御用類) : 적전, 친경전, 어전, 원전, 수포전, 수밀전, 수엽전, 수유전, 수면전, 수저포전(10개)

5. 희료(餼料)와 수류(受類) : 직전, 관직전, 과전, 녹과전, 늠전, 늠급전, 등과전, 품전, 아록전, 공수전, 공수위전, 진전, 역전, 역위전, 장전, 부장전, 급주전, 마전, 마위전, 원전, 도전, 진부전, 빙부전, 수부전, 수릉군전, 목자위전, 정전, 명전, 분전, 구분전(30개)

6. 사여와 면세류 : 사전, 사여전, 사패전, 사급전, 별사전, 수사전, 급전, 급토전, 수전(授田), 수전(受田), 절수전, 급복전, 복호전, 역분전, 앙목전, 궁위전, 면세전, 각양면세전, 각위문면세전, 궁가면세전, 궁방전, 관둔전, 별관전, 궁사전, 궁사원전, 제궁원전, 훈전, 공음전, 공신전, 원종공신전(30개)

7. 관공(官供)과 군수류(軍需類) : 둔전, 관둔전, 국둔전, 주현둔전, 좌둔전, 우둔전, 군전, 군자전, 군수전, 군문둔전, 방군둔전, 역군전, 원군, 둔전, 공해전, 지위전, 제사채전, 사고위전, 양향청둔, 훈련도감둔, 무위영둔, 금위영둔, 어영청둔, 총융청둔, 용호영둔, 장용영둔, 친군여둔, 총어영둔, 경리영둔, 호위대둔, 무예청둔, 감영둔, 각고둔(영고둔외 16개둔), 유수영둔, 수어영둔, 관리영둔, 진무영둔, 총리영둔, 진어영둔, 통제영둔, 병영둔, 수영둔, 방어영둔, 각진둔, 진영둔, 기로소둔, 종친둔, 의정부둔, 충훈부둔, 돈녕부둔, 의금부둔, 호조둔, 선혜청둔, 균역청둔, 상평청둔, 진휼청둔, 병조둔, 군기시둔, 규장각둔, 성균관둔, 양현고둔, 봉상시둔, 내수사둔, 내자시둔, 내섬시둔, 사의원둔, 내의원둔, 혜민서둔, 활인서둔, 장악원둔, 선공감둔, 빙고둔, 사용원둔, 사복시둔, 전생서둔, 사축서둔, 장(掌)원서둔, 사포서둔, 각둔전(과상둔 외 5개둔), 각고둔(관청고둔 외 12개둔), 각청둔(향장청둔 외 9개

둔), 각역관둔, 난호군둔(攔護軍屯), 선위사둔, 포군둔, 군근둔, 의승둔, 진부둔, 봉대둔, 발(撥)소둔(91개)

8. 사전(祀典)과 양사류(養士類) : 제전, 제위전, 각릉위전, 각릉원위전, 숭의전둔, 향회둔전, 유향전, 학전, 학위전, 향학전, 교전, 향교전, 서원전, 서원위전, 사위전, 서적위전(16개)

9. 입관(入官)과 속공류(屬公類) : 적몰전, 적산전, 역가전(逆家田), 속공전(屬公田)(4개)

10. 종식(種植)과 잡휘류(雜彙類) : 도전, 율전, 두전, 목화전, 면화전, 상전, 마전, 채전, 채마전, 근전, 강전, 염전, 과전, 송전, 죽전, 전죽전, 관죽전, 공죽전, 사죽전, 진상청죽전, 저전, 송저전, 사저전, 완전, 저저완전, 칠전, 노전, 남초전, 연초전, 비창전, 가전, 본전, 부모전, 조업전, 영업전, 매득전, 수신전, 병호전, 종계전, 상계전, 산직전, 대전, 시전, 사전, 사토전, 사사전, 사사위전, 불향전답(48개)

이상 총 10목(目) 305개의 전토 명칭(세부 36개 전토의 명칭은 제외)이 수록되었다. 기존 자료에서 흔히 볼 수 없었던 다양한 명칭이 조사 수록되어 있어 토지명을 손쉽게 찾아 볼 수 있게 구성되었다. 다만 설명이 너무 소략하다는 점에서 더 보완이 필요하다.

[가치정보]

이 자료는 한국의 토지명칭을 조사하여 토지명을 유형별로 10항목으로 분류하고, 각 토지의 명칭아래 간단한 설명을 붙인 것을 정리한 것으로 토지명을 손쉽게 찾아볼 수 있다.

III-3-4-45. 조세징수의 방식에 관한 자료

관리기호	기록번호	자료명		
B-1-635	-	租稅徵收ノ方式ニ關スル資料		
작성자	생산기관	생산 연도		
-	조선총독부 중추원	-		
지역	언어	분량	소장기관	
-	일본어	4면	수원시박물관	
키워드	세액, 지세, 호포전, 호세, 은닉			

이 자료는 1907년(광무 11) 3월 20일 탁지부령 제4호인 세액의 산출에 이위(厘位) 이하의 단수(端數) 절사의 건, 1894년(개국 503) 9월 7일 법령 제15호인 지세와 호포전에 관한 건, 1909년(융희 3) 2월 26일 칙령 제20호인 지세와 호세의 납기에 관한 건 등 세금납부에 관한 규정을 담은 법령을 모아 정리한 것으로 총 4면으로 구성되어 있다.

[내용정보]

세액 산출에 이위(厘位) 이하의 단수(端數) 절사하는 건은 단수가 생길 때 절사가 가능함을 규정하고 있고, 지세와 호포전에 관한 건은 지세(결세)와 호포전의 납부기한, 미납자에 대한 처분, 납세자의 이주문제, 민(民)이 은닉한 토지에 대한 관아의 몰수, 관은(官隱), 이은(吏隱), 동은(洞隱) 등의 토지 발견시 관련자에 대한 누세금 추진 및 벌금부과 처분, 은닉 토지 제보자에 대한 포상 등을 규정하고 있으며, 지세와 호제의 납기에 관한 것으로 납부일자 및 납부액에 대하여 규정하고 있다.

[가치정보]

이 자료는 갑오개혁 이후 세금징수에 대한 규정을 정리한 것으로 대한제국기 19세기 후반에서 20세기 초 세금징수, 절사, 은닉재산에 대한 처분 등을 알 수 있다는 점에서 의미가 있다.

III-3-4-46. 지세에 관한 조사

관리기호	기록번호	자료명		
中B13G 103	266	地税二關スル調査		
작성자	생산기관	생산 연도		
河合弘民	조선총독부 중추원	-		
지역	언어	분량	소장기관	
-	일본어	217면	국사편찬위원회	
키워드	지세, 균역법, 경국대전, 대동법, 양전			

[기본정보]

이 자료는 조선총독부 중추원에서 조선시대의 지세제도와 운영에 관한 내용을 정리한 조사보고서이다. 문헌조사 등을 토대로 내용을 기술한 것으로, 지세에 관한 최종 기술보고서의 초고로 추정된다. 조선의 개국으로부터 균역법(均役法)을 시행한 18세기 중엽까지의 시기를 대상으로 기술하였다. 20×12㎝ 규격의 조선총독부 중추원 용지에 작성되었다.

[내용정보]

이 자료는 조선의 개국으로부터 18세기 중엽까지 조선왕조의 지세제도와 그 운영 및 변화 등에 대하여 정리한 조사보고서이다. 곳곳에 첨지를 통하여 내용을 부가하였고, 수정한 흔적이 있어, 이것이 초고임을 알 수 있다.

내용을 검토해 보면『경국대전』이나 역대 왕조실록 등의 문헌자료를 토대로 시간순서에 따라 정리하고 있다. 이를 통해 볼 때, 이 자료는 조선시대 지세 등에 관련한 문헌에 대한 조사를 토대로 하여 내용을 정리한 것으로 볼 수 있다. 국사편찬위원회에는 이와 관련한 문헌조사자료로 역대 조선왕조실록에서 전택(田宅)에 관한 기사를 발췌하여 정리한 21책의『전택에 관한 자료(田宅에 關한 資料)』(中B18E 104)가 존재하며, 이 밖에도『동국문헌비고』에서 양전(量田)과 관련한 내용을 발췌한『이조전부제(李朝田賦制)』(中B13G 82), 역시 실록에서 토지에 관한 기사를 발췌한『토지에 관한 건 2(土地에 關한 件 二)』(中B18E 130) 등의 자료가 존재한다.

이 책은 조선의 지세에 대하여 크게 세 시기로 나누어 설명하고 있다. 제1기는 '개국으로부터 대전(大典) 편성에 이르는 약 80년간'의 시기이고, 제2기는 '대전 편성 후 대동법(大同法) 시행에 이르는 약 180년'의 시기이다. 그리고 제3기는 '대동법 설치로부터 균역법(均役法) 제정에 이르는 약 100년간'의 시기이다.

조선왕조는 고려말에 제정된 과전법을 기본 토지법제로 계승하였다. 과전법은 국가의 수조권을 관품에 따라 관리에게 지급한 것으로, 농민이 납부하는 전조를 수조권자에게 납부하도록 한 것이었다. 그러나 조선전기 공신의 양산과 과전의 세습 등으로 인하여 과전의 부족과 민전의 사유화 등의 폐단이 발생하자 과전법 하 수조권을 제약하기 위한 조치들이 취해지기 시작했다.

1417년(태종 17)에는 수조권자의 답험손실권을 박탈하여 관답험으로 전환하는 조치가 취해졌고, 1445년(세종 27)에는 국용전제(國用田制)의 시행으로 중앙 각사와 국왕의 수조지를 혁파하였다. 그리고 1466년(세조 12)에는 수조지를 분급제의 최종형태로서 직전제가 성립되었다.

직전제의 시행으로 수조지 분급의 대상을 현직 관리로 제한하였고, 지급받는 수조지의 축소와 세습의 배제가 이루어졌다. 나아가 수조권자가 직접 수취하는 것을 막고, 농민이 국가에 납부한 후 이를 가지고 관인에게 녹봉으로 지급하는 관수관급제(官收官給制)를 시행함으로써 사실상 수조권 분급제도는 해소되게 되었다.

관수관급제의 시행으로 사실상 수조권이 폐기됨으로써 직전제 역시 점차 쇠퇴하여 결국은 소멸하게 되었다. 성종에서 중종대에 걸쳐 직전의 분급을 위한 예비지의 부족과 관리에게 지급되어야 할 직전세(職田稅)의 공수(公收)가 상례화되었고, 왕자직전의 소멸과 사유지 및 절수지의 확대 양상이 일어났다. 이 속에서 직전제는 쇠퇴할 수밖에 없었고, 결국 1556년(명종 11) 직전세 지급을 중단함으로써 소멸하게 되었다.

이 같은 토지제도 하에서 지세의 수취는 공법(貢法)의 운용을 통하여 이루어졌다. 1446년(세종 26)에 확정되었으며, 수확량의 1/10인 결당 30두를 납부하는 것을 기본으로 하는 전세에 대하여 토지와 풍흉에 따라 차별적으로 운용하도록 하였다. 공법은 토지의 비옥도에 따라 전분(田分)을 6등급으로 구분하여 토지의 면적을 달리하고, 풍흉에 따라 연분(年分)을 9등급으로 나누어 차별적으로 전세를 수취하는 방식이다.

그러나 이와 같은 공법은 그 판정과 운영이 어렵고, 전체적으로 세율이 높아 현실적으로 시행되기 어려운 측면이 있었다. 이에 따라 15세기 말부터는 풍흉에 관계없이 최저 세율에 따라 4~6두를 고정적으로 징수하는 것이 관례화 되었다. 이와 같은 관례를 법제화한 것이 1635년(인조 13)의 영정법(永定法) 제정이었다.

영정법 하에서의 전세는 매년 가을 답험(踏驗)을 통해 세의 부과 대상 및 감면 대상을 파악한 뒤, 호조에서 인정해 주는 급재결수(給災結數)를 제외한 나머지 실결(實結)에 대해서만 일정한 세액을 징수하는 방식으로 운영되었다.

또한 대동법(大同法)이 1608년(광해군 즉) 경기도를 시작으로, 강원도와 충청도, 전라도, 함경도와 경상도를 거쳐 1708년(숙종 34) 황해도에까지 확대 실시되었다. 이는 이제까지 백성이 호역(戶役)으로 부담하던 공납(貢納)을 전세화한 것으로 결당 12말씩을 징수하고, 이를 중앙과 지방의 각 관서에 배분하여 소용에 대응하도록 한 것이었다. 그리고 1750년(영조 26)에는 양역(良役)의 폐단을 없애기 위하여 그 부담을 줄여서 1필로 균일화하는 감필균역(減疋均役)의 조치를 영조가 전격적으로 실시하였다. 이어서 이에 따른 재정결손의 보완책으로, 군문과 관청의 체제 변경과 영(營)·진(鎭)의 통폐합을 통하여 군사 수를 감축하는 감혁(減革)과 선무군관포(選武軍官布), 어염선세(魚鹽船稅), 은여결세(隱餘結稅), 결미(結米) 등을 새로이 수취하는 급대재원(給代財源)의 방식을 도모하였다. 이 가운데 은여결세나 결미 등의 수취는 양역의 일부가 전세화함을 의미하는 것이다.

[가치정보]
일제는 1910년 조선을 강제로 합병하기 이전부터 조선의 토지제도와 지세제도에 관하여 깊은 관심을 기울여 왔다. 이는 조선의 식민통치를 위한 기초작업으로써 조선의 토지조사사업과 토지제도를 만들어내고자 하는 일제의 정책과 방향을 함께 하는 것이다. 또한 백성의 대부분이 농민인 조선의 식민통치에 있어 지세제도가 갖는 중요성을 인지하고 있기도 하였다. 따라서 일제는 조선의 토지와 지세제도에 관련한 실지조사와 문헌조사를 포함하는 수많은 조사를 수행하였고, 그 결과를 1920년 조선총독부에서 간행한 『조선의 토지제도 및 지세제도 조사보고서』를 통하여 그 결과를 부분적으로 확인할 수 있다. 이 자료는 조선시대의 지세제도에 있어서는 이 책보다도 자세하게 정리된 것으로, 일제가 조선의 지세제도에 관하여 파악하고 있었던 정보의 양과 수준, 태도 등을 보여준다.

III-3-4-47. 허여문기

관리기호	기록번호	자료명		
B-1-638	-	許與文記		
작성자	생산기관	생산 연도		
-	조선총독부 중추원	-		
지역	언어	분량	소장기관	
-	한문	24면	수원시박물관	
키워드	허여문기, 재산증여, 토지소유, 명문, 토지매매			

[기본정보]

이 자료는 조선후기 재산증여에 관련된 허여문기를 비롯하여 토지소유관계를 증명하는 명문까지 총 23건 24면으로 구성되어 있다.

[내용정보]

이 자료는 '1714년(康熙 53) 경신(庚申) 2월 초10일 장손덕하처허여(長孫德夏處許與)', '1724년(擁正 2) 갑진(甲辰) 6월 20일 동성(同姓) 삼촌숙(三寸叔) 이유강전명문(李惟綱前明文)', '1736년(乾隆 元) 병진(丙辰) 8월 13일 이근실전명문(李根實前明文)', '1755년(건륭 20) 6월 11일 한성부입안(漢城府立案)', '을해(乙亥) 6월 11일 재주(財主) 이동엽(李東燁)', '동일(同日) 정(訂) 최언도안종철김재복필홍우평(崔彦道安宗喆金載復筆洪禹枰)', '1753년(건륭 18) 계유(癸酉) 8월 초6일 이○복전명문(李○復前明文)', '1777년(건륭 42) 정유(丁酉) 5월 초7일 김여흥전명문(金麗興前明文)', '1784년(건륭 49) 갑진(甲辰) 7월 15일 이덕○전명문(李德○前明文)', '1785년(건륭 50) 을사(乙巳) 5월 일 이희인전명문(李喜仁前明文)', '1786년(건륭 51) 병오(丙午) 4월 20일 유원철전명문(劉元哲前明文)', '1787년(건륭 52) 정미(丁未) 6월 초7일 조종철전명문(趙宗喆前明文)', '1792년(건륭 57) 임자(壬子) 6월 초1일 오상린전명문(吳祥獜前明文)', '1801년(嘉慶 6) 신유(辛酉) 7월 15일 유대완전명문(劉大完前明文)', '1803년(가경 8) 계해(癸亥) 12월 일 고윤항전명문(高允恒前明文)', '1820년(가경 25) 경진(庚辰) 8월 일 서익철전명문(徐益哲前明文)', '1826년(道光 6) 병술(丙戌) 정월(正月) 일 전명문(前明文)', '1828년(도광 8) 자술(子戌)

3월 일 김성기전명문(金聖基前明文)', '1830년(道光 10) 경인(庚寅) 5월 일 전명문(前明文)', '1845년(道光 25) 을사(乙巳) 4월 일 전명문(前明文)', '1864년(同治 3) 갑자(甲子) 5월 일 전명문(前明文)', '1872년(동치 11) 임신(壬申) 정월(正月) 일 전명문(前明文)', '1893년(光緒 19) 계사(癸巳) 5월 일 전명문(前明文)'으로 구성되어 있으며, 장손(長孫), 삼촌(三寸), 사촌(四寸), 동생(同生) 등 가족 및 친인척에게 재산을 나눠준 것과 토지매매에 관련된 내용이다.

[가치정보]

이 자료는 조선후기부터 개항기까지 재산증여와 방매(放賣), 이매(移買) 등 토지소유관계를 파악할 수 있다는 점에서 의미가 있다.

III-3-4-48. 화리매매자료

관리기호	기록번호	자료명	
중B13G-119	-	禾利賣買資料	
작성자	생산기관	생산 연도	
-	중추원	-	
지역	언어	분량	소장기관
전주	일본어	76면	국사편찬위원회
키워드	화리매매, 전주, 특수소작, 영소작, 차지권		

[기본정보]

이 자료는 전주에서 발달한 화리매매 관습을 조사 기술한 것이다. 편찬연대 및 편찬자를 파악할 수 없으나 중추원의 공문서 사용한 것을 미루어 중추원에서 기술한 것으로 보인다.

[내용정보]

전라북도 전주에는 경작을 목적으로 하는 차지(借地)에, 화리(禾利)라고 하는, 차지인이 지주의 승낙을 얻지 않고 임의로 그 차지권을 매매할 수 있는 토지가 있다. 그것을 화리부전(답)[禾利付田(畓)]이라 하고, 그 매매를 화리매매(禾利賣買)라고 하는데, 밭 또는 논에서 행해진다.

화리부전답(禾利付田畓)의 기원에 대해서는 연혁이 상세하지 않지만 고로(古老)의 말에 의하면, 약 100여 년 전에 심한 흉작이 들어 벼가 거의 전부 여물지 못하였다. 작인들은 도조(賭租)는 물론 그가 부담하는 지세(地稅)도 납부할 수 없었다. 도망하는 자가 많아서 지세를 지주가 납부하지 않을 수 없게 되어 지주는 지세를 대납(代納)한 사람 또는 다음 해의 도조를 예납(豫納)하는 사람에 대하여 소작을 허락하였다. 이들 소작인들은 위에서 서술한 사정에 따라 소작권을 얻게 된 것이기 때문에 자기가 소작을 그만둘 때에는 먼저 대납(代納)한 지세나 지주에게 지불한 도조(賭租)를 회수한다는 의미로, 다음 작인에게 이를 배상하게 한 후에 권리를 양도한다. 또 양도받은 작인 역시 소작을 그만둘 때에는 그 다음 작인으로부터 자기가 지불한 금액을 배상받아 순차적으로 그 권리를 이전하기에 이르렀던 것으로, 지주는 위에서 기술한 사정 때문에 그것을 묵인하여 왔는데, 이러한 인습(因襲)이 오래되어 마침내는 화리매매(禾利賣買)라고 하는, 작인(作人)간에 임의로 소작권을 매매, 이전하는 관행이 생기게 되었던 것이다. 이뿐 아니라 뒤에 이르러서는 원격지(遠隔地)에 거주하는 사람의 소유지로서 땅이 비옥하고 차지료가 저렴한 토지는 소작을 희망하는 사람이 많기 때문에 이러한 토지를 점유한 마름 또는 작인이 이 역시 화리(禾利)라고 하여, 사사로이 그 소작권을 매각하였다. 또 그것을 매수한 작인은 다시 그것을 다른 사람에게 매각하여, 지주가 알지 못하는 사이에 점차로 이리저리 매각되기에 이른 경우도 있다. 이러한 소작권의 매매는 원래 지주의 인정을 요하지 않는 것이라 하더라도, 원격지에 있는 지주는 이를 알지 못하는 경우가 많고, 비로소 그 사실을 알았을 때에는 이미 여러 사람의 손을 전전한 후여서, 작인을 변경하는 것이 곤란하기 때문에 자연스레 화리부전답(禾利付田畓)으로 되는 것 역시 적지 않다고 한다.

이런 종류의 소작관계는 앞에서 서술한 것처럼 사정(事情)에 있어 시작된 것이기 때문에 일정한 토지에서만 존재하며, 지주 및 작인간의 계약에 의해 새롭게 그것을 설정하는 경우는 없다. 또 소작기간을 정하는 일도 없다. 때문에 당사자는 경작기간 이외에는 언제라도 서로 해약할 수 있지만, 지주가 해약하고자 할 때는 작인이 가진 화리(禾利)를 매수해야 하고, 그렇지 않으면 그 권리를 소멸시킬 수 없다. 이에 반하여 작인은 임의로 해약할 수 있으며, 지주가 변경될 경우에도 작인은 그 권리를 새로운 소유자에게 대항할 수 있다.

작인이 지주의 승낙을 얻지 않고 임의로 그 권리를 매매할 수 있는 것이 이 소작의 특색이다. 그리고 이 권리를 매수한 사람은 당연히 이것으로 지주에게 대항할 수 있다. 작인이 그 권리를 매도하는 경우에는 아래와 같이 서면을 작성하여 매수인에게 교부하는 것이 관례이다. 단지 구두만으로 매매하는 경우는 없다.

[가치정보]

화리매매는 일반 소작과는 다르게 상속, 매매, 전당 등이 가능한 물권적 성격을 지니고 있었다. 이러한 물권적 소작권이 역사적으로 어떻게 형성되었고 일제 식민지 하에서 어떻게 취급받아서 소멸되었는지를 파악할 필요가 있다. 이 자료는 일제의 조사자료이기는 하지만 근대 시기 물권적 소작권의 존재와 그 양상, 특징을 보여준다는 점에서 의미가 있다.

III-3-4-49. 화리매매자료(호적 호패에 관한 자료의 460~503 부분)

관리기호	기록번호	자료명	
中B13G 119	-	禾利賣買資料(戶籍 號牌ニ關スル 資料의 460~503 部分)	
작성자	생산기관	생산 연도	
-	조선총독부 중추원	-	
지역	언어	분량	소장기관
전주	일본어	44면	국사편찬위원회
키워드	화리(禾利)매매, 도지권, 영소작권, 원도지, 전도지		

[기본정보]

이 자료는 조선총독부 중추원에서 작성한 것으로, 조선의 화리(禾利)매매관습과 관련하여 내용을 정리한 것이다. 전라북도 전주를 비롯하여 화리의 관습이 남아있는 지역에 대한 실지조사의 내용을 정리한 초고로, 관습조사보고서를 위하여 작성된 것이다. 12줄의 조선총독부 중추원 용지에 작성되었다.

[내용정보]

'화리(禾利)'는 전라북도 전주 등지에서 도지권(賭地權)을 지칭하는 명칭이다. 도지권은 소작인이 자기의 소작지에 대하여 지주의 토지소유권에 대항할 수 있는 일정한 권리를 가지고 지주의 승낙없이 임의로 그 권리를 매매할 수 있는 전답에 대한 소작인의 권리를 일컫는다. 도지권은 전국 각지에 분포하였으며, 지역에 따라 다양하게 불렸다. 평안북도 의주와 용천 일대에서는 원도지(原賭地), 평안남도 대동·강서·중화 일대에서는 전도지(轉賭地) 또는 굴도지(屈賭地), 황해도 봉산·신천·재령·안악 일대에서는 중도지 또는 영세(永稅), 전주와 정읍에서는 화리, 진주와 고성에서는 병경(幷耕)으로 불렸다.

화리의 매매와 상속은 매우 성행하였는데, 이는 화리매매를 통한 권리가 그만큼 안정적이었음을 의미한다. 실제 매수한 화리의 권리는 지주의 소유권에 대항할 수 있었으며, 지주가 변경되더라도 여전히 유효하였다. 만일 지주가 소작인을 변경하고자 할 때도, 먼저 그 권리를 매수해야만 했다. 화리소작은 다른 토지에 비해 소작료가 훨씬 저렴하였다. 전국에 성행한 도지권은 특히 궁방전과 역둔토에 많이 성립하였고, 영소작권(永小作權)으로 인식되기도 하였다. 그러나 일제강점기에 급감하여 1920년대에 접어들면 거의 소멸하게 된다.

이 자료는 이와 같은 조선의 토지에 대한 특수한 권리로 성립한 화리, 즉 도지권에 대한 조사보고서이다. 화리관습의 실제를 확인할 수 있는 각 지역의 실지조사를 바탕으로 정리한 원고로, 관습조사보고서를 위한 초고로 추정된다.

구성을 보면 체제가 어지럽고, 유사한 내용들이 반복되어 나타나는 등 매우 거친 초고의 모습을 보여준다. 제일 앞서는 '전주군에 있어 화리매매의 개요'라는 제명으로 화리매매는 '경작을 위해 토지를 임대한 차지인(借地人)이 임의로 그 차지권(借地權)을 매도하는 관습'을 일컫는 등의 개설적인 내용과 '차지매도증서(借地賣渡證書)의 기재례(記載例)'를 참조로써 수록하였다. 그런데 곧바로 '화리매매개요(禾利賣買槪要)'라는 제명의 내용이 이어지는데, 이는 전주, 임실, 상주, 남원, 함흥 등지의 내용을 토대로 화리매매의 의의와 성질, 화리매매관습이 존재하는 지역, 화리매매의 기원 등 세 항목에 대하여 정리한 것이다. 여기에서 화리매매관습이 존재하는 지역으로는 전라북도 전주·임실·남원, 경상북도 상주, 함경남도 함흥·홍원·북청을 들고 있다.

이어지는 내용들은 이 자료가 관습조사보고서를 위한 원고임을 분명히 보여주는 것들이다. 우선 '관습보고서(慣習報告書)'란 제명의 원고가 등장하는데, 이 역시 구성과 내용에 있어서 정리되지 못한 부분이 많이 존재한다. 여기에서는 각 주제에 따라 특정지역에 국한하여 내용을 기술하고 있으며, 대체적인 내용은 화리의 유래와 화리매매, 소작인의 권리 등의 유사한 내용들이 반복되고 있다. 그리고 마지막으로는 '관습조사보고서초록(慣習調査報告書抄錄)'이 실려 있다.

[가치정보]

이 자료는 토지에 대해 성립하는 조선의 특수한 권리인 화리, 즉 도지권에 대한 조사보고서이다. 도지권은 지주의 소유권에 저항할 수 있는 소작인의 권리로, 토지조사사업을 통하여 지주의 소유권만을 인정하는 일물일권적 토지소유권을 확립하고자 하는 일제의 입장과는 상치되는 조선의 관습이었다. 이 자료는 이에 대한 일제의 관심과 조사, 연구를 보여준다. 또한 관습조사의 과정에서 실지조사를 토대로 그것을 정리하여 최종보고원고를 작성하는 중간단계의 원고로써 일제의 관습조사를 이해하는 데도 도움이 된다.

III-3-4-50. 전택에 관한 자료

관리기호	기록번호	자료명	
中B18E 104	-	田宅ニ關スル資料	
작성자	생산기관	생산 연도	
-	조선총독부 중추원	-	
지역	언어	분량	소장기관
-	한문	21책	국사편찬위원회
키워드	전택, 과전, 사전, 공신전, 둔전, 양안, 전정		

[기본정보]

이 자료는 역대 조선왕조실록에서 토지와 가옥 등 부동산에 관한 제도와 정책 및 사건 등에 관한 기사를 발췌하여 수록한 책이다. 조선총독부 중추원 용지에 작성되었으며, 현재 원본(原本)과 부본(副本)을 합하여 총 21책이 남아 있다. 『태조실록』에서 『철종실록』까지에 걸쳐 조선시대에 만들어진 모든 왕조실록을 대상으로 작업한 것으로 보이나,

『문종실록』과 『단종실록』 및 『순조실록』의 부분은 누락되어 있다.

[내용정보]

이 자료는 『태조실록』부터 『철종실록』까지 조선시대에 만들어진 역대 왕조실록을 대상으로 토지와 가옥 등 부동산에 관한 제반 기사들을 발췌하여 수록한 것이다. 12줄의 조선총독부 중추원 용지에 작성하였으며, 한자 본문에 일본어로 현토를 표기하였다.

여러 조사원이 발췌하여 기록한 내용을 순서대로 철해 놓은 원본에 대하여 여러 본의 부본을 작성한 것으로 보인다. 현재 국사편찬위원회에 남아 있는 21책의 자료 가운데는 원본만 남아 있거나 부본만 남아 있는 것도 있으나, 『연산군일기』와 『중종실록』을 발췌한 자료와 같이 2부 이상의 동일한 부본이 남아있는 경우도 있다.

원본의 경우 기사별로 양식이 다소 차이가 나거나, 필체가 상이한 경우가 존재하며, 일본어 현토도 붉은색으로 기록되어 있는 등, 여러 명이 작업한 내용을 묶은 것임을 알 수 있게 한다. 반면 부본의 경우는 동일한 양식과 필체로 정리되어 있어, 원본의 내용을 토대로 한 사람이 편집하여 정리한 것임을 알 수 있다.

『정조실록』을 대상으로 발췌한 자료집의 경우는 동일한 내용의 원본 1책과 부본 2책이 존재하는 외에, 또 다른 내용의 부본 2책이 별도로 존재한다. 이를 통해 볼 때 서로 다른 원본이 존재했을 가능성도 존재한다. 따라서 전체 자료집의 현황을 볼 때, 『문종실록』과 『단종실록』 및 『순조실록』의 부분이 누락되어 있으나, 실제로는 그보다 더 많은 자료가 존재했을 가능성도 존재한다. 또한 『정조실록』의 발췌 자료 책자에는 정조연간 『일성록』 의 기사가 일부 포함되어 있기도 하다.

21책의 자료집에는 그 분량에 걸맞게 토지와 주택에 관한 다종다양의 기사들이 망라되어 있다. 그 수는 원본과 부본에 중복하여 등장하는 기사를 제외하고도 1,500여 기사를 넘어서고 있다. 내용에 있어서도 여말선초의 사전혁파와 과전법, 양전과 양안, 둔전, 전정 등의 제도 및 정책과 관련한 것으로부터, 토지와 가옥의 매매 및 소송, 제언과 작황 등 농경에 대한 것까지에 걸쳐 있다.

현재 국사편찬위원회에서 소장하고 있는 『전택에 관한 자료(田宅에 關한 資料)』 21책의 현황을 살펴보면 다음의 표와 같다.

〈표〉『전택에 관한 자료』 21책의 현황

관리기호	발췌대상	원본/부본	수록기사수	비고
中B18E 104 v.1	태조·정종·태종실록	부본	90(태조17, 정종4, 태종69)	
v.2	세종실록	원본	231	부본과 내용 동일
v.3	세종실록	부본	231	원본과 내용 동일
v.4	세조실록	부본	66	
v.5	예종·성종실록	원본	213(예종4·성종209)	부본과 내용 동일
v.6	예종·성종실록	부본	213	원본과 내용 동일
v.7	연산군일기·중종실록	원본	157(연산군27, 중종130)	부본과 내용 동일
v.8	연산군일기·중종실록	부본	157	원본과 내용 동일
v.9	연산군일기·중종실록	부본	157	원본과 내용 동일
v.10	인종·명종실록	원본	76(인종2, 명종74)	
v.11	선조실록	부본	99	
v.12	광해군일기·인조실록	부본	127(광해군25, 인조72)	
v.13	효종·현종실록	원본	96(효종19, 현종77)	
v.14	숙종·경종실록	원본	140(숙종132, 경종8)	
v.15	영종실록	부본	130	
v.16	정종실록(일성록 일부)	부본	60	원본(v.19)과 내용 동일
v.17	정종실록(일성록 일부)	부본	60	원본(v.19)과 내용 동일
v.18	정종실록	부본	75	부본(v.20)과 내용 동일
v.19	정종실록(일성록 일부)	원본	60	부본(v.16, 17)과 내용 동일
v.20	정종실록	부본	75	부본(v.18)과 내용 동일
v.21	헌종·철종실록	원본	26(헌종20, 철종6)	

[가치정보]

일제는 1910년 조선을 강제로 합병하기 이전부터 조선의 통치를 위한 기초작업으로써 조선토지조사사업에 착수하였다. 또한 이와 병행하여 조선의 부동산법령을 일제의 이해에 맞추어 개정하기 위하여 부동산법조사회를 설치하여 운영하는 등 깊은 관심을 기울여 왔다. 이러한 일제의 관심은 당대의 실제 조선관습에 대한 조사를 넘어 문헌조사에까지 이루어졌으며, 이를 통하여 제도와 역사에 대한 규명에까지 나아가려 하였다. 1920년 조선총독부에서 간행한 『조선의 토지제도와 지세제도 조사보고서(朝鮮の土地制度と地稅制度調査報告書)』를 통하여 그 결과를 부분적으로 확인할 수 있으며, 이 자료집 역시 조선총독부의 이와 같은 의도와 활동을 보여주는 실례라 할 수 있다.

관리기호	기록번호	자료명		
中B13G 69	95	驛屯土調査		
작성자	생산기관	생산 연도		
大浦	조선총독부 중추원	-		
지역	언어	분량		소장기관
-	한문, 일본어	41면		국사편찬위원회
키워드	역둔토, 직전, 둔전, 제전, 궁방전			

[기본정보]

이 자료집은 조선총독부 중추원에서 제작한 역둔토(驛屯土)로 통칭하던 조선의 국유지에 대한 조사보고서이다. 주로『문헌비고(文獻備考)』와『대전회통(大典會通)』등의 문헌자료에서 관련 기사를 발췌하여 조선총독부 중추원 용지에 정리하였다. 신라시대 이래의 연혁을 중심으로 정리하였으며, 조선시대 국유지의 유형별로 내용을 정리하였다.

[내용정보]

이 자료는 조선의 국유지에 대한 조사보고서이다.『문헌비고』와『대전회통』등의 문헌자료에서 관련기사를 발췌하고, 내용을 정리한 문헌조사의 결과물로, 신라시대로부터 대한제국기까지의 연혁을 중심으로 다루고 있다.

이 자료집의 제목이기도 한 '역둔토(驛屯土)'는 역의 경비를 충당하기 위해 지급된 역토와 군량의 현지조달 목적으로 설치한 둔전을 의미한다. 그러나 둔전은 군량뿐 아니라 중앙과 지방의 제반 관청의 경비를 보충하기 위하여 설치한 토지로 개념이 확대되면서 역둔토는 국·관유지 일반을 칭하게 되었다. 나아가 한말의 역둔토조사 등의 정책에 있어 궁방의 재원으로 지급된 궁방전을 포함시키는 등, 역둔토는 국·관유지와 왕실토지를 아우르는 용어로 사용되었다. 이 자료에서 다루는 '역둔토' 역시 제반 국·관유지와 왕실토지를 모두 아우르는 개념이다.

이 자료집의 구성은 크게 세 부분으로, 우선 본문을 '신라·고려조(新羅高麗朝)'와 '이조(李

朝'의 두 부분으로 나누어 연혁을 서술하고 있다. 그리고 끝부분에는 궁내부(宮內府) 내장원(內藏院) 관리 당시의 역둔토를 추가로 설명하고 있다.

우선 신라와 고려시대에 대해서는 하나로 묶어 간단히 관련 기사만을 인용하였다. 직전(職田)과 고려의 전제에 대한 내용을 수록하였는데, 직전은 『문헌비고』에서 고려의 전제에 관해서는 『고려사』와 『문헌비고』에서 관련한 내용을 발췌하였다.

조선시대에 대한 내용은 본 자료집의 중심으로, 국유지별로 개념을 일본어로 기술한 후 문헌에서 관련한 내용을 발췌하여 정리하고 있다. 여기서 언급하고 있는 국유지는 직전(職田), 궁둔전(宮屯田), 늠전(廩田), 제전(祭田), 학전(學田), 궁방전(宮房田), 능원묘위전(陵園墓位田), 목위전(牧位田), 적전(籍田) 및 각종둔전(各種屯田)이다. 내용과 연혁으로써 인용하고 있는 문헌으로는 『문헌비고』와 『대전회통』이 중심이다.

이 가운데 관둔전에 대해서는 다시 군향을 보충하기 위하여 설치한 진둔(鎭屯), 각 고을의 군향보충을 위하여 설치하였으나 후에 수령의 늠전(廩田)이 된 군관둔(郡官屯), 각 역을 관할하는 찰방 등의 비용을 위한 역관둔(驛官屯)으로 나누어 설명하고 있다. 또한 자경무세(自耕無稅) 등의 운영과 둔전에 관한 논의 및 폐단 등도 함께 기술하였다. 늠전에 대해서도 지방 수령의 급여에 충당하기 위한 아록전(衙祿田)과 지방 관아의 접대비로 충당하기 위한 공수전(公須田)을 나누어 설명하는 등, 종류와 그에 따른 개념을 중심으로 기술하고 있다.

궁내부 내장원 관리 당시의 역둔토에 대해서는 1894년 갑오개혁 이후의 내용을 담고 있다. 역둔토의 종목으로는 둔토(屯土), 역토(驛土), 목장(牧場), 제언답(堤堰畓), 죽전(竹田), 저전(楮田), 송전(松田), 강전(薑田), 노전(蘆田), 시장(柴場), 초평(草坪), 봉대(烽臺), 기지(基地), 공해기지(公廨基址), 사찰좌지(寺刹坐地) 등을 언급하였다. 그리고 1908년 칙령 제40호로 반포된 <역둔토관리에 관한 건(驛屯土管理에 關한 件)>에 의거, 궁장토 및 능(陵)·원(園)·묘(墓)의 부속지를 일절 국유재산으로 탁지부에 귀속시킨 조치를 인용하였다. 이를 통하여 이상 각종의 토지를 병합하여 역둔토로 통칭하며, 이상 각종 토지를 포함하여 국유전답으로 칭하고 있다고 하여 본 자료집이 조선의 국·관유지와 궁방전 등의 제반 토지를 국유지로써 간주, 서술하고 있음을 명확히 하였다. 1894년 이후 역둔토의 유형에 대해서는 탁지부의 '둔토에 관한 조사(屯土에 關한 調査)'에 의거하여 다음과 같이 분류하였다.

<표> 1894년 이후 역둔토의 유형에 대한 분류

분류	내용	종류
경각영둔 (京各營屯)	중앙 각 영문에 소속된 둔전	양향둔(糧餉屯), 훈련둔(訓練屯), 어둔(御屯), 총융둔(摠戎屯), 금둔(禁屯), 용호둔(龍虎屯), 장용둔(壯勇屯), 무위둔(武衛屯)
외각영둔 (外各營屯)	지방 각 군문에 소속된 둔전	감영둔(監營屯), 병영둔(兵營屯), 수영둔(水營屯), 각진둔(各鎭屯), 통영둔(統營屯), 수어둔(守禦屯), 진영둔(鎭營屯), 진무영둔(鎭撫營屯), 관리영둔(管理營屯), 총리영둔(總理營屯), 진어영둔(鎭御營屯)
경각사둔 (京各司屯)	각 아문의 둔전으로 중앙기구에 부속된 전토	기로소둔(耆老所屯), 종친부둔(宗親府屯), 의정부둔(議政府屯), 돈녕둔(敦寧屯), 충훈둔(忠勳屯), 의금부둔(義禁府屯), 성균둔(成均屯), 봉상시둔(奉常寺屯), 사옹원둔(司饔院屯), 사복둔(司僕屯), 군기둔(軍器屯), 장악둔(掌樂屯), 선공둔(繕工屯), 빙고둔(氷庫屯), 전생서둔(典牲暑屯), 내자둔(內資屯), 내섬둔(內贍屯), 장원서둔(掌苑署屯), 사포둔(司圃屯), 활인서둔(活人署屯), 혜민서둔(惠民署屯), 진휼청둔(賑恤廳屯), 균역청둔(均役廳屯), 규장각둔(奎章閣屯), 호조둔(戶曹屯)
외각사둔 (外各司屯)	각종 지방 관청 및 역 등에 부속된 전토	관청고둔(官廳庫屯), 고마고둔(雇馬庫屯), 보민고둔(補民庫屯), 공방고둔(工房庫屯), 군기고둔(軍器庫屯), 대동고둔(大同庫屯), 칙고둔(勅庫屯), 각역관둔(各驛官屯), 각청둔(各廳屯), 포둔(砲屯), 난호둔(欄護屯), 진부둔(津夫屯), 봉대둔(烽臺屯), 규소둔(撥所屯), 서원토(書院土), 군전(軍田), 의승둔(義僧屯)

[가치정보]

일제는 1905년 통감부를 설치하고 조선의 식민화과정을 진행해 나가면서, 조선의 식민화를 위한 기초작업으로 토지조사사업을 진행하였다. 이 가운데 초기에 역점을 두고 추진해 나간 것이 이른바 '국유지 정리사업'이었다. 이를 통하여 다양한 기원을 가지고, 다양한 주체에 의하여 관리되던 많은 토지들을 '역둔토'라는 이름으로 정리, 최종적으로 조선총독부 소속으로 소유권을 이전시킴으로써 일제의 조선지배를 위한 물적, 제도적 기초로 삼았다.

이를 위하여 이미 한일합방 이전부터 이와 관련한 관습조사를 철저하고 지속적으로 수행해 왔다. 이 자료는 이상의 과정이 어느 정도 마무리된 중추원시절의 조사보고서로서, 문헌조사의 내용을 토대로 역둔토의 연혁을 정리한 자료이다.

III-3-4-52. 제위토에 관한 자료

관리기호	기록번호	자료명	
中B13G95	-	祭位土ニ關スル資料	
작성자	생산기관	생산 연도	
-	조선총독부 중추원	-	
지역	언어	분량	소장기관
-	한문	26면	국사편찬위원회
키워드	위토, 제전, 묘전, 제사, 묘제		

[기본정보]

이 자료는 조선시대 제위토(祭位土)에 관한 기록을 발췌하여 정리한 것이다. 조선총독부 중추원 용지에 작성되었으며, 이이(李珥, 1536~1584)의 『율곡전서(栗谷全書)』와 김집(金集, 1574~1656)의 『신독재집(愼獨齋集)』 등 9종의 문헌에서 제위전답(祭位田畓)에 관련한 23건의 기사를 발췌하여 수록하였다.

[내용정보]

이 자료는 이이의 『율곡전서』 등 조선시대 문헌 9종에서 제위토와 관련한 23건의 기사를 발췌하여 수록한 문헌조사 보고서이다. 각 기사별로 수록 면을 달리하였으며, 해당 원문을 수록한 후 일본어 현토를 붉은색으로 부기하였다. 본문 상단에는 관련 주제 및 핵심 내용을 기록하였으며, 원문의 기록을 마친 후 끝 부분에 해당기사가 실린 자료명과 권차를 표시하였다.

여기에서 인용한 문헌은 모두 개인 저술류 문헌이나, 영조대 『비변사등록(備邊司謄錄)』에서 발췌한 1건의 기사만이 예외이다. 이 자료에 수록된 기사의 현황을 순서에 따라 책별로 정리하면 다음과 같다.

<표> 제위토에 관한 자료에 수록된 기사 현황

순서	책명	저자	기사수	관련 주제
1	율곡전집(栗谷全集)	이이(李珥) (1536~1584)	1	제전(祭田)의 종자(宗子) 주관
2	신독재집(愼獨齋集)	김집(金集) (1574~1656)	4	수묘사(守墓寺), 종손 및 문중, 묘제(墓祭) 및 묘전(墓田)
3	동춘당선생집 (同春堂先生集)	송준길(宋浚吉) (1606~1672)	2	묘전(墓田), 묘제(墓祭)
4	입재집(立齋集)	송근수(宋近洙) (1818~1903)	4	제전(祭田) 및 묘전(墓田), 입약(立約)
5	남계예설(南溪禮說)	박세채(朴世采) (1631~1695)	1	제전(祭田) 및 묘전(墓田)
6	예서차기(禮書劄記)	남도진(南道振) (1674~1735)	1	제전(祭田) 및 묘전(墓田)
7	송자대전(宋子大全)	송시열(宋時烈) (1607~1689)	8	위토(位土), 묘전(墓田) 및 제전(祭田), 묘전질장(墓田迭掌)
8	비변사등록(備邊司謄錄)	영조연간	1	제위전(祭位田)
9	사당통례(祠堂通禮)	안신(安訊) (1569~1648)	1	제전(祭田)

이 자료의 전체적인 내용은 또 다른 본의 『제위토에 관한 자료(祭位土에 關한 資料)』(中 B13G95＝2)와 겹치나 동일본은 아니다. 두 책은 철의 순서가 다소 차이가 있으며, 1~2건의 기사가 누락 또는 삽입되어 있다. 본서의 뒷부분에 위치한 『비변사등록』의 기사가 다른 본에는 맨 앞에 위치한다. 또한 본서에 수록된 『예서차기』와 『사당통례』에서 발췌한 기사 2건은 다른 본에는 누락되어 있는 반면, 다른 본의 마지막에 수록된 『풍양조씨세보(豊壤趙氏世譜)』의 「풍양조씨시조산소세일제절목(豊壤趙氏始祖山所歲一祭節目)」은 본서에는 누락되어 있다.

[가치정보]

제위토는 제사의 비용을 충당하기 위하여 따로 떼어내어 관리하는 전답을 일컫는다. 형식상으로는 제사를 주관하는 종손이 상속, 소유하면서 관리한다. 그러나 종손이 해당 토지의 소출 및 처분 등 소유권의 행사를 자유롭게 할 수 있는 것은 아니다. 그것은 종중 구성원의 협의와 동의가 전제되어야 하는 것이 일반적이었다. 따라서 해당 토지에 대한 권리를 보다 명확히 하기 위해서는 이에 대한 역사적, 사회적 파악이 선행될 필요가 있다. 본 자료집은 이와 같은 필요에 따라 조선의 문헌을 대상으로 관련 기사를 발췌한 문헌조사 보고서이다.

III-3-4-53. 제위토에 관한 자료

관리기호	기록번호	자료명	
中B13G95=2	-	祭位土ニ關スル資料	
작성자	생산기관	생산 연도	
-	조선총독부 중추원	-	
지역	언어	분량	소장기관
-	한문	33면	국사편찬위원회
키워드	위토, 제전, 묘전, 제사, 묘위답		

[기본정보]

이 자료는 조선시대 제위토(祭位土)에 관한 기록을 발췌하여 정리한 것이다. 조선총독부 중추원 용지에 작성되었으며, 이이(李珥, 1536~1584)의『율곡전서(栗谷全書)』와 김집(金集, 1574~1656)의『신독재집(愼獨齋集)』등 8종의 문헌에서 제위전답(祭位田畓)에 관련한 22건 의 기사를 발췌하여 수록하였다.

[내용정보]

이 자료는 이이의『율곡전서』등 조선시대 문헌 8종에서 제위토와 관련한 22건의 기사를 발췌하여 수록한 문헌조사 보고서이다. 각 기사별로 수록 면을 달리하였으며, 해당 원문을 수록한 후 일본어 현토를 붉은색으로 부기하였다. 본문 상단에는 관련 주제 및 핵심 내용을 기록하였으며, 원문의 기록을 마친 후 끝 부분에 해당기사가 실린 자료명 과 권차를 표시하였다.

여기에서 인용한 문헌은 대체로 개인 저술류 문헌이나, 영조대『비변사등록』에서 발췌 한 1건의 기사와『풍양조씨세보(豊壤趙氏世譜)』에서 발췌한 절목(節目)만이 예외이다. 이 자료에 수록된 기사의 현황을 순서에 따라 책별로 정리하면 다음과 같다.

<표> 『제위토에 관한 자료』에 수록된 기사 현황

순서	책명	저자	기사수	관련 주제
1	비변사등록(備邊司謄錄)	영조연간	1	제위전(祭位田)
2	율곡전집(栗谷全集)	이이(李珥) (1536~1584)	1	제전(祭田)의 종자(宗子) 주관
3	신독재집(慎獨齋集)	김집(金集) (1574~1656)	4	수묘사(守墓寺), 종손 및 문중, 묘제(墓祭) 및 묘전(墓田)
4	동춘당선생집 (同春堂先生集)	송준길(宋浚吉) (1606~1672)	2	묘전(墓田), 묘제(墓祭)
5	입재집(立齋集)	송근수(宋近洙) (1818~1903)	4	제전(祭田) 및 묘전(墓田), 입약(立約)
6	남계예설(南溪禮說)	박세채(朴世采) (1631~1695)	1	제전(祭田) 및 묘전(墓田)
7	예서차기(禮書箚記)	남도진(南道振) (1674~1735)	1	제전(祭田) 및 묘전(墓田)
8	송자대전(宋子大全)	송시열(宋時烈) (1607~1689)	8	위토(位土), 묘전(墓田) 및 제전(祭田), 묘전질장(墓田迭掌)
9	사당통례(祠堂通禮)	안신(安訊) (1569~1648)	1	제전(祭田)

이 조사보고서의 전체적인 내용은 또 다른 본의『제위토에 관한 자료(祭位土에 關한 資料)』(中B13G95)와 겹치나 동일본은 아니다. 두 책은 철의 순서가 다소 차이가 있으며, 1~2건의 기사가 누락 또는 삽입되어 있다. 본서의 맨 앞에 위치한『비변사등록』의 기사가 다른 본에는 뒷부분에 위치하며,『남계예설』에서 발췌한 1건의 기사는 다른 본과 비교해 보면 마지막 면이 누락된 것임을 알 수 있다. 또한 다른 본에 수록된『예서차기』와『사당통례』에서 발췌한 기사 2건은 본서에는 누락되어 있는 반면, 본서의 마지막에 수록된『풍양조씨세보(豊壤趙氏世譜)』의 「풍양조씨시조산소세일제절목(豊壤趙氏始祖山所歲一祭節目)」은 다른 본에는 누락되어 있다.

본서에만 수록된『풍양조씨세보』의「풍양조씨시조산소세일제절목」은 절목 외에 묘위답(墓位畓)의 현황도 나타나 있다. 절목은 무오년에 매년 9월에 제사(祭祀)를 거행할 것 등 13조목을 규정한 본절목과 경진년에 묘위답의 세곡(稅穀)과 제물찬품(祭物饌品)에 대한 정식(定式) 등 23조목을 규정한 추절목(追節目)이 함께 기록되었다. 묘위답의 현황 역시 무오년에 구입한 '무오소매묘위답(戊午所買墓位畓)' 외에 추가로 구매한 '임신추매묘위답(壬申追買墓位畓)'과 '경진추매묘위답(庚辰追買墓位畓)'의 현황이 함께 수록되었다.

[가치정보]

제위토는 제사의 비용을 충당하기 위하여 따로 떼어내어 관리하는 전답을 일컫는다. 형식상으로는 제사를 주관하는 종손이 상속, 소유하면서 관리한다. 그러나 종손이 해당 토지의 소출 및 처분 등 소유권의 행사를 자유롭게 할 수 있는 것은 아니다. 그것은 종중 구성원의 협의와 동의가 전제되어야 하는 것이 일반적이었다. 따라서 해당 토지에 대한 권리를 보다 명확히 하기 위해서는 이에 대한 역사적, 사회적 파악이 선행될 필요가 있다. 본 자료집은 이와 같은 필요에 따라 조선의 문헌을 대상으로 관련 기사를 발췌한 문헌조사 보고서이다.

III-3-4-54. 사환미제도

관리기호	기록번호	자료명		
-	-	社還米制度		
작성자	생산기관	생산 연도		
麻生武龜	조선총독부 중추원	1933		
지역	언어	분량	소장기관	
-	일본어	513면	국립중앙도서관	
키워드	사창, 환곡, 의창, 곡물, 상평창			

[기본정보]

조선총독부 중추원에서 사환미제도에 대해 조사한 책으로 513면으로 구성되어 있다. 『구관제도조사서』의 하나로 간행된 책으로 1933년(소화 8) 7월 13일에 발행되었다. 작성자는 조선총독부 중추원 촉탁 아소 다케키(麻生武龜)이다.

[세부목차]

제1장 총설(總說)
제2장 곡물(穀物)의 저장(貯藏)

제3장 저장기관(貯藏機關)

제4장 사환미(社還米)의 감독(監督)

제5장 저장곡물(貯藏穀物)의 용도(用途)

제6장 의창(義倉)

　제1절 의창(義倉)의 기원(起原)

　제2절 의창(義倉)의 기능(機能)과 그 폐해(弊害)

제7장 사창(社倉)

　제1절 사창(社倉)의 창설(創設)

　제2절 사창(社倉)의 구성(構成)

제8장 상평창(常平倉)

　제1절 상평창(常平倉)의 기원(起原)

　제2절 상평창(常平倉)의 변천(變遷)

제9장 광구기관(匡救機關)의 統制(統制)

제10장 국비팽창(國費膨脹)과 사환미(社還米)의 증가(增加)

제11장 사환미(社還米)의 분포(分布)와 그 계리(計理)

제12장 사환미제도(社還米制度)의 폐지(廢止)

제13장 사환미제도(社還米制度)의 복설(復設)

[내용정보]

조선에서 사환미의 기원은 멀리 삼국시대에서부터 찾을 수 있으며 한말까지 1700여 년 유지되었다. 이 자료는 사환미의 변천과정과 개요를 조사하여 서술한 것이다.

자료의 내용은 곡물의 저장에서부터 저장기간까지를 살펴 사화미제도가 등장할 수 있었던 제반 여건을 정리하고 있다. 사환미제도가 등장하면서 사환미의 감독을 담당했던 여러 기구를 살펴보았다. 곡물의 저장이 가능해지면서 저장 곡물의 용도가 다양하게 활용되던 방안을 설명하고 있다.

사환미제도의 주요 기구인 의창·사창·상평창의 기원과 구성 등을 조사하였다. 사환미 는 국비가 늘어갈수록 증가하였는데 이러한 양상을 소개하고 사환미의 분포와 폐지 및 복설하는 과정도 상세히 기록하였다.

[가치정보]

이 자료는 사환미제도에 대해 조사 정리한 것으로 사환미의 변천과정, 개요, 분포, 폐지, 복설 등에 대해 알 수 있다는 점에서 의미가 있다.

4) 구관조사에 관한 자료

III-3-5-01. 명치45년 이후 휘보게재 조선구관에 관한 회답

관리기호	기록번호	자료명	
B-1-737	-	明治四十五以降彙報掲載 朝鮮舊慣ニ關スル回答	
작성자	생산기관	생산 연도	
-	조선총독부 중추원	1912~1918	
지역	언어	분량	소장기관
-	일본어	57면	수원시박물관
키워드	조선휘보, 조선구관, 부조인(不祧人), 구전(口錢), 유산상속		

[기본정보]

본서는 1912~1918년 사이에 『조선휘보』에 게재되었던 '조선구관에 관한 회답'의 내용을 발췌하여 정리한 자료이다.

[내용정보]

1912년(명치 45)의 7월 13일 '부조인(不祧人)의 봉사손에 관한 건'에 대한 경성복심법원장의 문의에 대한 정무총감의 회답(7월 17일)의 형식으로 시작한다. 『조선휘보』에 게재되었던 '조선구관에 관한 회답'은 1918년(대정 7) 4월 17일 후견 및 유산상속에 관한 건에 대하여 6월 24일 회답한 것이 마지막 기사이다.

수록 내용 중 1915년(대정 5) 9월 21일 '매매중개수수료에 관한 건'에 대한 경성지방법원의 문의에 대하여 정무총감이 회답한 내용(10월 14일)을 보면 다음과 같다. 질문의 요지는 매매중개의 수수료액(口錢)을 당사자 간에 정하지 않은 경우에는 매매대금의 2/100

의 구전(口錢)을 교부해야 하는 관습이 있는가이다. 여기에 대한 답변을 보면 매매중개의 구전은 경성에서 포목(布木)에 대해서는 매주(賣主)로부터 대가(代價)의 1/100, 토지 및 가옥에 대해서는 매주(賣主)와 매주(買主)가 각각 1/100을 지불하는 관례가 있지만, 다른 물품에 대해서는 1/100 내지 2/100 사이에서 협정하는 것을 관례로 한다고 하였다. 또 다른 지방에 있어서는 그 금액이 구구(區區)하지만 대가의 1/100 내지 2/100의 범위에서 정해진다고 하였다.

[가치정보]

이 자료는 민사관습에 대한 문의와 회답에 관하여 당시의 분위기를 파악할 수 있는 자료이다. 참고로 조선총독부 중추원에서 간행한 『민사관습회답휘집』(1933)에서도 조선 구관에 관한 회답을 파악할 수 있다.

III-3-5-02. 관습에 관한 조회회답철(1927~29)

	관리기호	기록번호	자료명	
	asia da 901 p5. v58	-	慣習ニ關スル照會回答綴 (1927~29)	
	작성자	생산기관	생산 연도	
		중추원	1927~1929	
	지역	언어	분량	소장기관
	-	일본어	332면	하와이 대학
	키워드	감정인, 면산, 향교, 조선민사령, 봉산		

[기본정보]

이 자료는 조선총독부 중추원과 재판소 간에 조선관습의 존부와 그 성격에 대해서 질의 및 회답한 것은 편철한 것이다. 모두 24개 문서로 구성되어 있다.

이 자료의 조회문은 '감정선정에 관한 건', '감정인 선정의 건', '면산(面山)에 관한 건', '감정인 선정의 건', '향교재산의 처분에 관한 건', '군부 소관 임야의 처분권한에 관한 건', '관찰사 및 군수의 토지처분권한에 관한 건', '조선민사령 개정에 관한 자료 등사의 건', '구제도취조에 관한 건', '승려의 유산상속에 관한 건', '봉산(封山)에 관한 건', '경기도 사권한에 관한 건', '노명에 관한 건', '임야의 사패에 관한 건', '예사(禮斜)의 효력에 관한 건', '완문소장 기타문기의 의의에 관한 건' 등이다. 관습에 대한 조회문은 재판소에서 주로 발송하고 그에 대한 처분은 중추원이 수행한 것이다.

[가치정보]

이 자료는 관습의 조회 절차 및 처리 방법 등을 구체적으로 파악할 수 있는 각종 공문서 원본이 편철되어 있어서, 조선총독부 내부에서 관습법이 선언 또는 확정되는 과정을 상세히 파악할 수 있는 장점이 있다.

III-3-5-03. 민사관습회답휘집

관리기호	기록번호	자료명		
-	2281	民事慣習回答彙集		
작성자	생산기관	생산 연도		
牛島省三	조선총독부 중추원	1933		
지역	언어	분량	소장기관	
-	일본어	752면	국립중앙도서관	
키워드	민사관습, 행정, 사법, 민법, 구관			

[기본정보]

이 자료는 조선총독부 재판소에서 작성한 자료로 자료명은 '민사관습회답휘집(民事慣習回答彙集)'으로 표기되어 있으며, 조선총독부 중추원서기관장인 우시지마 슈조(牛島省三)

가 작성하였고, 1933년에 생산되었다. 조선총독부 중추원 조선의 민사관습에 관한 것을 종류별로 묶어 놓은 자료이다. 752면으로 구성되어 있으며, 일본어로 작성되었다.

[세부목차]

序

凡例

目次

1. 消費貸借外五件에 관한 건 : 1908년 2月 18日 法第1號 法典調査局回答

2. 草生地에 관한 건 : 同年 3月 26日 法第2號 法典調査局委員長回答

3. 千瀉磧等의 所有權에 관한 건 : 同年 3月 26日 法第3號 法典調査局委員長回答

4. 保證債務者의 責任에 관한 건 : 同年 5月 6日 法第4號 法典調査局委員長回答

5. 兩班이 奴僕에 의해 不動産을 賣買한 契約에 관한 건 : 同年 8月 5日 法第5號 法典調査局回答

6. 泥生地所有權의 歸屬에 관한 건 : 同年 8月 5日 法第6號 法典調査局回答

7. 養子緣組에 관한 건 : 同年 8月 24日 法第7號 法典調査局回答

8. 錢主(又ハ物主)及差人에 관한 건 : 同年 9月 23日 法第8號 法典調査局回答

9. 移典에 관한 건 : 1910년 3月 23日 法第9號 法典調査局書記官回答

10. 契에 의해 設立한 私立學校의 財産及其契長及契員에 관한 건 : 同年 5月 20日 法第10號 法典調査局回答

11. 典當에 관한 건 : 同年 5月 20日 法第11號 法典調査局回答

12. 他人의 土地에 家屋을 建設한 경우에 관한 건 : 同年 6月 29日 法第13號 法典調査局回答

13. 面洞里의 人格에 관한 건 : 同年 7月 1日 法第14號 法典調査局回答

14. 私立學校의 人格에 관한 건 : 同年 7月 1日 法第15號 法典調査局回答

15. 長子가 갖는 不在者인 親父의 財産管理權에 관한 건 : 同年 11月 16日 調發第46號 取調局長官回答

16. 寺院僧侶의 財産에 관한 건 : 同年 12月 19日 調發第73號 取調局長官回答

17. 寺院所屬財産의 處分에 관한 건 : 同年 12月 19日 調發第72號 取調局長官回答

18. 養子緣組와 離緣에 관한 건 : 同年 12月 20日 調發第76號 取調局長官回答

19. 家主死亡後의 財産管理에 관한 건 : 同年 12月 19日 調發第74號 取調局長官回答

20. 出尺에 관한 건 : 同年 12月 28日 調發第82號 取調局長官回答

21. 相續에 관한 건 : 1911년 2月 7日 調發第104號 取調局長官回答

22. 保證於音等에 관한 건 : 同年 2月 22日 調發第113號 取調局長官回答

23. 里의 訴訟能力에 관한 건 : 同年 3月 9日 調發第122號 取調局長官回答

24. 典當에 관한 건 : 同年 3月 31日 調發第131號 取調局長官回答

25. 啓字에 관한 건 : 同年 4月 8日 調發第142號 法取調局長官回答

26. 墳墓의 界限에 관한 건 : 同年 4月 14日 調發第147號 法取調局長官回答

27. 泥生地에 관한 건 : 同年 4月 24日 調發第160號 取調局長官回答

28. 洞契에 관한 건 : 同年 5月 12日 調發第175號 取調局長官回答

29. 姦生子에 관한 건 : 同年 5月 19日 調發第181號 取調局長官回答

30. 養子에 관한 건 : 同年 5月 19日 調發第182號 取調局長官回答

31. 屯土起墾에 관한 건 : 同年 5月 24日 調發第189號 取調局長官回答

32. 生養家奉祀에 관한 건 : 同年 6月 6日 調發第205號 取調局長官回答

33. 不在者의 財産管理에 관한 건 : 同年 6月 9日 調發第210號 取調局長官回答

34. 鮮人外人間의 不動産賣買에 관한 건 : 同年 5月 29日 調發第194號 取調局長官回答

35. 墳墓의 界限에 관한 건 : 同年 6月 14日 調發第216號 取調局長官回答

36. 幼者의 財産管理處分에 관한 건 : 同年 6月 19日 調發第222號 取調局長官回答

37. 墳墓의 界限에 관한 건 : 同年 7月 25日 調發第251號 取調局長官回答

38. 墳墓의 確認訴訟에 관한 건 : 同年 8月 12日 調發第266號 取調局長官回答

39. 朝鮮人과 內地人 또는 外國人과의 사이에서 私生子認知와 婚姻에 관한 건 : 同年 8月 19日 調發第272號 取調局長官回答

40. 門中의 人格에 관한 건 : 同年 9月 4日 調發第283號 取調局長官回答

41. 海損에 관한 건 : 同年 9月 21日 調發第31號 取調局長官回答

42. 宗中共有財産에 관한 건 : 同年 10月 23日 調發第334號 取調局長官回答

43. 宗中共有財産에 관한 건 : 1911年(明治 44) 10月 25日 調發第338號 取調局長官回答

44. 相續에 관한 건 : 同年 11月 29日 調發第364號 取調局長官回答

45. 洞山에 관한 건 : 同年 12月 12日 調發第377號 取調局長官回答

46. 姜에 관한 건 : 1912年(明治 45) 3月 28日 調發第472號 取調局長官回答

47. 相續에 관한 건 : 1911年(明治 44) 12月 14日 調發第381號 取調局長官回答

48. 收養子에 관한 건 : 同年 12月 20日 調發第394號 取調局長官回答

49. 泥生地에 관한 건 : 1912年(明治 45) 2月 28日 調發第442號 取調局長官回答

50. 相續에 관한 건 : 1911年(明治 44) 12月 27日 調發第400號 取調局長官回答

51. 陸의 附近에서 民有地에 관한 건 : 1912年(明治 45年) 2月 13日 調發第429號 取調局長官回答

52. 傳貰에 관한 건 : 同年 3月 7日 調發第451號 取調局長官回答

53. 養子에 관한 건 : 同年 2月 28日 調發第441號 取調局長官回答

54. 宗土의 處分에 관한 건 : 同年 3月 13日 調發第33號 取調局長官回答

55. 世代의 計算方及家長 養子罷養에 관한 건 : 同年 3月 14日 調發第460號 取調局長官回答

56. 墳墓의 所有及利轉에 관한 건 : 同年 6月 參第13號 政務總監回答

57. 天道教講習所를 法人 認否에 관한 건 : 同年 6月 19日 參第20號 政務總監回答

58. 算筒契에서 契員及筒契員의 權利義務에 관한 건 : 同年 7月 10日 參第27號 政務總監回答

59. 不動産의 典當及賣買에 관한 건 : 同年 7月 19日 參第29號 政務總監回答

60. 不祧人의 奉祀孫에 관한 건 : 同年 7月 19日 參第30號 政務總監回答

61. 親權의 制限에 관한 건 : 1912年(大正 元年) 9月 12日 參第4號 政務總監回答

62. 養子離緣에 관한 건 : 同年 9月 25日 參第9號 政務總監回答

63. 養子에 관한 건 : 同年 11月 8日 參第10號 政務總監回答

64. 狀의 設置에 관한 건 : 同年 11月 9日 參第11號 政務總監回答

65. 墓位土所有者에 관한 건 : 同年 11月 25日 參第18號 政務總監回答

66. 擔當의 特約을 한 保人의 責任에 관한 건 : 同年 12月 18日 參第20號 政務總監回答

67. 戶主의 罷養에 관한 건 : 同年 12月 11日 參第21號 政務總監回答

68. 墳墓의 設置及禁養에 인한 土地所有權取得에 관한 건 : 同年 12月 3日 參第22號 政務總監回答

69. 河流의 變更에 인한 土地所有權의 得喪에 관한 건 : 同年 12月 11日 參第23號 政務總監回答

70. 土地投托의 效力에 관한 건 : 同年 12月 18日 參第25號 政務總監回答

71. 祭祀相續人에 관한 건 : 1913年(大正 2) 1月 15日 參第1號 政務總監回答

72. 墳墓掘移의 請求權에 관한 건 : 同年 1月 24日 參第4號 政務總監回答

73. 舍音竝賭租에 관한 건 : 1913年(大正 2) 2月 10日 參第9號 政務總監回答

74. 監理署奴令廳에 관한 건 : 同年 2月 18日 參第8號 政務總監回答

75. 女戶主의 有無竝妾의 遺産相續에 관한 건 : 同年 2月 18日 參第9號 政務總監回答

76. 別居의 妻에 대한 夫의 扶養義務에 관한 건 : 同年 2月 25日 參第11號 政務總監回答

77. 墓位土의 處分에 관한 건 : 同年 3月 14日 參第12號 政務總監回答

78. 妻及女의 相續順位에 관한 건 : 同年 3月日 參第17號 政務總監回答

79. 承嫡子에 대한 廢除竝家産管理制限에 관한 건 : 同年 4月 17日 參第19號 政務總監回答

80. 庶子의 財産相續分에 관한 건 : 同年 5月 7日 參第23號 政務總監回答

81. 相續人未定의 遺産에 붙여 訴訟竝該遺産代表에 관한 건 : 同年 5月 22日 參第27號 政務總監回答

82. 保護者指定에 관한 건 : 同年 5月 20日 參第28號 政務總監回答

83. 遺産相續에 관한 건 : 同年 5月 20日 參第32號 政務總監回答

84. 庶子의 祭祀相續에 관한 건 : 同年 6月 19日 參第37號 政務總監回答

85. 板細音을 행한 경우와 그 效力에 관한 건 : 1913年(大正 2) 6月 19日 參第38號 政務總監回答

86. 遺産相續과 그 割合에 관한 건 : 同年 6月 19日 參第36號 政務總監回答

87. 策動水稅에 관한 건 : 同年 6月 23日 參第39號 政務總監回答

88. 陸·園·墓의 內垓字에 編入되는 民有地에 관한 건 : 同年 7月 3日 參第41號 政務總監回答

89. 奉祀者에 관한 건 : 同年 7月 4日 參第42號 政務總監回答

90. 次養子에 관한 건 : 同年 7月 23日 參第43號 政務總監回答

91. 共有墓畓의 處分에 관한 건 : 同年 8月 12日 參第44號 政務總監回答

92. 泥生地에 관한 건 : 同年 8月 25日 參第51號 政務總監回答

93. 家廟及祠院에 관한 건 : 同年 7月 29日 參第57號 政務總監回答

94. 養子의 財産相續에 관한 건 : 同年 9月 12日 參第56號 政務總監回答

95. 書院土에 관한 건 : 同年 9月 12日 參第49號 政務總監回答

96. 收養子의 祭祀竝先山保護에 관한 건 : 同年 9月 13日 參第46號 政務總監回答

97. 門中共有山의 立木處分에 관한 건 : 同年 9月 30日 參第57號 政務總監回答

98. 絶後의 경우에 遺産相續에 관한 건 : 同年 10月 11日 參第58號 政務總監回答

99. 父가 子에 대한 代理權에 관한 건 : 同年 10月 14日 參第56號 政務總監回答

100. 書院田의 處分에 관한 건 : 同年 10月 16日 參第64號 政務總監回答

101. 田畓의 賣買契約ニ付小作料에 관한 건 : 同年 10月 16同日 參第68號 政務總監回答

102. 寺刹에 관한 건 : 同年 8月 8日 內務部長官回答

103. 河水使用에 관한 건 : 大正 2年 12月 15日 參第77號 政務總監回答

104. 水稅支拂에 관한 건 : 同年 12月 16日 參第80號 政務總監回答

105. 末寺의 財産處分에 관한 건 : 同年 12月 23日 參第76號 政務總監回答

106. 本末寺의 關係에 관한 건 : 同年 12月 23日參第82號 政務總監回答

107. 兄亡弟及의 效力에 관한 건 : 大正 3年 1月 10日 參第83號 政務總監回答

108. 庶子アル者의 養子에 관한 건 : 大正 3年 2月 6日 參第10號 政務總監回答

109. 賜牌地의 種類及效力等에 관한 건 : 大正 2年 2月 7日 參第12號 政務總監回答

110. 次養子에 관한 건 : 大正 3年 2月 24日 參第16號 政務總監回答

111. 攝祀에 관한 건 : 同年 3月 9日 參第22號 政務總監回答

112. 協議離婚에 관한 건 : 同年 4月 9日 參第24號 政務總監回答

113. 夫權에 관한 건 : 同年 4月 9日 參第25號 政務總監回答

114. 庶子及養子相續에 관한 건 : 同年 4月 14日 參第29號 政務總監回答

115. 祖先의 墳墓에 관한 건 : 同年 4月 15日 參第32號 政務總監回答

116. 住寺의 任命及寺有財産處分에 관한 건 : 大正 3年 5月 7日 參第37號 政務總監回答

117. 永小作에 관한 건 : 同年 5月 13日 參第36號 政務總監回答

118. 無後奉祀의 財産歸屬에 관한 건 : 同年 5月 29日 參第28號 政務總監回答

119. 罷養에 관한 건 : 同年 5月 29日 參第36號 政務總監回答

120. 結數賜牌卜田土賜牌의 區別及火田等에 관한 건 : 同年 7月 3日 參第37號 政務總監回答

121. 佛糧田에 관한 건 : 同年 6月 2日 參第45號 政務總監回答

122. 次子ヲ養子ト爲ス場合에 관한 건 : 同年 6月 18日 參第47號 政務總監回答

123. 相續權竝戶主權喪失等에 관한 건 : 同年 6月 30日 參第50號 政務總監回答

124. 賜牌地에 관한 건 : 同年 7月 23日 參第52號 政務總監回答

125. 次養子의 相續資格에 관한 건 : 同年 8月 11日 參第53號 政務總監回答

126. 寺院房主에 관한 건 : 同年 7月 11日 參第54號 政務總監回答

127. 特種小作에 관한 건 : 同年 8月 13日 參第55號 政務總監回答

128. 次養子復籍의 場合ニ於ケル身分回復에 관한 건 : 同年 8月 22日 參第60號 政務總監回答

129. 於音에 관한 건 : 同年 8月 26日 參第61號 政務總監回答

130. 洑水使用料에 관한 건 : 同年 9月 11日 參第68號 政務總監回答

131. 特別代理人에 관한 건 : 同年 9月 18日 參第71號 政務總監回答

132. 妾의 養子에 관한 건 : 同年 10月 14日 參第76號 政務總監回答

133. 收養子에 관한 건 : 同年 11月 10日 參第81號 政務總監回答

134. 江華屯에 관한 건 : 同年 11月 10日 參第78號 政務總監回答

135. 洑의 所有에 관한 건 : 同年 12月 10日 參第79號 政務總監回答

136. 江落地의 所有權에 관한 건 : 同年 12月 9日 參第74號 政務總監回答

137. 幼者의 代理人에 관한 건 : 同年 12月 9日 參第83號 政務總監回答

138. 相續人廢除에 관한 건 : 同年 12月 19日 參第88號 政務總監回答

139. 養子에 관한 건 : 大正 4年 1月 14日 參第6號 政務總監回答

140. 遺産相續에 관한 건 : 同年 1月 18日 參第7號 政務總監回答

141. 次養子에 관한 건 : 大正 4年 2月 16日參 第8號 政務總監回答

142. 國有未墾地利用에 관한 건 : 同年 3月 25日 參第11號 政務總監回答

143. 傾斜地의 所有權에 관한 건 : 同年 3月 30日 參事官回答

144. 未成年者의 保護者의 權限에 관한 건 : 同年 4月 13日 參第24號 政務總監回答

145. 陷落地의 所有權에 관한 건 : 同年 4月 13日 參第24號 政務總監回答

146. 養子及相續에 관한 건 : 同年 4月 19日 參第18號 政務總監回答

147. 同事員의 責任에 관한 건 : 同年 4月 19日 參第26號 政務總監回答

148. 協議離婚에 관한 건 : 同年 4月 19日 參第31號 政務總監回答

149. 差人同事에 관한 건 : 同年 4月 24日 參第17號 政務總監回答

150. 賜牌田의 區別에 관한 건 : 同年 4月 26日 參第27號 政務總監回答

151. 相續人曠缺의 場合ニ於ケル再生地所有權의 歸屬에 관한 건 : 同年 4月 26日 參第32號 政務總監
回答

152. 親權의 喪失에 관한 건 : 同年 4月 28日 參第16號 政務總監回答

153. 幼年戶主의 保護에 관한 건 : 同年 4月 29日 參第21號 政務總監回答

154. 寡女再嫁의 方式에 관한 건 : 同年 4月 30日 參第25號 政務總監回答

155. 養子及相續에 관한 건 : 同年 4月 30日 參第35號 政務總監回答

156. 妾及未成年者의 行爲能力에 관한 건 : 同年 4月 30日 參第19號 政務總監回答

157. 同事員의 責任에 관한 건 : 同年 6月 24日 朝樞發第88號 政務總監回答

158. 妻出家의 場合ニ於ケル再娶의 效力에 관한 건 : 同年 6月 24日 朝樞發第89號 政務總監回
答

159. 家族死亡의 場合ニ於ケル遺産相續에 관한 건 : 同年 6月 24日 朝樞發第90號 政務總監回答

160. 荒蕪地의 小作에 관한 건 : 同年 6月 24日 朝樞發第91號 政務總監回答

161. 賭地權의 賣買에 관한 건 : 同年 7月 7日 朝樞發第98號 政務總監回答

162. 身元保證義務의 相續에 관한 건 : 同年 9月 18日 朝樞發第133號 政務總監回答

163. 獨子ヲ養子ト爲ス場合에 관한 건 : 同年 7月 7日 朝樞發第97號 政務總監回答

164. 代襲相續에 관한 건 : 同年 9月 4日 朝樞發第124號 政務總監回答

165. 紫場及薪炭賜牌에 관한 건 : 同年 9月 15日 朝樞發第129號 政務總監回答

166. 賣買仲介手數料에 관한 건 : 同年 10月 14日 朝樞發第150號 政務總監回答

167. 扶養에 관한 건 : 同年 11月 18日朝樞發第85號 政務總監回答

168. 遺産相續에 관한 건 : 同年 12月 25日 朝樞發第208號 政務總監回答

169. 宗山에 관한 건 : 同年 12月 24日 朝樞發第206號 政務總監回答

170. 土地所有權移轉의 方式에 관한 건 : 同年 12月 25日 朝樞發第209號 政務總監回答

171. 賜牌地에 관한 건 : 大正 5年 2月 25日 朝樞發第82號 政務總監回答

172. 小作權에 관한 건 : 大正 4年 12月 28日 朝樞發第219號 政務總監回答

173. 祖先의 墓地及相續에 관한 건 : 同年 12月 28日 朝樞發第218號 政務總監回答

174. 同事의 客主營業者에 관한 건 : 大正 5年 1月 13日 朝樞發第12號 政務總監回答

175. 加捧子의 養育料請求에 관한 건 : 大正 5年 2月 2日朝樞發第40號 政務總監回答

176. 寡締의 再嫁及庶子相續에 관한 건 : 同年 2月 12日 朝樞發第49號 政務總監回答

177. 親權에 관한 건 : 同年 2月 16日 朝樞發第52號 政務總監回答

178. 養子의 離緣及離婚에 관한 건 : 同年 2月 16日 朝樞發第53號 政務總監回答

179. 遺産處分에 관한 건 : 同年 4月 6日 朝樞發第105號 政務總監回答

180. 漢城府尹의 立旨에 관한 건 : 同年 4月 12日 朝樞發第109號 政務總監回答

181. 親權에 관한 건 : 同年 4月 14日 朝樞發第116號 政務總監回答

182. 養子選定에 관한 건 : 同年 4月 14日 朝樞發第117號 政務總監回答

183. 典當權에 관한 건 : 同年 4月 19日 朝樞發第123號 政務總監回答

184. 田畓의 賣買의 場合二於ケル作物의 歸屬에 관한 건 : 同年 4月 26日 朝樞發第132號 政務總監回答

185. 慣習上의 代理人에 관한 건 : 同年 5月 16日 朝樞發第144號 中樞院書記官長回答

186. 宗家相續에 관한 건 : 同年 6月 7日 朝樞發第170號 政務總監回答

187. 未婚者의 分家에 관한 건 : 同年 6月 7日 朝樞發第171號 政務總監回答

188. 作百契에 관한 건 : 同年 6月 15日 朝樞發第179號 政務總監回答

189. 洑敷地의 所有者에 관한 건 : 同年 6月 15日 朝樞發第180號 政務總監回答

190. 婚幣錢返還請求에 관한 건 : 同年 8月 8日 朝樞發第223號 務總監回答

191. 完文의 字義에 관한 건 : 同年 8月 16日 朝樞發第229號 中樞院書記官長回答

192. 墓地及案山의 所有權에 관한 건 : 同年 9月 2日 朝樞發第242號 中樞院議長回答

193. 社還米倉庫敷地에 관한 건 : 同年 9月 2日 朝樞發第243號 中樞院書記官長回答

194. 郡守의 權限에 관한 건 : 同年 9月 21日 朝樞發第258號 中樞院書記官長回答

195. 庶子及養子相續에 관한 건 : 同年 9月 22日朝樞發第259號 政務總監回答

196. 養子選定에 관한 건 : 同年 9月 22日 朝樞發第260號 政務總監回答

197. 相續及加捧子에 관한 건 : 同年 9月 22日 朝樞發第261號 政務總監回答

198. 妾タリシ者ガ正妻トナリ得ルヤ否ヤに 관한 건 : 同年 9月 30日 朝樞發第268號 政總監回答

199. 親族會決議에 관한 건 : 同年 10月 10日 朝樞發第267號 政務總監回答

200. 漁基에 관한 건 : 同年 11月 18日 朝樞發第317號 政務總監回答

201. 遺産相續에 관한 건 : 同年 11月 28日 朝樞發第326號 政務總監回答

202. 遺産相續에 관한 건 : 同年 11月 30日 朝樞發第327號 政務總監回答

203. 私塾의 財産에 관한 건 : 同年 12月 1日 朝樞發第329號 政務總監回答

204. 書記廳의 建物及敷地의 所有權에 관한 건 : 同年 12月 5日 朝樞發第335號 中樞院書記官長 回答

205. 養子에 관한 건 : 同年 12月 5日 朝樞發第343號 中樞院書記官長 政務總監回答

206. 協議離緣에 관한 건 : 大正 6年 1月 30日 朝樞發第16號 政務總監回答

207. 還穀及社倉에 관한 건 : 大正 6年 1月 31日 朝樞發第18號 中樞院回答

208. 舍音의 訴訟提起에 관한 건 : 同年 2月 27日 朝樞發第52號 政務總監回答

209. 兩班의 宗家ニ於ケル養嗣子에 관한 건 : 同年 3月 28日 朝樞發第73號 政務總監回答

210. 契約書의 解釋에 관한 건 : 同年 4月 13日 朝樞發第87號 中樞院回答

211. 僧尼의 財産相續에 관한 건 : 同年 5月 14日 朝樞發第109號 政務總監回答

212. 僧侶의 財産相續에 관한 건 : 同年 5月 15日 朝樞發第116號 政務總監回答

213. 王室ト人民トノ間ニ於ケル債權의 强制執行에 관한 건 : 同年 5月 18日 朝樞發第121號 政務總監回答

214. 寡婦의 改嫁及親權喪失에 관한 건 : 同年 5月 24日 朝樞發第127號 政務總監回答

215. 宮城寺刹等의 廢址ニ存スル塔碑等에 관한 건 : 同年 5月 29日 朝樞發第132號 中樞院書記官長 回答

216. 節目完文等의 效力에 관한 건 : 同年 6月 12日 朝樞發第143號 政務總監回答

217. 婚姻의 成立에 관한 건 : 同年 6月 12日 朝樞發第144號 政務總監回答

218. 婚姻의 成立에 관한 건 : 同年 6月 12日 朝樞發第145號 政務總監回答

219. 庶子의 親權者에 관한 건 : 同年 6月 26日 朝樞發第156號 政務總監回答

220. 都中除名者特分에 관한 건 : 同年 6月 27日朝樞發第157號 政務總監回答

221. 僧侶의 財産相續及上佐トナル方式에 관한 건 : 同年 8月 15日 朝樞發第194號 政務總監回答

222. 嫡子의 否認에 관한 건 : 同年 8月 20日 朝樞發第196號 政務總監回答

223. 遺産相續에 관한 건 : 同年 8月 24日 朝樞發第198號 政務總監回答

224. 舊韓國民의 支那歸化에 관한 건 : 同年 10月 12日 朝樞發第224號 政務總監回答

225. 家族의 保護者에 관한 건 : 同年 10月 20日 朝樞發第229號 政務總監回答

226. 僧侶의 遺産相續에 관한 건 : 同年 10月 20日 朝樞發第230號 政務總監回答

227. 遺産相續에 관한 건 : 同年 10月 20日 朝樞發第231號 政務總監回答

228. 影堂及其祭位土에 관한 건 : 同年 10月 20日 朝樞發第232號 政務總監回答

229. 後見人選定에 관한 건 : 同年 11月 21日 朝樞發第266號 政務總監回答

230. 朝鮮人ト外國人トノ通婚에 관한 건 : 同年 11月 21日 朝樞發第267號 政務總監回答

231. 親權喪失에 관한 건 : 同年 12月 7日 朝樞發第281號 政務總監回答

232. 靑文記의 效力에 관한 건 : 同年 12月 11日 朝樞發第283號 政務總監回答

233. 養子緣組取消請求에 관한 건 : 同年 12月 12日 朝樞發第284號 政務總監回答

234. 重婚에 관한 건 : 同年 12月 12日 朝樞發第285號 政務總監回答

235. 郡守의 權限에 관한 건 : 同年 12月 18日 朝樞發第294號 政務總監回答

236. 遺産相續에 관한 건 : 大正 7年 1月 21日 朝樞發第18號 政務總監回答

237. 垌水稅에 관한 건 : 同年 1月 21日 朝樞發第19號 政務總監回答

238. 次養子에 관한 건 : 同年 2月 19日 朝樞發第57號 政務總監回答

239. 耕食者의 權利에 관한 건 : 大正 7年 2月 23日 朝樞發第62號 政務總監回答

240. 養子에 관한 건 : 同年 5月 21日 朝樞發第5號 政務總監回答

241. 洑의 所有權竝水稅徵收權의 讓渡에 관한 건 : 同年 6月 21日 朝樞發第158號 政務總監回答

242. 子의 特有財産에 관한 건 : 同年 6月 24日 朝樞發第162號 政務總監回答

243. 後見竝遺産相續에 관한 건 : 同年 6月 24日 朝樞發第163號 政務總監回答

244. 平壤關帝廟에 관한 건 : 同年 9月 19日 朝樞發第223號 政務總監回答

245. 舍音에 관한 건 : 同年 12月 11日 朝樞發第284號 政務總監回答

246. 洑稅의 支拂에 관한 건 : 同年 12月 14日 朝樞發第289號 政務總監回答

247. 賭地權에 관한 건 : 大正 8年 2月 6日 朝樞發第47號 政務總監回答

248. 他人의 空地ニ於ケル家屋建設에 관한 건 : 大正 8年 4月 30日 朝樞發第113號 政務總監回答

249. 親權에 관한 건 : 同年 6月 3日 朝樞發第148號 政務總監回答

250. 遺産相續에 관한 건 : 同年 6月 30日 朝樞發第169號 政務總監回答

251. 養子選定에 관한 건 : 同年 10月 29日 朝樞發第251號 政務總監回答

252. 養子緣組에 관한 건 : 同年 11月 24日 朝樞發第268號 政務總監回答

253. 遺産相續에 관한 건 : 大正 9年 1月 19日 朝樞發第15號 政務總監回答

254. 生牛賣買仲介에 관한 건 : 同年 1月 21日 朝樞發第16號 政務總監回答

255. 次養子에 관한 건 : 同年 2月 4日 朝樞發第35號 政務總監回答

256. 遺産相續에 관한 건 : 同年 3月 5日 朝樞發第489號 政務總監回答

257. 土地의 還退賣買에 관한 건 : 大正 9年 4月 27日 朝樞發第86號 政務總監回答

258. 交互計算에 관한 건 : 同年 4月 28日 朝樞發第84號 政務總監回答

259. 洑水使用ニ對スル水稅支拂에 관한 건 : 同年 5月 12日 朝樞發第90號 政務總監回答

260. 後見人의 權限에 관한 건 : 同年 6月 10日 朝樞發第102號 政務總監回答

261. 門會의 決議의 效力에 관한 건 : 同年 7月 7日 朝樞發第493號 政務總監回答

262. 妾의 遺産相續에 관한 건 : 同年 6月 24日 朝樞發第109號 政務總監回答

263. 祭祀相續人의 廢除에 관한 건 : 同年 7月 7日 朝樞發第494號 政務總監回答

264. 離婚에 관한 건 : 同年 7月 21日 朝樞發第五12號 政務總監回答

265. 妻의 姓名及其ノ夫의 宅號에 관한 건 : 同年 9月 7日 朝樞發第508號 政務總監回答

266. 離緣에 관한 건 : 同年 10月 23日 朝樞發第516號 政務總監回答

267. 相續에 관한 건 : 同年 11月 26日 朝樞發第582號 政務總監回答

268. 海濱及海土의 所有權竝漁業權에 관한 건 : 同年 12月 7日 朝樞發第46號 中樞院書記官長回答

269. 祭位土에 관한 건 : 大正 10年 2月 15日 朝樞發第3號政務總監回答

270. 收養子에 관한 건 : 同年 2月 21日 朝樞發第四9號政務總監回答

271. 完文에 관한 건 : 同年 3月 一朝樞發第99號中樞院書記官長回答

272. 併合前韓國ニ於テ法人格認許의 有無에 관한 건 : 大正 10年 3月 9日 朝樞發第111號中樞院書記官長回答

273. 書院의 財産에 관한 건 : 同年 3月 14日 朝樞發第48號 政務總監回答

274. 洑의 修築費에 관한 건 : 同年 3月 29日朝樞發第102號 政務總監回答

275. 立旨及墓地에 관한 건 : 同年 8月 29日 朝樞發第235號 中樞院書記官長回答

276. 妾의 遺産相續에 관한 건 : 同年 9月 19日 朝樞發第299號 政務總監回答

277. 養子タル戶主의 祭祀權에 관한 건 : 同年 10月 8日 朝樞發第308號 政務總監回答

278. 遺産에 관한 건 : 同年 10月 8日 朝樞發第231號 政務總監回答

279. 灌漑用水權에 관한 건 : 同年 11月 26日 朝樞發第318號 政務總監回答

280. 墓地所有權의 取得及墳墓의 掘移에 관한 건 : 同年 12月 6日 朝樞發第430號 政務總監回答

281. 同本同姓의 婚姻에 관한 건 : 同年 12月 12日 朝樞發第366號 政務總監回答

282. 夫ヲ殺害シタル妻의 養子選定權에 관한 건 : 大正 11年 1月 12日 朝樞發第11號 政務總監回答

283. 元漢城府尹의 職務權限에 관한 건 : 大正 11年 6月 7日 朝樞發第13號 中樞院書記官長回答

284. 墳墓의 移葬에 관한 건 : 同年 6月 7日 朝樞發第165號 中樞院書記官長回答

285. 宗家相續及宗孫資格消滅에 관한 건 : 同年 6月 7日 朝樞發第185號 中樞院書記官長回答

286. 僧侶의 特有財産에 관한 건 : 同年 6月 15日 朝樞發第26號 政務總監回答

287. 再婚シタル者의 親權行使에 관한 건 : 同年 6月 26日 朝樞發第184號 政務總監回答

288. 戸主의 權利義務에 관한 건 : 同年 7月 17日 朝樞發第240號 政務總監回答

289. 漁業者間의 貸借에 관한 건 : 同年 8月 25五 日朝樞發第245號 政務總監回答

290. 離婚의 效果에 관한 건 : 同年 10月 12日 朝樞發第365號 政務總監回答

291. 小作料取立契約解除에 관한 건 : 同年 10月 21日 朝樞發第322號 政務總監回答

292. 遺言에 관한 건 : 同年 11月 9日 中樞院回答

293. 墳墓界限의 規定에 관한 건 : 同年 12月 28日 朝樞發第483號 中樞院書記官長回答

294. 書院에 관한 건 : 大正 12年 1月 18日 朝樞發第428號 中樞院書記官長回答

295. 祭祀相續에 관한 건 : 同年 7月 14日 朝樞發第269號 政務總監回答

296. 家督及遺産相續順位에 관한 건 : 同年 7月 21日 朝樞發第280號 中樞院回答

297. 宗中有財産에 관한 건 : 同年 8月 21日 朝樞發第368號 中樞院書記官長回答

298. 庶子의 祭祀權에 관한 건 : 同年 9月 6日 朝樞發第124號 政務總監回答

299. 完文成給의 權限에 관한 건 : 同年 9月 18日 朝樞發第362號 中樞院書記官長回答

300. 人的役權에 관한 건 : 同年 10月 1日 朝樞發第415號 政務總監回答

301. 墳墓敷地의 所有權에 관한 건 : 同年 10月 15日 朝樞發第460號 中樞院書記官長回答

302. 宗中의 代表者에 관한 건 : 同年 10月 23日 朝樞發第457號 中樞院書記官長回答

303. 洑의 所有權에 관한 건 : 同年 11月 16日 朝樞發第458號 政務總監回答

304. 里有財産의 處分에 관한 건 : 大正 13年 2月 29日 朝樞發第46號 政務總監回答

305. 夫ヲ殺害シタル妻의 養子選定權에 관한 건 : 同年 5月 19日 朝樞發第82號 政務總監回答

306. 離緣ト相續財産에 관한 건 : 同年 11月 29日 朝樞發第379號 中樞院議長回答

307. 相續에 관한 건 : 大正十四年 6月 16日 朝樞發第232號 政務總監回答

308. 遺産相續의 效力에 관한 건 : 同年 8月 3日 朝樞發第387號 中樞院書記官長回答

309. 祭祀家督相續에 관한 건 : 大正十五年 8月 6日 朝樞發第266號 中樞院議長回答

310. 私生子認知ニ關スル遺言執行者에 관한 건 : 同年 8月 9日 朝樞發第293號 中樞院議長回答

311. 僧侶의 遺産相續에 관한 건 : 昭和 3年 1月 18日 朝樞發第45號 政務總監回答

312. 折半セル賣買文記에 관한 건 : 同年 3月 19日朝樞發第238號 中樞院書記官長回答

313. 尼僧還俗의 場合其ノ相續財産의 歸屬에 관한 건 : 昭和四年 4月 16日 朝樞發第269號 政務總監
　　　回答

314. 奴名에 관한 건 : 同年 7月 3日 朝樞發第450號 中樞院書記官長回答

315. 禮奢의 效力에 관한 건 : 同年 8月 31日 朝樞發第572號 中樞院回答

316. 上佐의 身分에 관한 건 : 昭和 5年 1月 31日 朝樞發第20號 中樞院回答

317. 寺刹의 財産處分에 관한 건 : 同年 4月 18日 朝樞發第132號 中樞院回答

318. 幼少의 旣婚男子死亡卜其ノ次男의 身分에 관한 건 : 同年 7月 24日 朝樞發第324號 政務總監回
　　　答

319. 世襲財産의 處分에 관한 건 : 同年 8月 19日 朝樞發第446號 中樞院議長回答

320. 宗中又ハ門中의 代表者又ハ其ノ財産의 管理人選定에 관한 건 : 同年 9月 23日 朝樞發第566號
　　　中樞院議長回答

321. 白痴戶主의 護後人에 관한 건 : 昭和 6年 8月 11日 朝樞發第423號 中樞院議長回答

322. 宗約所에 관한 건 : 昭和 7年 6月 15日 朝樞發第261號 中樞院回答

323. 祠院의 人格代表에 관한 건 : 同年 6月 30日 朝樞發第277號 中樞院書記官長回答

324. 相續人ナキ遺産의 歸屬에 관한 건 : 昭和八年 9月 27日 朝樞發第378號 中樞院議長回答

[내용정보]

이 자료는 조선의 민사관습을 조사하고 행정 및 사법 부문의 유권해석에 대한 자문을 담당했던 조선총독부 중추원에서 책으로 펴낸 것이다. 1909년 2월 경성공소원(京城控訴院) 민사부(民事部)로부터 관습조사 조회가 있었던 것을 시작으로 재판소의 판결, 기타 여러 관청의 행정 운영과 관련하여 지속적인 조회가 이뤄져 왔다. 그 결과 조선총독부 취조국, 참사관실, 중추원에 이르기까지 상속, 묘지소유권 등 각종 조회에 대한 회답이 1933년 9월까지 324건에 달했다. 1933년 12월 이 324건의 민사관습에 대한 주요한 질의응답을 묶어 책으로 편찬한 것이 『민사관습회답휘집』이다. 본문 각 항목을 시대순으로 정리한 것과 민법 체계에 따라 분류한 것에 대한 두 가지 상세한 색인이 앞에 실려 있다. 또 1921년 정무총감을 위원장으로 하여 설치된 구관 및 제도조사위원회의 몇 가지 결의사항 도 부록으로 기재해 놓았다.

[가치정보]

이 자료는 민사관습에 대한 주요한 질의응답을 정리한 것으로 일제시기 민사관습에 대해 이해할 수 있다는 점에서 의미가 있다.

III-3-5-04. 민사 및 상사에 관한 특별조사

관리기호	기록번호	자료명	
B-1-749	140	民事及商事ニ關スル特別調査	
작성자	생산기관	생산 연도	
今井三喜治 朴宗烈	조선총독부 중추원	1917	
지역	언어	분량	소장기관
전라남도 장성, 함평, 영광	일본어	146면	수원시박물관
키워드	입회지, 농장, 둔토, 전대, 종중재산		

[기본정보]

이 자료는 전라남도 장성, 함평, 영광에서 판임관견습 이마이(今井三喜治)와 촉탁 박종렬(朴宗烈)이 민사 및 상사에 관한 구관조사를 실시한 것을 정리한 것으로 총 146면으로 구성되어 있다.

[내용정보]

이 자료는 전라남도 장성군, 함평군, 영광군에서 시장, 입회지(入會地), 농장(農場), 둔토(屯土), 동(洞), 보(洑), 제(堤), 사환(社還), 문중재산, 종중재산, 면(面)의 인격(人格), 국유지, 수차(水車)와 수(水)사용의 관계, 양자, 마름(舍音), 강락지(江落地), 전대(傳貰) 등 민사 및 상사에 관련된 총 33건을 중심으로 이 지역에서 통용되고 있던 구관(舊慣)을 조사하여 정리한 것이다. 이 조사에 장성군에서는 면장을 비롯하여 농자(農者) 등 군민 6명이 응답하였고, 함평군에서는 군주사 등 5명의 군민이 응답하였으며, 농자 4명이 응답하였다. 또한 장성군, 함평군, 영광군의 산성, 사찰 등에 대한 사적을 조사하여 정리하였다.

II. 조선총독부 중추원 관련자료   213

이 자료는 전라남도 장성군, 함평군, 영광군의 구관조사를 통해 1910년대 전라남도 일대의 상황을 파악할 수 있다는 점에서 의미가 있다.

III-3-5-05. 압록강 하류 국강조사복명서 제2편 문서조사

관리기호	기록번호	자료명	
B-1-702	-	鴨綠江下流國彊調査復命書 第二編文書調査	
작성자	생산기관	생산 연도	
麻生武龜 김동찬	조선총독부 중추원	1925	
지역	언어	분량	소장기관
의주, 용천	일본어	89면	수원시박물관
키워드	압록강, 봉황성, 중강무역, 장책, 국경		

[기본정보]

이 자료는 압록강 하류 국경지역에 대한 조사로 문서에 의한 국경의 개요, 국경의 경찰권, 중국침출의 경로, 중강무역 등으로 구성되어 있으며, 총 89면이다.

[내용정보]

문서에 의한 국경의 개요에서는 1709년 청나라와 조선의 국경의 실측에 참여하였던 프랑스인의 기록에 의하면 태조가 조선을 정벌하고 화약을 맺어 봉황성의 동방에 장책(長柵)을 설치하여 국경을 만들고 무인지대로 두었다는 기록과 조선의 국경에 대한 기록을 서술하고 있으며, 조선측의 기록에서 국경에 대한 기록 또한 서술하고 있다. 국경의 경찰권에서는 한사군, 고구려의 영역 등 고대사부터 명·청과의 관계 속에서 조선의 압록강 일대의 경비 임무, 청나라의 입장 등에 대해 기술하고 있다. 중국 침출(侵出)의 경로에서는 무인지대에 들어와 개간하는 것을 단속하는 등에 대한 조선과 청의 활동을 기술하였다. 중강무역에서는 봉황성과 의주 중간에서 중국과 조선 사이에서 행해지는 매매를 중강무역이라고 하는데 이 무역이 개시된 시점, 개설시기 등에 대해 서술하고 있다.

[가치정보]

이 자료는 조선과 중국 사이의 국경지대인 압록강 일대에서 있었던 경찰권, 무역, 국경설치 등에 대한 기록으로 양국의 국경지역에서의 활동에 대해 파악할 수 있다는 점에서 의미가 있다.

III-3-5-06. 압록강 하류 국강조사복명서 제1편 실지조사

관리기호	기록번호	자료명	
B-1-701	-	鴨綠江下流國彊調査復命書 第一編實地調査	
작성자	생산기관	생산 연도	
麻生武龜 김동찬	조선총독부 중추원	1925	
지역	언어	분량	소장기관
평안북도 의주, 용천	일본어	185면	수원시박물관
키워드	압록강, 마안도, 장도, 중강무역		

[기본정보]

이 자료는 압록강 하류 국경지대에 대한 실지조사를 실시한 것을 정리한 것으로 실지조사, 문서조사, 자료조사로 나눠 조사사항을 정리한 것으로 총 185면으로 구성되어 있다.

[내용정보]

실지조사에서는 강류(江流), 항로(航路), 강류(江流)의 변화, 항로(航路)표식 등에 대해 조사하였는데, 항로표식에서는 압록강항로표식인도조건, 1907년, 1910년의 육표(陸標)고시, 마안도(馬鞍島) 등대의 건설, 한국정부의 조회문 등 세부적인 사항이 기록되어 있다. 또한 도서(島嶼)조사에 대한 기록도 서술되어 있는데 장도(長島) 등 압록강에 있는 각 섬에 대한 위치 및 교통, 지세와 면적, 호구, 국경분계의 지점, 수류(水流) 등의 항목으로 조사하였다.

문서조사에서는 문서에 의한 국경의 개요, 국경의 경찰권, 지나침출(支那浸出)의 경로, 중강무역(中江貿易) 등에 대해 문헌을 조사하여 수록하였다. 자료조사에서는 『대청일통지(大淸一統志)』, 『성경전제비고(盛京典制備考)』, 『성경통감(盛京通鑑)』, 『동화전록(東華全錄)』, 『동문휘고원편(同文彙考原編)』, 『통문관지(通文館志)』, 『조선왕조실록』, 『일성록』, 『대청률예집해(大淸律例集解)』, 『의주부장계등록』, 『중국조선상민수륙무역장정』, 『용천군수보고』, 『중강통상장정조관(中江通商章程條款)』, 『대한국 대청국 통상조약』, 『종친부등록』, 『관보』, 『와타나베외교관조사보고(渡邊外交官調査報告)』 등의 자료가 정리 수록되었다.

[가치정보]

이 자료는 국경지대인 압록강 일대에 대한 실지조사, 문헌조사, 자료조사를 정리한 것으로 압록강 일대의 조사 당시의 현황과 문헌 속에서 국경의 개요, 관련자료를 파악할 수 있다는 점에서 의미가 있다.

III-3-5-07. (구관조사)복명서

관리기호	기록번호	자료명		
B-1-517	-	(舊慣調査)復命書		
작성자	생산기관	생산 연도		
-	중추원	1927		
지역	언어	분량	소장기관	
경남 밀양 김해, 부산	일본어	49면	수원시박물관	
키워드	상사, 객주, 여각, 수표, 어음, 물산위탁판매조합			

[기본정보]

이 자료는 1927년 4월 27일부터 10일간 경상남도 밀양, 김해, 부산의 상사(商事)에 관한 관습을 조사한 것이다. 경상남도 밀양과 김해군의 잡화상, 미곡상, 포목상, 여관업자, 어물상과 부산부의 물산위탁판매조합의 조합장, 부장 총무 등 임원에게 문의하여 응답한 내용을 정리한 보고서이다.

[내용정보]

　경상남도 밀양군과 김해군의 상인으로 응답한 자는 모두 50대 이상 60대 전반의 나이였다. 그리고 부산 물산위탁판매조합의 임원들도 50대 이상의 인물들이었다.

　처음에는 객주와 여각의 차이를 조사하여 기록하였다. 객주와 여각의 차이를 취급 상품이 다른가? 객주와 여각은 관의 허가를 필요로 하는가? 객주와 여각은 위탁자가 지정한 가격으로부터 고가에 판매할 때 혹은 염가로 판매할 때는 어떻게 되는가? 객주와 여각은 물품 매매할 때 장부를 기록하는가? 등을 조사하였다.

　객주는 보행객주와 물산객주로 구분된다. 보행객주는 보행하며 여행자를 숙박시키지 않고 침구를 제공하지 않는다. 물산객주는 어류 곡류 과일 산채 등의 육해산물 및 포백 등을 위탁매매하고 구전 즉 중개수수료를 받는 사람이다. 여각은 보행객주보다 약간 상등의 여인숙으로 말 또는 가마에 태워 여행객을 숙박시키고 숙박료를 챙긴다. 또한 실제 객주와 여각이 물품을 매매할 때 기록한 장부의 형식을 예시하였다.

　다음으로 1924년 3월의 「부산위탁조합규칙(釜山委託組合規則)」을 정리해놓았다. 총 7장 47조의 내용이다. 구체적으로 제1장 총칙, 제2장 조합원의 권리와 의무, 제3장 역원, 제4장 회의, 제5장 회계, 제6장 벌칙, 제7장 규약 변경 및 해산, 제8장 부칙 등의 내용을 정리해놓고 있다. 본 조합은 동업자가 일치해서 상거래를 하는데 규율을 중시하고 폐해를 교정하여 공동의 이익을 증진시킬 목적으로 구성하였다고 명시하고 있다.

　부산위탁조합의 운영상황을 심층면담하여 정리하였다. 조합의 출자 방법 및 종류, 조합원이 출자를 게을리 할 때 이자 지불 외 실제 손해를 배상하는지, 업무 집행자를 선정할 때 적임자가 없는 경우 제3자에 대한 책임 유무, 업무집행자의 행위에 대해 조합원은 책임을 지지 않는가? 업무집행자의 위임에 반하여 행위를 하면 책임이 없는가? 조합원이 임의 탈퇴하는 경우 지분의 귀속은 어떻게 되는가? 조합원이 사망하는 경우 상속은 어떻게 되는가? 등을 조사하였다.

　수표와 어음에 대해서도 조사하였다. 어음은 1906년 칙령으로 <한국수형조례(韓國手形條例)> 반포 후에 어음의 유통을 금지하였는데, 그 후 약속어음으로 사용하는 사례들을 조사하였다. 어음의 양도 횟수, 지불 기일, 수령 방법, 어음의 인수 및 담보의 유무 등을 조사하였다. 어음의 형식을 기재하기도 하였다.

　아울러 상인간의 거래에서 생기는 채권 채무의 계산 방법을 조사하여 기록하였다.

상인간의 거래에서 생기는 채권 채무의 총액은 어떻게 계산하는가? 상호 계산은 객주 혹은 여각 사이에서는 어떻게 하는가? 객주와 여각이 서로 거래하는 형식 등을 조사하였다. 부산 상인인 한창석의 거래 명세표를 제시하기도 하였다.

[가치정보]

경상남도 밀양군과 김해군의 상행위에 관한 관습을 알 수 있으며, 또한 경상남도 부산부의 물산위탁판매조합의 실체와 운영방식을 알 수 있다는 점에 의의가 있다. 객주와 여각의 차이, 수표와 어음의 사용 사례 등을 자세히 제시하였다는 점에 의의가 있다.

III-3-5-08. (구관조사)복명서

관리기호	기록번호	자료명		
B-1-451	-	(舊慣調査)復命書		
작성자	생산기관	생산 연도		
金敦熙	중추원	1927		
지역	언어	분량	소장기관	
전남 목포, 나주 담양, 광주	일본어	56면	수원시박물관	
키워드	특수소작, 영소작, 소작료, 계약방식			

[기본정보]

이 자료는 1927년 11월 26일부터 12월 8일까지 13일간 전라남도 목포, 나주, 담양, 광주의 구관을 조사하여 보고한 문건이다. 각 지역에 3명씩 응답조사를 실시하였다. 조사 항목은 농가의 노동보수, 고용자의 지도감독, 시간외 고용노동자의 급여, 계약위반자의 해제 경우, 소작에 관한 사항 등으로 농촌의 고용과 소작에 관한 사항이었다. 조사는 중추원 촉탁인 김돈희(金敦熙)가 수행하였다.

[내용정보]

서두에는 1927년 11월 26일부터 12월 8일까지 전남 4지역의 조사일시와 응답자에 대한 내역이 소개되어 있다. 그 다음으로 조사항목을 적고, 그 내역을 기록하였다. 전체 분량의 반 이상이 소작에 관한 사항이다. 그 지역의 소작에 관한 조사를 상세히 실시하였다.

먼저 농가의 노동보수를 적고 있다. 고용노동자를 고용하면서 고용주가 주는 대가에 대해 다양하게 소개하고 있다. 예를 들면, 고용노동자로서 살 집이 없는 사람에게 고용주가 소유주의 집을 대여해주고 그 가대(家垈)의 도지(賭地)는 보통인과 같이 수취하고, 다만 그 가임(家賃)만 걷지 아니하되 그 집의 수선은 고용노동자가 담당하게 한다. 노동자에게 1필지의 토지를 급여하여 소채류를 재배케 하는 일도 있다.

소작에 관한 사항은 '제칠(第七) 답주(畓主)와 소작인(小作人)'이라는 항목에서 자세히 설명하고 있다. 소작의 종류는 보통소작과 특수소작으로 분류하고 있다. 다시 특수소작은 입모소작(立毛小作), 청부소작(請負小作), 수절소작(受切小作), 영소작(永小作), 주소작(株小作), 우소작(又小作), 고지소작(庫地小作), 기사소작(寄舍小作), 대경인(代耕人) 등이 있다고 한다. 청부소작(請負小作)이란 가령 임금을 정하고 경작을 청부한 뒤 수확물은 전부 지주에게 납부하는 소작의 방법이다. 수절소작(受切小作)이란 조선 재래의 관습은 공과금을 소작인이 부담하고 그 대신 소작료를 인하하였는데, 근래에는 지주에게 부담시키는 것이 총독부의 방침이다. 옛날에 공과금을 작인이 부담할 때는 수확의 1/3을 지주가 취하고, 2/3는 소작인이 취하였는데, 점차 인다지협(人多地狹)해져 소작료가 축소되어 도회지 근처는 지주가 6~7할을 취하고 농촌에서는 5~6할을 취한다. 영소작(永小作)은 지주와 함께 개간 간척하거나 혹은 토지개량에 노력하거나 혹은 소유지 매각할 때 영구히 소작하는 특약(特約)을 맺거나 혹은 사회 사유지(寺有地) 제주전(祭主田)처럼 예부터 영속소작하여 고용인에게 영소작권을 주는 경우 등이다. 근래에 법률이 진전되어 지주와 소작인간에 체결한 계약은 지주에게 유리하게 작성하므로 영소작권은 점차 축소되어 십수년 이래로 소멸되는 경향이 있다. 주소작(株小作)은 전답이 광대하여 토지를 포위한 자를 한 소작인의 힘으로 경작하기 어려운 경우에 몇 명의 소작인에게 합력(合力) 경작하게 하는 경우이다. 우소작(又小作)은 소작지를 다시 소작인에게 빌려주어 소작케 하는 경우이다. 수확할 때 소작료 중 일부를 수취하는 일이 있으나, 지주가 금지하므로 근래에는 드물게 되었다.

소작 계약방식을 조사하여 기록하였다. 계약방법의 변천, 계약기간, 계약의 폐지, 소작료 및 그 결제방식, 소작지에 관한 제한 등을 상세히 조사하여 기록하였다.

전라남도의 소작관행에 관한 자세한 조사라는 점에 큰 의의가 있다. 특수소작의 다양한 형태, 소작 계약방식의 변천, 계약기간, 계약의 폐지, 소작료의 결제방식을 자세히 소개하고 있다는 점에서 전라남도의 소작관행의 구체적 사례연구의 자료가 될 수 있다.

III-3-5-09. (원산 등) 시찰 및 조사사항 출장복명서

관리기호	기록번호	자료명	
B-1-657	-	(元山等) 視察及調査項出張復命書	
작성자	생산기관	생산 연도	
심환진	조선총독부 중추원	1928	
지역	언어	분량	소장기관
원산, 북청, 나남 회령, 용정	일본어	37면	수원시박물관
키워드	친족, 상속, 행정, 간도, 교육		

[기본정보]

이 자료는 중추원 참의 심환진이 1928년 6월 14일부터 27일까지 14일간 원산, 북청, 나남, 회령, 용정촌의 각 지방을 시찰하고 조사사항을 정리하여 총 37면으로 구성되어 있다.

[내용정보]

조사사항은 첫째, 친족, 혼인, 양자, 상속 등에 관한 관습에 대해 조사하였는데, 친족의 범위, 가모(嫁母)와 출모(出母)는 그 자(子)의 친족관계, 처첩(妻妾)이 남편과 이혼, 가족의 특유재산의 인정, 절가재흥, 호주가 가족을 이적, 외가와 통혼, 외가친척, 혼인성립 후 무효, 자(子)의 인정, 시양자, 수양자, 차양자 등, 제사상속, 부양권리, 호주의 실종, 재산상속의 관습, 유언 등에 관한 것이었다. 둘째는 최근 지방 민정 중 특히 주의해야할 사항이었다. 조선인들의 학구열로 경성 또는 일본으로 유학하였다가 일시 귀향하여 생활난, 취직

난의 결과 불평등을 창기하여 사상계에 신간회 등의 집단을 형성하는 것이었다. 셋째, 본부(本府), 도(道), 부(府), 군(郡)의 행정에 대한 인민에서 특별히 열복(悅服) 또는 불평을 포함하는 사항에 대한 것이었다. 마지막으로 교육진흥계획(1면 1학교), 세농구제계획(細農救濟計劃)과 화전(火田)정리 등에 대한 지방민의 감상(感想)이었다. 또 간도(間島)개황에 대해 정리하였다.

[가치정보]

이 자료는 원산부터 용정에 이르기까지 함경도 일대에 대한 일반적인 관습과 당시 조선총독부 당국이 인식하고 있던 주요 문제, 주요 정책의 현지 반응, 간도의 일반적인 상황 등을 파악할 수 있다는 점에서 의미가 있다.

III-3-5-10. 보고서

관리기호	기록번호	자료명	
B-1-459	-	報告書	
작성자	생산기관	생산 연도	
吳台煥	중추원	1928	
지역	언어	분량	소장기관
함남 함흥, 신흥 장진, 평북, 강계	일본어	37면	수원시박물관
키워드	수리조합, 수전사업, 대삼림, 고보교, 화전민		

[기본정보]

이 자료는 1928년 11월에 함경남도 함흥, 신흥, 장진군과 평안북도 강계군의 구관을 조사하여 보고한 문건이다. 함흥군의 수리조합문제, 장진군의 수전사업(水電事業), 장진군의 교통 및 대삼림(大森林) 문제, 강계군의 고보교(高普校) 설치문제, 화전민 정리 등을 조사 보고하였다. 후반부에는 첨부서류로서 장진군수가 함경남도 지사에게 보낸 '장진군 수력전기사업에 관한 건' 공문과 그에 대한 회신이 있다. 끝으로 함경남도 화전민에 대한 조사보고서가 있다. 조사는 중추원 참의 오태환(吳台煥)이 수행하였다.

[내용정보]

먼저 함흥군의 수리조합문제에 대한 조사내용이다. 조선 전체에 수리조합에 관한 비난의 소리가 들리지 않는 곳이 없다. 수리조합 내의 토지는 지가가 폭락하므로 지주는 다투어 매각하려고 한다. 산미증식은 조선의 국책(國策)이므로, 관민이 모두 진척 수행하려고 한다. 황무지 개척, 간사지 매립, 제언 신설 등은 총독부의 산미증식에 기초하여 신설되고 있다. 총독부 시설이 어떠한 연고로 이와 같이 비난받는가를 위정당국은 깊이 그 연유를 찾아서 만전의 대책을 강구해야 한다. 첫째 공사비 예산이 팽창하는 일, 둘째 기업과 관계자와의 양해를 철저히 구할 일, 셋째 국비 보조를 여유롭게 할 일 등을 지적하면서 자세히 서술하고 있다.

다음으로 장진군의 수력전기사업에 대한 조사내용이다. 1억 2천만 원의 거대한 자금을 투여하는 장진군의 전력주식회사 사업은 이미 토지매입을 시작으로 계획대로 진행 중이다. 토지매수에 대해서는 지주회의 일부와 신문사 및 변호사가 제휴하여 당사자의 실망스러운 태도에 항의하여 실정을 조사하고 있다. 지주회에서는 관헌의 토지매수 가격이 너무 저렴하다고 하면서, 정부당국이 정한 가격의 20배 내지 50배를 요청하고 있다.

다음으로 장진군의 교통 및 대삼림에 관한 조사내용이다. 2등 도로선로로 예정된 함흥자성선(慈城線)은 30리에 걸친 본군의 도로다. 현재 전혀 보수되지 않아 본군으로부터 평안북도 후창군(厚昌郡)에 이르는 대삼림 추정 약 7억척(尺)의 목재를 반출하지 못하고 있다. 1930년에 수십만 원의 거금을 투자하여 개수에 착수할 예정이라고 한다.

강계군(江界郡)에 고등보통학교(高等普通學校)를 설치하는 문제에 있어 교통 불편한 강계군 유지들은 고등보통학교의 설치를 희망하고 있다고 한다. 시기를 보아 그것을 창립하는 것이 좋겠다.

화전민 정리에 관한 조사내용이다. 전국 각지에 백여만 명 이상의 화전민이 산재해 있다. 그들의 생활을 안정시키고 삼림을 보호하고 나아가 양귀비의 밀경(密耕)을 단속하기 위해 총독부와 관할지방청도 상당히 고심하고 있다. 작년 8월에도 중추원회의에서 의견을 제시한 바 있는데, 총독부에서는 신속히 각지로부터 화전민에 관한 조사보고, 당국자의 의견 등을 수집한 후, 식자(識者)들이 모여 근본적 해결책을 협의 결정할 것을 희망하였다. 소인이 금번 시찰한 함남 수개군과 평북 강계군의 화전민의 상황은 별지 첨부한 보고서에 상세히 기록한다. 조사자의 해결책은 "화전민이 존재하는 불요존치림(不要存置

222

林)은 속히 개방하여 그들이 농민으로 정착하도록 유도할 것. 불요존치림(不要存置林) 내에 있는 화전민은 철저히 금지하고 그들을 위해 만몽지방에 신개간지를 마련하여 주선할 것"을 제시하고 있다.

[가치정보]

함경도와 평안도의 수리조합문제, 수력전기문제, 화전민 문제에 대해 상세히 서술하고 있어 그 지역의 특성을 이해하는 데 도움이 된다. 1920년대의 함경도와 평안도의 농촌사회에 어떠한 문제들이 놓여 있었는가를 이해하는 데 도움이 되는 자료이다.

III-3-5-11. 구관제도조사

관리기호	기록번호	자료명	
B-1-515	-	舊慣制度調査	
작성자	생산기관	생산 연도	
張行遠	중추원	1929	
지역	언어	분량	소장기관
경남 통영 마산, 진주	일본어	17면	수원시박물관
키워드	훈련도감, 병조, 경상좌수영, 영진, 군보		

[기본정보]

이 자료는 1929년 3월 15일부터 10일간 경상남도 통영, 마산, 진주의 옛 행정조직, 군의 연혁 및 재판의 방법 등을 조사한 것이다. 옛 행정조직의 연혁을 조사하고, 나아가 각 군별로 특징적인 사항을 조사하여 기록하였다. 통영군에서는 방(坊) 설치방식, 선세와 어세 납부방법, 조운방법, 왜공고(倭供庫)의 설치 등을 조사하였고, 마산군에는 옛 창원병사의 관제를 조사하였고, 진주군에서는 진주목사의 관제와 진주군에 남아 있는 조선시대 공문서(양안 및 천방 문기)를 조사하여 기록하였다. 조사는 중추원 촉탁인 장행원(張行遠)이 수행하였다.

[내용정보]

출장조사항목은 다음과 같다. 각 군의 옛 군청의 조직과 재판의 방법을 조사하도록 하였다. 나아가 개별 군별로 주요 조사항목을 부과하였다. 거제는 면(面)내 방(坊)의 명칭은 언제부터 시작되었으며, 어떠한 의미를 지녔는가? 선세(船稅)와 어세(漁稅)는 어떠한 곳에 부과하였는가? 진주는 진주군청에 구 양안(量案)이 다수 남아있다고 하는데, 어떤 책이며 어느 때의 양안인가? 방천(防川)에 관한 계(契)의 문기(文記)나 방천(防川)에 관한 관례(慣例)는 무엇인가? 조운의 방법은 어떠한가? 등이었다.

통영군에 관한 조사에서는 이순신이 임진왜란 때 한산도에서 일본군을 물리친 일을 적고, 조선시대의 통제영의 조직을 조사하여 상세하게 기록하였다. 거제면에 관한 조사에서는 거제는 옛날 독로국(獨盧國)으로 고려 현종대에 현(縣)을 두었고, 조선 숙종대에 남방의 제일 관방(關防)으로 정하여 도호부사(都護府使)를 두었다고 하였다. 나아가 도호부의 관원을 자세히 기록하였다. 거제면 내의 방(坊)의 명칭은 "면제제요(面制提要)"에 따라 5호를 통(統)으로 하여 통수(統首)를 두고, 5통마다 이정(里正)을 두며 각 면(面)마다 권농관을 설치한다. 5백호를 방(坊)으로 삼고, 이것을 향(鄕)이라 부른다. 향정(鄕正)은 주로 농잠사(農蠶事)와 수세를 담당한다. 선세(船稅)와 어세(漁稅)는 배의 소유자와 어업자에게 균역색리(色吏)가 이를 징수하여 균역청에 납부한다. 조운(漕運)의 방법은 대동미(大同米)를 재래형 목조선(木造船)에 실어 전라도 연해를 거쳐 경기 강화 등 선창(船滄)에 도박(渡泊)하였다가 선혜청에 모두 납부한다. 왜공고(倭供庫)는 조선 임진 이후에 창시하여 한곳은 이운면 옥포진에, 다른 한곳은 지세포진에 두고, 왜공미(倭供米)를 나누어 저장하였다. 왜인이 표박(漂泊)해오면 음식을 제공해주고, 매년 백미 20석을 울산군 우수영 왜공고(倭供庫)에 납부하도록 하였다. 이 사실로 미루어 조선시대에는 왜인들이 한반도에 많이 표류해왔음을 알 수 있다.

마산부의 조사에서는 옛 창원병사(昌原兵使)의 관제를 소상히 기록하였다. 진주군에서는 진주군의 연혁을 적고, 진주목사의 관제를 소상히 기록하고, 나아가 진주에 소장되어 있던 구 양안(量案)의 내역과 진주군의 천방(川防)에 대한 문기 내역을 간단히 기록하였다. 구 양안이 17권이 남아 있고, 경자양전 후 계묘년에 작성한 개양안(改量案)이었다. 나아가 진주목장전안(牧場田案)도 있으며, 이외 광무양안도 다수 존재하고 있다. 천방문기는 천방을 설치하고 운영하는 계(契)의 명칭, 목적, 재산, 연혁, 규약 등을 기록하고 있다.

[가치정보]

경상남도 통영, 마산, 진주군의 연혁과 조선시대 관제 및 당시 남아있는 구 양안 및 문기를 조사하여 기록하였다. 당시 남아있는 조선시대 공문서가 무엇인지를 알 수 있다는 점에 의의가 있다.

III-3-5-12. 구관제도조사

관리기호	기록번호	자료명		
B-1-452	-	舊慣制度調査		
작성자	생산기관	생산 연도		
李寅洙	중추원	1929		
지역	언어	분량		소장기관
평북 신의주 의주, 용천	일본어	19면		수원시박물관
키워드	군, 군역전, 환곡, 중강개시, 중강후시			

[기본정보]

이 자료는 1929년 3월 11일부터 10일간 평안북도 신의주, 의주, 용천의 구관을 조사한다고 되어 있지만, 실제 내용은 의주에 집중되어 있다. 조선시대 의주의 군수(軍數)와 환곡, 중강개시(中江開市)에 대한 조사가 기록되어 있다. 조사는 중추원 촉탁인 이인수(李寅洙)가 수행하였다.

[내용정보]

의주(義州)의 군수의 내역은 다음과 같다. 의주부의 군인 총수는 3,731인이고, 그 내역을 군수(軍數)와 진(鎭)의 군수로 구분하여 기록하고 있다. 군의 종류는 영부군(營府軍), 순령수군(巡令手軍), 취수군(吹手軍), 나장군(羅將軍), 나졸군(羅卒軍) 등 24개 군(軍)으로 총군수는 3,259명이고, 진(鎭)의 종류는 건천진군(乾川鎭軍), 방산진군(方山鎭軍) 등 7개 진의 군수(軍數)는 472명이다. 위 군인에 관계되는 군역전(軍役田)은 전답 969.19결이고, 군역소작전답(軍役小

作田畓)은 21.614결이다.

환곡의 조사내역은 다음과 같다. 환곡은 조적(糶糴)으로 비국곡(備局穀), 상진곡(常賑穀), 별회곡(別會穀) 등의 명칭으로 불린다. 그 관리방법 및 조적곡수(糶糴穀數) 조적(糶糴)배분방법은 매년 같지 않다. 부윤으로부터 별비하거나 다른 곳으로부터 이관받아 환곡을 창설하여 매년 진분, 반분 이류일분, 일류이분 등으로 하고 봄에는 인민에 진대하여 가을에 거두어들이면서 이식은 1/10로 한다. 원래 환곡 조적의 목적은 흉년을 구제하고 관청 경비를 보용할 목적으로 창설한 것인데, 점차 탐관오리의 침학에 의해 인민의 곤궁함이 깊어져 토지외 일대 부과가 되어 인민의 큰 병환이 되었다. 조정으로부터 때때로 탕감 혹은 정퇴의 은전을 받지만 간활한 이서배가 농간을 부려 그 효과는 매우 적다. 다음으로 의주의 각 창고의 환곡 내역이 기록되어 있다.

의주의 중강개시에 대한 조사내역은 다음과 같다. 의주의 중강개시(中江開市)는 대청(對淸)무역으로 1593년(선조 26)에 기근이 심하여 굶는 사람이 많아 진휼의 방책으로 요동에 요청을 하여 압록강 중강(中江)에 개시를 하여 무역을 하도록 한 것이다. 그런데 조청(朝淸) 상인간에 금지품이 범람하여 그 폐해가 심해져 1609년(광해군 원)에는 청국 예부(禮部)에서 공문을 보내 중강 개시를 일시 중단한 적도 있다. 1648년(인조 26)에 중강개시를 청국에 교섭하여 중강에 시장을 설치하여 개시(開市)하고 춘추에 기일을 정해 규칙을 정하고 공매매(公賣買) 물품인 소 해대(海帶) 해삼 면포 백지 장지 염 려(犁) 사기 등의 물품을 교역하도록 하고 사상배(私商輩)는 일체 금지하였다. 개성 의주 등의 사상들은 동지사, 정조사 등의 사행이 왕복할 때 마부 종업 중에 잠행하여 은(銀) 인삼 등을 매매하니 이름하여 중강후시(中江後市)라고 하였다. 중강후시는 폐해가 많아 금령(禁令)이 점차 이완되고 교역이 빈번해져 조청인의 무역이 자유롭게 되었다. 의주 서문 외강안에 감시소를 설치하고 감시관 및 이서를 두어 출입물품에 세를 취득하고 각 연강군(沿江郡)의 강구(江口)에 도별정(都別定)·별정(別定)을 두어 출입물품세를 징수하도록 하였다.

[가치정보]

조선시대 평안북도 의주(義州)의 군수(軍數)와 환곡, 중강개시(中江開市)에 대한 조사내역이 자세히 기록되어 있어 의주의 실상을 이해하는 데 큰 도움이 되는 자료이다. 또 조선시대 의주 산하 기관의 환곡의 운영실태와 중강개시의 설립일시와 운영 정도 등이 자세히 기록되어 있어 조선시대 실상을 이해하는 데 도움이 된다.

III-3-5-13. 지방제도조사[전주·광주·목포·군산]

관리기호	기록번호	자료명		
B-1-164	324	地方制度調査 [全州·光州·木浦·群山]		
작성자	생산기관	생산 연도		
張行遠 金完珪	조선총독부 중추원	1930		
지역	언어	분량		소장기관
전주, 광주 목포, 군산	일본어	14면		수원시박물관
키워드	촌락조직, 재정, 향리, 병역(兵役), 수리(水利)			

[기본정보]

이 자료는 중추원 촉탁(囑託) 장행원(張行遠)이 고원(雇員) 김완규(金完珪)를 대동하고 1930년 10월 구관조사를 위해 전주, 광주, 목포, 군산 등지에 출장하여 12월에 조사를 마치고 보고한 복명서이다.

[내용정보]

조사대상지역에서의 조사항목은 ① 촌락조직 ② 사관(土官), 향리(鄕史), 이서(吏胥) ③ 행정계(行政契)와 사계(私契)의 조직 ④ 산림보호(山林保護) ⑤ 당쟁(黨爭)과 지방민 등 지방제도에 관한 것이다. 이중 촌락(村落), 계(契), 당쟁에 관한 사항 중 하나는 상세히 조사하고 나머지는 부속 사항이었다. 그리고 재정(財政)·산업(産業)과 관련된 다음과 같은 내용에 대해 중점적으로 조사하도록 별도의 항목을 제시하였다. 그리고 추가적으로 재정(財政)에 관해서는 ① 재정기관의 조직과 그 임무, ② 지방비와 국비의 수지(收支), ③ 병역(兵役) 및 기타 병역의 출역(出役)과 ④ 보포(保布)·번상가(番上價)의 관계, ⑤ 대동사목의 채방(採訪)의 5가지 사항, 그리고 산업은 ① 수리(水利)와 수해예방시설에 관계된 지방민의 관계, ② 제언(堤堰)·보(洑)에서 몽리자(蒙利者)의 관계, ③ 토지의 수익분배, ④ 도로축설(築設)·수리의 방법과 경비, ⑤ 산림(山林)의 귀속과 공동수익방법, ⑥ 소농(小農), 공(工), 어(漁), 상업보조의 시설의 6가지 사항을 제시하고 역(役)과 보포(保布), 수리(水利)와 농업보조에 대한 내용은 반드시 조사하도록 했다. 조사 응답자는 박재화(朴在華), 윤필원(尹弼源)이다.

촌락조직에 대해서는 촌락(村落)은 곧 이동(里洞)의 별칭이며 리(里)에는 이정(里正)이 있고 그 위에는 면집강(面執綱)이 있었다. 다음으로 직임에 대한 설명을 보면, 광주군(光州郡)의 향인(鄕人)은 장의(掌議)나 색장(色掌) 등 유사(有司)를 맡은 명칭으로 30명으로 향교의 제반사항을 담임(擔任)하였다. 이후 기(奇)·고(高)·박(朴)·이(李)의 각 씨성을 중심으로 90명으로 변정(變定)되고 지금까지 이들의 자손이 전담하고 90명 가운데 다른 지방으로 이거(移居)했다가 다시 돌아오더라도 그 직임을 그대로 유지함이 규례가 되었다. 또한 재내소임(齋內所任)과 재외소임(齋外所任)의 구별이 있어 재내(齋內)는 이들 90명의 자손을 이르며, 재외(齋外)는 그 밖의 다른 양반이었다.

한편, 향소(鄕所)의 유림(儒林)이라고 하면 좌수 등의 자손을 말하며 이를 다른 표현으로 향소인(鄕所人)이라고 칭하고 향교(鄕校)에는 일체 관여할 수 없고 혼인도 유림(儒林)[향인(鄕人)]과는 불가능했다.

향리는 아전(衙前)의 통칭이나 향리(鄕吏)와 가리(假吏)의 구별이 있으며 향리는 동반(東班)이며 가리(假吏)는 서반(西班)인바 향리는 삼공형(三公兄)[이(吏)·호수(戶首)·형리(刑吏)]의 직임에 맡고 가리는 불가(不可)했다. 이어서 삼공형의 유래에 대해서 언급하고 있다. 사계(私契) 가운데 전주(全州) 존성회(尊聖會), 유림계(儒林契)가 재산이 풍부하여 토지도 많고 춘추로 강회(講會)를 활발히 진행하고 있으며, 행정계는 관에서 관리하는 사환미(社還米)가 있고, 전주 용진면 관암리 유씨(柳氏)가 출자하여 동리(洞里) 가운데 호포(戶布)·가포(價布) 등을 보조하고 역사(役事)에 관한 모군출역(募軍出役)을 담당하고 있다. 재정기관으로는 은결(隱結)을 주요로 하고 그 외 시장세(市場貰)와 도수장세(屠獸場貰)가 있었다. 지방비는 무명잡세와 시장의 백일세(百一稅), 호포세, 연호잡역세, 은결, 화전결(火田結) 등의 수입이 있고, 지출은 관청의 수용과 아전의 료(料)로 충당하였다. 그리고 서원(書員), 권농, 풍헌, 군하인(郡下人) 등이 춘맥추조(春麥秋租)를 매호에 1~3두(斗)를 거두어 자수자용(自收自用)하고, 채송(債訟)에 대한 득송자(得訟者)에게 1/10을 취득하여 이서의 윤필(潤筆)자금으로 사용하기도 했다.

병역(兵役)은 각 군에 번민(番民)이 있어 병역에 충원하였는데 전주 근처 번민(番民)으로 지정된 촌락이 있어 이를 번민촌(番民村)이라고 부르고, 위란(危亂)시에 천총(千摠)으로 소집하고 1년에 한번 소집하여 교련하였다. 영리(營吏)가 군직명(軍職名)을 가지고 병역에 충당하였고, 번민은 식구에 따라 매명 5전(錢)씩 춘(春)·추(秋)에 납부하였는데, 군수가 이를 수봉하여 군목(軍木)이라고 칭하여 병조와 균역청에 상납하였다. 보포(保布)는 호포색리가 수봉하여 병조와 균역청에 상납하였다.

방천(防川)에 관해서는 소작인 힘을 모아 수축(修築)하고 지주에게 그러한 비용을 청구할 수 있었으나 대부분은 소작인이 매두락에 얼마씩 분배하여 감당하였다. 제언(堤堰)에는 제언감관(堤堰監官)이 있고 보(洑)에는 보유사(洑有司)를 두었고, 또 보계(洑契)의 계전(契錢)으로 제언이나 보(洑)가 훼손되었을 때 수보하였다.

이 밖에 토지의 수익분배에 관한 조사내용을 보면, 병작(竝作)이나 도조(賭租)였고 병작은 지주가 타작차정인(打作差定人)을 보내어 수확을 간검유치(看儉留置)하고 타작시 그 소출에 따라 두량반분(斗量半分)하였다. 도조(賭租)는 추성(秋成) 후에 지주가 사람을 보내 해당 전답을 답험하고 매 두락의 소출을 가량(假量)하고 소작인으로 하여금 자납(自納)케 하였는데 전에는 대체로 소작인이 2/3를 취했으나 지금은 반대로 지주가 이를 수봉하고 있으며, 근기(近畿)지역은 병작이 대다수였으나 양남(兩南)은 단지 도조뿐이라고 한다.

[가치정보]

이 자료는 전라도 광주 지역을 중심으로 이루어진 조선후기 지방제도 및 부세제도의 운영을 비롯해 농사와 관련된 향촌내 관행 등을 비교적 자세히 서술하고 있다. 조선후기 이 지역의 관련제도에 대한 단편을 살필 수 있는 참고자료로써 가치가 있다고 생각된다.

III-3-5-14. 출장조사보고서

관리기호	기록번호	자료명		
B-1-171	314	出張調査報告書		
작성자	생산기관	생산 연도		
趙範夏	조선총독부 중추원	1930		
지역	언어	분량	소장기관	
창원, 울산 영일	-	88면	수원시박물관	
키워드	선박(船舶), 매매, 전당, 채권자, 선박 공유			

[기본정보]

이 자료는 중추원 촉탁 조범하(趙範夏)가 1930년 2월 20일부터 29일까지 경상남도 창원, 울산과 경상북도 영일에서 구관조사를 마치고 그 내용을 정리하여 5월 7일에 보고한 복명서이다.

[내용정보]

조사 응답자는 창원군 신우식(辛雨植), 신유석(辛有錫), 울산군 김두헌(金斗憲), 성수원(成水源), 이종필(李鍾弼), 영일군 박만수(朴晩洙), 서상준(徐相俊) 등 모두 7명이다.

이 기록은 선박의 매매, 임대, 전당, 소유, 공유 등을 둘러싼 다양한 관습에 대한 조사 내용을 담고 있다. 기록의 정리방식은 질의 응답형식이 아닌 앞부분에 관련된 사항에 대한 질문을 모아서 제시하고, 이어서 여기에 대한 답변 역시 모아서 기록하고 있다. 질문은 8개의 사항을 먼저 제시하고 이와 관련 있는 세부 질문으로 구성되어 있다. 이를 간략히 정리해 보면 다음과 같다.

① 선박의 매매에 관한 관습으로 '매매비용을 누가 부담하는가'를 비롯한 6개 질문, ② 선박의 임대차에 관한 관습으로 '임차권을 양도하는데 있어 선박소유주의 승낙이 필요한가'를 포함한 10개 질문, ③ 선박소유자에 관한 것으로 '선박소유자는 선장 기타의 선원에 대해 어떠한 책임을 갖는가'를 비롯한 6개 질문, ④ 선박의 공유(共有)에 관한 것으로 '선박을 여러 사람이 공유할 수 있는가', '다른 공유와 비교해서 분할, 공유물의 사용지분 양도의 차이점은'을 비롯한 13개 질문, ⑤ 선박채권자에 관한 관습으로 '선박의 제조, 수선, 항해를 비롯한 선박과 관련된 채권을 지닌 자는 다른 채권자에 우선하여 자기의 채권을 충당하는 관습이 있는가'와 함께 1개 질문, ⑥ 선박의 전당에 관한 것으로 '선박의 전당도 토지와 가옥의 출전(出典)과 동일하게 수표(手票)를 작성하는가', '그 수표의 양식은 어떠한가'를 비롯한 18개의 질문, ⑦ 해원(海員)에 관한 관습으로 해원의 범위, 권리를 비롯한 8개 질문, ⑧ 공동해손(共同海損)에 관한 것으로 '선박의 적하물이 운송 중에 발생한 손해에 대한 책임과 의무'와 관련된 5가지 질문.

이와 같은 여러 가지 사항에 대한 질문에 이어 그 답변을 정리하고 있다. 가령, 첫번째 선박매매의 관습에 관한 답변내용을 보면, 선박매매는 구관상(舊慣上) 문기여부와 상관없이 현금으로 교환하기도 하고 문기를 작성하고 대금을 지불하기도 하며, 구문기(舊文記)가 있으면 신문기(新文記)를 몇 장 첨부한다고 명기하고 신문기와 아울러 교환한다. 그리고 문기의 양식은 구관상(舊慣上) 일정함이 없고 임시사실에 의하여 조사(措辭)한다고 언급하며 문기양식을 참고로 제시하고 있다.

이처럼 앞선 질문사항에 대해 답변을 모아서 기록하고 있는 것으로 보아, 이 조사보고 복명서는 조사 출장자가 질문에 대한 응답자의 답변을 받아 적어두었다가 2차로 답변을 정리하여 제출되었던 것으로 볼 수 있다.

[가치정보]

이 기록은 1930년에 선박을 둘러싼 다양한 권리와 의무관계에 대해 조사한 내용을 담고 있다. 이와 관련된 내용은 이미 1910년을 전후하여 법전조사국 단계에서 관습조사가 진행되면서 1912년 간행된 『관습조사보고서』에 해운(海運)에 관련된 항목으로 정리된 바 있다. 따라서 1930년대 유사한 관련 조사 내용을 담고 있는 이 자료에 대한 자세한 검토가 이루어진다면 당 시기 해운, 선박(船舶)과 관련된 관습에 대한 내용은 물론 1910년 대 이후 그와 같은 관습의 변화 여부를 추적해 볼 수 있는 자료가 될 수 있다.

III-3-5-15. 지방제도조사[경주·울산·동래]

관리기호	기록번호	자료명	
B-1-163	331	地方制度調査[慶州·蔚山·東萊]	
작성자	생산기관	생산 연도	
正木薫	조선총독부 중추원	1931	
지역	언어	분량	소장기관
경주, 울산 동래	일본어	63면	수원시박물관
키워드	촌락조직, 토관, 산림보호, 계(契)조직		

[기본정보]

이 자료는 중추원 조사과 속(屬) 마사키 가오루(正木薫)가 경상북도 경주와 경상남도 울산, 동래군 지역의 지방제도를 조사하라는 중추원의 명령에 따라 1931년 3월 10일부터 18일까지 조사한 사항에 대해 정리하여 4월에 보고한 복명서이다.

[내용정보]

조사항목은 지방제도에 관한 것으로 공통적인 조사항목은 ① 촌락조직 ② 사관(土官), 향리(鄕吏), 이서(吏胥) ③ 행정계(行政契)와 사계(私契)의 조직 ④ 산림보호(山林保護) ⑤ 당쟁(黨爭)과 지방민과의 관계에 관한 것이다.

조사응답자는 경주군은 경주면(慶州面) 교리(校里) 최세걸(崔世杰)[67세]과 내동면 구정리 이종문(李鍾文)[59세] 2인이었고, 울산군은 울산면 북정리 박시민(朴時珉)[63세], 동래군은 수안동[전(前) 외부참서관(外部參書官)] 이광욱(李光昱)[72세]이었다.

조사 내용을 보면, 촌락조직에서는 행정구획에 대해 간략히 언급한 뒤 면(面)의 직임이 었던 풍헌(風憲)의 유래, 명칭, 임명, 직무, 수당, 약장(約長)과 권농관에 대해서 조사하고 있다. 이어서 리(里)의 조직에 대해서 그 명칭과 임명, 직무 등에 대해서 언급하고 있다. 그 내용 가운데 리(里)의 직임은 지역에 따라 명칭에 다소 차이가 있었고, 경주는 이임(里任)으로 불렸으며, 울산군은 동리(洞里)에 풍헌(風憲)의 역할을 보조하는 동수리장동(洞首里長洞)이라는 직임이 있었는데 동리의 혼재로 동(洞)에서는 동수리(洞首里)로 불렸고, 동리에 따라 동수(洞首) 혹은 동장(洞長)으로 불리기도 했다. 동래군의 동리존위(洞里尊位)로 불리는 직임이 있었고, 후에는 동장 또는 이장(里長)으로 개칭되고 병합이후에는 모두 구장(區長)으로 통칭되었다.

다음으로 사관(土官), 향리(鄕吏)와 이서(吏胥)에 대한 조사 내용은 좌수(座首)와 별감(別監)의 임명, 직무 등에 대해 정리하고 있다. 좌수의 임명방식은 경주군은 풍헌(風憲)의 내신(內申)으로, 울산군은 향회의 선거에 의해, 동래군 전 좌수의 추천에 따르는 등 지역에 따른 차이가 있었다.

행정계(行政契)와 사계(私契) 조직으로는 경주에는 사창(社倉), 사마소(司馬所), 육영재(育英齋)가 있었고, 울산군의 사계(私契)로는 상수계(喪需契), 식리계(殖利契)가 있었다. 동래군은 행정계는 없으며 사계(私契)로는 향약계(鄕約契)가 있었다. 산림보호에 대한 내용에서는 경주군에서는 산림계 혹은 송계, 또는 개인이 산번(山番)을 두고 있었음을 언급하고 있다. 울산군의 경우는 국가의 수용을 충당하기 위해 수목의 벌채를 금하는 봉산(封山)의 조치가 있었고 이를 위해 봉산도감(封山都監)을 두었다. 당쟁(黨爭)과 지방민과의 관계에 대해서는 조사대상 지역 모두 하등의 관계나 영향이 없다고 기술하고 있다.

[가치정보]

이 자료는 경주, 울산, 동래군의 지방제도에 관한 조사 내용을 담고 있다. 5개 항목의 조사 가운데 조선후기 지방행정 운영과정에 존재했던 조사대상지의 풍헌, 권농관, 이임(里任)[이장(里長)] 좌수(座首), 별감(別監), 향리, 이서 등 각종 직임의 존재와 역할에 대해 비교적 자세히 서술하고 있다. 그러한 내용 가운데는 이러한 직임들이 갑오 또는 합병이후 어떠한 명칭으로 변했는가도 간략히 기술되어 있기도 하다. 따라서 조사대상 지역의 조선후기 지방행정상 각종 직임의 운영 모습은 물론 그러한 직임들이 합병이후 어떻게 변화되었는가를 함께 살필 수 있는 자료가 될 수 있다.

III-3-5-16. 관습조사

관리기호	기록번호	자료명		
B-1-070	337	慣習調査		
작성자	생산기관	생산 연도		
金聖睦	조선총독부 중추원	1932		
지역	언어	분량		소장기관
상주, 영주 안동	일본어	69면		수원시박물관
키워드	도산서원, 병산서원, 충의단			

[기본정보]

조선총독부 중추원에서 관습조사를 위해 서원 등을 조사한 자료이다. 약 69면으로 구성되어 있으며, 일본어로 작성하였다. 복명서가 있어 기본사항을 파악할 수 있다. 1932년(소화 7) 9월에 작성한 자료로 작성자는 김성목(金聖睦)이다. 경상북도 상주·영주·안동군을 조사하였다.

[내용정보]

이 자료는 조사지역 내에 있는 서원을 조사·정리하였다. 먼저 안동군 도산면에 소재한 도산서원, 안동군 풍남면에 소재한 병산서원, 상주군 상주면에 있는 충의단의 연혁과 개요를 기술하였다. 각 서원의 직원구성 및 직원의 선임방식과 그 권한, 서원의 재산과 관계유림 등을 서원별로 정리하였다.

다음으로 도산서원 절목, 도산서원 원규, 병산서원 학규, 병산서원 완의, 병산서원 입원록, 병산서원과 충의단 강당상량문 등을 상세히 기록하였다. 관련 문서와 읍지에서 관련 내용을 발췌하여 정리하였다. 병산서원에 관한 자료들이 많이 수록되어 있다.

[가치정보]

이 자료는 경상북도 일대 서원에 대해 조사 정리한 것으로 서원의 구성, 직원 선임방식, 권한, 서원의 재산, 관계유림 등에 대해 파악할 수 있다는 점에서 의미가 있다.

III-3-5-17. 복명서

관리기호	기록번호	자료명	
B-1-174	338	復命書	
작성자	생산기관	생산 연도	
李之鎬	조선총독부 중추원	1933	
지역	언어	분량	소장기관
전남 광주, 여수 전북 전주, 남원	한문	48면	수원시박물관
키워드	인명휘고, 충훈, 효행, 열행, 학(學)		

[기본정보]

이 자료는 1933년 촉탁 이지호(李之鎬)가 『조선인명휘고』의 참고자료 조사를 위해 전남 광주, 여수, 전북 전주와 남원 4개 군(郡)에 출장을 다녀온 뒤 조사내용을 이듬해 1월에 보고한 복명서이다.

[내용정보]

일제는 관습조사와 함께 1915년부터 조선사 편찬사업을 기획하고, 그 부대사업으로 『조선인명휘고』 등의 편찬에 착수하였다. 1918년 중추원 내부에 편찬과(編纂課)를 분설하여 조선사 편찬을 전담케 한 이래 1922년 조선사편찬위원회가 설치되었고 잠시 중단된 편찬사업은 1925년 조선사편수회가 새로 만들어지면서 조선사 편찬의 업무를 전담하게 되었다. 이러한 가운데 부대사업으로 진행되어 온 『조선인명휘고』(최종 명칭은 『조선인명사서(朝鮮人名辭書)』)의 편찬이 1937년 완료되어 간행되었다.

이 기록은 그와 같은 『조선인명휘고』의 편찬과정에서 참고자료로 수집 정리된 자료 조사대상 지역인 전라도 4개 군 지역의 인물에 대한 내용을 담고 있다.

충훈(忠勳), 효행(孝行), 열행(烈行), 학행(學行)의 항목을 설정하고 여기에 해당하는 인물에 대해 정리하고 있다. 먼저 충훈(忠勳)의 항목에는 김덕령(金德齡), 정충신(鄭忠信), 정철(丁哲), 정춘(丁春), 정대수(丁大水), 정린(丁麟), 양대박(梁大樸) 7인의 행적을 서술하고 있다. 그리고 관련 자료로써 김덕령의 충효를 기리기 위한 비석의 명문인 광주충효리비(光州忠孝里碑)와 여수(麗水) 가곡(佳谷)의 사충사(四忠祠)에 배향된 정철, 정춘, 정린, 정대수의 행적을 적고 있다. 그리고 양대박(梁大樸)의 묘갈명(墓碣銘)도 아울러 싣고 있다. 효행(孝行)의 항목에는 의병장 고경명의 아들로 임진왜란시 전사한 고종후(高從厚)를 비롯해 이도(李漢), 이현두(李玄斗), 김지혁(金智奕), 김장혁(金章奕), 강봉문(姜鳳文), 그리고 열행(烈行)의 항목에는 기씨(奇氏), 장씨(張氏)의 행적을 싣고 있다. 마지막 학행(學行)의 항목에는 최득지(崔得之), 김동준(金東準), 최명룡(崔命龍), 양주익(梁周翊) 4명의 행적을 서술하였고, 이어서 관련 기록으로 최득지의 행적이 기록된 율헌최공신도비(栗軒崔公神道碑), 한성소윤 증대사헌율헌최공묘표(漢城少尹 贈大司憲栗軒崔公墓表), 소윤 증대사헌율헌최공묘갈명(少尹 贈大司憲栗軒崔公墓碣銘)과 양주익의 문집 『무극선생행록(无極先生行錄)』 권1에 실린 행장(行狀)을 옮겨 정리하고 있다.

[가치정보]

이 기록은 조선총독부에서 편찬된 『조선인명사서』의 기초자료를 수집하는 과정에서 작성된 문건이라는 점에서 사전의 편찬을 위해 어떠한 방식으로 인물 조사가 시행되었는가를 간접적으로 보여주는 자료가 될 수 있다.

III-3-5-18. 제일, 자문기관 개혁에 관한 의견

관리기호	기록번호	자료명	
B-1-147	-	第一, 諮問機關改革ニ關スル意見	
작성자	생산기관	생산 연도	
-	조선총독부 중추원	1933	
지역	언어	분량	소장기관
-	일본어	33면	수원시박물관
키워드	중추원, 개혁안, 의관, 참의		

[기본정보]

중추원은 1921년 대폭적인 관제 개정과 구성원들의 인사이동을 통해 조직이 개편된 이후 1930년대에 오면 새롭게 조직과 운영을 개편하려는 논의가 등장하게 된다. 이 기록은 그러한 분위기에서 1933년 중추원 운영을 개혁하기 위해 제시된 의견서이다.

[내용정보]

이 자료는 1933년 6월 2일 참의의 교체를 기점으로 중추원의 운영방식을 개혁하고자 제시된 의견이다. 개혁안을 이 시기 제기했던 것은 '개혁의 호기(好機)'라는 항목에서 자세히 언급하고 있다. 여기에 따르면 1933년(소화 8) 6월 2일에 중앙참의 45인 중 34인, 지방참의 20인 중 15인이 임기가 만료되어 중추원 참의가 거의 대부분 교체되어야 하므로 본년도중(本年度中)에 관제(官制)와 기타 사항의 개정을 완료하여 새로운 개선기(改選期)부터 이를 실시할 수 있기 때문이라는 점을 제시하고 있다.

개혁안의 기조는 다음의 8가지였다. ① 내지인의관의 선임 : 조선에 거주하는 내지인 중에서도 의관(議官)을 선임해야 한다는 내용이다. ② 지방참의 증설 : 참의의 총수를 85인으로 늘리어 중앙참의 수는 43인, 지방참의는 42인으로 한다는 안(案)이다. ③ 지방참의 배당수의 개정 : 지방참의 수가 늘어나면서 각 도별 인구수를 기준으로 여기 도읍(都邑)·도평의회원수(道評議會員數) 등을 참작하여 지방참의의 수를 조정한다는 내용이다. ④ 참의전형방식의 확립 : 기존의 중임이 불가능한 지방참의도 인물의 자격에 따라 개임(改任)하거나 또는 반대로 중임하도록 한다는 안(案)이다 ⑤ 보선의관(補選議官)의 임기개정 : 기존에 보결(補缺)로 인한 선임(先任)도 잔여임기와 상관없이 3년으로 하고 있으나 이를 전임자의 잔여임기로만 한다는 내용이다. ⑥ 참의의 대우 및 수당의 개선 : 칙임(勅任)대우와 주임(奏任)대우로 나뉜 중앙참의의 대우를 모두 칙임대우로 하고 수당을 조정하는 안(案)이다. ⑦ 자문사항 및 보고사항의 명정 : 자문과 보고사항을 분명히 나누어 자문사항으로는 제령(制令)의 제정(制定) 및 개폐(改廢), 중요시설사업의 개설, 그리고 보고사항으로는 조선 총독부예산 및 결산, 주요시설사업의 경과 또는 성적으로 분명히 구분하자는 내용이다. ⑧ 건의권의 부여 : 수동적인 측면이 강한 자문사항에 대해 심의와 답신의 능동적 의견을 건의할 수 있도록 하자는 내용이다. 이 같은 개혁안을 제시한 후 마지막으로 여기에 대한 각 방면의 다양한 의향을 싣고 있다. 이 자료는 문서의 번호가 제1(第一)에서 시작되고 있는데, 마지막 페이지에는 제2(第二), 조사기관개혁에 관한 의견(調査機關改革ニ關スル意見)이라는 표지가 붙어있다. 아쉽게도 그 내용이 무엇인지는 알 수 없으나 이 시기 제1 자문기관인 중추원에 관한 개혁안에 이어서 원래는 제2 조사기관의 개혁에 관한 의견도 같이 제시되었던 것으로 추측된다.

[가치정보]

이 기록은 1936년 중추원개혁에 관한 내용을 담고 있는 수원시박물관 소장자료인 『중추원개혁에 관한 의견서』(B-1-135)에서 제시한 개혁안의 내용과 유사하다. 다만 이 기록이 개혁안의 제시이유와 그 근거, 방식 등에 대해 조금 더 상세히 서술되어 있다. 따라서 1936년의 기록과 함께 이 시기 중추원의 문제와 여기에 대해 제기되고 있던 개선의 방안을 자세히 살필 수 있는 자료가 될 수 있다.

III-3-5-19. 중추원개혁에 관한 의견서

관리기호	기록번호	자료명	
B-1-135	-	中樞院改革ニ關スル意見書	
작성자	생산기관	생산 연도	
-	조선총독부 중추원	1936	
지역	언어	분량	소장기관
-	일본어	30면	수원시박물관
키워드	중추원, 개혁안, 의관, 참의		

[기본정보]

1936년 중추원 참의 대부분이 임기 만료되어 교체되는 시점에 이전부터 제기된 중추원 개혁의 논의가 일면서 중추원의 운영을 개혁하기 위한 내부 의견서로 제출된 문서이다.

[내용정보]

1936년 10월 9~10일 제17회 중추원 회의에서는 중추원참의 대다수가 임기 만료로 교체되면서 중추원의 개혁이 필요하다는 논의가 활발히 일어나고 있었다. 이 자료에서도 1936년 중추원 참의의 대거 교체시기를 개혁의 호기(好機)로 언급하고 있는데, 그러한 분위기에서 중추원 개혁에 관한 내용을 정리하여 의견서로 제출한 것으로 보인다.

개혁안의 기조는 ① 내지인 의관(議官)의 선임, ② 지방참의(地方參議)의 증설, ③ 지방참의 배당수의 개정, ④ 참의 전형(銓衡)방식의 확립, ⑤ 보선의관(補選議官)의 임기 개정, ⑥ 참의의 대우 및 수당의 개선, ⑦ 자문사항 및 보고사항의 명정(明定), ⑧ 건의권(建議權)의 부여의 8가지 사항이었다. 이 가운데 ①, ②, ⑦, ⑧을 본 개혁안의 가장 중요한 사항이라고 강조하고 있다.

각 사항의 내용을 간략히 보면, ①은 조선에 거주하는 내지인 중에서도 의관(議官)을 선임해야 한다는 내용이다. ②는 종전 참의 총수 65인에서 85인으로 늘리되 기존의 지방참의의 수를 28인에서 42인으로 증설해야 한다는 안이다. ③은 이처럼 지방참의 수가 늘어나면서 각 도별 인구수를 참작하여 지방참의의 수를 조정한다는 내용이다. ④는 기존의 중임이 불가능한 지방참의도 인물의 자격에 따라 개임(改任)하거나 또는 반대로 중임하도록 한다는 안(案)이다. ⑤는 기존에 보결(補缺)로 인한 선임(先任)도 잔여임기와 상관없이 3년으로 하고 있으나 이를 전임자의 잔여임기로만 한다는 내용이다. ⑥은 칙임(勅任)대우와 주임(奏任)대우로 나뉜 중앙참의의 대우를 모두 칙임대우로 하고 수당을 조정하는 안(案)이다. ⑦은 자문과 보고사항을 분명히 나누어 자문사항으로는 제령(制令) 제정 및 개폐, 중요시설사업의 개설, 그리고 보고사항으로는 조선총독부예산 및 결산, 주요시설사업의 경과 또는 성적으로 분명히 구분하자는 내용이다. 그리고 ⑧ 기존의 수동적인 측면이 강한 자문사항에 대해 심의와 답신의 능동적 의견을 건의할 수 있도록 하자는 내용이다.

이 자료의 말미에는 여기에 대한 각 방면의 다양한 의향을 싣고 있는데, 당 시기 총독부는 이러한 개혁 의견이 중추원으로 하여금 민의를 대표하는 대의기관에 대용하려는 것이라고 여기고 경계하며 이 개혁건의는 받아들여지지 않았던 것으로 생각된다.

[가치정보]

이 기록은 첫 페이지에는 "비(祕)"라는 붉은 도장이 찍혀 있다. 아마도 당시 중추원 개혁에 관한 논의 속에 그 타당성 여부를 살피기 위해 내부에서 작성된 의견서로 보인다. 이때 논의 내용은 일부 다른 기록에서 언급된 부분도 있으나 여기서는 그러한 방안을 제시한 이유에 대해서도 자세히 언급하고 있다. 따라서 비록 실행에 옮겨진 계획은 아니었지만 이 시기 중추원의 문제와 여기에 대해 제기되고 있던 개선의 방안을 자세히 살필 수 있다는 점에서 자료로서의 가치가 있다.

III-3-5-20. 조선구관제도 조사사업개요 원고(소화 12년 12월)

관리기호	기록번호	자료명	
B-1-400	-	朝鮮舊慣制度調查事業槪要原稿 (昭和十二年十二月)	
작성자	생산기관	생산 연도	
-	중추원	1937	
지역	언어	분량	소장기관
-	일본어	472면	수원시박물관
키워드	관습조사, 조선구관제도조사사업, 부동산법조사회, 중추원, 구관조사		

[기본정보]

이 자료는 조선총독부 중추원이 1938년에 발행한『조선구관제도조사사업개요』간행 이전의 원고 초고이다. 이 원고는 1937년 12월에 작성된 것으로 보이며, 1906년부터 1937년까지 일제에 의하여 수행된 관습조사사업 및 그 부속사업의 개요를 역사적으로 기술한 것이다. 이 책자의 말미에는 중추원의 구관자문 사항이 첨부되어 있다.

[세부목차]

표제
제목
범례
목차
緖言
第1章 韓國政府時代
 第1節 不動産法調查會
  第1項 不動産法調查會槪要
  第2項 不動産에 關한 調查書 기타 刊行
   第1目 韓國不動産에 關한 調查記錄 刊行
   第2目 不動産信用論

　　第3目 韓國不動産에 關한 慣例第一綴

　　第4目 韓國不動産에 關한 慣例第二綴

　　第5目 韓國에서 土地에 關한 權利一班

　　第6目 韓國土地所有權의 沿革을 論함

　第2節 法典調査局

　第1項 朝鮮民事令

　第2項 朝鮮刑事令

　第3項 民事訴訟法案

　第4項 商法

　第5項 民籍法

　第6項 調査書의 刊行

　　第1目 慣習調査報告書

　　第2目 不動産法調査要錄

第2章 朝鮮總督府時代

　第1節 朝鮮總督府取調局

　第1項 取調局에서의 調査

　第2項 圖書의 整理

　第3項 譯文大典會通의 飜刻

　第4項 朝鮮語辭典의 編纂

　第5項 朝鮮圖書解題의 編纂

　第2節 參事官室

　第1項 舊慣調査

　第2項 考事資料蒐集

　　第1目 朝鮮金石文의 蒐集 및 金石總覽 刊行

　　第2目 朝鮮圖書及各郡邑誌

　　第3目 古文書及冊板 其他

　第3項 朝鮮活字 整理

　第4項 版木 整理

　第5項 大藏經 奉獻

第3章 中樞院時代

第1節 中樞院에서 舊慣及附屬事業槪要

第2節 民事慣習調査

第3節 舊慣審査委員會

第4節 舊慣及制度調査委員會

第5節 民事慣習에 關한 各種調査書 發行

　第1項 小作에 關한 慣習調査書

　第2項 民事慣習回答彙集

　第3項 李朝 財産相續法

第6節 商事慣習調査

第7節 制度調査

第8節 制度에 關한 調査書 및 資料 出版

　第1項 社還米制度 編纂

　第2項 經國大典 飜刻

　第3項 續大典 飜刻

　第4項 大典續錄 飜刻

　第5項 李朝法典考 編纂

　第6項 大明律直解 飜刻

　第7項 萬機要覽 飜刻

　第8項 註解大典會通 刊行(⟹大典會通 註解)

第9節 風俗調査

第10節 風俗調査 附屬事業

　第1項 朝鮮社會事情調査

　第2項 部落調査

第11節 風俗資料 刊行

　第1項 朝鮮 姓名氏族에 關한 研究調査

　第2項 朝鮮風俗資料集說扇·左繩·毬·匏

第12節 朝鮮史 編纂

　第1項 朝鮮半島史 編纂

　第2項 朝鮮史編纂委員會

第13節 朝鮮半島史 附屬事業

第1項 朝鮮人名辭書 編纂

第2項 日韓同源史 編纂

第14節 朝鮮歷史地理調查

第1項 朝鮮歷史地理 編纂

第2項 朝鮮地誌 編纂

第3項 新增東國輿地勝覽索引

第4項 世宗實錄地理志

第5項 慶尚道地理志·慶尚道續撰地理誌

第15節 一般調査資料 蒐集 및 編纂

第1項 古書·古文書 蒐集

第2項 吏讀集成 編纂

結語

附錄

第1 中樞院會議와 舊慣諮問

第2 年表

[내용정보]

원고는 24자 10행으로 총 240자로 되어 있으며 총 468면으로 11만 2,330 글자로 대단히 큰 원고 분량이다. 간행본과 비교해 보면, 각 면별로 글자의 첨삭이 다수 발견되며 초고에 다가 수정 가필하거나 먹칠한 것으로 간행직전의 초고임을 알 수 있다. 그렇지만 실제 이 원고초고와 간행본 사이에는 약간의 차이도 있어 원래 초고에서 지워지거나 혹은 없는 부분이 추가된 곳도 있었다. 자료의 내용은 조선에서의 구관제도조사사업의 시행 경과와 개요를 기술한 것인데, 먼저 구관 등의 조사는 부동산법조사회, 법전조사국 등 한국정부 시기부터 시작되었다. 특히 부동산법조사회의 설립에 대해 조선에서 구관 및 제도조사의 제1보를 이루었다고 강조하였는데, 이는 초고 원고에서는 없는 부분이었다. 부동산법조사회가 당시 한국 부동산에 관한 조사기록을 간행했다는 점을 부각시키기 위해 『부동산신용론(不動産信用論)』, 『한국부동산에 관한 관례 제1철(韓國不動産に關する慣例 第一綴)』, 『한국부동산에 관한 관례 제2철(韓國不動産に關する慣例 第二綴)』, 『한국에 있어서 토지에 관한 권리 일반(韓國に於ける土地に關する權利一班)』, 『한국토지소유권의 연혁을 논함 (韓國土地所有權の沿革を論す)』등의 자료를 간단히 목차와 내용을 소개하고 있다. 또한 법전

조사국에서는 민법 제정의 기초자료로 활용하기 위하여 전국적 규모로 관습조사를 시행했는데, 이에 대한 설명은 매우 간단하게 처리하였다. 대신에 조선민사령, 조선형사령, 민사소송법안, 상법, 민적법 등 제반 식민지 법제를 기술하였으며 법전조사국에서 간행한 조사서로는 『관습조사보고서』와 『부동산법조사요록』만을 들었다. 법전조사국이 조사한 조선관습의 조사 경위와 보고서 편찬에 대해서는 간단히 경과과정을 기술하였다. 1908년 5월부터 민상사 관습조사에 착수하였고, 1910년 9월 법전조사국의 폐지와 함께 관습조사를 중지하였으나 조사가 아미 완성에 가까운 상태였기 때문에 10월부터 잔무 정리와 보고서 편찬을 시작하여 12월에 탈고하였음을 기록하였다. 이어 구관조사 사무가 취조국으로 이관되어 1912년 3월말까지 관습조사에 새롭게 얻은 자료에 기초하여 기왕의 관습조사보고서를 정정 보완하여 속간(續刊)하였음을 밝혔다.

관습조사 사무는 한국병합 후에 조선총독부 취조국에서 인계받는데, 취조국은 1910년 9월 30일 칙령 제356호로써 직제가 마련되었다. 취조국은 법전조사국의 사무를 계승하여 구관제도조사의 제1보로서 중추원 조사과의 기원이 되었다. 취조국에서는 종래보다 조사의 범위를 확장하여 각지의 구관을 조사하고, 전적을 섭렵하여 제도 및 구관의 연원을 연구하기로 하고 토지제도, 친족제도, 면 및 동의 제도, 종교 및 사원의 제도, 서방 및 향교 제도, 양반에 관한 제도, 사색의 기원, 연혁 및 정치상 사회상에서 세력 관계, 사례(四禮)제도, 상민의 생활상태, 조선의 구빈(救貧)제도, 조선에서 행해진 중요 구법전의 번역, 조선에서 농가경제, 조선의 통치에 참고할 수 있는 구미 각국의 속영지 및 식민지 제도 연구, 구법전조사국에서 수행한 조사사항의 정리, 지방제도, 관개에 관한 구관 및 제도, 압록강 및 두만강에 대한 조사, 조선어사전의 편찬 등 18개 조사 항목을 정하였다. 『사업개요』에서는 당시 취조국에서 정리한 사업으로 도서의 정리를 비롯하여 『역문 대전 회통(譯文 大典會通)』 번각(飜刻), 『조선어사전』, 『조선도서해제』 등의 편찬을 설명하였다.

1912년 4월 조선총독부관제 개정으로 인하여, 취조국을 폐지하고 사무 일체를 본부 참사관 관장으로 옮겨졌다. 구관조사에 대해서는 조사의 범위를 종래 민사 및 상사의 전반의 필요에 한한 것이었지만, 민사령의 규정에 의해 관습의 적용을 인정할 수 있는 사항의 범위를 넘지 않는 범위로 축소되었다. 이어 참사관실에서 담당했던 작업으로 제반 자료수집을 강조하여 조선금석문의 수집 및 『금석총람(金石總覽)』 간행, 조선도서, 각군읍지, 고문서 및 책판 기타, 조선활자, 판목(版木)의 정리, 대장경 봉헌 등을 기술하였다.

이후 1915년 5월에는 다시 조선총독부 관제가 개정되어서 중추원에서 구관조사사무를 담당하게 되었다. 중추원에서는 1) 사법에 관한 관습의 조사를 완결하고 편찬을 할 것, 2) 널리 구래의 제도를 조사할 것, 3) 행정상 및 일반이 참고가 될 만한 풍속 습관을 조사 편성할 것 등 조사방침을 정하였다. 이에 따라 민사관습의 상세한 조사항목과 추진 내용을 설명하였으며, 특히 민사관습조사보고서의 기술 예정 기간을 미리 정하여 친족에 대해서는 1930년 8월 이후 4년간, 상속에 대해서는 1934년 9월부터 2년간, 물권에 대해서는 1936년 2월 이후 1년 11개월간, 채권은 1938년 1월부터 3년 11개월간, 총칙에 대해서는 1941년 12월부터 1942년 12월까지 1년 1개월간 등 장기적인 민사관습조사 예정 계획을 수립하기도 하였다. 이후 1920년대에는 관습조사, 민속조사, 제도조사 등으로 구분하여 조사를 시행하였고 이외에도 구관조사의 부속사업으로 조선사 편찬, 조선인명사전의 편찬, 조선역사지리서의 편찬, 고문서 수집 등의 사업도 추진하였다. 이 자료에는 1918년 9월에 중추원 산하에 설립된 구관심사위원회의 활동과 1921년 1월에 다시 제기된 구관조사의 방침에 따른 구관급제도조사위원회의 제반 규정과 활동도 함께 소개하고 있으며, 구관조사의 일환으로 각종 조사서의 발행 내역도 구체적으로 소개하고 있다. 대표적으로 『소작에 관한 관습조사서(小作ニ關スル慣習調査書)』, 『민사관습회답휘집(民事慣習回答彙集)』, 『이조재산상속법(李朝財産相續法)』, 『상사관습조사(商事慣習調査)』, 『사환미제도(社還米制度)』 등을 소개하였으며, 그 밖에 『경국대전』을 비롯하여 『속대전』, 『대전속록』, 『대명률직해』, 『만기요람』, 『대전회통』 등의 간행을 소개하였다. 또한 중추원에서 행한 풍속조사와 그 일환으로 조사된 풍속조사 자료 및 성명씨족에 관한 조사 내용 등을 기술하였다. 또한 마지막 부분에서는 조선사의 편찬을 소개하면서 조선사편찬위원회의 설립과 조선반도사 부속사업을 소개하고, 조선 역사지리서로서 『조선지지』, 『신증동국여지승람색인(新增東國輿地勝覽索引)』, 『세종실록지리지(世宗實錄地理志)』, 『경상도지리지(慶尚道地理志)』·『경상도속찬지리지(慶尚道續撰地理誌)』 등을 소개하였다. 부록에는 중추원의 회의 및 구관자문 사항이 수록되어 있고, 마지막으로는 정리 연표가 붙어 있다.

[가치정보]

이 원고 자료는 부동산법조사회부터 조선총독부 중추원에 이르는 약 30여 년간의 구관조사 활동을 기록, 출판한 『조선구관제도조사사업개요(朝鮮舊慣制度調査事業槪要)』의 원고본으로 구한국 시기와 일제의 조선총독부 시기 일제의 관습조사의 방침과 시기적 변동을 체계적으로 파악할 수 있는 자료이다. 원고본은 간행본과 일부에서 차이를 보이고 있으나 대체로 초고 원고를 대부분 반영한 것으로 보이지만, 일부 가필, 삭제 등의 기록을 통하여 원고본의 가감여부를 알 수 있다. 일제가 수행한 조선의 관습조사와 그 조사연혁 및 조사결과물의 간행 등에 대해 전반적인 상황을 잘 파악할 수 있는 자료이다.

III-3-5-21. 조선구관제도조사사업개요

관리기호	기록번호	자료명	
朝21-46	-	朝鮮舊慣制度調査事業概要	
작성자	생산기관	생산 연도	
-	중추원	1938	
지역	언어	분량	소장기관
-	일본어	210면	국립중앙도서관
키워드	구관, 관습조사, 구관조사, 민속, 제도조사, 관습, 관습법		

[기본정보]

이 자료는 조선총독부 중추원이 1938년에 발행한 것으로, 1906년부터 1937년까지 일제에 의하여 수행된 관습조사사업 및 그 부속사업의 개요를 역사적으로 기술한 것이다. 이 책자의 말미에는 중추원의 구관자문 사항이 첨부되어 있다.

[세부목차]

緒言
第一章 韓國政府時代
 第一節 不動産法調査會
  第一項 不動産法調査會概要
  第二項 不動産에 관한 調査書 및 기타의 刊行
   第一目 韓國不動産에 관한 調査記錄의 刊行
   第二目 不動産信用論
   第三目 韓國不動産에 관한 慣例 第一綴

　　　第四目 韓國不動産에 관한 慣例 第二綴

　　　第五目 韓國에서 土地에 관한 權利 一班의 刊行

　　　第六目 韓國土地所有權의 沿革을 論한다

　　第二節 法典調査局

　　　第一項 朝鮮民事令

　　　第二項 朝鮮刑事令

　　　第三項 民事訴訟法案

　　　第四項 商法

　　　第五項 民籍法

　　　第六項 調査書의 刊行

　　　　第一目 慣習調査報告書

　　　　第二目 不動産法調査要錄

　第二章 朝鮮總督府時代

　　第一節 朝鮮總督府取調局

　　　第一項 取調局에서 調査

　　　第二項 圖書의 整理

　　　第三項 譯文大典會通의 飜刻

　　　第四項 朝鮮語辭典의 編纂

　　　第五項 朝鮮圖書解題의 編纂

　　第二節 參事官室

　　　第一項 舊慣調査

　　　第二項 考事資料蒐集

　　　　第一目 朝鮮金石文의 蒐集 및 金石總覽의 刊行

　　　　第二目 朝鮮圖書及各郡邑誌

　　　　第三目 古文書 및 冊板 기타

　　　第三項 朝鮮活字의 整理

　　　第四項 版木의 整理

　　　第五項 大藏經의 奉獻

　第三章 中樞院時代

　　第一節 中樞院의 舊慣 및 附屬事業槪要

第二節 民事慣習調査

第三節 舊慣審査委員會

第四節 舊慣及制度調查委員會

第五節 民事慣習에 관한 各種調査書의 發行

　第一項 小作에 관한 慣習調査書

　第二項 民事慣習回答彙集

　第三項 李朝의 財産相續法

第六節 商事慣習調査

第七節 制度調査

第八節 制度에 관한 調査書 및 資料의 出版

　第一項 社還米制度의 編纂

　第二項 經國大典의 飜刻

　第三項 續大典의 飜刻

　第四項 大典續錄의 飜刻

　第五項 李朝法典考의 編纂

　第六項 大明律直解의 飜刻

　第七項 萬機要覽의 飜刻

　第八項 大典會通의 註解

第九節 風俗調査

第十節 風俗調査의 附屬事業

　第一項 朝鮮社會事情調査

　第二項 部落調査

第十一節 風俗資料의 刊行

　第一項 朝鮮의 姓名氏族에 관한 研究調査

　第二項 朝鮮風俗資料集說扇·左繩·毬·匏

第十二節 朝鮮史의 編纂

　第一項 朝鮮半島史의 編纂

　第二項 朝鮮史編纂委員會

第十三節 朝鮮半島史의 附屬事業

　第一項 朝鮮人名辭書의 編纂

　　第二項 日韓同源史의 編纂

　第十四節 朝鮮歷史地理調査

　　第一項 朝鮮歷史地理의 編纂

　　第二項 朝鮮地誌의 編纂

　　第三項 新增東國輿地勝覽索引

　　第四項 世宗實錄地理志

　　第五項 慶尙道地理志·慶尙道續撰地理誌

　第十五節 一般調査資料의 蒐集 및 編纂

　　第一項 古書, 古文書의 蒐集

　　第二項 吏讀集成의 編纂

結語

附録

第一 中樞院會議와 舊慣諮問

第二 摘要年表

[내용정보]

　이 자료는 조선에서의 구관제도조사사업의 개요를 기술한 것으로, 구관 등의 조사는 중추원에서 주로 수행하였으나 부동산법조사회, 법전조사국 등 한국정부 시기부터 시작되었다. 부동산법조사회는 일본인의 부동산 취득을 합법화하기 위하여 추진되었으며 법전조사국에서는 민법 제정의 기초자료로 활용하기 위하여 전국적 규모로 관습조사가 시행되었다. 그러나 법전조사국의 입법활동은 1910년에 한국을 일제가 강제 병합하면서 『관습조사보고서』라는 제목으로 편찬하는 것으로 마무리되었다. 이후 조선총독부는 1912년에 조선민사령을 제정하였는데, 조선민사령에서 모든 민사사건은 일본 민법을 의용하기로 하였고 친족상속에 관해서는 관습으로 규율하기로 결정하였다. 그리고 부동산물권의 종류 및 효력에 대해서는 일본 민법상의 물권과 함께 조선 재래의 물권도 인정하여 부분적으로만 관습이 법적 효력을 가지게 되었다.

　관습조사 사무는 한국병합 후에 조선총독부 취조국에서 인계받았는데 취조국은 1910년 9월 30일 칙령 제356호로써 직제가 마련되어 법전조사국의 사무를 계승하게 되었다. 이것이 조선총독부에서의 구관제도조사의 시초(제1보)로서 현재 중추원 조사과의 기원이 된다. 취조국에서는 한국병합의 결과, 구제도 관습 등을 조사할 필요가 한층 절실해져서 종래보다 조사의 범위를 확장하고, 행정상 각반의 시설에 자료를 제공하며, 또 사법재판의 준칙이 될 만한 관습을 제시하고 동시에 조선인에게 적합한 법제의 기초를 확립하기 위하여 조선 전역에 걸쳐서 각지의 관습을 조사하고, 또 전적(典籍)을 섭렵하여 제도 및 관습의 연원을 탐구하기로 하고 18개 항목으로 구성된 조사사항을 정하였다.

1912년 4월 조선총독부관제 개정으로 인하여, 취조국을 폐지하고 종래 취조국에 속한 사무 일체를 본부 참사관 관장으로 옮겼다. 참사관실은 종래에는 민사 및 상사의 전반을 조사할 필요가 있었으나 금후에는 민사령의 규정에 의해서 관습의 적용을 인정한 사항의 범위를 벗어날 필요가 없기 때문에 (1) 조선인의 능력 및 무능력자의 대리에 관한 관습 (2) 조선인의 친족에 관한 관습 (3) 조선인의 상속에 관한 관습 (4) 조선내 부동산에 관한 권리의 종류, 효력 및 그 득상변경에 대한 특별한 관습 (5)조선인과 관계가 없는 사건에 대해서 공의 질서에 관계없는 규정과는 다른 관습 등으로 조사의 범위가 축소되었다.

1915년에는 다시 조선총독부 관제가 개정되어서 중추원에서 구관조사사무를 담당하게 되었다. 중추원에서는 일(一). 사법에 관한 관습의 조사를 완결하고 편찬을 할 것. 이(二). 널리 구래의 제도를 조사할 것. 삼(三). 행정상 및 일반이 참고가 될 만한 풍속 습관을 조사 편성할 것 등 조사방침을 정하여 구관조사를 시행하였다. 1920년대에는 관습조사, 민속조사, 제도조사 등으로 구분하여 조사를 시행하였고 이외에도 구관조사의 부속사업으로서, 조선사 편찬, 조선인명사전의 편찬, 조선역사지리서의 편찬, 고문서 수집 등의 사업도 추진하였다.

[가치정보]

이 책자는 부동산법조사회부터 조선총독부 중추원에 이르는 약 30여 년간의 구관조사 활동의 핵심만을 요약한 것으로, 일제의 관습조사의 방침과 그 변동 상황을 한눈에 파악할 수 있는 장점이 있다. 또한 조사기관별로 구관조사의 특징이 나타나므로 시대적 변천에 따른 관습조사의 양상을 잘 파악할 수 있다.

III-3-5-22. 사무일지

관리기호	기록번호	자료명	
B-1-158	-	事務日誌	
작성자	생산기관	생산 연도	
-	조선총독부 중추원	1938	
지역	언어	분량	소장기관
-	일본어	60면	수원시박물관
키워드	중추원, 일지, 참의, 문서과장, 재무과장, 정무총감		

[기본정보]

이 자료는 1938년 1월 1일 오전 10시 30분 오다케 주로(大竹十郎) 서기관장 이하 중추원과 조선사편수회의 직원들이 모여 의장실에서 신년식을 거행했다는 기록을 시작으로 한해 동안 이루어진 사무의 내용을 담고 있다.

[내용정보]

이 자료는 조선총독부 중추원의 1938년 사무일지이다. 그 내용을 간략히 보면, 문서과장이 총독훈시를 송부한 건 접수 …… '정무총감의 헌납자에 대한 감사장 교부의 건(1월 25일)', '하라다(原田) 사무관 황군 위문차 출장(1월 28일)', '신경(新京) 치안부에서 조선풍속 구관 등에 관한 인쇄물 조회의 회답시행(2월 1일)', '동경 학습원 및 경성제일고등보통학교장 신분조회의 건 시행(2월 8일)', '문서과장 관청간행 도서목록의 건 시행(3월 1일)', '참의 최지현 등 출장에 관한 건 시행(3월 7일)', '이왕직 서무과장 신분취조 접수 회답 시행(3월 8일)', '제19회 중추원 회의 개최의 건과 중추원회의 자문사항 송부건의 시행(4월 28일)' '학무국장 제17회 조선미술전람회개최에 관한 건 회답 시행(5월 4일)', '정무총감 국민정신총동원 근로보국운동에 관한 건 시행(6월 27일)' 등의 내용을 볼 수 있다.

이 기록에는 이와 같이 인사이동, 각 부서과장의 출장, 학교장이나 보직자에 대한 신원조회, 중추원 참의의 임명과 사직에 관한 사항 등 조선총독부 정무총감 이하 각 부서에서 시행한 관련 사무에 대해 기록하고 있다.

사무의 내용은 그 시행사항에 대해서만 간략히 기술되어 있다. 그러나 1938년 조선총독부 중추원에서 이루어진 각종 사무를 일자별로 확인할 수 있기 때문에, 다른 기록을 참고한다면 해당년도 이루어진 주요한 사무를 추적해 볼 수 있는 보조자료가 될 수 있다.

III-3-5-23. 백두산을 중심으로 한 자원조사에 관한 건

관리기호	기록번호	자료명		
B-1-691	-	白頭山ヲ中心トスル資源調査ニ關スル件		
작성자	생산기관	생산 연도		
-	조선총독부 중추원	1939		
지역	언어	분량	소장기관	
함경북도 백두산	일본어	8면	수원시박물관	
키워드	백두산, 경성약학전문학교, 함경북도, 자원조사			

[기본정보]

이 자료는 백두산에 대한 자원조사를 위해 함경북도지사가 전문가 파견을 위해 경성약학전문학교장에게 보낸 문건에 취의서(趣意書), 백두산 자원조사요강, 백두산자원조사반, 백두산자원조사대 경비개산서(經費槪算書) 등 총 8면으로 구성되어 있다.

[내용정보]

백두산 자원조사에 전문가 파견을 위해 함경북도지사가 경성약학전문학교장에게 보낸 문건에 함경북도산업협회장의 백두산 조사취지서가 첨부되어 있음. 또 백두산 자원조사 요강으로 조사목적, 조사방법, 조사반의 편성과 그 담당사항, 각반의 요원, 조사보고회의 개최, 소요경비, 문의처 등에 대해 정리했다. 조사반은 농무반, 축산반, 산림반으로 구성하였고 그 일정과 소요경비 개산서(槪算書)가 정리되어 있다.

[가치정보]

이 자료는 1930년대 후반 백두산 자원조사를 위한 것이지만 이를 통해 1930년대 후반 국토에 대한 조사, 자원조사 등에 대한 관습을 파악할 수 있다는 점에서 의미가 있다.

III-3-5-24. 경상남도조사보고서

관리기호	기록번호	자료명	
中B13G-9	제41호	慶尙南道調査報告書	
작성자	생산기관	생산 연도	
-	조선총독부 중추원	-	
지역	언어	분량	소장기관
경상남도	일본어	74면	국사편찬위원회
키워드	경상남도, 합천, 거창, 안의, 함양, 산청, 단성, 의령, 함안		

[기본정보]

이 자료는 조선총독부 중추원에서 경상남도 합천군(陜川郡) 등 경상남도 8개군에 대해 조사한 것이다. 작성자와 생상년도는 미상이나 조사 시기는 6월 8일~27일 사이이다. 복명서는 없다. 이 자료는 모두 74면이다.

[내용정보]

이 자료는 조선총독부 중추원에서 경상남도 합천군(陜川郡)[6월 8~9일], 거창군(居昌郡)[6월 12~13일], 안의군(安義郡)[6월 14~15일], 함양군(咸陽郡)[6월 17일], 산청군(山淸郡)[6월 18일], 단성군(丹城郡)[6월 19일], 의령군(宜寧郡)[6월 25일], 함안군(咸安郡)[6월 27일] 등 8개군에 대해 조사한 것이다([ ]안의 날짜는 조사 시기). 조사자 및 작성자는 알 수 없으나 응답자는 각 군의 군수(郡守)나 주사(主事), 서기(書記) 등으로 각각 이름이 기록되어 있다. 각 군별 조사사항은 총 10항(1항은 세목 총 10개)으로 질문 내용은 없고 응답사항만 기록되어 있다. 제1항은 인민이 토지를 소유하기 시작한 시대, 군내 평원인 황무지 개간 등의 사례 등(세목 1), 제한 및 부담 사항(세목 2), 채차료(債借料)의 지불 등(세목 5), 공유지(세목 6), 지상권과 소작권(세목 7), 관유지(세목 9), 권매(權賣)(세목 10) 등 총 10개 세목에 대한 답변이며, 제2, 3항은 역둔전, 제4항은 양안, 제5항은 매매, 제6항은 문기(文記), 제7항은 전답의 강계(疆界)에 대한 답변 등이다.

[가치정보]

이 자료는 경상남도 합천군 등 8개군에 대한 조사사항을 정리한 것으로 토지와 관련된 지상권, 소작권, 관유지, 권매, 역둔전, 양안, 매매, 문기, 전답의 강계 등에 대한 관습을 알 수 있다는 점에서 의미가 있다.

III-3-5-25. 관습 급 제도조사 연혁 기고 상황

관리기호	기록번호	자료명	
中B14-15	-	慣習及制度調査沿革起稿狀況	
작성자	생산기관	생산 연도	
-	중추원	-	
지역	언어	분량	소장기관
-	일본어	208면	국사편찬위원회
키워드	관습조사, 제도조사, 풍속조사, 중추원		

[기본정보]

이 자료는 조선총독부가 1938년에 발행한 '조선구관급제도조사사업개요'를 작성하기 위하여 작성한 것으로서 각년도별로 관습조사의 연혁의 원고 집필 현황을 기록한 것이다.

[내용정보]

이 자료는 각년도별로 관습 및 제도조사의 연혁을 집필 현황을 간략히 기록한 것이다. 조선총독부가 관습조사 연혁에 관한 종합보고서를 작성하기로 결정한 것은 1922년 9월이었는데 이 시기부터 매년 관습조사에 관한 각종 자료를 수집하고 관련 기록물을 정리하였다. 이 자료의 특징은 1906년 부동산법조사회, 1907년 법전조사국, 1910년 취조국, 1912년 참사관실, 1915년 중추원 등에서 관습 및 제도 조사를 수행한 개요를 기록하고 있다. 이와 함께 구관(舊慣)과 관계된 주요 기구, 즉 1921년 4월 30일에 설치된 구관급제도조사위원회(舊慣及制度調査委員會)의 규정과 주요 심의사항을 소개하고 있다. 이 자료는 구관제도조사사업의 연혁의 각장과 주요 내용을 기록하고 있다.

[가치정보]

이 자료의 특징은 관습 및 제도조사 연혁에 관계된 자료를 그대로 소개하고 있어서 부동산법조사회부터 중추원까지 생산, 수집된 핵심 자료의 현황을 잘 파악할 수 있으며 약 164책을 참고하였음을 알 수 있다.

III-3-5-26. 금강산 보승조사 상원촉탁 구두복명개요

관리기호	기록번호	자료명	
B-1-744	-	金剛山保勝調査上原囑託口頭復命概要	
작성자	생산기관	생산 연도	
上原	조선총독부 중추원	-	
지역	언어	분량	소장기관
금강산	일본어	7면	수원시박물관
키워드	금강산, 보승		

[기본정보]

이 자료는 촉탁 우에하라(上原)가 금강산 보승(保勝)조사에 대해 구두로 보고한 것을 요약 정리한 것으로 7면으로 구성되어 있다.

[내용정보]

촉탁 우에하라(上原)가 제1기 기본계획을 보고한 것으로 보승지역의 경계, 내외금강의 연결, 경승지역내의 구분, 시업(施業)계획, 노망(路網)계획, 시가계획, 피난시설 등에 대해 보고하였다. 마지막 부분에 우에하라와 같이 금강산을 조사했던 다무라(田村)의 복명에 대한 개최에 대해 기술하고 있다.

[가치정보]

이 자료는 금강산 개발과정에서 있었던 조사 사항을 파악할 수 있다는 점에서 의미가 있다.

III-3-5-27. 4-내3 경주

관리기호	기록번호	자료명	
B-1-736	-	四ノ內三 慶州	
작성자	생산기관	생산 연도	
-	조선총독부 중추원	-	
지역	언어	분량	소장기관
경주	국한문	275면	수원시박물관
키워드	보(洑), 능, 사찰, 임야, 단, 묘		

[기본정보]

이 자료는 경주군에 설치된 들판, 산곡(山谷), 대(臺), 종(鍾), 전(殿), 능(陵), 비(碑), 사찰(寺刹), 성(城), 고(庫), 임야, 천(川), 보(洑), 지(池), 단(壇), 묘(墓), 제(堤), 주막 등에 대한 조사를 정리한 것으로 총 275면으로 구성되어 있다.

[내용정보]

경주군 부내면, 내남면, 내동면, 천북면, 견화면(見谷面), 강동면, 강서면, 서면, 산내면,

읍면, 동면, 남면, 북면, 상읍면, 초동면, 이동면, 현내면 등 경주군 전체 면에 소재한 들판, 산곡, 대, 종, 전, 능, 비, 사찰, 성, 고, 임야, 천, 보, 지, 단, 묘, 제, 주막 등에 대해 종별, 한자명, 한글명, 비고, 소재지, 군청과의 거리 등으로 구분하여 조사한 것을 정리하였다.

[가치정보]

이 자료는 1910년대 경주군의 현황을 파악할 수 있다는 점에서 의미가 있다.

III-3-5-28. 이조직원

관리기호	기록번호	자료명	
B-1-680	-	**李朝職員**	
작성자	생산기관	생산 연도	
-	조선총독부 중추원	-	
지역	언어	분량	소장기관
-	한문	197면	수원시박물관
키워드	의장, 부의장, 의관, 참사관, 주사		

[기본정보]

이 자료는 1895년(개국 504) 4월 1일 의장(議長)으로 임명된 정범조(鄭範朝)를 비롯하여 1904년(광무 8) 10월 12일에 주사로 임명된 오규식(吳圭植)까지 중추원 명단을 정리한 것으로 총 197면으로 구성되어 있다.

[내용정보]

중추원 직원명단으로 제1목은 의장(議長)으로 1895년(개국 504) 4월 1일 임명된 정범조(鄭範朝)를 비롯한 9명의 명단이 있다. 제2목은 부의장으로 1895년 4월 1일 임명된 김영수(金永壽)를 비롯한 9명의 명단이 있다. 제3목은 1등의관으로 1895년 4월 1일 임명된 민영환을 비롯한 280명의 명단이 있다. 제4목은 2등의관으로 1895년 4월 1일 임명된 이재곤을 비롯한 261명의 명단이 있다. 제5목은 3등의관으로 1896년(건양 원년) 7월 13일에 임명된 임면호(任冕鎬)를 비롯한 264명의 명단이 있다. 제6목은 명예의관으로 1899년(광무 3) 9월 25일에 임명된 신태관(申泰寬)을 비롯한 1038명의 명단이 있다. 제7목은 참사관으로 1895년4월 1일 임명된 주영대(朱榮大)를 비롯한 15명의 명단이 있다. 제8목은 주사로 1895년 4월 1일 임명된 백남규(白南奎)를 비롯한 10명의 명단이 있다.

[가치정보]
이 자료는 1895년부터 중추원 의장을 비롯하여 주사에 이르기까지 그 명단을 파악할 수 있다는 점에서 의미가 있다.

III-3-5-29. 일본공사취직연월

관리기호	기록번호	자료명	
B-1-644	-	日本公使就職年月	
작성자	생산기관	생산 연도	
-	조선총독부 중추원	-	
지역	언어	분량	소장기관
-	일본어	5면	수원시박물관
키워드	일본공사, 특명전권공사, 공사관		

[기본정보]
이 자료는 명치 10년 9월 부임한 하나부사 요시모토(花房義質)부터 명치 32년 6월 부임한 하야시 곤스케(林權助) 특명전권공사까지 14명의 일본공사의 취임일과 공사관명(公使官名)을 기재하였으며, 주요대리공사의 인명도 함께 정리한 것으로 총 5면으로 구성되어 있다.

　명치 10년 9월 하나부사 요시모토(花房義質)를 시작으로 명치 15년 11월 다케조에 신이
치로(竹添進一郞), 명치 23년 12월 가와키타 도시스케(河北俊弼), 명치 24년 4월 가지야마
데이스케(梶山鼎介), 명치 26년 1월 오이시 마사미(大石正巳), 명치 26년 7월 오토리 게이스
케(大鳥圭介), 명치 27년 이노우에 가오루(井上馨), 명치 28년 9월 미우라 고로(三浦梧樓),
명치 28년 10월 고무라 주타로(小村壽太郞), 명치 29년 7월 하라 다카시(原敬), 명치 30년
2월 가토 마스오(加藤增雄), 명치 32년 6월 하야시 곤스케(林權助)까지 11명의 공사가 중복
되어 임명되고 있었다.

[가치정보]

　이 자료는 일본공사의 취임시기를 알 수 있다는 점에서 의미가 있다.

III-3-5-30. 제1회 간사회 금강산풍경계획안

관리기호	기록번호	자료명	
B-1-745	-	第一回 幹事會 金剛山風景計劃案	
작성자	생산기관	생산 연도	
-	조선총독부 중추원	-	
지역	언어	분량	소장기관
금강산	일본어	23면	수원시박물관
키워드	금강산, 탐승, 박물관, 동식물원, 통신		

[기본정보]

　이 자료는 금강산 개발을 위해 간사회를 개최하고 그 계획안으로 금강산풍경계획안을
작성한 것으로 다무라(田村)씨안, 우에하라(上原)씨안, 제1안, 제2안으로 4개 안을 각 항목별
로 비교 정리하였으며, 총 23면으로 구성되어 있다.

[내용정보]

계획안은 다무라(田村)씨안, 우에하라(上原)씨안, 제1안, 제2안을 각 항목별로 구별하여 비교 정리하였다. 그 내용은 탐승(探勝)시설지역으로 특별제한지역, 보통지역의 지정, 시설로 시설집중지역, 도로로 간선도로, 탐승로 설치, 통신시설, 숙박설비 구축, 교화 및 오락시설로 박물관, 천연동식물원, 소운동장 설치, 관리경영 등에 대한 사항 등에 대해 정리하였다.

[가치정보]

이 자료는 조선총독부의 금강산 개발과정을 파악할 수 있다는 점에서 의미가 있다.

III-3-5-31. 조사자료서목

관리기호	기록번호	자료명	
中B17B-81	-	**調査資料書目**	
작성자	생산기관	생산 연도	
-	중추원	-	
지역	언어	분량	소장기관
-	한문	17면	국사편찬위원회
키워드	조사자료, 삼국유사, 삼국사기, 동국통감, 제도조사		

[기본정보]

이 자료는 중추원이 한국의 각종 역사서 및 문집류를 조사한 것이다. 고려시대와 조선시대의 각종 역사서 및 문집류의 서명 및 권수를 기술하고 있는데 어떠한 목적으로 조사하였는지를 파악할 수는 없다. 아마도 제도조사, 관습조사, 풍속조사의 일환으로서 조선 재래의 각종 문헌류의 현황을 조사한 것이 아닐까 생각된다.

[내용정보]

이 자료집에 기록된 역사서 및 문집류는 다음과 같다. 『삼국유사』, 『동국통감』, 『동사강목』, 『여지승람』, 『대한강역고』, 『기자지』, 『기자외기』, 『선왕유사기』, 『기전고』, 『동국문헌비고』, 『각읍지』, 『양촌집』, 『수산집』, 『사기』, 『한서』, 『위서』, 『삼국지』, 『삼국사기』 등이다.

삼국시대에는 『삼국사기』, 『삼국사절요』, 『삼국유사』, 『동국통감』, 『동국통감제강』, 『동감통감외기』, 『동국사략』, 『동사강목』, 『동국문헌비고』, 『대한강역고』, 『동국이상국집』, 『양촌집』, 『수산집』, 『미수기언』, 『동문선』, 『가락국기』, 『김해김씨보』 등이고 신라시대에는 제2기 서목 외에 『고려사』 등이고 고려시대에는 『고려사』, 『동국통감』, 『동사강목』, 『해동역사(海東繹史)』 등이고 조선시대에는 『국조보감』 등의 책이 기록되어 있다. 각 시대별로 기술한 자는 찬의와 부찬의 등이 참여하였다.

[가치정보]

이 자료는 한국의 각종 역사서 및 문집류를 조사한 것으로 각종 문헌류의 현황을 알 수 있을 뿐만 아니라 조선의 제도, 관습, 풍속 등을 파악하는 기초자료 목록이 될 수 있다는 점에서 의미가 있다.

III-3-5-32. 조선구관 및 제도조사 연혁의 조사(제18책)

관리기호	기록번호	자료명		
中C14D-3	-	朝鮮舊慣 및 制度調査 沿革의 調査(제18책)		
작성자	생산기관	생산 연도		
-	중추원	-		
지역	언어	분량	소장기관	
-	일본어	96면	국사편찬위원회	
키워드	관습조사연혁, 부동산법조사회, 법전조사국, 취조국, 참사관실, 중추원			

[기본정보]

이 자료는 조선총독부가 한국의 관습조사를 마무리하면서 1938년에 편찬한『조선구관급제도조사연혁』의 초고이다. 모두 18책으로 구성되어 있는데 현재 국사편찬위원회에는 2책만이 남아 있다. 제18책은 구관조사의 내용은 없이『조선구관급제도조사연혁』의 목차를 기록하고 있다.

[내용정보]

이 자료는 1938년에 편찬된『조선구관급제도조사연혁』의 최종판으로 보인다. 주요 목차만을 가지고 있다. 이전에 만들어진 17개 편책이 발견된다면『조선구관급제도조사연혁』에서 파악할 수 없는 상세한 내용을 이해할 수 있을 것을 기대한다. 이 책은 부동산법조사회, 법전조사국, 취조국, 참사관실, 중추원 등에서 시행한 관습조사사업의 항목을 기록하고 있으며 관습조사의 부속사업으로서 진행된 각종 사업도 나열하고 있다. 이 책을 비교하면 초안과『조선구관급제도조사연혁』간의 차이를 파악할 수 있다.

[가치정보]

이 자료는 조선구관급제도조사연혁의 초본으로 부동산법조사회 이후 중추원에 이르기까지 진행된 구관조사 등에 대해 알아 볼 수 있다는 점에서 의미가 있다.

Ⅲ-3-5-33. 위원회(분과회) 서류

관리기호	기록번호	자료명	
B-1-712	-	委員会(分科会)書類	
작성자	생산기관	생산 연도	
-	평안북도	1942~1944	
지역	언어	분량	소장기관
-	일본어	107면	수원시박물관
키워드	불노자(不勞者), 부인, 농업, 근로, 취직		

[기본정보]

이 자료는 1942년 평안북도에서 당시 각종 현황 중에서 특히 농촌문제, 노동력문제, 부인계몽운동 등의 대책을 정리한 것으로 총 107면으로 구성되어 있다.

[내용정보]

도시(都市) 불로자(不勞者)의 근로 대책으로 불로자의 조사와 등록, 취직의 알선(斡旋), 불로자의 훈련과 지도 등에 대해, 근로훈련대책에 대해서는 취지, 방침, 노력수급조정, 집단근로훈련 등으로 서술하고 있다. 이외에도 근로보국정신대원훈련요강을 통해 훈련대원, 대원수, 훈련장소, 훈련방법 등에 대해 밝히고 있다. 그리고 노무자원조사, 노무자원조사표기 등을 통해 농업호구표, 취로희망자(就勞希望者)표, 취로가능자(就勞可能者)표, 취로희망자기간별지역별표, 취로가능자기간별지역별표, 취로희망자직업별표, 취로가능자직업별표, 취로희망자전역표, 취로가능자전역표를 작성하였다. 또한 이농(離農)대책으로 정신적 지도, 저위(低位)농가의 생활안정, 부락협동의 강화에 의한 농가의 생활안정, 이농에 대한 농가의 보충, 위원회의 설치로 나눠 설명하고 있다. 농촌노동력조사요강으로는 일반적 방책, 부인에 대한 방책, 학생생도와 아동에 대한 방책, 기타로 나눠 설명하고 있다. 그리고 농업생산확충과 농촌노동력조정 등의 기본대책에 대해 조사하여 정리하였으며, 부인계몽운동요강은 전쟁기 여성에 대한 계몽에 관해 서술하고 있다.

[가치정보]

이 자료는 평안북도에서 조사한 것이지만 이를 통해 1940년대 노동문제, 농촌문제, 전쟁기 여성에 대한 계몽운동 등에 대해 파악할 수 있다는 점에서 의미가 있다.

III-3-5-34. 중추원 관제 개정에 관한 참고자료

	관리기호	기록번호	자료명	
	中B12B-20	-	中樞院官制改正ニ關スル參考資料	
	작성자	생산기관	생산 연도	
	-	중추원	미상	
	지역	언어	분량	소장기관
	-	일본어	100면	국사편찬위원회
	키워드	중추원, 참정권, 지방자치, 식민정책, 조선의회		

[기본정보]

이 자료는 조선총독부 중추원의 관제 개정에 필요한 기초 자료들을 묶은 것이다. 1930년대 초반으로 추정된다. 그 이유는 조선인의 참정권에 관한 의견을 수록한 것이 있는데 1932년 10월에 현준호(玄俊鎬)가 제출한 의견을 수록하고 있기 때문이다.

[내용정보]

주요 내용으로는 첫째 한국병합 당시 중추원을 설치한 이유, 중추원 관제 개정의 시기와 내용, 둘째 중추원 부의장, 고문, 참의(參議) 선임과 관계된 내규, 관례, 선임 이유(귀족, 관리 출신, 유식자로 구별하여 설치 당초와 다른 것), 셋째 중추원 제도 개정 또는 폐지에 관한 조선인측의 의향[참의(參議), 유식자(有識者) 등의 의견, 신문 잡지의 논조와 그 논지 등], 넷째 참정권 문제에 관한 조선인의 의향과 총독부의 방침, 다섯째 지방자치의 연혁과 실적 등을 중심으로 기록하였다. 이 중에서 주목할 것이 조선인의 참정권에 관한 동향이다.

조선인은 모두 참정권을 부여하는 것이 당연하다고 생각하면서도 그 방법에 대해서는 약간의 차이가 있었다. 일부 조선인은 중의원에 조선인도 참여할 수 있도록 제안하는가 하면, 또 다른 조선인은 중추원을 '조선의회(朝鮮議會)'로 변경하고 조선의회의 권한으로서, 법령의 제정에 관한 사항 및 조선예산안을 의결할 수 있도록 제안하였다. 특히 의원의 선출방법으로는 의원의 수는 약 130명(한 도 평균 10명)으로 한다. 이중 100명은 선거에 의해, 30명은 관선으로 한다. 민선은 인구 20만당 1인 정도, 관선은 상당한 자격을 갖춘 자로서 충당한다. 의원의 선거표준 (1) 선거권자의 자격 : 선거권자는 나이 만25세 이상의 남자로서 국세(國稅) 연액 3원 이상을 납부하는 자. (2) 피선거권자의 자격 : 나이 만30세 이상의 남자로서 독립 생계를 운영하는 자 등으로 제안하였다.

[가치정보]

이 자료는 조선총독부가 향후 중추원의 기능을 어떻게 개편하려 하였는가를 이해할 수 있는 내부자료이다. 이 당시 조선총독부는 중추원을 의회로 개편하고 입법을 담당하도록 계획했음을 알 수 있다. 특히 의원의 선출방법을 민선 및 관선 등으로 나누고 약 130여명을 선출하려 했음을 알 수 있다. 조선총독부의 조선의회 설립 구상은 현실화되지 않았으나 1930년대 초반 조선총독부의 식민정책을 파악할 수 있다는 점에서 중요한 자료이다.

III-3-5-35. 출장조사보고서

관리기호	기록번호	자료명	
中B6B-276	-	出張調査報告書	
작성자	생산기관	생산 연도	
趙範夏	중추원	미상	
지역	언어	분량	소장기관
이천, 여주 원주, 횡성	일본어	136면	국사편찬위원회
키워드	관습조사, 출장조사, 관혼상제, 혼례, 가옥, 계, 농작, 의약		

[기본정보]

이 자료는 중추원 촉탁이었던 조범하(趙範夏)가 4개 지역(이천, 여주, 원주, 횡성)의 관습을 출장조사한 후 보고한 복명서이다. 이 자료의 특징은 각 조사지역별로 관습의 응답자의 성명과 직업을 기록하고 있어서 사회사적 측면에서도 가치가 있다.

[내용정보]

이 자료의 조사 지역 및 응답자는 다음과 같다.

〈표〉 조사지역과 응답자

이천군	입회자	군수(郡守)	조한욱(趙漢勗)
	응답자	읍내면장(邑內面長)	조중철(趙重哲)
		구장(區長)	문건식(文健植)
		농사장려회장(農事奬勵會長)	박정수(朴鼎壽)
		약상(藥商)	정기용(鄭起鎔)
		신사(紳士)	유창규(柳昌珪)
여주군	입회자	군속(郡屬)	조병수(趙炳秀)
	응답자	주내면장(州內面長)	이세현(李世鉉)
		전관리(前官吏)	송문현(宋文賢)
		신사(紳士)	김홍제(金弘濟)
		신사(紳士)	김중배(金重培)
		신사(紳士)	전홍준(田泓俊)
		의생(醫生)	풍교순(馮敎淳)
원주군	입회자	군수(郡守)	이동진(李東鎭)
		군속(郡屬)	장재언(張在彦)
	응답자	원주면장(原州面長)	심의춘(沈宜春)
		전관리(前官吏)	안윤옥(安允玉)
		전관리(前官吏)	오유영(吳惟泳)
		신사(紳士)	김흥제(金興濟)
		농민(農民)	김만길(金萬吉)
		건등면 포진리구장(建登面 浦津里區長)	이훈교(李勳敎)
		신사(紳士)	채규문(蔡圭文)
		신사(紳士)	이환교(李煥敎)
횡성군	입회자	군수(郡守)	석명선(石明瑄)
	응답자	횡성면장(橫城面長)	정호봉(鄭鎬奉)
		향교직원(鄕校直員)	정호선(鄭鎬瑄)
		신사(紳士)	윤기혁(尹起赫)
		신사(紳士)	한동교(韓東敎)

조사 문제는 다음과 같다. 1) 관혼상제(冠婚喪祭)의 예식 중 경성(京城)과 다른 점, 2) 혼례에 관련하여 기이(奇異)한 풍습, 3) 가옥의 구조가 경성(京城)과 다른 점, 4) 농촌의 농작(農作) 풍습, 5) 각 계(契)에 관한 관례(혼상(婚喪) 및 농계(農契)와 같은 각 계의 명칭 및 집행의 실례), 6) 의약(醫藥)[주로 민간치료에 관한 것을 조사함] 등이다. 이 문제의 복명서(復命書) 중 의약(醫藥)에 관한 것은 현재 민간치료로서 그 지방에서 행해지는 것이고, 몇 개의 항목은 『방약합편(方藥合編)』에 의거한 것이다.[갈성(葛城)]

[가치정보]

이 자료는 이천, 여주, 원주, 횡성에서 행해지던 관혼상제, 농작, 계, 의약 등의 관습에 대해 조사한 것으로 서울과 다른 지방의 특징적인 관습에 관해 파악할 수 있다는 점에서 의미가 있다.

5) 법규에 관한 자료

III-3-6-01. 친족상속관계자료 : 이조실록 기타

관리기호	기록번호	자료명	
설송 345.6 J773cs	3899	친족상속관계자료 : 이조실록 기타	
작성자	생산기관	생산 연도	
-	조선총독부 중추원	-	
지역	언어	분량	소장기관
-	일본어	358면	서울대학교 도서관
키워드	친족, 상속, 실록, 양첩자, 공신		

[기본정보]

이 자료는 별도의 표지 없이 첫 장에 '친족상속에 관한 실록발췌(親族相續ニ關スル實錄拔萃)'라는 표제가 붙어있다. '친족상속관계자료(親族相續關資料) : 이조실록 기타(李朝實錄 其他)'라는 문서제목은 소장 도서관 목록자가 본문에 의거해 임의로 제(題)한 것이다.

[내용정보]

이 기록의 전반부는 조항을 달고 이와 관련된 실록의 기록을 제시하고 있다. 예를 들면 '천첩자한직(賤妾子限職)'이라는 항목을 달고 보충군에 편입시 천첩소생의 아들에게 품계에 따라 직품을 한정하는 문제와 관련된 기록을 발췌하고 있다(『세종실록』세종 10년 10월 무신). 이처럼 제시된 항목은 공신(功臣)의 양첩자(良妾子), 천첩자(賤妾子), 기첩자(妓妾子), 천서얼(賤庶孼) 등 신분관계에 따른 관직 서용의 한계, 취재수직, 승중, 봉사 등과 관련된 사항이다.

후반부의 기록은 '상속에 관한 자료(相續ニ關スル資料)'라는 별도의 표제와 함께 이들의 신분관계에 따른 재산 노비의 상속, 상속의 순위, 사후 양자, 상속권의 상실 등에 관한 실록의 관련기록을 발췌하여 싣고 있다. 이 기록의 상단 세주(細註)에는 제사상속 등의 용어가 반복적으로 기입되어 있다. 일본 민법의 가독상속(家督相續)개념을 도입하되 이를 곧 조선후기 제사를 받드는 제사상속을 근본적인 재산상속의 개념으로 파악함으로써 일본과는 다른 상속제도의 개념을 도입하여 해석하고 이해하고 있음을 살필 수 있는 기록이다.

[가치정보]

이 기록은 일제가 조선시기 봉사를 통해 가계를 계승하는 것을 '상속(相續)'의 개념으로 접근하고자 관련 기록을 발췌하여 기록하고 있다는 점에서, 조선시기 친족상속에 관한 일본인의 이해정도를 알 수 있다는 점에서 자료로써 살펴 볼만하다.

III-3-6-02. 토지에 관한 건 2(실록발췌)

관리기호	기록번호	자료명	
中B18E 130	260	土地ニ關スル件 二(實錄拔萃)	
작성자	생산기관	생산 연도	
-	조선총독부 중추원	-	
지역	언어	분량	소장기관
-	한문	131면	국사편찬위원회
키워드	토지, 둔전, 직전(職田), 과전, 전세		

[기본정보]

이 자료는 조선총독부 중추원에서 작성한 조선의 토지에 관한 문헌조사 보고서 가운데 두 번째 권이다. 문종으로부터 성종까지 조선전기의 왕조실록을 대상으로 토지에 관한 기사 122건을 발췌하여 수록하였다. 12줄의 조선총독부 중추원 용지에 기록하였다.

　이 자료는 조선왕조실록에서 토지에 관한 기사를 발췌하여 수록한 문헌조사 보고서이다. 원문을 옮겨 적은 후 붉은색으로 일본어 현토를 부기하였다. 기사별로 면을 달리하여 기록하였는데, 다양한 필체와 붉은색 ×표로 지운 내용이 다수 존재한다. 이로 볼 때, 이 자료는 실록의 기사를 여러 명이 정리한 후, 토지와 관련한 기사를 모아서 철한 초고임을 알 수 있다. 여기에는 문종즉위년인 1450년부터 1472년(성종 3)의 기간에 수록된 122건의 기사를 발췌하였는데,『문종실록』에서 4건,『세조실록』40건,『예종실록』에서 27건,『성종실록』에서 51건의 기사를 발췌하였다.

　보다 구체적으로 이 자료에 수록된 기사의 면면을 살피면, 각종 과전(科田)과 둔전(屯田)을 비롯한 토지제도와 농업과 관련한 제언(堤堰) 등 수리(水理), 양전(量田)과 전세(田稅), 재상(災傷)과 전택의 매매 등 토지 및 농경과 관련한 다양한 기사들이 수록되어 있다.『문종실록』에서 발췌한 4건의 기사들은 둔전과 성저(城底)의 민전(民田) 및 전제(田制)에 관한 기사이고,『세조실록』에서 발췌한 40건의 기사들도 다수가 둔전과 각종 과전 및 토지제도에 관한 기사들이다. 세조연간의 기사들에는 이 밖에 1466년(세조 12)의 제방과 제언 등 수리시설에 관한 기사와 이듬해인 1467년 과전을 혁파하고 직전을 설치하는 기사 등이 주목된다.

　『예종실록』에서 발췌한 27건의 기사들에서는 공신전과 사전(寺田) 등 사전(賜田) 관련 기사가 특히 많이 등장하고 있으며, 이밖에는 군정(軍政)과 관련하여 군정에게 보인을 지급하거나 군적을 개정하는 등의 기사가 수록되어 있다. 성종 초년인 1472년까지의『성종실록』발췌 기사 역시 기본적인 내용은 동일한 속에서 전세운영과 관련한 기사들이 주목된다. 전세의 수납과 재상(災傷), 양전, 공법(貢法), 연분(年分), 부세도피 등 전세와 관련한 기사들이 상대적으로 많이 수록되어 있다. 이 밖에 내수사(內需司)의 장리(長利)운영이나 전택매매문기와 관련한 기사들이 이 시기에 등장한다.

[가치정보]

　일제는 이미 한일합방 이전부터 조선의 토지에 대하여 조사, 연구를 수행해 왔다. 그리고 조선의 토지조사사업을 통감부 설치시기부터 계획하고, 그 준비과정으로서의 토지관습조사를 시행하기도 하였다. 근대적 토지제도의 확립이라는 평가도 있지만, 일제에 의한 조선토지조사사업은 목적과 과정에 있어 일제의 조선지배의 물적 기초로 확립하기 위한 정책이었다. 이와 같은 인식하에서 일제의 조선의 토지와 관련한 조사는 통감부

시기인 부동산법조사회와 법전조사국을 거쳐, 일제강점기의 조선총독부 취조국과 참사관실 및 중추원에 이르기까지 통감부시기로부터 일제강점기까지의 전 시기를 통하여 지속적으로 진행되었다. 조선총독부 중추원에서 작성한 이 자료집은 이와 같은 일제의 조선의 토지에 대한 지속적인 관심과 조사활동을 보여준다. 현재 국사편찬위원회에는 이와 유사한 자료로서 조선의 역대 왕조실록에서 전택에 관한 기사를 발췌한 문헌조사보고서 『전택에 관한 자료(田宅에 關한 資料)』 21책이 또한 현전한다.

III-3-6-03. 파양에 관한 자료(이조실록발췌)

관리기호	기록번호	자료명	
中B18E 131	-	罷養ニ關スル資料(李朝實錄拔萃)	
작성자	생산기관	생산 연도	
-	조선총독부 중추원	-	
지역	언어	분량	소장기관
-	한문	47면	국사편찬위원회
키워드	파양, 양자, 이연(離緣), 연조(緣組), 실자		

[기본정보]

이 자료집은 조선총독부 중추원에서 양자의 파양에 관한 자료를 조사하여 정리한 보고서이다. 조선의 역대 왕조실록과 고종연간의 『일성록』에서 관련한 29개 기사를 발췌하여 수록한 것으로 문헌조사의 결과물이라 할 수 있다. 12줄의 조선총독부 중추원 용지에 작성되었다.

[내용정보]

이 자료는 조선의 양자에 관한 조사보고서 가운데 하나로 양자의 파양에 관하여 다루고 있으며, 문헌자료에서 해당 내용을 발췌하여 정리한 문헌조사 보고서이다. 여기에서 발췌의 대상으로 삼은 문헌은 조선시대 역대의 왕조실록들이다. 원문을 옮겨 적은 후 일본어 현토를 부기하였다. 기사별로 면을 달리하여 기술하였으며, 본문 위에는 관련 주제와 내용을 요약하여 기재하였다. 수록된 기사들의 필체는 동일하지 않고 다양하며, 정리양식도 다소 차이를 보이고 있어 여러 명이 발췌하여 정리한 것을 시기순으로 엮은 것임을 알 수 있다.

여기서 발췌한 자료는『성종실록』과『명종실록』,『선조실록』,『현종실록』,『숙종실록』,『영조실록』,『정조실록』,『순조실록』의 8대에 걸친 왕조실록과 고종조의『일성록』까지 9종이다. 수록된 전체 기사는 29건으로 성종과 명종연대가 각 2건씩이고, 영조대 5건, 고종대가 15건이며, 나머지 왕대는 모두 1건씩이다. 국사편찬위원회에는 이 자료 외에도 계후 및 양자와 관련한 다수의 조사보고서들이 소장되어 있다. 본 자료 외에『법외계후등록(法外繼後謄錄)』과『양자에 관한 자료 원본(養子에 關한 資料 原本)』,『양자에 관한 자료(養子에 關한 資料)』,『수양자·시양자·차양자·양자에 관한 자료(收養子·侍養子·次養子·養子에 關한 資料)』,『양자연조에 관한 법문발췌(養子緣組에 관한 法文拔萃)』,『양자연조의 방식에 관한 조사보고서(養子緣組의 方式에 關한 調査報告書)』등의 자료들이 이에 해당한다.

이 자료의 내용은 양자를 파양하는 사례에 대한 기사가 대부분으로, 이를 통하여 양자를 들였다가 그 관계를 파기하는 원인과 내용을 알 수 있다. 해당 사례를 좀 더 구체적으로 살펴보면, 생가의 계후할 자가 없어 파양 후 본가의 대를 잇게 하는 경우나 실자(實子)의 출생으로 양자를 파양하는 경우, 생부나 양부가 죄를 범하여 양자관계를 청산하는 경우 등이 다수 등장한다. 그 밖에 양자의 사후 그 처가 불순하여 파양하는 경우와 양자의 폐질(廢疾), 양모(養母)의 괴롭힘으로 양자가 자살하고 그 처가 파양을 청하여 승인한 경우, 양자가 불교에 출가하여 파양하는 경우 등이 사례로 수록되어 있다. 양자 자신이 죄를 범하여 파양되는 경우도 사례로 수록되었는데, 이는 1895년(고종 32) 김옥균(1851~1894)의 파양에 대한 기사이다.

[가치정보]

조선의 양자에는 대를 잇기 위하여 동성동본의 지자(支子)를 대상으로 양자를 택하여 후계를 삼는 입후 외에도 수양·시양자녀와 의자녀(義子女), 유기아(遺棄兒) 입양 등의 다양한 형태가 존재하였다. 이와 같은 조선의 양자 관습은 호주의 승계, 제사상속, 재산상속 등 근대 민법의 제정과도 밀접하게 관련된 주제였다. 따라서 일제는 조선의 양자관습에 대한 다양한 조사를 수행하였다. 이 자료는 그 가운데 파양의 다양한 사례들을 조사한 문헌조사 보고서로, 이와 같은 일제의 구관조사 양상과 조선시대 양자의 다양한 실태를 보여주는 자료 가운데 하나이다.

III-3-6-04. 제사상속에 관한 자료(이조실록 발췌)

관리기호	기록번호	자료명	
中B18E 109	-	祭祀相續ニ關スル資料 (李朝實錄拔萃)	
작성자	생산기관	생산 연도	
-	조선총독부 중추원	-	
지역	언어	분량	소장기관
-	한문	392면	국사편찬위원회
키워드	제사, 상속, 양자, 서자, 유언		

[기본정보]

이 자료는 조선시대 제사상속에 관한 기록을 발췌하여 정리한 것이다. 조선총독부 중추원 용지에 작성되었으며, 조선의 역대 왕조실록들에서 165건의 기사를 발췌하여 수록하였다.

[내용정보]

이 자료는 조선의 역대 왕조실록에서 제사상속과 관련한 기사 165건을 발췌하여 수록한 문헌조사 보고서이다. 각 기사별로 수록 면을 달리하였으며, 해당 원문을 수록한 후 일본어로 현토를 부기하였다. 본문 상단에는 관련 주제 및 핵심 내용을 기록하였으며, 원문의 기록을 마친 후 끝 부분에 해당기사가 실린 책의 권차를 기록하였다.

여기에 수록된 165건의 기사들은 『태조실록』의 1건으로부터 『성종실록』의 35건까지 편차가 크게 분포하고 있으며, 1건도 발췌하지 않은 실록도 존재한다. 그 현황을 보면, 『태조실록』 1건, 『세종실록』 20건, 『단종실록』 1건, 『세조실록』 2건, 『예종실록』 1건, 『성종실록』 36건, 『연산군일기』 4건, 『중종실록』 9건, 『명종실록』 19건, 『선조실록』 4건, 『인조실록』 1건, 『현종실록』 28건, 『숙종실록』 7건, 『경종실록』 1건, 『영조실록』 10건,

『정조실록』4건, 『순조실록』8건, 『철종실록』4건 등이다. 고종대의 기사는 『이태왕일성록(李太王日省錄)』에서 9건을 발췌하였다.

역대 왕조실록에서 발췌한 165건의 기사에는 제사상속과 관련한 일반적인 사례는 물론 이에서 벗어난 다양한 사례들이 등장하고 있다. 우선 제사상속인의 특권을 비롯한 재산상속과의 관계, 여자와 첩자녀를 포함한 적장자가 아닌 다른 자녀들의 재산상속 등의 내용과 관련한 다수의 사례가 등장한다. 또한 정규(正規)에서 벗어나는 사례들도 매우 많이 등장한다. 구체적으로는 차자나 첩자 등의 제사상속, 국가에서 제사상속인을 정하는 경우, 상속인의 폐제(廢除), 양자가 후사가 없는 경우의 파양, 외손봉사, 양자로 입후한 후 친자 탄생의 경우, 제사상속인이 죄를 범한 경우, 세대를 넘어가는 계후봉사, 제사상속인의 유약(幼弱)과 섭사(攝祀) 등의 다양한 사례들이 존재한다.

국사편찬위원회에는 본 자료와 동일한 제명의 또 다른 문헌조사 보고서가 존재한다. 『제사상속에 관한 자료(祭祀相續에 關한 資料)』가 그것으로, 조선시대 가족관계와 법제 등의 연구에 있어 매우 중요한 자료로 인정되는 『법외계후등록(法外繼後謄錄)』등의 자료에서 제사상속과 관련한 기사를 발췌하여 정리한 조사보고서이다.

[가치정보]

조선에서 제사의 상속은 적통을 잇는 것으로, 적장자임을 인정받는 것에 다름 아니다. 따라서 재산의 상속, 호주의 상속을 포함하는 가계계승의 가장 핵심이라 할 수 있다. 따라서 일반적인 적장자 계승이 불가능한 경우에 대하여 제사의 상속자를 세우는 것은 매우 중요한 일이었다. 이는 일반적으로 양자의 입후와 함께 진행되기도 하나 항상 그러한 것만은 아니었다. 이 자료는 이와 관련한 매우 다양한 사례들을 보여주는 자료이다. 이 내용은 가계계승의 측면에서 재산 및 호주의 상속은 물론, 양자와 관련하여 검토할 필요가 있다.

관리기호	기록번호	자료명		
349.14 ㅈ538ㅇ	3269	李朝法典考		
작성자	생산기관	생산 연도		
麻生武龜	조선총독부 중추원	1936		
지역	언어	분량	소장기관	
-	일본어	413면	국회도서관	
키워드	경국대전, 경제육전, 속대전, 대전통편, 대전회통			

[기본정보]

1936년 조선총독부 중추원 조사과 촉탁 아소 다케키(麻生武龜)가 『경제육전』을 비롯한 여러 법전 편찬의 유래와 개설을 쓰고, 뒤에 부록과 연표 따위를 수록하여 정리한 책이다.

[내용정보]

이 기록의 서(序)는 중추원서기관장 우시지마 슈조(牛島省三)가 쓰고 있는데, 여기에 따르면, 이 책은 중추원 촉탁 아소 다케키(麻生武龜)가 『조선왕조실록』, 『승정원일기』, 『일성록』, 『비변사등록』 등을 비롯하여 『경국대전』 이하 각종 전적을 섭렵하여 국초 이래 법전의 수찬(修撰), 판지(判旨), 조례(條例), 수교(受教) 등의 유래와 변천을 기술하였음을 밝히고 있다.

이 책의 구성은 서설에서 법전의 의의, 전(典)과 법(法)의 사용례, 『조선경국전』, 『경제육전』 법전편찬의 시작으로부터 『대전통편』에 이르기까지의 과정에 대해 간략히 언급하고 있다. 이어지는 1장부터 각론으로 들어가 조선초기의 법전인 『경제육전』, 『원(原)·속육전(續六典)』의 편찬방식, 그리고 신찬(新撰) 육전과 등록(謄錄)에 대해 기술하고 있다. 2장에서는 『경국대전』의 제정, 편찬, 수찬에 대해 설명하고 있고, 3장은 『경국대전』 이후 새로운 수교(受教)들이 선집(選集)되어 『대전속록』·『후속록』이 편찬되었던 과정, 그리고 『후속록』 이후 『경국대전』의 난해한 부분에 대한 주해를 단 대전주해와 청송(聽訟)의 심판을 편리하게 하고자 『사송류취』가 간행되었던 상황에 대해 기술하고 있다. 이어지는 4장과 5장은 『속대전』부터 『육전조례』에 이르기까지의 법전 편찬 경위를 밝히고 있다. 마지막으로

6장에서는 고종년간 국제(國制)의 개혁, 조선전기 이래 법전에 보이는 공문서의 양식과 대한제국기의 새로 제정된 공문식(公文式), 그리고 근대적 법규로서 각종 신 법령에 대해 설명하고 있다. 권말에는 연대의 전후참고에 편리하게 하고자 법전편찬에 관한 주요사항의 연표를 부기(附記)하였다.

[가치정보]

이 책은 조선초기 이래 중요한 법전의 편찬경위를 다루고 있다는 점에서, 법제사 연구에 참고할 만한 가치가 있는 자료이다.

III-3-6-06. 경국대전 제정반포에 관한 사항

관리기호	기록번호		자료명
中B18E-2	-		經國大典制定頒布에 關한 事項
작성자	생산기관		생산 연도
-	조선총독부 중추원		-
지역	언어	분량	소장기관
-	한문	18면	국사편찬위원회
키워드	경국대전, 조선왕조실록, 예종실록, 성종실록		

[기본정보]

이 자료는 조선총독부 중추원에서 『경국대전』의 제정반포에 관한 사항에 대해 『조선왕조실록』에서 발췌하여 정리한 것이다. 작성자는 미상이나 내용이 시작되는 부분에 조사과장의 도장이 찍혀 있다. 생산연도는 미상이며 모두 18면이다.

[내용정보]

이 자료는 『경국대전』의 제정 및 반포의 과정에 이르는 내용을 조선왕조실록에서 발췌하여 정리한 것이다. 인용된 내용은 왕명에 따른 호전(戶典), 공전(工典), 이전(吏典)

등의 기초(起草) 및 교정, 제정 및 반포에 관한 것으로, 이조(吏曹), 호조(戶曹), 예조(禮曹), 병조(兵曹) 등에서 경국대전 제정 과정에 올린(啓) 내용과 한명회(韓明澮), 구치관(具致寬), 조석문(曺錫文), 서거정(徐居正), 양성지(梁誠之), 최항(崔恒), 홍윤성(洪允成)이 담당한 내용이 확인된다. 인용된 자료는 『예종실록(睿宗實錄)』, 『성종실록(成宗實錄)』으로 『예종실록』 6권에서 2건, 『성종실록』 3권, 4권, 6권, 8권, 10권, 11권, 12권, 13권, 14권, 15권, 17권, 18권, 20권, 21권, 23권, 25권, 30권, 34권, 37권, 38권, 39권, 40권, 41권, 44권, 45권, 47권, 163권, 164권, 165권, 166권, 167권 등에서 61건 등 총 63건의 기사가 인용되었다.

[가치정보]

이 자료는 『경국대전』의 제정 반포에 관한 것을 『조선왕조실록』에서 발췌 정리한 것으로 『경국대전』의 제정과정을 알 수 있다는 점에서 의미가 있다.

III-3-6-07. 둔전(일성록)

	관리기호	기록번호	자료명	
	中B18F-23	-	屯田(日省錄)	
	작성자	생산기관	생산 연도	
	-	조선총독부 중추원	-	
	지역	언어	분량	소장기관
	영양, 장연, 수원 포천, 함양, 고부 영변, 강계, 무안, 덕평	한문	88면	국사편찬위원회
	키워드	둔전, 일성록, 양향청, 종친부, 총청, 어영청, 균청		

[기본정보]

이 자료는 조선총독부 중추원에서 둔전에 관한 사항에 대해 『일성록』에서 발췌하여 정리한 것이다. 작성자와 생산연도는 미상이며 순한문으로 기록되어 있다. 이 자료는 모두 88면이다.

[내용정보]

이 자료는 둔전에 관한 내용을 정조, 순조, 철종대의 『일성록』에서 발췌하여 정리한 것이다. 주요 내용은 둔전과 관련하여 양향청(糧餉廳), 종친부, 총청(總廳), 왜관(倭館), 어영청(御營廳), 균청(均廳) 등 부서와 영양(英陽), 장연(長淵), 수원, 화성(華城), 포천, 함양, 고부, 영변, 덕평, 강계, 무안 등 지역에 명을 내린 것이다. 인용된 기사는 총 33건이며 다음과 같다.

〈표〉 『일성록』에서 발췌한 둔전 관련 기사

1	정조	1785년	5월 7일	소견예조판서김이소경기감사김사목우성정각(召見禮曹判書金履素京畿監司金思穆于誠正閣)
2	정조	1785년	7월 10일	명영양현둔전천천별반이정(命英陽縣屯田川陳別般釐正)
3	정조	1785년	8월 8일	명양향청둔전은결사괄엄칙수보(命糧餉廳屯田隱結査括嚴飭修報)
4	정조	1785년	8월 8일	명종친부김천토지수세령호조품처(命宗親府金川土地收稅令戶曹稟處)
5	정조	1789년	12월 3일	장용영진배봉둔절목(壯勇營進拜峯屯節目)
6	정조	1793년	2월 20일	명장연지대청도소청도사황해수사별견친비간심형지선천지신미도철산지대가차리도가도사선천부사친위간심형지후병도형장문(命長淵之大青島小青島使黃海水使別遣親裨看審形止宣川之身彌島鐵山之大加次里島椵島使宣川府使親爲看審形止後竝圖形狀聞)
7	정조	1793년	2월 22일	명수원등둔토축통소용수통목안면도풍락송자충청수영수송(命水原等屯土築筒所用水桶木安眠島風落松自忠清水營輸送)
8	정조	1793년	2월 30일	명양향청둔토재이처분부해도사즐환실임자세곡급각년미수한내불납자해수령논감(命糧餉廳屯土災頉處分付該道查櫛還實壬子稅穀及各年未收限內不納者該守令論勘)
9	정조	1793년	4월 3일	소견전경기감사서정수우중희당잉명진위현자수은결자임자조환위출급원군복호삼년조계수급대각궁방면세이획타읍량향청둔세자본현수납(召見前京畿監司徐鼎修于重熙堂仍命振威縣自首隱結自壬子條還出給園軍復戶三年條計數給代各宮房免稅移劃他邑糧餉廳屯稅自本縣收納)
10	정조	1794년	6월 25일	명총청소관덕지둔세칙지방관협력수봉여혹불근거행자본청초기중감(命總廳所管德池屯稅飭地方官協力收捧如或不勤擧行自本廳草記重勘)
11	정조	1794년	11월 1일	명양향청둔세량의활협(命糧餉廳屯稅量宜闊狹)
12	정조	1794년	11월 16일	명화성류수인천안산언답지속화성자종실집복잉령기백무론세전후찰민세완급종편초진칙총청엄금인천둔세람징지폐해둔감이법사조률잉추해장신신대현해도신서룡보(命華城留守仁川安山堰畓之屬華城者從實執卜仍令畿伯無論歲前後察民勢緩從便抄賑飭總廳嚴禁仁川屯稅濫徵之弊該屯監移法司照律仍推該將臣申大顯該道臣徐龍輔)
13	정조	1794년	11월 16일	명포천정대초호감삭사령도신경사량의가초수청둔전첩징급가세사분부해도해청즉속리정해둔감조법감처잉추어사정리수(命抱川停代抄戶減削事令道臣更查量宜加抄守廳屯田疊徵及加稅事分付該道該廳卽速釐正該屯監照法勘處仍推御史鄭履綏)
14	정조	1794년	11월 16일	명기전각읍집류각아문군문둔곡무보진자수총량영둔곡역위잉전무용(命畿甸各邑執留各衙門軍門屯穀貿補賑資守總兩營屯穀亦爲仍前貿用)
15	정조	1795년	11월 7일	화성둔전성(華城屯田成)
16	정조	1795년	11월 17일	명함양부내수사설둔일관치지추호조판서리시수초기물시진고인사실경위초

				기(命咸陽府內需司設屯一款置之推戶曹判書李時秀草記勿施陳告人査實更爲草記)
17	정조	1795년	11월 18일	명왜관수개의상청허시김천읍치환이구기급강화길상목장모민입경사문우대신회계(命倭館修改依狀請許施金川邑治還移舊基及江華吉祥牧場募民入耕事問于大臣回啓)
18	정조	1798년	3월 24일	명고부군어영둔전칭이이속장용영인령도신엄사중승해군수불찰지죄역령사계(命古阜郡御營屯田稱人以移屬壯勇營人令道臣嚴査重繩該郡守不察之罪亦令査啓)
19	정조	1798년	4월 15일	명영변부소재병영둔창이속해부후영읍구리지도령묘당초기(命寧邊府所在兵營屯倉移屬該府後營邑俱利之道令廟堂草記)
20	정조	1799년	7월 20일	명어영청고부둔전자해군수기집복수세상납(命御營廳古阜屯田自該郡隨起執卜收稅上納)
21	순조	1801년	4월 12일	명덕평경간논리장문(命德坪耕墾論理狀聞)
22	순조	1801년	10월 1일	명원리배항검등적산일체획급병작둔토해읍리교작간엄칙(命院吏輩恒儉等籍産一體劃給竝作屯土該邑吏校作奸嚴飭)
23	순조	1809년	5월 27일	평안감사서영보이강계부방군둔전절목치계(平安監司徐榮輔以江界府防軍屯田節目馳啓)
24	순조	1809년	6월 5일	명강계부둔전입방의해읍즉목시행방량부족조이류고곡허대(命江界府屯田入防依該邑節目施行防糧不足條以留庫穀許貸)
25	순조	1811년	윤3월 13일	명내각둔세의전하송각속수봉(命內閣屯稅依前下送閣屬收捧)
26	순조	1812년	8월 10일	명관서소재각아문급궁방둔토수세차인절물하송(命關西所在各衙門及宮房屯土收稅差人切勿下送)
27	순조	1813년	9월 5일	명가산둔토환급본주사즉위시행(命嘉山屯土還給本主事卽爲施行)
28	순조	1813년	10월 28일	명균청속이천둔세의전총시행(命均廳屬伊川屯稅依前總施行)
29	순조	1833년	1월 12일	사복시이배봉목둔전칠일오분여경환획내농포계(司僕寺以拜峯牧屯田七日五分餘耕換劃內農圃啓)
30	철종	1849년	11월 4일	명종친부둔토자각읍종시직수세상납(命宗親府屯土自各邑從市直收稅上納)
31	철종	1850년	1월 29일	대왕대비전명총청획부둔전답출급신매인본전환봉(大王大妃殿命總廳劃付屯田畓出給新買人本錢還捧)
32	철종	1852년	1월 15일	명향청둔물차경감(命餉廳屯勿差京監)
33	철종	1859년	2월 10일	명무안둔토종실집세함평전세수납법성창려산강진소재통영회부미물위책모(命務安屯土從實執稅咸平田稅輸納法聖倉礪山康津所在統營會付米勿爲責耗)

[가치정보]

이 자료는 『일성록』에서 정조, 순조, 철종대의 둔전에 대해 자료를 발췌 정리한 것으로 이 시기 둔전의 현황을 파악할 수 있다는 점에서 의미가 있다.

Ⅲ-3-6-08. 고문기 사(조선사료집진 발췌)

관리기호	기록번호	자료명
B-1-627	-	古文記 寫(朝鮮史料集眞 拔萃)
작성자	생산기관	생산 연도
-	조선총독부 중추원	-
지역	언어	분량	소장기관
단천, 광주, 부여 부안, 서산	한문	50면	수원시박물관
키워드	호구단자, 분깃기, 계후입안, 화회성문

[기본정보]

이 자료는 『조선사료집진(朝鮮史料集眞)』에서 조선후기, 호구단자, 분깃기, 계후입안, 화회성문 등을 모아 정리한 것으로 총 50면으로 구성되어 있다.

[내용정보]

함경남도 단천군 파도면(波道面) 거주 심원석 소장의 '심양호구단자(沈洋戶口單子)[홍치(弘治) 2년 경술(庚戌) 7월]'·'수평호구단자(沈守平戶口單子)[가정(嘉靖) 2년 윤4월 29일]', 전라남도 광주군 송정면 거주 박하준 소장의 '박상분깃기(朴祥分衿記)[홍치(弘治) 17년 갑자 5월 18일]', 충청남도 부여군 규암면(窺岩面) 거주 이종호 소장의 '예조계후입안(禮曹繼後立案)[숭정(崇禎) 6년 2월]'·'노비별급성문(奴婢別給成文)[갑자 5월 20일]', '계축 4월 회일(晦日)', 전라북도 부안군 하서면 거주 고제영 소장의 '동생중화회성문(同生中和會成文)[숭정 13년 경진 9월 초1일]', 충청남도 서산군 거주 김덕환 소장의 '동생중화회성문(同生中和會成文)[강희 33년 2월 10일]' 등 조선후기 호구단자, 재산분재, 계후(繼後) 등에 대한 관습에 대해 파악할 수 있다.

[가치정보]

이 자료는 조선후기 가구의 구성, 재산의 분재, 양자의 입후 등에 대한 관습을 파악할 수 있는 것으로 조선후기 가족구성원의 분재 등에 대해 알 수 있다는 점에서 의미가 있다.

III-3-6-09. 장세조(실역총수에서 발초)

관리기호	기록번호	자료명	
B-1-642	-	場稅調(實役總數ヨリ拔抄)	
작성자	생산기관	생산 연도	
-	조선총독부 중추원	-	
지역	언어	분량	소장기관
-	일본어	25면	수원시박물관
키워드	시장세		

[기본정보]

이 자료는 실역총수에서 각도의 시장세에 대해 발췌하여 정리한 것으로 총 25면으로 구성되어 있다.

[내용정보]

각도 시장세 조사에서 경기도는 광주 등 16개 읍에서 합계 전(錢) 2,357냥 9전, 진혜(眞鞋) 108개, 초혜(草鞋) 108개, 남초(南草) 36근이었다. 충청도는 공주 등 47개 읍에서 합계 전(錢) 11,163냥 2전 6분, 남초(南草) 72근이었다. 전라도 김제, 경상도 경주 등 85개 읍에서 합계 전(錢) 10,669냥 3전 7분, 마철(馬鐵) 144부, 초혜(草鞋) 64죽 8부, 남초(南草) 880근, 엽초(葉草) 144파, 조(租) 129석, 목화(木花) 38근, 염(鹽) 22석 15두 6승이었다. 황해도는 해주 등 21개 읍에서 합계 전(錢) 14,977냥 5전 9분이었다. 평안도는 은산(殷山) 등 24개 읍에서 전(錢) 4,369냥, 유기(柳器) 48부, 염(鹽) 5석 11두, 남초(南草) 250근 등이었다. 강원도 김화, 함경도 영흥 등 3개 읍에서 전 45,734냥 9전 1분, 진혜 108개, 초혜 75죽 6부, 마철(馬鐵) 144부, 남초 1,850근, 엽초(葉草) 144파, 조(租) 129석, 목화 38근, 염 28석 7두 유기 48부 등이었다.

이 자료는 실역총서에 기재된 각도의 시장세를 통해 각도의 장시의 규모 등에 대해 파악할 수 있다는 점에서 의미가 있다.

III-3-6-10. 제2책 이조최초의 법전

관리기호	기록번호	자료명		
B-1-641	-	第二冊 李朝最初の法典		
작성자	생산기관	생산 연도		
淺見倫太郞	조선총독부 중추원	-		
지역	언어	분량	소장기관	
-	일본어	25면	수원시박물관	
키워드	경국대전, 육전, 형법대전, 경국육전, 속대전			

[기본정보]

이 자료는 고등법원판사 아사미 린타로(淺見倫太郞)가 1916년(대정 5) 4월 작성한 '이씨 국초(李氏國初)의 법전(法典)', 5월에 작성한 '경국대전(經國大典)과 그 후의 법전', 6월에 작성한 '육전(六典)의 최후에 과도(過渡)의 시대(時代)다'로 조선 법률의 변천에 대해 정리한 것으로 총 25면으로 구성되어 있다.

[내용정보]

고등법원판사 아사미 린타로(淺見倫太郞)가 1916년 4월에 '이씨국초(李氏國初)의 법전(法典)'이라는 글을 작성하면서 조선시대 최초의 법전은 『경국전(經國典)』 또는 『경제육전(經濟六典)』이라고 하여 조선초기 법전편찬, 그것의 주요내용 등에 대해 정리하였으며, 부록으로 정도전의 『경국전』을 수록하였다. 5월에는 '『경국대전』과 그 후의 법전'을 작성하여 『경국대전』 이후의 『수교집록』, 『전록통고(典錄通考)』, 『속대전』, 『대전통편』, 『대전회통』, 『형법대전』 등의 각 법전의 편찬과정, 형전 등 주요내용에 대해 정리하였다. 또한 조선의

육전을 현대 법령의 사상으로써 행정법규로 행정 6부의 표준을 제시하였다고 하였다. 6월에는 '육전(六典)의 최후에 과도(過渡)의 시대(時代)다'라는 글을 통해 『대전회통』의 편찬은 전부(田賦), 군적(軍籍), 환곡(還穀)의 부패에서 시작되었다고 하였고, 개국 503년 7월 23일 이후 15개월간 행한 개혁에서 과도시대의 군국기무처가 제정한 의안(議案)은 법률로 국한문으로 작성되었다. 현재의 법칙은 개혁이후 지금에 이르렀으며 그 주요 내용은 25가지로 나눠볼 수 있다.

[가치정보]

이 자료는 조선초기 작성된 법률에서부터 『경국대전』을 거쳐 형법대전까지 조선시대 전체의 법률에 대해 정리한 글을 모은 것으로 일본인의 시각에서 정리된 한계가 있지만 조선시대 법률에 대해 파악할 수 있다는 점에서 의미가 있다.

III-3-6-11. 이조의 법전에 관한 자료

관리기호	기록번호	자료명	
中B18E 113	-	李朝ノ法典ニ關スル資料	
작성자	생산기관	생산 연도	
-	조선총독부 중추원	-	
지역	언어	분량	소장기관
-	한문	147면	국사편찬위원회
키워드	경제육전, 속육전, 등록, 경국대전, 대명률, 속대전, 수교집록, 무원록, 대전통편, 육전조례, 대전회통		

[기본정보]

이 자료는 조선시대의 법전에 관한 문헌조사 보고서이다. 조선총독부 중추원에서 작성하였으며, 『태조실록』을 비롯한 조선의 역대 왕조실록에서 조선의 법전과 관련한 156개의 기사를 발췌하여 수록하였다. 고종연간의 자료는 『일성록』에서 발췌하였다.

[내용정보]

이 자료는 조선의 역대 왕조실록에서 조선시대 법전과 관련한 기사 156건을 발췌하여 수록한 문헌조사 보고서이다. 조선총독부 중추원 용지에 작성하였으며, 각 기사별로 수록 면을 달리하였다. 해당 원문을 수록한 후 일본어 현토를 붉은색으로 부기하였으며, 본문 상단에는 관련 법전 및 핵심 내용을 역시 붉은색 펜으로 기록하였다. 인용 기사의 끝부분에는 해당기사가 실린 책과 권차 및 연월일을 기록하였다.

여기에 수록된 156건의 기사들은 고종연간의 『일성록』을 포함한 조선의 역대 15대 왕의 실록들에서 발췌하여 수록하였다. 가장 많은 기사가 인용된 것은 역시 『경국대전』의 반포와 직접적으로 관련되는 『성종실록』으로 31건의 기사가 수록되었다. 여기에 발췌된 기사들은 『경국대전』과 『속대전』, 『대전통편』 등 조선의 법전의 편찬과 관련한 내용들은 물론, 수교(受敎)와 등록(謄錄) 등도 포함하고 있다. 내용들을 역대 왕조실록별로 정리하면 다음과 같다.

〈표〉 역대 왕조실록별 관련법전 및 주요내용

순서	실록명	기사수	관련 법전 및 주요 내용
1	태조실록	3	경국전(經國典), 경제육전(經濟六典)
2	태종실록	6	경제육전(經濟六典), 대명률(大明律), 원육전(元六典)과 속육전(續六典)의 반포 및 관계
3	세종실록	22	원육전(元六典)과 속육전(續六典), 조종성헌존수(祖宗成憲遵守), 고려법(高麗法)의 적용(適用), 속육전(續六典) 및 등록찬진(謄錄撰進), 신속육전(新續六典) 및 원육전(元六典)의 인쇄 반포, 속육전수찬(續六典修撰), 당률적용(唐律適用), 방언육전(方言六典), 육전불준행자(六典不遵行者) 및 갱개자 두리(更改者 枓理), 상정육전(詳定六典), 신찬경제육전(新撰經濟六典), 속전탈루조(續典脫漏條)에 대한 고찰시행(考察施行), 원속육전(元續六典) 외의 신법(新法)
4	문종실록	4	속등록(續謄錄), 속전탈루조 의례거행(續六典脫漏條 依例擧行), 속전급등록찬정시행(續典及謄錄撰定施行)의 수교(受敎)
5	세조실록	22	원전(元典)·속전(續典)·등록(謄錄), 육전(六典)의 교정 및 상정(詳定) 논의, 경국대전(經國大典) 및 속대전(新大典 논의), 경국육전[經國大典] 형전(刑典) 및 호전(戶典), 신정대전 고정(新定大典 考定)
6	예종실록	6	예전개찬(禮典改撰), 경국대전 찬진(經國大典 撰進) 및 반포, 육전주해(六典註解)
7	성종실록	31	경국대전(經國大典) 반포, 경국대전 감교(經國大典 勘校), 자손고조부모(子孫告祖父母父者) 등에 대한 대전(大典)의 조항과 정죄(定罪), 대명률(大明律), 경국대전반포(經國大典頒布) 후 수교(受敎)
8	연산군일기	3	원속육전(元續六典) 복행(復行), 신법의정(新法議政)
9	중종실록	5	경국대전 개인(經國大典 改印), 대전경정(大典更定), 대전속록(大典續錄)[신속록(新續錄), 후속록(後續錄)]
10	명종실록	3	대전속록(大典續錄), 대전준용(大典遵用), 법전편찬연혁(法典編纂沿革)
11	인조실록	1	대명률(大明律)
12	영조실록	22	수교속록(受敎續錄), 대전속록(大典續錄), 속대전(續大典) 완성, 속대전(續大典) 속오례대훈(續五禮大訓) 완성, 원대전(原大典) 및 속대전(續大典) 간행, 대전(大典) 및 대명률(大明律)의

			사용, 수교집록(受敎輯錄) 속편찬(續編纂), 전록통고(典錄通考)로 대전(大典)을 보완함, 속대전(續大典) 개간(開刊), 무원록(無寃錄)
13	정조실록	11	흠휼전(欽恤典), 대명률(大明律) 및 속대전(續大典)과 수교집록(受敎輯錄)에 의한 형률(刑律) 집행, 대전통편(大典通編) 완성, 증수무원록(增修無寃錄), 법전(法典)의 연혁
14	순조실록	1	대전통편(大典通編)
15	이태왕 일성록	16	양전편고(兩銓便攷), 육전조례(六典條例) 반포, 대전회통(大典會通) 중간(重刊), 갑오개혁 후 대전회통(大典會通) 및 대명률(大明律) 사용, 대전회통(大典會通) 적용사례

[가치정보]

　이 자료는 조선총독부 중추원에서 조선의 역대 왕조실록에 나타난 조선의 법전과 관련한 기사를 발췌한 자료집이다. 주로는 『경국대전』을 비롯한 조선의 성문법의 제정과 적용 및 관련 논의들에 대한 기사들을 발췌하였다. 이는 조선의 법전과 체제에 대한 일제의 기초자료 수집의 일환으로 이루어진 것이다.

III-3-6-12. 제사상속에 관한 자료(법외계후등록 발췌 부본)

	관리기호	기록번호	자료명	
	中B13IF 5 v.2	-	祭祀相續ニ關スル資料 (法外繼後謄錄抜萃副本)	
	작성자	생산기관	생산 연도	
	-	조선총독부 중추원	-	
	지역	언어	분량	소장기관
	-	한문	90면	국사편찬위원회
	키워드	제사, 상속, 계후, 양자, 첩자, 서자		

[기본정보]

　이 자료는 조선시대 제사상속에 관한 기록을 발췌하여 정리한 것이다. 조선총독부 중추원 용지에 작성되었으며, 『법외계후등록(法外繼後謄錄)』에서 수록한 기사의 대부분인 50건을, 『계후등록(繼後謄錄)』에서 2건의 기사를 발췌하여 수록하였다.

[내용정보]

이 자료는 『법외계후등록(法外繼後謄錄)』과 『계후등록(繼後謄錄)』에서 제사상속과 관련한 기사 52건을 발췌하여 수록한 문헌조사 보고서의 부본이다. 각 기사별로 수록 면을 달리하였으며, 해당 원문을 수록한 후 일본어로 현토를 부기하였다. 본문 상단에는 관련 주제 및 핵심 내용을 기록하였으며, 원문의 기록을 마친 후 끝 부분에 해당기사가 실린 책과 권차 및 연월일을 기록하였다.

이 책에 수록된 52건의 기사 가운데 대부분인 50건이 『법외계후등록』의 기사이고, 마지막 2건만이 『계후등록』의 기사이다. 『계후등록』은 1618년(광해군 10)부터 1862년(철종 13) 사이에 예조(禮曹) 계제사(稽制司)에서 예사(禮斜)의 발급을 기록한 등록(謄錄)이다. 총 20책으로 이루어져 있으며, 규장각에 소장되어 있다. 『법외계후등록』은 『계후등록』의 별편이라 할 수 있는데, 『계후등록』이 동성동본의 지자(支子) 가운데 양자를 택하여 후계를 삼는 사례를 모두 취급하였다면, 『법외계후등록』은 정규(正規)에서 벗어난 여러 가지 양자의 사례에 관한 사실을 모은 등록이다. 1637년(인조 15)부터 1753년(영조 53)에 걸쳐 작성되었으며, 총 20책으로, 역시 규장각에 소장되어 있다. 이들 자료들은 조선시대 가족관계와 법제 등의 연구에 있어 매우 중요한 자료들이다.

『법외계후등록』에서 발췌한 50개의 기사에는 제사상속과 관련하여 일반적인 사례에서 벗어난 다양한 사례들이 등장하고 있다. 제사상속인의 자격과 선정, 순위, 이를 둘러싼 쟁송과 자격의 상실 등에 관한 기사들이 다수 등장한다. 보다 구체적으로는 양자를 들인 후 친자가 출생한 경우, 첩의 자식이 승적(承嫡)하는 경우, 외손봉사에 관한 쟁송, 종손(從孫)의 입후, 첩외손(妾外孫)의 제사승계, 형이 사망하여 동생이 제사를 잇는 경우, 이성(異姓)봉사와 그의 파기, 왕명에 의한 봉사자의 선정, 수양녀(收養女)의 상속 등 여자의 봉사, 상속인의 폐제(廢除) 등과 관련한 다양한 사례들이 존재한다. 반면 『계후등록』에서 발췌한 기사들은 제사상속 및 친족회와 관련한 기사들이다.

『법외계후등록』 등의 자료는 일제가 조선의 관습, 특히 양자 등과 관련한 관습의 조사에서도 중심적인 문헌자료로서 활용되었다. 해당 자료로는 역시 국사편찬위원회에서 소장하고 있는 『법외계후등록』(中B13IF 4)이 존재한다. 다른 한편, 국사편찬위원회에는 본 자료와 동일한 제명의 또 다른 문헌조사 보고서가 존재하는데, 『제사상속에 관한 자료(祭祀相續에 關한 資料)』가 그것으로, 조선시대 역대 왕조실록에서 제사상속과 관련한 기사를 발췌하여 정리한 조사보고서이다.

[가치정보]

조선에서 제사의 상속은 적통을 잇는 것으로, 적장자임을 인정받는 것에 다름 아니다. 따라서 재산의 상속, 호주의 상속을 포함하는 가계계승의 가장 핵심이라 할 수 있다. 따라서 일반적인 적장자 계승이 불가능한 경우에 대하여 제사의 상속자를 세우는 것은 매우 중요한 일이었다. 이는 일반적으로 양자의 입후와 함께 진행되기도 하나 항상 그러한 것만은 아니었다. 이 자료는 이와 관련한 매우 다양한 사례들을 보여주는 자료이다. 이 내용은 가계계승의 측면에서 재산 및 호주의 상속은 물론, 양자와 관련하여 검토할 필요가 있다.

III-3-6-13. 제사(비국등록)

관리기호	기록번호	자료명		
中B18B 61	9	祭祀(備局謄錄)		
작성자	생산기관	생산 연도		
-	조선총독부 중추원	-		
지역	언어	분량	소장기관	
-	한문	14면	국사편찬위원회	
키워드	제사, 왕실, 인조, 현종, 효종			

[기본정보]

이 자료는 『비변사등록』에서 조선의 제사와 관련한 기사를 발췌하여 수록한 문헌조사 보고서이다. 조선총독부 중추원 용지에 작성되었다. 단지 8개 기사만을 발췌하였는데, 1638년(인조 16)에서 1669년(현종 10)까지 30여 년의 기간을 대상으로 하고 있다. 종묘 및 왕실 제사 등과 관련한 제수의 변통 등이 주요 내용이다.

[내용정보]

『비변사등록』에서 조선의 제사와 관련한 기사를 발췌한 이 자료집은 조선총독부 중추원 조사용지에 작성되었다. 12×17로 이루어진 모눈에 본문을 기술하였으며, 본문의 오른편에 "제사(祭祀)", "제사(祭祀)[왕실(王室)]", "왕실제사(王室祭祀)" 등의 주제어를 기술하였다. 본문의 위편으로는 연대를, 아래편에는 서명과 권수를 기록하였다.

여기에 수록된 8건의 기사를 왕대별로 보면 인조대가 4건이고, 효종과 현종 연간이 각각 2건씩이다. 첫 번째 기사는 1638년(인조 16) 2월 13일의 기사로, 제향지용(祭享之用)으로 사용하는 장녹(獐鹿)을 얻기가 어려워 건치(乾雉)나 우포(牛脯) 등으로 대용(代用)하는 문제에 관한 것이고, 두 번째 기사는 동년 3월 7일의 기사로, 농우가 부족한 시국에 각 향교의 석존희생(釋尊犧牲)으로 소비되는 소가 많으므로 당분간 저양(猪羊)으로 대신할 것에 대한 논의이다. 나머지 두 건은 왕실의 제사와 관련한 것으로, 1638년 3월 11일의 기사는 종묘의 월령(月令)인 천아천신(天鵝薦新)의 폐단에 대하여 생안(生鴈)으로 대신하도록 하는 논의이고, 마지막 1644년(인조 22) 12월 8일의 기사는 전생서(典牲署)와 사축서(司畜署)의 통합에 대한 재분리 논의이다.

효종 연간의 기사 2건은 왕실제사의 헌관(獻官)과 관련한 것으로, 1652년(효종 3) 9월 7일의 기사는 헌관의 수가참제(隨駕參祭)에 관한 논의이고, 같은 해 9월 13일의 기사는 교단(郊壇)의 보사제(報祀祭)를 2품 관원이 하도록 하는 논의이다. 현종 연간의 기사 역시 종묘와 왕실의 제사와 관련한 것으로, 1665년(현종 6) 9월 6일의 기사는 종묘 천신에 바치는 곡식들의 변통과 관련한 것이고, 마지막 기사인 1669년(현종 10) 8월 9일의 기사는 예조에서 신덕왕후의 기신제 날짜를 다시 고증하여 8월 13일로 정한 내용이다.

[가치정보]

이 자료는 『비변사등록』 중 1638~1669년의 30여 년 기간의 기사들에서 제사와 관련한 8건의 기사를 발췌한 것이다. 주로 종묘를 비롯한 왕실의 제사와 관련한 기사들이 발췌되었으며, 『비변사등록』 전체를 대상으로 발췌하여 정리한 문헌조사 중 일부로 추정된다.

6) 풍속, 제사, 위생에 관한 자료

III-3-7-01. 조선지지방주가

	관리기호	기록번호	자료명	
	-	-	朝鮮之地方住家	
	작성자	생산기관	생산 연도	
	-	조선총독부	1922	
	지역	언어	분량	소장기관
	경성	일본어	27면	국립중앙도서관
	키워드	주거, 가구, 주택, 외부각, 온돌		

[기본정보]

이 자료는 조선총독부가 기록한 자료로 자료명은 『조선지지방주가(朝鮮之地方住家)』로 표기되어 있으며 작성자는 조선총독부로 보이며 작성년도는 1922년(대정 11)이다. 이 자료는 모두 27면이며 일본어로 기록되어 있다.

이 자료는 조선 지방에서의 가구(家構)의 형태를 설명하고 있다. 일반적인 가구와 택지, 복잡한 가구와 새로운 가구의 형태를 각 지역의 사례를 들어 정리하였다.

이 자료는 가구의 모습을 설명하기 위해 목차에 앞서 삽화를 통하여 각 지역의 가구를 보여주고 있다. 현재 이 책은 국립중앙도서관에 소장되어 있다.

[내용정보]

이 자료는 각 지역의 가구의 형태를 설명하였다. 경기도 이천군의 주가(住家) 등을 통해 일반의 가구와 택지, 전라북도 김제군 금구면 상신리 유시만(柳時萬)씨 주가 등을 통해 복잡한 가구, 충청남도 논산군 어성면 아이노시마(相島) 교장의 주가 등을 통해 새로운 가구의 형태를 소개하였다. 먼저 대표적인 가구인 경기도 이천군의 주가를 소개하면서 경기도 이천군에 대한 간략한 소개를 한 후 그 가구의 형태를 소개하였다. 소위 내방은 상하(上下) 두 개의 방으로 되었으며 바깥으로는 대당(對堂)과 월방(越房)이 있고 남쪽으로는 별도로 사랑이 있다. 그리고 문의 설명과 내각(內閣)에 대한 설명을 부가하였다. 두 번째로 복잡한 가구는 전라북도 김제군의 가구를 소개하였는데 일반의 가구와 마찬가지로 그 지역에 대한 간략한 설명 후 가구의 형태를 설명하였다. 복잡한 가구는 입구의 양면에는 먼저 하인의 집이 있고 다음 문을 들어가면 주인의 주택이 있다. 온돌 5실로 이루어져있고 바깥에는 외부각(外扶閣)이 있고 그 외의 침실 등을 소개하였다. 마지막으로 새로운 가구의 형태는 일본인이 조선의 학교 교장으로 오면서 조선인의 집을 절충하여 만들었다고 소개하고 있다.

[가치정보]

이 자료는 당시 조선의 가구형태를 조사하여 정리하였다. 적은 양의 조사에 불과하지만 가택에 대한 연구에는 이용될 만한 가치가 있다고 보여진다.

III-3-7-02. 온돌의 축조방법과 연료

관리기호	기록번호	자료명	
-	-	溫突の築き方と燃料	
작성자	생산기관	생산 연도	
高橋喜七郎	조선총독부	1923	
지역	언어	분량	소장기관
-	일본어	59면	국립중앙도서관
키워드	온돌, 가옥, 연료, 삼림, 주택		

[기본정보]

조선총독부에서 온돌의 축조방법에 대해 정리한 자료로 59면으로 구성되어 있다. 1923년에 생산되었으며 작성자는 임업시험장 기수 다카하시 기시치로(高橋喜七郎)이다.

[내용정보]

이 자료는 조선인의 생활 중 한파를 이기기 위해 고안된 온돌을 설명하기 위해서 작성된 것이다. 이를 위해 조선의 겨울 기후, 지형 및 지질의 특성까지 상세히 조사하여 기록하고 있다.

다음으로 온돌의 기원·온돌의 배치·위치의 선정·가옥의 구조·공구의 종류 등을 그림과 함께 설명하였다. 이러한 조사는 일본 본토에서 조선의 온돌을 주택에 응용하는 방법을 찾기 위한 것인 듯하다. 13절 내지인주택과 온돌에서 한국의 온돌을 일본주택에 응용하는 방안이 서술되어 있다.

온돌의 연료는 삼림에서 채취할 수 있는 목재 및 솔잎 등과 농작물, 석탄, 낙엽 등을 나누어 정리하였다. 각 연료가 연소할 때 온도의 차이까지 그래프로 정리하는 등 매우 상세하게 서술하였다. 당시 온돌연료문제가 중대문제로 떠오르면서 대체연료의 사용방안과 온돌의 개조방법 등이 강구되고 있다.

[가치정보]

이 자료는 온돌을 설명하기 위해 조사 정리한 것으로 조선의 기후, 지형, 지질 및 온돌의 기원, 가옥의 구조, 온돌의 위치 등 조선 온돌에 대해 파악할 수 있다는 점에서 의미가 있다.

III-3-7-03. 조선동화집

<table>
朝鮮童話集

一 水中の珠

むかし〱ある貧乏な家に年頃のいかない二人の兄弟がありました
尽く兩親に死にわかれ共には誰一人たよるものもなくその上家が犬さう銭
しかつたものですから毎日河や畑の精木なゞを集め
たりしては僅かばかりのお金を拵へて今日も一日も一日と瀨してその日を
從つてゆきました。しかし貧乏でこそあれ二人の心はまことに千萬金でも
買へないほどの立派なものでした。正直で親切で兄弟互に仲のよいところ
</table>

관리기호	기록번호	자료명	
-	-	朝鮮童話集	
작성자	생산기관	생산 연도	
-	조선총독부	1924	
지역	언어	분량	소장기관
京城	일본어	186면	국립중앙도서관
키워드	조선동화, 동화, 교훈, 재판		

[기본정보]

이 자료는 조선총독부가 기록한 자료로 자료명은 『조선동화집(朝鮮童話集)』으로 표기되어 있으며 조선총독부에서 발간하였다. 작성년도는 1924년(대정 13)이다. 이 자료는 모두 186면이며 일본어로 기록되어 있다.

『조선동화집』은 1924년에 조선총독부가 간행한 일련의 총서 중 하나이다. 이전에 나온 총서 간행물로는 『조선도서해제(朝鮮圖書解題)』(1915)를 시작으로, 『금강산식물조사서(金剛山植物調查書)』(1918), 『조선금석총람(朝鮮金石總攬)』(1919), 『조선의 수수께끼(朝鮮の謎)』(1919), 『조선어사전(朝鮮語辭典)』(1920), 『조선식물명휘(朝鮮植物名彙)』(1922) 등이 있다.

이 자료는 인쇄자료(책자형) 총 1책으로 이루어졌으며 19㎝의 형태로 국립중앙도서관에 소장되어 있다. 이 책은 총독부가 각 도에 명해서 채집·보고 받은 조선의 동화에 관한 자료를 모아 학무국 편집과에서 정리하고 인쇄하였다. 후에 덕성여대출판부(1978), 제이앤씨(2013), 집문당(2003)에 의해 출판되었다.

[내용정보]

『조선동화집』은 모두 25편의 동화를 싣고 있다. 각 작품의 내용과 주제의식 및 교훈성에 관한 부분을 중심으로 간략히 요약하면 다음과 같다.

'물속의 구슬' – 돈을 낳는 구슬인 전생주(錢生珠)를 물속에서 발견하고서 부자가 되고서도 우애를 잃지 않았다는 형제의 이야기. 형제가 사이좋게 지내면 하늘이 상을 준다는 교훈성을 드러냄.

'원숭이의 재판'- 길에 떨어진 고기 한 조각을 두고 개와 여우가 싸우다 원숭이에게 재판을 요구하나, 원숭이가 꾀를 부려 자기가 다 먹고 만다는 이야기. 싸우지 말고 화해하는 것에 대한 교훈 강조.

'혹 떼이기, 혹 받기'- 혹이 있는 두 남자 중에서 장승을 불쌍히 여겨 도와준 이는 상으로 혹을 떼었지만, 욕심만 많고 남에게 쓸데없는 일을 한 사람은 벌을 받았다는 이야기.

'놀부와 흥부'- 착하지만 가난한 동생 흥부는 제비를 도와 그 보답으로 박을 타 큰 부자가 되었지만, 욕심 많고 못된 형 놀부는 오히려 박을 타다가 망한다는 이야기. 놀부의 박타는 장면이 확대되었음.

[가치정보]

『조선동화집』은 총독부가 조선 전국의 민담을 채집해 '조선동화'라는 표제를 내걸고 엮은 최초의 동화집이다. 이 동화집은 문자가 일본어라는 점, 그리고 무엇보다 조선의 고유문화를 장악하기 위한 총독부의 문화정책의 일환으로 출간되었다는 점을 태생적 한계로 안고 있다. 이 점은 결코 가볍게 넘길 수 있는 성격의 것은 아니다. 그 정치적 의도가 문학적 결과물의 성격을 좌우할 수 있는 문제이기 때문이다. 그런 점에서 『조선동화집』은 의도적인 훼손이 없다는 평가를 받는다면 그 문학 텍스트로서 주목할 필요가 있다. 이러한 점들 때문에 조선 최초의 전래동화 작품집이며, 이후 전래동화의 형성 및 성격에 적지 않은 영향을 준 『조선동화집』의 문학사적 의미를 부정할 수는 없기 때문이다.

『조선동화집』의 의의는 무엇보다 현재 우리가 한국의 대표적인 전래동화 작품이라 꼽을 만한 작품들을 뽑아내었고, 이를 대중적으로 소개하였다는 점에 있지 않을까 한다. 특히 '혹 떼이기 혹 받기', '심부름꾼 거북이', '종을 친 까치', '은혜를 모르는 호랑이', '금방망이 은방망이', '겁쟁이 호랑이', '천벌 받은 호랑이', '놀부와 흥부', '나무꾼과 선녀'의 이본인 '선녀의 날개옷' 등 10여 편은 이 작품집에 수록된 이래 한국 전래동화의 대표적 작품으로 꼽히고 있다. 이 점에서 『조선동화집』은 한국 전래동화 선집 작업에서 선구적인 위치를 차지한다고 말할 수 있다.

	관리기호	기록번호	자료명	
〔문서 이미지〕	-	-	朝鮮の謎	
	작성자	생산기관	생산 연도	
	朝鮮總督府	朝鮮總督府	1925	
	지역	언어	분량	소장기관
	京城	일본어, 한글	239면	국립중앙도서관
	키워드	미, 조선, 수수께끼, 천문, 신분, 무기		

[기본정보]

이 자료는 조선총독부가 기록한 자료로 자료명은 '조선의 미'로 표기되어 있으며 작성자는 조선총독부로 보이며 각 지역에서 모은 자료가 모아져 학무국편집과(學務局編輯課)에서 정리하여 인쇄한 것으로 보여진다. 작성년도는 1925년(대정 14)이며 이 자료는 모두 239면으로 일본어와 한글로 기록되어 있다.

1919년도 판은 비매품이었는데, 1925년도 판에는 "정가 일원이십전"이라고 명기되어 있다. 이를 보면 『조선의 미(朝鮮の謎)』란 책은 단순히 정책자료용으로서 보고·활용된 것만이 아니라 상업적으로도 일반인들에게 적지 않게 팔렸다는 사실을 알 수 있다.

이 자료는 조선 각 지역의 수수께끼를 정리하여 기록하였다. 제1편에서는 하늘, 지리(地理), 초목(草木), 조류(鳥類), 인체(人體), 질병(疾病), 주거(住居) 등과 관련한 수수께끼를 각기 기록하고 있다. 제2편에서는 자(字)와 관련한 수수께끼를 기록하고 있다. 먼저 한글[제2편에서는 한자]로 수수께끼를 기록하고 바로 옆에 일본어로 그것을 기록하고 주(註)를 추가적으로 기록하는 방식을 취하고 있다.

[내용정보]

이 자료의 제1편에서는 각 지역의 천문(天文), 세시(歲時), 지리(地理), 초목(草木), 조류(鳥類), 수류(獸類), 충류(蟲類), 옥석류(玉石類), 인체(人體), 질병불구(疾病不具), 인사(人事), 무기(武器), 기물(器物), 주거(住居), 음식(飮食), 신분(身分), 악기(樂器), 귀신(鬼神) 등과 관련한 수수께끼를 정리하여 기록하고 있다. 수수께끼를 한글과 일본어로 각각 적고 주(註)를 다는 형식을 취하고 있다. 그리고 답을 아래쪽에 기록하였다.

　본문 첫 장에서는 일(日), 월(月), 성(星)과 관련한 수수께끼로 다음과 같이 기록하고 있다.

　"토끼 입에서 나와 말등을 넘어 달의 입으로 들어가는 것이 무엇이냐(兎の口から出て馬の背を通つて, 終には雜に食はれてしまふものは何か)"

　그리고 주(註)를 다는 이유에 대해서는 언문(諺文)에 있어 번역이 난해(難解)하게 보이는 사항을 위해 적고 있다고 기록하고 있다.

　제2편에서는 자(字)와 관련한 수수께끼로 한자와 관련한 수수께끼를 기록하고 있다.

　제2편 첫 질문은 다음과 같다.

　"일소여자는 무슨 글자냐(一小女子は何の字か)"

　답은 "불호(不好)"이다.

　이와 같은 형식으로 수많은 수수께끼를 기록하고 있다.

[가치정보]

　이 자료는 조선의 수수께끼를 기록하고 있다. 각 지역에서 모아진 수수께끼를 정리하여 기록하였다. 일제가 시행한 조선에 대한 조사가 1910년 이전에는 주로 민법제정을 위한 관습조사, 1910년 이후에는 토지소유와 관련한 것들이었다. 1920년 이후에는 민속과 관련한 것이 많이 조사되었는데 이 자료가 만들어진 시기가 1925년이기에 일본의 조사가 민속학 쪽으로까지 확대되었다는 측면에서 주목해야 한다.

III-3-7-05. 조선의 재래농구

관리기호	기록번호	자료명	
-	-	朝鮮の在來農具	
작성자	생산기관	생산 연도	
-	조선총독부 권업모범장	1925	
지역	언어	분량	소장기관
경기도	일본어	130면	국립중앙도서관
키워드	재래농구, 농기구, 조선, 쟁기, 농구		

[기본정보]

이 자료는 조선총독부 권업모범장(勸業模範場)이 기록한 자료로 자료명은 '조선의 재래 농구(朝鮮の在來農具)'로 표기되어 있으며 작성년도는 1925년(대정 14)이다. 이 자료는 모두 130면이며 일본어로 기록되어 있다.

이 자료는 조선에 존재하는 농기구의 종류와 그 농기구의 형태·용도 등을 기록하였다. 특히 경기도 수원지방의 농기구를 조사하였으며 그것과 타 지역의 차이를 비교하기도 하였다.

이 자료는 인쇄자료(책자형) 총 1책(冊)으로 이루어졌으며 삽화(插畫)가 포함되어 있다.

[내용정보]

이 자료는 당시 조선의 재래농구를 정리하여 기록하였다. 재래 경서용구(耕鋤用具)[쟁기, 쇠시랑, 가래 등], 파쇄용구(破碎用具)[나레, 쓰게 등], 진압용구(鎭壓用具)[공방이 등], 파종용구(播種用具)[재반, 새갓통], 시비용구(施肥用具)[오좀통, 잠태기 등], 중경서초용구(中耕徐草用具)[호미, 후치 등], 관개용구(灌漑用具)[고리두레, 용두레], 수확용구(收穫用具)[낫, 전지], 조제용구(調製用具)[붓두, 개상, 멍석, 키 등], 축산용구(畜産用具)[말, 섬, 매방적 등], 정곡급정분용구(精穀及精粉用具)[절구, 맷돌, 연자매 등], 운반용구(運搬用具)[돌발채, 우차 등], 잡용구(雜用具)[이함박, 삿갓 등]의 형태와 용도, 그리고 공정(工程), 가격, 사용연한 등을 각각에 기록하고 있다. 또한 재래농구의 그림과 명칭을 삽화로 싣고 있다.

[가치정보]

이 자료는 당시 조선의 재래농구의 종류와 그 종류의 형태, 용도, 가격 등을 정리하여 기록하였다. 이 자료를 통하여 당시의 농업, 특히 농기구에 관한 연구를 위한 자료로 사용될 수 있을 것으로 보인다.

III-3-7-06. 조선의 군중

관리기호	기록번호	자료명	
-	-	朝鮮の群衆	
작성자	생산기관	생산 연도	
	조선총독부 관방문서과	1926	
지역	언어	분량	소장기관
경성	일본어	245면	국립중앙도서관
키워드	조선, 군중, 취단, 맹휴, 쟁의		

[기본정보]

이 자료는 조선총독부 관방문서과(朝鮮總督府官房文書課)가 1926년(대정 15) 작성한 것으로 자료명은 '조선의 군중(朝鮮の群衆)'으로 표기되어 있으며 조선총독부가 발간한 자료이다. 1책(冊) 245면으로 구성되었으며 일본어로 기록되어 현재 국립중앙도서관에 소장되어 있다. 조선에서 나타나는 취단현상(聚團現像)에 대해 기록하고 있으며 이러한 취단현상을 당시 세계적 사조의 일특색으로 파악하고 있으며 조선에서 일어나는 취단현상의 특징들을 살피고 있다.

[내용정보]

이 자료는 소작쟁의(小作爭議)와 노동쟁의(勞動爭議), 학교맹휴(學校盟休), 계급쟁의(階級爭議)에서 보이는 조선군중의 특징을 파악하며 특히 이러한 쟁의와 맹휴가 일어나는 원인과 그것이 발생하게 된 구조를 살피고자 하였다. 그리고 그의 해결점을 제시하고 있기도 하다. 조선의 취단, 즉 단체적인 운동을 대개 민족운동(民族運動), 사회주의운동(社會主義運動)을 표방한 것에서 시작된 것임을 지적하고, 그 모임이 목적달성을 위하여 조직되었으며 수적(數的)인 한계가 있음을 지적한다. 이것 외에도 영속적인가 무질서적인가, 개인과 군중과의 관계 등을 파악하고 있다. 이것 외에도 제5장에서는 기타로 분류하여 음식점, 화재시, 교회자치운동(教會自治運動), 관청이전반대운동(官廳移轉反對運動) 등과 관련하여 기록하고 있다.

[가치정보]
이 자료는 조선에 있어서의 취단(聚團)의 원인과 특색을 파악하고 있다. 1926년은 시기적으로 사회주의운동이 활발한 시기이며 이 문서가 작성되기 일 년 전인 1925년에는 반정부(反政府)·반체제(反體制)운동을 단속하기 위한 법률인 치안유지법을 공포하였다. 이것과 관련하여 볼 때 일제가 당시 조선의 취단, 즉 단체운동을 어떻게 이해하고 그것에 대처하고자 했는가를 살펴볼 수 있는 자료이다.

III-3-7-07. 조선리언집

관리기호	기록번호	자료명	
-	-	朝鮮俚諺集	
작성자	생산기관	생산 연도	
-	朝鮮總督府	1926	
지역	언어	분량	소장기관
경성	일본어	198면	국립중앙도서관
키워드	조선속담, 조선리언, 속담집, 풍습, 리언		

[기본정보]
이 자료는 조선총독부가 기록한 자료로 자료명은 『조선리언집(朝鮮俚諺集)』으로 표기되어 있으며 조선총독부에서 발간하였다. 작성년도는 1926년(대정 15)이다. 이 자료는 모두 198면이며 일본어로 기록되어 있다.

『조선리언집』은『조선민속자료 ; 제3편(朝鮮民俗資料 ; 第3編)』에 속해 있으며 이 자료는 인쇄자료(책자형) 총 1책(冊)으로 이루어졌으며 19㎝의 형태로 국립중앙도서관에 소장되어 있다.

이 책은 조선에 존재하던 리언(속담)에 대해 기록하였다. '가나다'순서대로 'ㄱ'으로 시작되는 속담부터 'ㅎ'으로 시작하는 속담까지 사전식으로 속담을 정리하였다.

[내용정보]

이 자료는 'ㄱ'으로 시작하는 속담부터 소개하고 있다. 먼저 한글로 속담을 소개한 후 그것을 일본어로 적고, 주(註) 또한 일본어로 적고 있다.

"가는 날이 장(場)날(行つた日が丁度市日)"

주(註) "다른 일과 안성맞춤으로 일이 쉽게 되는 것을 말한다(都合好かつたことに云ふ)"

"소 닭 보듯 한다(牛も鷄もか互に見るゃう)"

주(註) "서로 관계없이 살고 있는 것을 깨우치는 것을 말한다(相互に關係なしに暮して居るに譬へて云ふ)"

"화약(火藥)을 지고, 불로 들어간다(火藥を背負つて, 火中のに入る)"

주(註) "자기 스스로 위험천만한 곳에 들어가는 것을 말한다(自分自ら危險千萬た處に入るのを云ふ)"

이와 같은 형식으로 수많은 수수께끼를 기록하고 있다.

[가치정보]

당시 조선의 속담의 뜻과 주석을 붙이는 형식으로 속담을 정리하였다. 서민 생활에 뿌리내린 지방의 속담을 다수 수록하고, 속담과 관련한 조선의 풍습 및 사회상에 대한 구체적인 주석을 달고 있어 당시의 사회 상황과 속담의 성립배경을 엿볼 수 있다.

III-3-7-08. 조선의 복장

관리기호	기록번호	자료명	
-	-	朝鮮の服裝	
작성자	생산기관	생산 연도	
-	조선총독부 관방문서과	1927	
지역	언어	분량	소장기관
경성	일본어	184면	국립중앙도서관
키워드	복장, 조선, 의복, 조선인, 좌방		

[기본정보]

이 자료는 조선총독부 관방문서과(朝鮮總督府官房文書課)가 기록한 자료로 자료명은 '조선의 복장(朝鮮の服裝)'으로 표기되어 있으며 조선총독부에서 발간하였다. 작성년도 1927년 (소화 2)이다. 이 자료는 모두 184면이며 일본어로 기록되어 있다. 이 자료는 삽화(插畫)가 포함되어 있으며 국립중앙도서관에 소장되어 있다.

이 자료는 조선인의 복장과 관련하여 조사한 자료로써 조선인의 일상복장부터 관(冠)·이(履)의 복장, 복장의 색상과 형태, 행동거지에 관하여서도 보행(步行), 동작(動作) 등을 기록하고 있으며 조선의복의 가치와 소비에 대해서도 기록하고 있다.

[내용정보]

이 자료는 조선인의 생활실상을 이해하기 위하여 만들어진 것으로 조선을 이해하려면 조선의 종교(宗敎), 문예(文藝), 미술(美術), 제도(制度) 등을 이해해야 하지만 우선적인 것은 의식주(衣食住)로서 그 중 의(衣)에 해당하는 복장을 조사하여 기록하였음을 언급하고 있다.

당시 보통의 행동을 위한 남녀의 복장부터, 그 복장의 색과 형태를 기록하고 있다. 또한 특이한 형태로 두부식(頭部飾) 안(顔)·지식(指飾), 부속물식(附屬物飾) 등에 대해서도 기록하고 있다. 뿐만 아니라 복장 외에도 조선인들의 행동거지에 대해 기록하고 있는데 보행, 동작, 목욕과 광택, 좌방(座方)과 침구(寢具)에 관하여서도 기록하고 있다. 복장의 이해를 돕기 위하여서 삽화(插畫)를 이용하여 복장과 각 부분들의 명칭을 기록하였다.

[가치정보]

이 자료는 조선에 대한 여러 조사 중 의·식·주(衣·食·住) 3자(三者) 중에서도 의(衣)에 해당하는 복장에 대해 조사하고 있다. 이 자료에서는 이것을 필수적인 것으로 파악하고 있으며 이 조사가 당시 조선인들의 복장을 얼마나 정확하게 파악하고 있는 가가 이 자료의 가치를 결정할 것으로 보인다. 또한 민속학 특히 조선 혹은 근대 의복에 대한 연구에는 도움이 될 자료로 보인다. 민속학연구 외에도 조선복식개량론과 관련하여 이 자료가 어떻게 이용되었는지 파악하는 것도 중요할 것으로 보인다.

III-3-7-09. 풍속조사[함흥·북청·이원]

관리기호	기록번호	자료명		
B-1-176	新調第320	風俗調査[咸興·北靑·利原]		
작성자	생산기관	생산 연도		
郭漢倬	조선총독부 중추원	1930		
지역	언어	분량		소장기관
함흥, 북청 이원	일본어	30면		수원시박물관
키워드	풍속, 거주, 미신, 복장, 관례 혼례, 제례			

[기본정보]

이 자료는 촉탁 곽한탁(郭漢倬)이 풍속조사를 위해 1930년(소화 5) 3월 17일부터 26일까지 함경남도 함흥, 북청, 이원군의 3개 지역에 출장을 다녀온 뒤 조사내용을 정리하여 보고한 복명서이다.

[내용정보]

조사사항은 함경남도 함흥, 북청, 이원군의 풍속조사 내용으로 다음과 같은 13개 항목에 걸친 조사가 이루어지고 있다. ① 음식(飮食)[사계절에 항상 먹는 식물 및 부식물], ② 주거(住居)[가옥의 구조와 가족의 거처], ③ 복장(服裝)[사계절 남녀의 의복의 종류, 지질

(地質) 및 색합(色合)], ④ 관례(冠禮)[관례를 행하는 연령, 시기, 관례 의식], ⑤ 혼례(婚禮)[의혼(議婚), 사주(四柱), 납폐(納幣), 전안(奠雁), 초례(醮禮), 우례(于禮), 기타], ⑥ 상례(喪禮)[임종(臨終), 초혼(招魂), 습(襲), 발상(發喪), 호상(護喪), 치관(治棺), 소렴(小斂), 대렴(大斂), 성복(成服), 혼백봉안(魂魄奉安), 산역(山役), 발인(發靷), 장식(葬式), 우제(虞祭), 소상(小祥), 대상(大祥), 담제(禫祭)], ⑦ 제례(祭禮)[기제(忌祭), 성묘(省墓), 시제(時祭), 다례(茶禮)], ⑧ 출생(出生)[태모(胎母)의 위생, 포태(胞胎)의 조치(措置) 등], ⑨ 미신(迷信)[주택, 질병, 상장(喪葬), 상업, 농업, 지이(地異)에 관한 미신, 가축과 금수에 관한 미신], ⑩ 의약(醫藥)[각종 질병이나 상처의 치료방식과 사용되는 약재에 대한 서술], ⑪ 오락 및 유희(遊戲), ⑫ 속요(俗謠), ⑬ 연중행사 등이다. 마지막 이언(俚言)이라는 항목에는 이 지역에서 행해진 한글 비속어의 몇 가지 사례를 가타카나 발음을 병기하여 싣고 있어 흥미롭다.

응답자는 함흥군 유지(有志) 주규운(朱奎運), 북청군 유지(有志) 남병철(南炳喆), 이원군 유지(有志) 현희규(玄熙圭) 3인이다.

[가치정보]

이 자료는 함경남도 함흥, 북청, 이원의 풍속전반에 대한 조사 내용을 싣고 있다. 따라서 당 시기 민속학적인 자료로 활용될 수 있을 것이며, 나아가 이를 통해 당 시기 이 지역의 사회상을 살필 수 있는 기록으로 참고할 만한 내용들이다.

III-3-7-10. 조선의 무격 : 민간신앙 제3부

관리기호	기록번호	자료명	
-	-	朝鮮の巫覡 : 民間信仰 第3部	
작성자	생산기관	생산 연도	
村山智順	조선총독부 중추원	1932	
지역	언어	분량	소장기관
-	일본어	619면	민속원 출판 영인본
키워드	무격, 성무, 무도, 무행, 무격, 무구		

[기본정보]

이 책은 조선총독부 촉탁 무라야마 지준(村山智順)이 1932년 조선의 무격의 분포, 호칭, 종류, 동기와 과정 무행신사 등에 대해 조사한 내용이다. 조선총독부 자료조사과에서 제36집 민간신앙 3부, 조선의 무격(巫覡)이라는 자료집으로 간행되었다.

[세부목차]

제1장 무격의 분포
 제1절 무격의 수
 제2절 신분, 성, 연령
 제3절 분포상황
제2장 무격의 호칭
 제1절 무칭(巫稱)의 종류
 제2절 무칭의 분포
 제3절 기록상의 무칭
 제4절 무칭 무당에 대해
제3장 성무(成巫)의 동기와 과정
 제1절 성무의 동기
 제2절 영감(靈感)성무의 과정
 제3절 세습성무의 과정
 제4절 생업(生業)성무의 과정
 제5절 기타 성무 과정
 제6절 성무의 기관
제4장 무행신사(巫行神事)
 제1절 신사의 종류
 제2절 고래의 신사
 제3절 현행의 신사
제5장 무도(巫禱) 의식
 제1절 무의(巫儀)의 관념
 제2절 무의의 차례
 제3절 각지 현행의 무의

　제6장 무격의 수요
　　제1절 무의 수요와 신뢰
　　제2절 현재의 신무(信巫) 상황
　　제3절 단골제
　제7장 무격(巫覡)의 영향
　　제1절 무격의 효과
　　제2절 무격의 폐해
　　제3절 전선(全鮮)의 폐해
　제8장 무구(巫具)와 무경(巫經)
　　제1절 무구
　　제2절 무경

[내용정보]

　관습조사의 방법에는 문헌조사, 현조조사, 설문조사 등의 여러 가지 방법이 있었다. 그리고 가장 흔한 경우가 행정기관을 이용하는 것이었다. 무격에 대한 조사의 과정에서는 228개소의 경찰서에 조사항목을 보내어 질문사항에 대한 답변을 통해서 이루어졌다.

　현장조사는 1927년 10월 강원, 경상도, 1930년 11월에는 남부지역에 대한 현지조사를 하였고, 문헌으로는 이능화의 『조선무속고』(1927년), 『용재총화』, 『필원잡기』, 경성신문 등을 자료로써 인용, 경성제국대학 교수 아키바 다카시(秋葉隆)와 아카마쓰 지조(赤松智城), 조선총독부 촉탁 오청(吳晴) 등의 글을 참조하였다. 본문 외에 조선의 무격 부도(附圖)라는 제목으로 옥추경(玉樞經), 안택경(安宅經) 등 31개의 경문과 무구(巫具), 본향당(本鄉堂), 국사 당, 신장간(神將竿) 등에 관한 200여장의 사진을 싣고 있다.

[가치정보]

　무라야마 지준(村山智順)은 일반 대중들이 지지하는 사상이야말로 사회적인 원동력이라고 보고 조선의 민간신앙을 연구하였다. 그러나 궁극적으로는 이 연구 역시 구관(舊慣) 제도에 대한 조사사업의 연장에서 당 시기 조선 사람들을 정신적, 사상적으로 어떻게 일제에 동화시킬 수 있는가에 대한 고민에서 나온 연구로 볼 수 있다. 예컨대, 이 자료집이 간행된 시기 일제의 동화정책에 일본의 신사(神社)와 조선의 무속을 적절히 이용 혹은 결합을 모색한 연구결과라는 점에 주의해야 한다. 이러한 의도를 염두에 두되, 당 시기 무격에 대한 전국적인 연구로써 조사된 자료는 이 분야 연구에 참고할 만한 가치가 있다.

Ⅲ-3-7-11. 색복과 단발

관리기호	기록번호	자료명	
-	-	色服と斷髮	
작성자	생산기관	생산 연도	
-	조선총독부 학무국 사회과	1933	
지역	언어	분량	소장기관
-	일본어	10면	국립중앙도서관
키워드	백의, 색복, 단발, 의상		

[기본정보]

조선총독부 학무국 사회과에서 발간한 『사회교화자료』 전6집 중 2집에 해당하는 책으로 조선의 의생활을 개선하고자 만든 자료집이다. 전체 522면 중 『색복과 단발』의 분량은 10면이다. 1933년(소화 8)에 발행되었다.

[내용정보]

자료는 먼저 조선인이 주로 입는 백의(白衣)가 자주 세탁을 해야 하는 등 경제적으로 손실이 크다는 점을 지적하였다. 이러한 이유로 각도 당국에서 색복의 착용을 장려하고 있는 실정을 서술하고 있다. 그러나 한국인의 풍습이 백의를 입는 것으로 되어 있고 백의의 폐해를 아는 사람들도 풍습에 익숙해져 쉽게 의생활을 개선하려 하지 않는 현실을 지적하고 있다. 백의로 인해 드는 비용을 남자, 여자 및 그 평균을 산출하여 비효율성을 지적하는 등 수치를 활용하여 색복을 권장하고 있다. 이와 함께 단발은 문화의 상징이라고 하여 색복과 함께 단발을 할 것을 주장하였다.

[가치정보]

이 자료는 조선의 전통 의상의 경제적인 측면을 조사 정리하고 조선총독부에서 의생활 개선의 방향을 파악할 수 있다는 점에서 의미가 있다.

III-3-7-12. 조선의 점복과 예언

관리기호	기록번호	자료명		
-	-	朝鮮の占卜と豫言		
작성자	생산기관	생산 연도		
-	조선총독부	1933		
지역	언어	분량	소장기관	
경성	일본어	663면	국립중앙도서관	
키워드	조선, 점복, 예언, 상복, 관상점			

[기본정보]

이 자료는 조선총독부가 기록한 자료로 자료명은 '조선의 점복과 예언(朝鮮の占卜と豫言)'으로 표기되어 있으며 작성자는 무라야마 지준(村山智順)으로 보이며 작성년도는 1933년(소화 8)이다. 이 자료는 모두 663면이며 일본어로 기록되어 있다.

조선총독부의 촉탁(嘱託)이었던 일본인 무라야마 지준이 사상조사의 일환으로 진행한 조사자료이다. 상고시대부터 1930년대에 이르기까지 점복습속을 문헌과 현장답사를 통해 정리하였다.

이 자료는 영인본으로 총 1책(冊)으로 이루어졌으며 국립중앙도서관에 소장되어 있다. 1990년 동문선, 1991년 명문당, 2005년(재판) 동문선에 의해 책으로 만들어졌다.

[내용정보]

이 자료는 조선에 존재하던 점복과 예언에 대해 정리하여 기록한 책이다. 점복습속의 추세, 점복을 하는 자, 자연관상점, 동물, 식물 기타 사물에 의한 상복, 몽점, 신비점,

인위점, 작괘점, 관상점, 상지법, 도참과 예언 등에 대해 정리하였다. 당시 촉탁이던 무라야마 지준이 주도했던 사상조사의 일환으로 점복과 예언에 관한 관습의 대요를 서술하였다. 조선민중의 대부분이 아직 점과 예언을 의지하는 것으로 보고 있으며 이 책을 조선의 문화를 엿볼 뿐 아니라 조선민중의 정신생활을 요해(了解)하기 위한 것으로 그 의의를 두고 있다.

[가치정보]

이 자료는 조선의 유사종교와 점복과 예언 등을 비롯한 조선의 민속 전반에 대해 조사한 무라야마 지준이 만든 것으로 후에 조선의 점복과 예언에 대한 연구에 중요한 자료가 되고 있는 것으로 보이며 이미 두 출판사에서 단행본을 발간했을 정도로 그 조사의 가치를 인정받고 있는 것 같다.

III-3-7-13. 조선의 유사종교

관리기호	기록번호	자료명	
-	-	朝鮮の類似宗教	
작성자	생산기관	생산 연도	
村山智順	朝鮮總督府	1935	
지역	언어	분량	소장기관
경성	일본어	1016면	국립중앙도서관
키워드	조선, 유사종교, 동학, 유교, 무도		

[기본정보]

이 자료는 조선총독부가 기록한 자료로 자료명은 '조선의 유사종교(朝鮮の類似宗教)'로 표기되어 있으며 작성자는 조선총독부 관방문서과(官房文書課)로 보이며 작성년도는 1935년(소화 10)이다. 이 자료는 모두 1,016면이며 일본어로 기록되어 있다.

이 자료는 조선에 새롭게 형성이 된 유사종교에 대한 조사로 '유사종교의 전반'과

'동학계유사종교단체(東學系類似宗敎團體)', '불교계유사종교단체(佛敎系類似宗敎團體)', '숭신계유사종교단체(崇神系類似宗敎團體)' 등의 유사종교에 대해 기록하고 있다. 촉탁 무라야마 지준(村山智順)이 조사한 것으로 한반도 민중의 종교사상을 이해하기 위한 자료이다.

이 자료는 인쇄자료(책자형) 총 1책(冊)으로 이루어졌으며 국립중앙도서관에 소장되어 있다. 이 자료는 근래 무라야마 지준의 민속조사와 저술에 관련하여 많은 자료로 인용되고 책으로 발간되었다.

[내용정보]

근세에 발흥하여 현재까지 그 활동을 계속하여 온 조선의 유사종교는 근세 이후 어수선한 세상 속에서 생활한 조선 민중의 전통적 신앙의식의 표현이며, 그 운동도 또한 민중의 현실적 생활의식을 반영한 것에 불과한 것이다. 다른 것은 불문하고라도, 조선의 무도(巫道)가 가끔 배척과 탄압을 받으면서 3,000년의 명맥과 활동을 계속하여 오늘날에도 번영하고 불교, 유교가 국교와 같은 보호를 받으면서 일시에 그 융성과 활력을 잃었다는 것이다. 그리고 전자는 민중의 생활의 요구에 응한 것으로서 강력한 지지를 받은 데 반해, 후자는 왕자 및 특권계급의 생활 요구에 응하는 것이기는 해도 일반 민중의 생활요구에 만족을 주는 것이 아니어서 민중의 지지를 얻을 수 없었던 데에 유래하는 것이다. 이것은 이러한 사회적 전통을 가지는 조선에서는 특권 유력계급이 옹호, 지도하지 않는 사회적 운동으로서 민중의 지지를 받지 않고 발달하는 것이 없고 융성하는 것은 반드시 일반 민중의 지지를 받은 것임에 틀림없음을 나타내는 것이다. 이러한 의미에서 조선에 나타난 근대의 유사종교는 오히려 민중의 생활요구에 의해 발생하여, 민중의 종교의식에 의해 성장하고 민중의 생활사상에 이끌려 활동한 것이다. 유사종교가 민중을 희롱한 것이 아니라 오히려 민중이 이들 유사종교로 하여금 생활무대에서 한 역할을 한 것이라고 하지 않을 수 없다.

[가치정보]

조사자료 제42집 『조선의 유사종교』는 조선민중의 생활사상 특히 그 종교사상의 동향을 이해하는 데 좋은 연구자료가 된다. 그런데 연구조사에 있어 당시의 일본인들의 조사에 응하는 조선인들의 태도가 대부분 비밀결사적이기 때문에 정확한 기록이 부족하고, 외부적 관찰에서 유래된 세평에 의존할 수밖에 없었다는 한계점이 존재한다. 또 전국적인 교세의 연혁, 내력 등에 관해서는 총독부 경무국의 출판물을 참고했고, 또 각도 경찰부에 의뢰하여 조사한 것도 있어 그 실상이 정확하다고는 할 수 없다.

III-3-7-14. 조선의 종교급신앙

관리기호	기록번호	자료명		
-	-	朝鮮の宗教及信仰		
작성자	생산기관	생산 연도		
-	조선총독부	1935		
지역	언어	분량		소장기관
경성	일본어	110면		국립중앙도서관
키워드	조선, 종교, 불교, 기독교, 유교, 사상			

[기본정보]

이 자료는 조선총독부가 기록한 자료로 자료명은 '조선의 종교급신앙(朝鮮の宗教及信仰)' 으로 표기되어 있으며 조선총독부에서 발간하였다. 작성년도는 1935년(소화 10)이다. 이 자료는 모두 110면이며 일본어로 기록되어 있다.

이 자료는 목차와 본문 사이 각기 종교와 관련한 사진(경학원 등)이 여러 장 포함되어 있으며 1책으로 국립중앙도서관에 소장되어 있다.

이 자료는 종교와 신앙에 관련한 책으로서 각기 종교와 관련한 인사들이 쓴 글을 모아둔 책이다. 조선인들의 일반적인 신앙심과 종교현황뿐 아니라 각기 종교에 대한 글들을 수록하였다. 조선인들의 신앙심에 대해서는 학무국장(學務局長) 와타나베 도요히 코(渡邊豊日子)가, 조선의 유교에 대해서는 성대교수(城大敎授) 다카하시 도루(高橋亨)가, 조선의 유사종교(類似宗敎)와 관련하여서는 총독부(總督府) 탁(託) 무라야마 지준(村山智順) 이 글을 게재하였다.

[내용정보]

이 자료는 1935년 4월 발행된 『조선종교특집호(朝鮮宗敎特輯號)』와 더불어 조선인들의 종교와 신앙에 대해 살필 수 있는 참고자료이다. 조선인들의 신앙심에 대해 기록한 학무 국장 와타나베 도요히코(渡邊豊日子)는 종교와 신앙을 살피는 것은 중요한 사안이며 1930 년대 현재에는 정신생활향상쇄신(精神生活向上刷新)이 중요함을 지적하고 있다. 그리고 인간의 참된 목적을 달성하기 위하여 종교를 통한 안심입명(安心立命)을 이루어야 함을 주장하고 있다. 와타나베 외에도 사회과장(社會課長) 엄창섭(嚴昌燮)은 조선의 종교에 대하여 특히 법령으로 인정받은 신도(新道)·불교(佛敎)·기독교(基督敎)에 대해 적고 있다. 어느 지역에 어느 종교가 분포하고 있는지 어느 정도의 인원이 믿고 있는지 등을 파악하였다. 이 둘 외에는 종교단체들의 사회봉사, 조선의 유교, 무속문화권(巫俗文化圈), 조선 불교와 호국사상, 조선에 있는 유사종교와 기독교의 개척 등을 적고 있다. 종교단체들의 사회사업에 대해서는 종교단체들이 대개 교육사업(敎育事業)과 의료사업(醫療事業)에 관여하고 있는데 의료사업에는 병원·보육 등과 관련한 것들이 있다고 파악하였다.

[가치정보]

이 자료는 당시 조선인들의 종교와 신앙에 관련한 내용을 수록하였다. 1930년대에는 일본이 조선의 신앙까지 조사하여 생활전반에 영향을 미치고 있던 때이다. 조선인들의 전반적인 신앙심과 전국의 종교개황, 유교, 불교, 기독교 등의 종교와 관련한 글은 당시 일본인들이 조선을 통치하는 데 있어 필요한 사안이었을 것이다. 종교와 관련한 연구, 그리고 일본의 통치와 관련하여서 사료적 가치가 있는 것으로 보인다.

III-3-7-15. 미신 1 목차

관리기호	기록번호	자료명		
中C9 5 v.1	風俗 22	迷信 — 目次		
작성자	생산기관	생산 연도		
正木薫	조선총독부 중추원	1936		
지역	언어	분량	소장기관	
-	일본어, 한자	86면	국사편찬위원회	
키워드	미신, 가옥, 분묘, 질병, 재해, 길흉, 관혼상례			

[기본정보]

이 자료는 조선총독부 중추원에서 수행한 풍속 조사의 일환으로, 조선의 미신에 관한 조사보고서 중 하나이다. 12줄의 조선총독부 중추원 용지에 작성하였으며, 작성자는 마사키 카오루(正木薰)이다. 미신에 관한 보고서는 목차와 기술 총합, 제서(諸書) 발췌 자료의 총 3책으로 구성되었으며, 이 자료는 그 가운데 목차를 정리한 책이다. '제1절 미신(迷信)'부터 '제37절 농사(農事)'까지 각 절에 대하여 세부 항목까지의 목차를 기술하였다.

[세부목차]

제31장 미신(迷信)

제1절 미신

제2절 가옥(假屋)

제3절 분묘(墳墓)

제4절 질병(疾病)

제5절 출입(出入)

제6절 연사(年事)

제7절 관례(冠禮)

제8절 구사(求嗣)

제9절 임신(姙娠)

제10절 출생(出生)

제11절 토목(土木)

제12절 구복(求福)

제13절 사환(仕宦)

제14절 천재(天災)

제15절 수난(水難)

제16절 몽조해몽(夢兆解夢)

제17절 정초(正初)

제18절 이사(移舍)

제19절 재난(災難)

제20절 화난(火難)

제21절 천후(天候)

제22절 인체(人体)

제23절 음식(飮食)

제24절 적매(商賣)

제25절 인물(刃物)

제26절 경기(競技)

제27절 장신구(裝身具)

제28절 소과(蔬果)

제29절 금수(禽獸)

제30절 부정(不淨)

제31절 가요(歌謠)

제32절 악귀(惡鬼)

제33절 길흉일(吉凶日)

제34절 혼례(婚禮)

제35절 상례(喪禮)

제36절 제례(祭禮)

제37절 농사(農事)

[내용정보]

조선총독부 중추원은 1921년 초, 이전까지 구관조사사업의 일환으로 부분적으로 실시해 오던 풍속조사를 독립시켜 조사하기 시작하였다. 풍속조사는 조선에서 풍속의 연혁과 변천을 구명하기 위한 것으로, 복장, 음식, 주거, 차(車)·여(輿)·선(船), 출생, 관혼상제 등 조선의 풍속 일반을 조사 대상으로 삼았다.

이 자료집은 이와 같은 풍속조사의 일환으로 '미신'에 대한 항목을 조사한 것이다. 표지의 우상귀를 보면 '제31 미신(第卅一迷信)'이라 기록되어 있으며, 좌하쪽에 장원형 안에 '풍속(風俗)'이라 붉은색 도장이 찍혀 있어, 풍속조사의 31번 항목인 '미신'에 대한 조사보고서임을 알 수 있게 해준다. 제목을 보면 '미신1 목차(迷信一 目次)'로 나타나 있는데, 이는 이 자료가 미신에 관한 3책의 조사서 가운데 1책으로 목록을 수록한 자료이기 때문이다.

현재 국사편찬위원회에서 소장하고 있는 중추원조사자료 가운데, '풍속조사서 정리보고서'에 포함된 '미신 조사서 정리보고서'의 '보고서'에는 1936년(소화 11) 6월 19일에 마사키 가오루(正木薰)가 중추원서기관장(中樞院書記官長) 오다케 주로(大竹十郞)에게 '풍속조사 중 미신에 관한 조사서를 완료하여 보고'하면서 목차 1책과 기술 총합 1책, 제서(諸書) 발췌 자료 1책을 첨부하였다는 내용이 기록되어 있다. 본 자료는 이 가운데 목차 1책에 해당하며, 국사편찬위원회에는 본 책 이외에 제서 발췌 자료 1책이 함께 소장되어 있다.

이 자료에는 구체적인 내용은 수록되어 있지 않으며, 총 37절과 그에 따르는 각 목들의 제목들이 수록되어 있다. 이 가운데 각 절과 '제33절 길흉일(吉凶日)'의 22개 목은 표지에도 기록되어 있다. 이 자료를 통하여 알 수 있는 조사항목은 총 37절에 대하여 547목에 달한다. '제4절 질병(疾病)'에 대한 항목이 76목으로 가장 많이 나타나고 있으며, '제11절 토목(土木)'과 '제14절 천재(天災)', '제25절 인물(刃物)'의 경우에는 표지에는 절의 제목을 확인할 수 있으나, 책의 본문에는 누락되어 있다. 또한 '제16절 몽조해몽(夢兆解夢)'의 경우에는 처음부터 22목까지의 내용이 누락되어 있기도 하다.

[가치정보]
이 자료는 조선총독부 중추원에서 1921년 이후 본격적으로 수행한 풍속조사의 일환으로 생산된 것으로, 당대 일제의 조선에 대한 관습조사의 양상을 보여준다. 동시에 이 자료는 미신에 대한 조사의 목차를 상세하게 기록하고 있는 것으로, 일제의 조선의 풍속과 미신에 대한 관념 및 태도를 엿볼 수 있게 해 주는 자료이기도 하다.

III-3-7-16. 미신 3

관리기호	기록번호	자료명	
中C9 6	風俗 24	迷信 三	
작성자	생산기관	생산 연도	
正木薰	조선총독부 중추원	1937	
지역	언어	분량	소장기관
김포, 강화	한자	925면	국사편찬위원회
키워드	풍속, 미신, 기우, 사례, 택일, 길흉		

[기본정보]

이 자료는 조선총독부 중추원에서 수행한 풍속조사의 일환으로, 조선의 미신에 관한 조사보고서 중 하나이다. 12줄의 조선총독부 중추원 용지에 작성하였으며, 작성자는 마사키 가오루(正木薰)이다. 미신에 관한 보고서는 목차와 기술 총합, 제서(諸書) 발췌 자료의 총 3책으로 구성되었으며, 이 자료는 이 가운데 제서 발췌 자료에 해당한다.

이 자료에서 발췌한 자료는『세종실록(世宗實錄)』과『해동잡록(海東雜錄)』등 27개 문헌이다. 또한 김포군과 강화군을 출장하여 조사한 보고서도 함께 수록하고 있다.

[세부목차]

◦ 자료수집서적(資料蒐集書籍)

1. 세종실록(世宗實錄)
2. 해동잡록(海東雜錄)
3. 지봉유설(芝峯類說)
4. 문종실록(文宗實錄)
5. 세조실록(世祖實錄)
6. 성종실록(成宗實錄)
7. 노산군일기(魯山君日記)
8. 단종실록(端宗實錄)
9. 견첩록(見睫錄)
10. 국조보감(國朝寶鑑)
11. 대동야승(大東野乘)
12. 성호사설(星湖僿說)
13. 고려고도징(高麗古都徵)
14. 조야기문(朝野記聞)
15. 약파만록(藥坡漫錄)
16. 계서야담(溪西野談)
17. 오주연문장전산고(五洲衍文長箋散稿)
18. 토정가장결(土亭家藏訣)
19. 후한서(後漢書)
20. 삼국지(三國志)

21. 잡동산이(雜同散異)

22. 필원잡기(筆苑雜記)

23. 송사(宋史)

24. 연려실기술별집(練藜室記述別集)

25. 산림경제(山林經濟)

26. 고사촬요(故事撮要)

27. 선택요략(選擇要略)

28. 김포강화양군출장조사보고서(金浦江華兩郡出張調査報告書)

[내용정보]

조선총독부 중추원은 1921년 초, 이전까지 구관조사사업의 일환으로 부분적으로 실시해 오던 풍속조사를 독립시켜 조사하기 시작하였다. 풍속조사는 조선에서 풍속의 연혁과 변천을 구명하기 위한 것으로, 복장, 음식, 주거, 차(車)·여(輿)·선(船), 출생, 관혼상제 등 조선의 풍속 일반을 조사 대상으로 삼았다.

이 자료집은 이와 같은 풍속조사의 일환으로 '미신'에 대한 항목을 조사한 것이다. 표지의 우상귀를 보면 '제31 미신(第卅一 迷信)'이라 기록되어 있으며, 좌상쪽에 장원형 안에 '풍속(風俗)'이라 붉은색 도장이 찍혀 있어, 풍속조사의 31번 항목인 '미신'에 대한 조사보고서임을 알 수 있게 해준다. 제목을 보면 '미신 3 제서발췌자료(迷信 三 諸書拔萃資料)'로 나타나 있는데, 이는 이 자료가 미신에 관한 3책의 조사서 가운데 3책으로 여러 문헌에서 관련 내용을 발췌하여 수록한 자료이기 때문이다.

현재 국사편찬위원회에서 소장하고 있는 중추원조사자료 가운데, '풍속조사서 정리보고서'에 포함된 '미신 조사서 정리보고서'의 '보고서'에는 1936년(소화 11) 6월 19일에 마사키 카오루(正木薰)가 중추원서기관장(中樞院書記官長) 오다케 주로(大竹十郎)에게 '풍속 조사 중 미신에 관한 조사서를 완료하여 보고'하면서 목차 1책과 기술 총합 1책, 제서(諸書) 발췌 자료 1책을 첨부하였다는 내용이 기록되어 있다. 본 자료는 이 가운데 제서발췌자료 3책에 해당하며, 국사편찬위원회에는 본 책 이외에 목차 1책이 함께 소장되어 있다.

이 자료는 『세종실록(世宗實錄)』, 『해동잡록(海東雜錄)』, 『지봉유설(芝峯類說)』 등의 문헌에서 기우제 등 미신과 관련이 있다고 여겨지는 항목에 대한 기록을 발췌한 것이다. 이 자료집의 제작에는 여러 사람들이 동원되었는데, 본문의 내용을 통하여 해당사실을 확인할 수 있다. 예를 들어, 『지봉유설』을 발췌한 부분에는 "조사자(調査者) 박승장(朴承章),

등사자(謄寫者) 이만종(李萬鍾)"이라 기록한 반면,『선택요약 중(選擇要略 中)』을 수록한 부분에는 "조사자(調査者) 양재근(梁在根), 등사자(謄寫者) 이만종(李萬鍾)"이라 기록되어 있다. 또한 '김포강화양군출장조사보고서(金浦江華兩郡出張調査報告書)'의 첫 부분에는 복명서가 등사되어 있는데, 이를 보면 "1937년(소화 12) 4월 13일"이라고 복명시기가 기록되어 있으며, 마사키 가오루(正木薰)가 조사, 정리하여 중추원서기관장(中樞院書記官長) 오다케 주로(大竹十郎)에게 복명하고 있음을 확인할 수 있다.

이 자료에서 발췌하고 있는 내용은 기우제(祈雨祭)와 음사(淫祀)를 비롯한 제사(祭祀)와 세시(歲時), 사례(四禮)와 택일(擇日), 임신(姙娠)과 출생(出生), 분묘(墳墓)와 이사(移舍), 주거(住居), 산(山)과 지리(地理), 몽조(夢兆)와 해몽(解夢), 질병(疾病)과 요법(療法), 구복(求福), 동식물(動植物), 천재(天災)와 수화(水火) 등 매우 다양하다. 또한 문헌발췌 중 마지막에는『선택요략(選擇要略)』을 목록과 상(上)·중(中)·하(下) 3책의 내용 전체를 전재하고 있다.『선택요략』은 일용행사에 택일하는 법을 요약한 책으로, 세종조 말기에 간행한 것으로 추정되는 책이다.

마지막에 수록한 '김포 강화 양군 출장조사보고서(金浦江華兩郡出張調査報告書)'는 크게 복명서와 목차 및 내용의 3부분으로 구성되어 있다. 이 보고서에 수록한 내용은 암석·수목·산악 등의 숭배에 대한 토속(土俗)과 소아(小兒)의 유희(遊戱)에 관한 항목이다. 특히 암석 등의 숭배에 대해서는 김포군 군내면의 면장과 경기도 주사, 문주사의 주지 등으로부터 용화암석불(龍華庵石佛)과 문주사난석(文珠寺卵石), 문주산신석(文珠山神石), 강화군(江華郡) 읍내(邑內) 남산(南山) 미륵보살석(彌勒菩薩石), 강화군(江華郡) 교동면(喬桐面) 화개암(華蓋庵) 미륵석(彌勒石) 등에 대한 응답 내용을 수록하였다.

[가치정보]

이 자료는 조선총독부 중추원에서 1921년 이후 본격적으로 수행한 풍속조사의 일환으로 생산된 것으로, 당대 일제의 조선에 대한 관습조사의 양상을 보여준다. 동시에 이 자료는 각종 문헌들을 대상으로 미신에 대한 기술이라 판단되는 기록들을 발췌한 것으로, 조선의 관습과 풍속 등에 대한 일제 조사주체들의 태도와 입장을 보여주는 자료이기도 하다. 또한 김포와 강화지역에 대한 조사보고서를 통하여 당시 해당 지역의 토속신앙 등을 엿볼 수도 있다.

III-3-7-17. 선, 좌승, 타구, 포(조선풍속자료집설)

관리기호	기록번호	자료명		
-	-	扇 左繩 打毬 匏 (朝鮮風俗資料集說)		
작성자	생산기관	생산 연도		
今村鞆	조선총독부 중추원	1937		
지역	언어	분량	소장기관	
-	일본어	535면	국립중앙도서관	
키워드	선, 기승, 타구, 마상재, 포, 악기			

[기본정보]

조선총독부 중추원에서 선(扇)·좌승(左繩)·타구(打毬)·포(匏)에 대하여 조사한 책으로 535면으로 구성되어 있다. 중추원 촉탁 이마무라 도모(今村鞆)가 집필하였으며 1937년 『조선풍속자료집설』로 간행되었다.

[내용정보]

목차는 '조선의 선(扇)·조선의 금기승(禁忌繩)에 관한 연구·타구사(打毬史)·포고(匏考)'의 순으로 서술하고 있다.

'조선의 선(扇)'에서 선(扇)의 어원과 기원부터 살펴보고 있다. 선(扇)의 형태를 그림으로 소개하고 중국 및 일본 등과 비교하여 설명하고 있다. 특히 일본의 선(扇)에 대하여 그 기원에서부터 형태까지 다양한 사료를 활용하여 밝히고 있다. 조선에서 선(扇)의 사용은 고대에는 보이지 않고 『삼국사기』에 최초로 보인다고 하였다.

'조선의 금기승(禁忌繩)에 관한 연구'는 조선의 민간에서 '금줄'을 사용하는 풍습을 조사하여 정리한 자료이다. 승(繩)의 명칭을 일본과 비교하여 서술하였고, 형태·제작법 등은 그림을 통해 상세히 설명하고 있다. 금기승은 출산을 했을 경우와 부락 혹은 지방의 제사축수를 위해 설치하는 경우 외에 개인이 집에 설치하는 경우 및 벽사를 위해 설치하는 경우 등으로 나누어 정리하였다.

'타구사(打毬史)'는 고려초기부터 조선중기까지 한반도에서 널리 행해진 타구(打毬)에 대해 해설하면서 이러한 기예가 중국과 일본에서도 행해지게 된 연혁을 기술하고 있다. 이와 관련하여 타구의 명칭, 방법, 연혁 등의 순으로 기술하고 있다. 이 외에 타구와 관련 있는 타구악(打毬樂)·마상재 등을 소개하였다.

'포고(匏考)'는 조선에서 각종 용도로 사용하고 있는 '포(匏)[박쪼치]'에 대하여 민속학적으로 조사·정리한 자료이다. 일본어로 '파카치(パカチ)'라고 칭하며 조선에서의 명칭 및 일본에서의 명칭·중국에서의 명칭 등을 서술하였다. 박의 재배법, 예기(禮器) 및 악기로서의 사용법, 일용기구로서의 사용법 등이 상세히 기록되어 있다.

[가치정보]

이 자료는 선(扇)·좌승(左繩)·타구(打毬)·포(匏)에 대해 조사 정리한 것으로 선(扇)의 어원과 기원, 금줄을 사용하는 풍습, 타구(打毬)의 명칭·방법·연혁, 포(匏)의 용도 등에 대해 파악할 수 있다는 점에서 의미가 있다.

III-3-7-18. 조선의 연중행사

관리기호	기록번호	자료명	
-	-	朝鮮の年中行事	
작성자	생산기관	생산 연도	
-	조선총독부	1937	
지역	언어	분량	소장기관
경성	일본어	238면	국립중앙도서관
키워드	조선, 연중행사, 정월, 윤월		

[기본정보]

이 자료는 조선총독부가 기록한 자료로 자료명은 '조선의 연중행사(朝鮮の年中行事)'로 표기되어 있으며 작성자는 조선총독부로 보이며 작성년도는 1937년(소화 12)이다. 이 자료는 모두 238면이며 일본어로 기록되어 있다.

이 자료는 조선의 연중행사를 기록하고 있다. 일월부터 십이월까지, 그리고 윤월에 행사에 대해 기록하였다. 총 7판(版)으로 이루어졌으며 19㎝의 형태로 국립중앙도서관에 소장되어 있다. 1992년에는 민속원에서 같은 제목으로 영인본을 발간하였다.

[내용정보]

일국(一國)의 문화와 민족성을 알기 위해서는 그 나라의 풍속을 알아야 하며 연중행사는 전통적이고 역사적일 뿐만 아니라 민족적 배경이 존재하는 것으로 보고 일본은 조선의 연중행사에 대해 조사하였다.

이 자료에서는 조선에 존재하는 일월부터 십이월, 그리고 윤월의 연중행사의 대요(大要)를 평이하게 서술하고 그것에 대한 설명을 덧붙였다. 각각의 연중행사에 대해 기록하면서 연중행사가 치러지는 시기, 연중행사의 기원, 조선인들의 각각의 행사를 어떻게 여기고 지키는지, 그리고 연중행사가 가지는 의미, 연중행사가 어떻게 변화하여 왔는지를 설명하고 있으며 절차를 삽화를 통하여 설명하기도 하는 방식을 취하고 있다.

[가치정보]

이 자료는 조선의 연중행사를 조사하고 자세히 기록하고 있다. 조선에 존재하던 연중행사의 전반을 조사하였다는 데 그 의미가 있을 것이며 이 자료는 민속학에서 당시의 연중행사를 연구하는 데 그 가치가 있을 것으로 생각된다.

III-3-7-19. 조선의 향토신사. 제1부, 부락제

관리기호	기록번호	자료명	
-	-	朝鮮の鄕土神祀. 第1部, 部落祭	
작성자	생산기관	생산 연도	
村山智順	조선총독부	1937	
지역	언어	분량	소장기관
京城	일본어	654면	국립중앙도서관
키워드	향토신사, 동제, 부락제, 제신, 제명		

[기본정보]

이 자료는 무라야마 지준(村山智順)이 기록한 것으로 자료명은 '조선의 향토신사. 제1부, 부락제(朝鮮の鄕土神祀. 第1部, 部落祭)'로 표기되어 있으며 작성자는 무라야마 지준으로 보이며 조선총독부에서 발간하였다. 작성년도는 1937년(소화 12)이다. 이 자료는 모두 654면이며 일본어로 기록되어 있다. 조사자료 제40집 『조선의 향토신사 제1부 부락제(朝鮮の鄕土神祀 第一部 部落祭)』에 포함된 자료이다.

이 자료는 조선의 부락제(部落祭) 특히 동제(洞祭)에 관하여 기록하고 있다. 이 조사는 1930년대 무라야마 지준에 의해 활발히 조사된 민속조사의 일환으로 보이며 각 지역에 존재하던 동제(洞祭)의 개념과 현황, 제비(祭費)와 제기(祭期) 등에 대하여 언급하였다.

이 자료는 인쇄자료(책자형) 총 1책(冊)으로 이루어졌으며 국립중앙도서관에 소장되어 있다. 후에 조선의 민속 특히 신앙과 관련한 연구에 많이 인용되었다.

[내용정보]

일본이 조선의 민속 특히 각 지역의 부락제[동제]를 살핀 것은 조선 본래의 생활제상(生活諸相) 중 핵심이라고 할 수 있는 전통적인 관행행사인 향토신사의 현황을 살피고자 함이었다. 이 책은 향토신사, 즉 부락제(部落祭)[동제(洞祭)]의 전반을 기록하고 있다. 우선 부락제의 개념과 관례(慣例)에서는 각 지역별로 존재하던 동제의 상황을 정리하고 있다[경기도 고양군(高揚郡) 사정동(射亭洞), 경성부 신수정(新水町), 충청남도 공주(公州), 강원도 강릉

(江陵), 경상북도 안동(安東), 전라북도 군산(群山) 등]. 먼저, 각 지역의 위치 등을 개관한 후 각 동제의 신역(神域)·제관(祭官)·치제(致齊)·제물(祭物)·제의(祭儀)·제비기타(祭費其他) 등을 정리하고 설명을 위해 사진을 첨부하였다.

이후 장에서는 각 지역의 제신을 소개하며 제명(祭名)과 제신명[祭神名, 도별동제명칭(道別洞祭名稱) 등]을 기록하고 각 지역 동제의 제사 특히 금기사항과 신악(新樂) 등을 적었다. 마지막 장에서는 동제와 동회에 대한 조사를 통하여 둘의 관계를 정리하였다. 부표(附表)에는 각지의 동제 축문(祝文)을 수록하고 관련 사진을 첨부하였다.

[가치정보]

일제강점기, 조선총독부(朝鮮總督府) 구관조사(舊慣調査)의 일환으로 실시된 민속조사는 당시 일상적인 생활이 어떠했는지, 조선의 민중들이 지켜가던 관습으로는 어떤 것이 있었는지, 그 시대 문화의 일단을 엿볼 수 있게 해준다. 무라야마 지준이 총독부의 촉탁으로서 조선의 민간신앙과 향토신사(鄕土神祀)를 조사·정리하여 일련의 보고서를 내놓았다. 그것들은 오늘날에도 한국의 민속연구에 있어서 참고할만한 귀중한 자료로 평가되고 있다.

III-3-7-20. 조선의 향토신사. 제2부, 석전, 기우, 안택

관리기호	기록번호	자료명	
-	-	朝鮮の鄕土神祀. 第2部, 釋奠, 祈雨, 安宅	
작성자	생산기관	생산 연도	
村山智順	朝鮮總督府	1938	
지역	언어	분량	소장기관
京城	일본어	571면	국립중앙도서관
키워드	향토신사, 석전, 기우, 안택, 부락제		

[기본정보]

이 자료는 무라야마 지준(村山智順)이 기록한 자료로 자료명은 '조선의 향토신사. 제2부, 석전, 기우, 안택(朝鮮の鄕土神祀. 第2部, 釋奠, 祈雨, 安宅)'으로 표기되어 있으며 조선총독부에서 발간하였다. 작성년도는 1938년(소화 13)이다. 이 자료는 모두 571면이며 일본어로 기록되어 있다. 조사자료 제40집『조선의 향토신사 제1부 부락제(朝鮮の鄕土神祀 第一部 部落祭)』에 포함된 자료이다.

이 자료는 조선의 부락제(部落祭) 특히 공동제(共同祭)와 개인제(個人祭)에 관하여 기록하고 있다. 이 조사는 1930년대 무라야마 지준에 의해 활발히 조사된 민속조사의 일환으로 보이며 각 지역에 존재하던 공동제[문묘제(文廟祭), 사원제(祠院祭), 기우제(祈雨祭), 시장제(市場祭) 등]와 개인제[가신제(家神祭), 안택(安宅) 등]에 대한 조사를 통하여 자료를 정리하였다.

이 자료는 인쇄자료(책자형) 총 1책(冊)으로 이루어졌으며 국립중앙도서관에 소장되어 있다. 이 자료는 후에 조선의 민속 특히 신앙과 관련한 연구에 많이 인용되었다.

[내용정보]

일본이 조선의 민속 특히 각 지역의 향토신사를 살핀 것은 조선 본래의 생활제상(生活諸相) 중 핵심이라고 할 수 있는 전통적인 관행행사인 향토신사의 현황을 살피고자 함이었다. 물심양면 중 정신문화의 발전은 반드시 필요한 것으로 보았다. 이 책은 향토신사, 특히 공동제[문묘제(文廟祭), 사원제(祠院祭), 기우제(祈雨祭), 수호제(守護祭), 장군제(將軍祭), 수구신제(水口神祭), 시장제(市場祭) 등]와 개인제[가신제(家神祭), 안택(安宅)과 고사(告祀) 등]의 전반을 기록하고 있다. 우선 문묘제의 유래와 문묘제의 사자(祀者), 문묘제의 제의(祭儀)와 지방 문묘 등에 대해 기록하였다. 그리고 공동제로서 사원제를 소개하여 사원의 유래와 사원의 제의를 소개했다. 또 공동제로서 수호제와 각 지역의 장군제, 수구신제, 정주제(井主祭), 각 지역의 수신제 등을 소개하였다. 개인제로는 공동제와 무엇이 다른가, 개인제의 목적은 무엇인가 등을 소개하고 개인제로서 가신제와 안택과 고사에 대해 소개하였다.

[가치정보]

일제강점기 조선총독부 구관조사(舊慣調査)의 일환으로 실시된 민속조사는 당시 일상적인 생활이 어떠했는지, 조선의 민중들이 지켜가던 관습으로는 어떤 것이 있었는지, 그 시대 문화의 일단을 엿볼 수 있게 해준다. 무라야마 지준이 총독부의 촉탁으로서 조선의 민간신앙과 향토신사(鄕土神祀)를 조사·정리하여 일련의 보고서를 내놓았다. 그것들은 오늘날에도 한국의 민속연구에 있어서 참고할 만한 귀중한 자료로 평가되고 있다.

III-3-7-21. 조선의 향토오락

관리기호	기록번호	자료명	
-	-	朝鮮の郷土娛樂	
작성자	생산기관	생산 연도	
村山智順	조선총독부	1941	
지역	언어	분량	소장기관
京城	일본어	394면	국립중앙도서관
키워드	향토오락, 세시풍속, 민간신앙, 동제, 부락제		

[기본정보]

이 자료는 무라야마 지준(村山智順)이 기록한 자료로 자료명은 '조선의 향토오락(朝鮮の 郷土娛樂)'으로 표기되어 있으며 조선총독부에서 발간하였다. 작성년도는 1941년(소화 16)이다. 이 자료는 모두 394면이며 일본어로 기록되어 있다.

이 자료는 조선의 부락제(部落祭) 특히 동제(洞祭)에 관하여 기록하고 있다. 이 조사는 1930년대 무라야마 지준에 의해 활발히 조사된 민속조사의 일환으로 보이며 각 지역에 존재하던 동제(洞祭)의 개념과 현황, 제비(祭費)와 제기(祭期) 등에 대하여 언급하였다. 인쇄 자료(책자형) 총 1책(冊)으로 이루어졌으며 국립중앙도서관에 소장되어 있다. 이 자료는 후에 조선의 민속 특히 신앙과 관련한 연구에 많이 인용되었다.

[내용정보]

본고는 1930~40년대 쇠멸해 가던 우리의 민속놀이가 급부상하는 사회 문화적 배경 가운데 특히 향토오락을 둘러싼 일제의 문화정책의 추이를 살펴보고, 이러한 시대적 배경 속에서 민속놀이가 어떠한 양상으로 전개되었는지에 대해 고찰한 것이다.

본고에서는 일제강점기 간행된 제 자료 및 신문 잡지 등과 같은 정기간행물을 통해,

조선 향토오락 진흥책이 1930년대 전반부터 본격적으로 시작되었음을 확인하고 그 정책
방향과 양상에 대해 고찰하였다. 1937년 조선총독부는 조선 농촌오락의 선택 기준과
지도 방침에 대해 가이드라인을 제시하였다. 또한 이 실시안에 대한 구체안을 만들어
각 지역 농산어촌에서 실시하도록 하였는데, 본고에서는 1934년 조선총독부 경기도 지방
과에서 발행한 『농촌오락행사간(農村娛樂行事栞) 부입춘서예시(附立春書例示)』를 통하여
그 일단을 살펴보았다.

　　관 주도의 선동적인 향토오락 장려운동이 실효를 거두지 못한 가운데, 근대시기 민속
놀이는 향토와 세시공간을 떠나 '대회화'되는 경향을 보였다. 특히, 씨름, 윷놀이, 그네,
줄다리기 대회는 주로 대형 신문사나 지방 행정관청에서 후원 또는 주최하며 수천, 수만
의 관중을 동원하는 양상을 보였다. 근대시기 성행한 민속놀이 대회는 일제강점기 기획된
향토오락 진흥정책에 의해 묵인되고 양산된 측면이 강하다. 또한 그것은 전승 공간과
놀이 주체자를 더욱 확장하고 도시화했다는 점에서 민속놀이 전승 방식의 근대적 변모
양상이라 할 수 있겠다.

　　[가치정보]
　　본서의 내용을 이루고 있는 '향토오락'이란, 그 범위가 실로 넓고 다양하다. 오늘날
민속학의 개념으로 볼 때, 향토오락의 내용은 민간신앙·민속예술·세시풍속·구비전승을
망라하고 있다. 향토오락이라는 범주는 놀이나 오락의 장르뿐만 아니라 여러 민속 장르와
중복 혹은 관련되어 있다. 예를 들면, '별신굿'은 오락이면서도 동시에 민간신앙·민속예술
·세시풍속·구비전승 등의 분야와도 관련된다. 따라서 향토오락이란 어린이들의 단순한
유희적 오락은 물론, 세시풍속의 전개 과정에서 이루어지는 놀이적 요소를 포함하는
행위 전반을 그 영역에 포함시킬 수 있다. 즉 향토오락에 대한 조사자료는 민속학연구에
자료로 쓰일 수 있을 것으로 예상된다.

관리기호	기록번호	자료명
中C10G-1	108	舞
작성자	생산기관	생산 연도
-	조선총독부 중추원	-
지역	언어	분량	소장기관
-	일본어, 국한문, 한문	848면	국사편찬위원회
키워드	무, 조선, 악가무, 복식		

[기본정보]

이 자료는 조선총독부 중추원에서 무(舞)에 대해 조사하여 정리한 책으로 848면으로 구성되어 있다. 작성자와 생산연도는 미상이다. 일본어로 기록되어 있으며 발췌자료의 경우 국한문혼용체와 한문으로 기록되어 있다.

[내용정보]

이 자료는 조선총독부 중추원에서 조사한 무(舞)에 관한 것이다. 이 자료는 조선악가무 (朝鮮樂歌舞) 1[기술(記述)], 조선악가무(朝鮮樂歌舞) 1[초고(草稿)], 악가무나(樂歌舞儺)[기술(記述)], 악가무(樂歌舞) 이편(二編)[기술(記述)] 등의 내용으로 구성되어 있다. 내용 중에는 많은 그림을 포함하고 있는데 내진연정재도(內進宴呈才圖)[학무(鶴舞), 헌선도(獻仙桃), 수연장(壽延長), 지구악(地毬樂), 연화대무(蓮花臺舞), 몽금척(夢金尺), 연백복지무(演百福之舞), 가인용목단(佳人勇牧丹), 경풍도(慶豊圖)], 외진연정재도(外進宴呈才圖)[육화대(六花隊), 봉래의(鳳來儀), 아박(牙拍), 무고(舞鼓), 초무(初舞), 춘광호(春光好), 광수무(廣袖舞), 만수무(萬壽舞), 사선무(四仙舞), 제수창(帝壽昌)]와 복식도(服飾圖)[전악복식(典樂服飾), 악공복식(樂工服飾), 무동복식(舞童服飾), 가자복식(歌者服飾), 여령복식(女伶服飾), 동기복식(童妓服飾), 인기무복식(釼器舞服飾) 등]이 대표적이다. 한편 무(舞)의 종류에서는 일무(佾舞), 정재무(呈才舞)에 대해 설명하였으며, 자료의 뒷부분에는 『악학궤범(樂學軌範)』, 『이왕직아악대사십일정재무대(李王職雅樂隊四十一呈才舞臺)』, 『출전불상장생보지무(出典不詳長生寶之舞)』, 『연려실기술별집(練藜室記述別集)』, 『지봉유설(芝峯類說)』,『고려도경(高麗圖經)』,『세종실록(世宗實錄)』,『성종실록(成宗實錄)』,『세조실록(世祖實錄)』,『대동야승(大東野乘)』,『오주연문장전(五洲衍文長箋)』 등의 자료에서 발췌한 자료를 나열하였다.

[가치정보]

이 자료는 조선의 무(舞)를 조사 정리한 것으로 악가무(樂歌舞), 악가무나(樂歌舞儺) 등에 대해 파악할 수 있다는 점에서 의미가 있다.

III-3-7-23. 생활용품

관리기호	기록번호	자료명	
中C11B-2	-	生活用品	
작성자	생산기관	생산 연도	
-	조선총독부 중추원	-	
지역	언어	분량	소장기관
-	일본어	1056면	국사편찬위원회
키워드	기명, 기명, 유기, 도기, 식기		

[기본정보]

이 자료는 조선총독부 중추원에서 생활용품에 대해 조사하여 정리한 책으로 1,056면으로 구성되어 있다. 작성자와 생산연도는 미상이다. 일본어로 기록되어 있다.

[내용정보]

이 자료는 조선총독부 중추원에서 조사한 생활용품에 대한 자료이다. 이 자료는 기명(器皿), 음식물과 기후와의 관계, 음료, 주(酒), 용어(用語), 의이급(及)미음, 각독이(各獨伊)[깍두기], 무침, 전유어(煎油魚), 산적(散炙), 포(脯), 다식(茶食), 정과(正果), 쌈, 좌반(佐盤), 식사의 법식, 청포(淸泡), 이(飴), 탄생(誕生)의 반식(飯食), 상례(相禮)의 반식(飯食), 빙(氷), 당류(糖類),

옷기, 외국반식(外國飯食)과의 관계 등 24개 항목으로 되어 있다. 그 중 가장 많은 부분을 차지하는 기명(器皿)은 일상(日常)의 기명, 제사(祭祀)의 기명, 사찰(寺刹)의 기명으로 구성되어 있는데, 일상(日常)의 기휼(器皿)에서는 유기(鍮器), 도기(陶器), 선(膳), 시(匙), 저(箸), 주발(周鉢), 사발(沙鉢), 대접(大楪), 발(鉢), 탕기(湯器), 보아(甫兒), 종발(鐘鉢), 종자(鐘子), 합(盒), 반병두리, 양푼, 접자(楪子), 접시(楪匙), 쟁반(錚盤), 녑(鉢), 이반, 찬합(饌盒), 바라기, 벙거지골, 남비, 사시(沙匙), 잔(盞), 주배(酒杯)(술잔), 주전자(酒煎子), 뚝배기, 밥소라, 소반(小盤)[밥상], 술상(床), 주반(酒盤)[술소반], 교자상(交子狀), 식기(食器), 주구(廚具)[도마(刀磨)], 식도(食刀), 조리(笊籬), 죽억(竹抑)[밥주걱], 국자(麴子), 행주(行廚), 치남박(齒南朴)[이남박], 박아지(朴阿只)[바가지], 자수통(資水桶), 죽기(竹器), 재바구니, 만병두리, 반상(飯床), 밥도시락, 식정(食鼎), 고발(刳鉢), 부반(抔盤), 두죽(斜竹), 식반(食盤), 앵무배(鸚鵡杯), 금망(金網), 섥자, 병적(柄抅), 일인상(一人床)[외상], 잔대(盞臺), 주구(酒具), 주병(酒瓶), 주합(酒盒), 토병(土瓶), 접반상(楪盤床) 등 다양한 항목에 대해 설명하였다. 설명은 "기명(器皿)에는 유기(鍮器)와 도기(陶器)가 있다", "선(膳)은 각상(脚床)을 이용한다", "시(匙)(숟가락)는 밥이나 즙류(汁類)를 먹을 때 이용한다", "시(匙)는 반드시 선(膳)의 오른쪽에 둔다", "저(箸)[젓가락]는 찬(饌)을 먹을 때 이용한다", "밥에는 시(匙), 부식물에는 저(箸)를 이용하고, 시(匙)와 저(箸)는 반드시 선(膳)의 한쪽에 둔다" 등과 같이 간략하게 서술하고 있다.

[가치정보]

이 자료는 조선의 생활용품에 대해 조사 정리한 것으로 기명(器皿)의 사용, 음식물과 기후와의 관계, 음료, 주(酒), 용어(用語) 등에 대해 파악할 수 있다는 점에서 의미가 있다.

III-3-7-24. 신주의 체천에 관한 자료

관리기호	기록번호	자료명	
中A5E-17	-	神主의 遞遷에 關한 資料	
작성자	생산기관	생산 연도	
-	조선총독부 중추원	-	
지역	언어	분량	소장기관
-	한문	42면	국사편찬위원회
키워드	신주, 체천, 부도, 최장방, 봉사, 제사		

[기본정보]

이 자료는 조선총독부 중추원에서 신주의 체천에 관한 자료에 대해 조사하여 발췌한 책으로 42면으로 구성되어 있다. 작성자와 생산연도는 미상, 한문으로 기록되어 있다.

[내용정보]

이 자료는 조선총독부 중추원에서 조사한 신주의 체천에 관한 자료를 발췌한 것이다. 주요 내용은 부도(不祧)의 조(祖)와 가묘제사(家廟祭祀) 묘도(廟祧), 도(祧)의 의의(意義), 친진(親盡)의 주(主)는 최장방(最長房)의 체천봉사(遞遷奉祀), 최장방(最長房), 자손(子孫)으로부터 조선(祖先)의 부도(不祧)의 전(前)을 청(請)하는 예(例), 적자(嫡子)와 서자(庶子)와의 제사상속(祭祀相續) 순위(順位), 친진신주(親盡神主)의 최장방(最長房), 친진(親盡)에 따른 신주(神主)의 체천(遞遷)과 상속인(相續人)의 천정(遷定), 조선(祖先)의 봉사(奉祀)를 친전(親展)에 따라 최장방(最長房)의 천(遷)하여 봉사(奉祀)하는가 등에 대해 발췌하여 정리하였다. 인용된 주요 문헌은 『여유당전서(與猶堂全書)』 제3집 제례고(祭禮考), 『예서○기(禮書○記)』, 『상변통고(常變通考)』, 『승정원일기』, 『병계집(屛溪集)』, 『증보문헌비고』, 『일성록』 등이다.

[가치정보]

이 자료는 부도(不祧)의 조(祖)와 가묘제사(家廟祭祀) 묘도(廟祧), 도(祧)의 의의(意義), 친진(親盡)의 주(主)는 최장방(最長房)의 체천봉사(遞遷奉祀) 등에 대해 조사 정리한 것으로 신주의 체천에 대한 관습을 파악할 수 있다는 점에서 의미가 있다.

III-3-7-25. 야담

관리기호	기록번호	자료명		
-	125	野談		
작성자	생산기관	생산 연도		
-	조선총독부 중추원	-		
지역	언어	분량	소장기관	
-	일본어	117면	국사편찬위원회	
키워드	계서야담, 청구야담, 오주연문장전산고, 목민심서			

[기본정보]

이 자료는 조선총독부 중추원에서 『계서야담』 등의 여러 서적에서 야담을 발췌하여
정리한 책으로 약 117면으로 구성되어 있다. 수록 순서는 『계서야담』, 『청구야담』, 출전미
상, 『오주연문장전산고』, 『목민심서』로 되어 있다.

[내용정보]

『계서야담』에서 3편의 항목을 발췌하고 있다. 권3에서 1편, 권4에서 2편의 야담을
정리하였다. 『청구야담』에는 2편의 항목을 정리하고 있는데 각 내용이 시작하기 전 소제
목을 통해 내용을 간략히 소개하고 있다.

'출전불상(出典不詳)'에서는 '여의 곡성(女ノ哭聲)' 등 5개의 항목을 조사하였으나 출전은
알 수 없다. 『청구야담』과 '출정불상(出典不詳)'은 활자체인 다른 자료들과 달리 직접 수기
로 작성한 듯한 필기체의 일본어로 정리하고 있다.

『오주연문장전산고』에서는 '종각흥천대종변증설(鍾閣興天大鍾辨證說)' 1편을 소개하고
있다. 내용은 일국(一國)의 대기(大器)인 종정(鍾鼎)이 여러 절을 거쳐 흥천사에 정착하는
과정을 서술한 것이다. 『목민심서』에서는 권37의 제해(除害)편 등을 정리하고 있다.

이 자료는『계서야담』등에서 야담을 조사 정리한 것으로 야담의 종류, 내용, 의미 등을 파악할 수 있다는 점에서 의미가 있다.

III-3-7-26. 온돌의 개조에 대하여

관리기호	기록번호	자료명	
-	-	溫突の改造に就て	
작성자	생산기관	생산 연도	
掛場定吉	조선총독부 조사과	-	
지역	언어	분량	소장기관
-	일본어	14면	국립중앙도서관
키워드	온돌, 산림, 연료		

[기본정보]
조선총독부 조사과에서 조선의 온돌을 조사하여 이를 개조하는 방안을 정리한 책으로 14면으로 구성되어 있다. 조선총독부에서 간행하는 잡지『조선』제16호에 수록된 글을 발췌하여 정리한 것이다.

[내용정보]
자료의 주요내용은 온돌 개조에 관한 것이다. 온돌장치는 조선에서 오래 전부터 사용해 온 것이지만 산림을 황폐하게 만드는 것이 문제로 지적되어왔다. 이는 자연연료를 많이 쓰기 때문인데 연료의 절약방법이나 온돌의 개조방법을 강구해야 한다는 내용이다.

온돌의 개조를 연구하기에 앞서 종래 사용되던 온돌의 문제점을 먼저 지적하면서 온돌 개조의 동기를 살펴보고 있다. 온돌 개조의 구체적인 실행방법도 기술하고 있는데 구체적인 내용은 다음과 같다. 온돌의 분구(焚口)의 면을 평행하게 하고 여기에 아연판을 설치하여 내부로 열전도율을 높이는 방법 등이다. 개조를 통해 5가지의 이익이 있다고 설명하면서 개조를 장려하는 방안을 소개하였다.

[가치정보]

이 자료는 조선 온돌을 조사하여 이를 개조하는 방안을 정리한 것으로 조선 온돌의 역사, 당시 온돌 개조의 필요성, 온돌 개조 방법 등에 대해 알 수 있다는 점에서 의미가 있다.

III-3-7-27. 조선사회조사강목

관리기호	기록번호	자료명	
C-14B-12	-	朝鮮社會調査綱目	
작성자	생산기관	생산 연도	
村山智順	조선총독부 중추원	-	
지역	언어	분량	소장기관
-	일본어	125면	국사편찬위원회
키워드	인구, 혼인, 부락, 위생		

[기본정보]

조선총독부 중추원에서 조선의 사회전반에 대해 조사하는 과정과 행정적인 문제 및 조사항목 등을 정리한 자료이다. 모두 125면으로 구성되어 있다. 작성자는 무라야마 지준 (村山智順)이며 일본어 필기체로 작성되어 있다.

[내용정보]

이 자료는 제1부 조선사회의 기초와 제2부 조선인의 성격으로 나누어져 있다. 조선사회의 기초에서는 조선의 기본적인 자연·인문지리적인 내용이 서술되어 있다. 먼저 자연조사에서 지적·지질·지상·지위 등을 정리하고, 생물조사에서는 식물과 동물로 나누어 정리하였다. 그 다음으로는 조선인의 인종 및 인구를 조사하여 서술하였다.

제2부 조선인의 성격에서는 먼저 조선인의 협동생활을 항목에 따라 나누어 정리하였다. 가장 먼저 혼인과 관련한 일련의 예법 및 풍습들을 서술하였다. 이후 가(家)·부락·도시·국(國)의 순으로 자료를 정리하였다. 이해를 돕기 위한 표와 그림을 많이 활용하였다. 경제생활에서는 농업과 상업 등 산업에 대한 내용과 함께 화폐의 사용, 직업관념 등의 내용을 순차적으로 서술하고 있다. 사상생활에서 정치·종교·교화·예술을, 사회교육에서는 조선인의 교육문화를 상세히 기술하였다. 이와 함께 조선의 위생 상태와 범죄사정도 조사하여 정리하였다.

[가치정보]

이 자료는 조선의 자연, 인문지리, 조선인의 협동생활, 풍습, 경제생활, 조선의 위생, 범죄사정 등을 조사 정리한 것으로 조선의 사회전반에 대해 파악할 수 있다는 점에서 의미가 있다.

III-3-7-28. 차

관리기호	기록번호	자료명	
C-11A-7	31~32	車	
작성자	생산기관	생산 연도	
-	조선총독부 중추원	-	
지역	언어	분량	소장기관
-	일본어	94면	국사편찬위원회
키워드	수레, 우차, 마차, 초헌, 선박		

[기본정보]

조선총독부 중추원에서 차를 조사하여 정리한 책으로 94면으로 구성되어 있다. 제39호와 같은 글[동문(同文)]이라고 기록하였다. 첫장에 '기자불상(記者不詳)'이라 하여 작성자를 알 수 없다고 하였다. 이 자료는 수레와 관련하여 개별적으로 조사한 내용을 '기술합본', '제서발췌자료' 등으로 정리하여 합본한 책이다.

[내용정보]

첫 번째 자료는 '기술합본'으로 본문이 '제4장 차여선(車輿船)'으로 시작하고 있는 것으로 보아 조선에서 사용하는 다양한 운송수단을 정리한 원고 중 수레에 대한 내용만 따로 정리하고 있는 것으로 보인다.

수레의 종류로 가장 먼저 소개하고 있는 것은 '우차'이다. 이 중 '대차'는 목재나 석재를 운반하는 크기가 큰 것으로 소 30~40척이 끈다. 평차는 대차와 같지만 바퀴가 적어 중간 크기의 석재와 목재를 운반한다. 발차는 2륜으로 만들어서 보통 물품의 운반할 때 소 1척이 끈다. 이외에 사람이 타고 다니는 초헌도 소개하였다. 각 수레마다 그림으로 그 모양과 구조를 설명하였다.

'제서발췌자료'는 『삼국사기』, 『고려사』, 『문헌비고』, 『세종실록』, 『성호사설』, 『연려실기술 별집』, 『해동잡록』, 『오주연문장전』, 『고려도경』, 『화성의궤』, 『목민심서』, 『지봉유설』 등의 서적에서 수레와 관련 있는 내용을 발췌하여 정리하였다.

[가치정보]

이 자료는 수레의 종류, 용도 등 수레와 관련된 자료를 조사하여 정리한 것으로 삼국시대부터 조선시대에 이르기까지 수레의 변천을 알 수 있다는 점에서 의미가 있다.

III-3-7-29. 풍속

관리기호	기록번호	자료명	
B-18E-136	-	風俗	
작성자	생산기관	생산 연도	
-	-	-	
지역	언어	분량	소장기관
-	일본어	6면	국사편찬위원회
키워드	풍속, 명종실록, 이언충, 환관, 김자영		

[기본정보]

이 자료는『조선왕조실록』중 명종대의 풍속관련 기사를 정리한 책으로 6면으로 구성되어 있다. 아무런 표시가 되어 있지 않는 백지에 작성하여 작성자와 생산기관·생산연도 등은 알 수 없다.

[내용정보]

자료에는 명종대의 기사가 총 3개 수록되어 있다. 민심이 폭악해지고 풍속이 사나워지며 배우려는 습속이 사라지고 있다는 신하들의 걱정스러운 상소들이 주를 이루고 있다.

주요 내용은 1560년(명종 15) 이언충(李彦忠)이 경박한 풍속을 해사로 하여금 규찰하여 금지할 것을 청하는 기사와 1562년(명종 17) 풍속을 어지럽힌 내시부 환관 김자영(金自榮)을 추고하라는 전교 등이다.

[가치정보]

이 자료는『조선왕조실록』중 명종대의 풍속관련 기사를 조사하여 정리한 것으로 명종대 풍속규찰, 추고 등에 대해 알 수 있다는 점에서 의미가 있다.

III-3-7-30. 풍속

관리기호	기록번호	자료명
B-18F-109	144	風俗
작성자	생산기관	생산 연도
趙鍾琓	조선총독부 중추원	-
지역	언어	분량	소장기관
-	일본어	17면	국사편찬위원회
키워드	풍속, 일성록, 정조, 홍국영, 무녀		

[기본정보]

조선총독부 중추원에서 풍속을 조사한 책으로 17면으로 구성되어 있다. 생산연도는 알 수 없다. 작성자는 자료 전반부 각 면마다 '작성자인'란에 서명이 되어 있으나 성명은 알 수 없다. 대신 후반부에 따로 작성된 자료에 '조종완(趙鍾琓)'이라는 이름이 쓰여 있다.

[내용정보]

이 자료는 정조와 순조 대의 풍속을 『일성록』에서 발췌한 것이다. '정종(正宗)'이라 쓰여진 것은 정조를 말한다.

정조대의 자료는 왕이 각 도의 효행과 절의로 이름난 자들을 찾아 조정에 알릴 것을 전교한 내용이다. 다음 자료는 정조가 홍국영과 탐풍(貪風)에 대해 이야기를 나누고 있는 것이다. 이외에 무포(巫布)의 복구, 강계지역 백성들의 무녀의 처벌을 요구하는 사건 등이 기록되어 있다. 순조대의 기사는 1개가 수록되어 있다.

[가치정보]

이 자료는 『일성록』에서 정조와 순조 대의 효행, 절의, 탐풍, 무포 등과 관련된 기사를 조사 정리한 것으로 이 시기 풍속에 대해 파악할 수 있다는 점에서 의미가 있다.

관리기호	기록번호	자료명	
中C11B-8	-	風俗調査	
작성자	생산기관	생산 연도	
-	조선총독부 중추원	-	
지역	언어	분량	소장기관
-	일본어	344면	국사편찬위원회
키워드	풍속조사, 술, 청주, 백일주, 송순주		

[기본정보]

이 자료는 조선총독부 중추원이 기록한 자료로 자료명은 '풍속조사(風俗調査)'로 표기되어 있으며 작성자와 생산연도는 알 수 없다. 조선총독부 중추원에서 풍속과 관련하여 조사한 책으로 344면으로 구성되어 있다.

[내용정보]

풍속조사서로 보리감주, 맑은술, 청주, 송순주, 백일주 등 각종 술의 제조법을 기록해 놓은 것이다.

[가치정보]

이 자료는 보리감주, 맑은술, 청주, 송순주, 백일주 등 각종 술의 제조법을 조사 정리한 것으로 조선시대 술 제조에 대한 관습을 파악할 수 있다는 점에서 의미가 있다.

III-3-7-32. 풍속조사계획

관리기호	기록번호	자료명	
中C14D-5	139	風俗調査計劃	
작성자	생산기관	생산 연도	
-	조선총독부 중추원	-	
지역	언어	분량	소장기관
-	한문	344면	국사편찬위원회
키워드	풍속조사, 의회, 중추원, 풍속계, 사무		

[기본정보]

이 자료는 조선총독부 중추원이 기록한 자료로 자료명은 '풍속조사계획(風俗調査計劃)'으로 표기되어 있으며 작성자와 생산연도는 알 수 없다. 조선총독부 중추원에서 풍속과 관련하여 조사한 책으로 344면으로 구성되어 있다.

[내용정보]

풍속조사 수행계획안과 의회(議會)설명재료, 의회설명자료, 중추원 연혁(沿革), 풍속계연혁, 사무 상황보고 등의 내용이 설명되어 있다.

[가치정보]

이 자료는 풍속조사 수행계획안, 의회 설명자료, 중추원 연혁, 풍속계 연혁, 사무 상황보고 등을 정리한 것으로 당시 풍속조사를 위해 취했던 준비과정을 파악할 수 있다는 점에서 의미가 있다.

관리기호	기록번호	자료명	
中B6B-290 V.1	135	風俗調査項目(一)	
작성자	생산기관	생산 연도	
-	조선총독부 중추원	-	
지역	언어	분량	소장기관
-	한문	81면	국사편찬위원회
키워드	풍속조사, 이언, 성명, 민신, 예속		

[기본정보]

이 자료는 조선총독부 중추원이 기록한 자료로 자료명은 '풍속조사항목(風俗調査項目)[일(一)]'로 표기되어 있으며 작성자와 생산연도는 알 수 없다. 조선총독부 중추원에서 풍속과 관련하여 조사한 책으로 81면으로 구성되어 있다.

[내용정보]

풍속조사항목으로는 복장(服裝), 음식(飲食), 주거(住居), 출생(出生), 예속(禮俗), 관혼상제(冠婚喪祭), 직업(職業), 학문(學文), 예의(禮意), 이언(俚諺), 가정(家政), 종교(宗教), 미신(迷信), 의술(醫術), 예악(醫樂), 오락(娛樂), 족보(族譜), 무복(巫卜), 성명(姓名), 연중행사(年中行事) 등을 기록하였다. 특이사항이라면 각항목별로 세부적으로 분류하여 자세히 적어 놓고 있으나 그 내용이 기록되어 있지는 않다.

[가치정보]

이 자료는 풍속조사항목을 정리한 것으로 풍속조사 당시 주요 조사 대상을 파악할 수 있다는 점에서 의미가 있다.

III-3-7-34. 풍속조사항목(2)

관리기호	기록번호	자료명	
中B6B-290 V.2	135	風俗調査項目(二)	
작성자	생산기관	생산 연도	
趙漢鏞	조선총독부 중추원	-	
지역	언어	분량	소장기관
-	한문	67면	국사편찬위원회
키워드	풍속조사, 직업, 의술, 연중행사, 종교		

[기본정보]

이 자료는 조선총독부 중추원이 기록한 자료로 자료명은 '풍속조사항목(風俗調査項目)[이(二)]'로 표기되어 있으며 자료수집계용(資料蒐集係用) 조한용(趙漢鏞)으로 기록되어 있으며 생산연도는 알 수 없다. 조선총독부 중추원에서 풍속과 관련하여 조사한 책으로 67면으로 구성되어 있다.

[내용정보]

풍속조사항목으로는 복장(服裝), 음식(飮食), 주거(住居), 출생(出生), 예속(禮俗), 관혼상제(冠婚喪祭), 직업(職業), 학문(學文), 예의(禮意), 이언(俚諺), 가정(家政), 종교(宗敎), 미신(迷信), 의술(醫術), 예악(醫樂), 오락(娛樂), 족보(族譜), 무복(巫卜), 성명(姓名), 연중행사(年中行事) 등을 기록하였다. 특이사항이라면 각항목별로 세부적으로 분류하여 자세히 적어 놓고 있으나 그 내용이 기록되어 있지는 않다.

[가치정보]

이 자료는 풍속조사항목을 정리한 것으로 풍속조사 당시 주요 조사 대상을 파악할 수 있다는 점에서 의미가 있다.

관리기호	기록번호	자료명		
中B6B-290 V.3	135	風俗調査項目(三)		
작성자	생산기관	생산 연도		
-	조선총독부 중추원	-		
지역	언어	분량	소장기관	
-	한문	75면	국사편찬위원회	
키워드	풍속조사, 주거, 출생, 관혼상제, 족보			

[기본정보]

이 자료는 조선총독부 중추원이 기록한 자료로 자료명은 '풍속조사항목(風俗調査項目) [삼(三)]'으로 표기되어 있으며 작성자와 생산연도는 알 수 없다. 조선총독부 중추원에서 풍속과 관련하여 조사한 책으로 75면으로 구성되어 있다.

[내용정보]

풍속조사항목으로는 복장(服裝), 음식(飮食), 주거(住居), 출생(出生), 예속(禮俗), 관혼상제(冠婚喪祭), 직업(職業), 학문(學文), 예의(禮意), 이언(俚諺), 가정(家政), 종교(宗敎), 미신(迷信), 의술(醫術), 예악(醫樂), 오락(娛樂), 족보(族譜), 무복(巫卜), 성명(姓名), 연중행사(年中行事) 등을 기록하였다. 특이사항이라면 각항목별로 세부적으로 분류하여 자세히 적어 놓고 있으나 그 내용이 기록되어 있지는 않다.

[가치정보]

이 자료는 풍속조사항목을 정리한 것으로 풍속조사 당시 주요 조사 대상을 파악할 수 있다는 점에서 의미가 있다.

III-3-7-36. 풍속조사항목(4)

관리기호	기록번호	자료명	
中B6B-290 V.4	135	風俗調査項目(四)	
작성자	생산기관	생산 연도	
-	조선총독부 중추원	-	
지역	언어	분량	소장기관
-	한문	75면	국사편찬위원회
키워드	풍속조사, 복장, 주거, 연중행사, 예악		

[기본정보]

이 자료는 조선총독부 중추원이 기록한 자료로 자료명은 '풍속조사항목(風俗調査項目) [사(四)]'로 표기되어 있으며 작성자와 생산연도는 알 수 없다. 조선총독부 중추원에서 풍속과 관련하여 조사한 책으로 75면으로 구성되어 있다.

[내용정보]

풍속조사항목으로는 복장(服裝), 음식(飮食), 주거(住居), 출생(出生), 예속(禮俗), 관혼상제(冠婚喪祭), 직업(職業), 학문(學文), 예의(禮意), 이언(俚諺), 가정(家政), 종교(宗敎), 미신(迷信), 의술(醫術), 예악(藝樂), 오락(娛樂), 족보(族譜), 무복(巫卜), 성명(姓名), 연중행사(年中行事) 등을 기록하였다. 특이사항이라면 각항목별로 세부적으로 분류하여 자세히 적어 놓고 있으나 그 내용이 기록되어 있지는 않다.

[가치정보]

이 자료는 풍속조사항목을 정리한 것으로 풍속조사 당시 주요 조사 대상을 파악할 수 있다는 점에서 의미가 있다.

III-3-7-37. 풍수

관리기호	기록번호	자료명	
中B18B-77	85	風水	
작성자	생산기관	생산 연도	
-	조선총독부 중추원	-	
지역	언어	분량	소장기관
-	한문	7면	국사편찬위원회
키워드	풍수, 영조, 비변사등록		

[기본정보]

이 자료는 조선총독부 중추원이 기록한 자료로 자료명은 '풍수(風水)'로 표기되어 있으며 작성자와 생산연도는 알 수 없다. 조선총독부 중추원에서 풍수와 관련하여 조사한 책으로 7면으로 구성되어 있다. 『비변사등록』에서 발췌하여 정리한 것이다.

[내용정보]

1764년[영조 갑신(甲申)] 11월 16일, 1771년[영조 신묘(辛卯)] 3월 8일 풍수에 관한 기록이다.

[가치정보]

이 자료는 영조대 풍수에 대한 기록을 『비변사등록』에서 발췌 정리한 것으로 영조대 풍수와 관련된 사항을 파악할 수 있다는 점에서 의미가 있다.

III-3-7-38. 풍수설

관리기호	기록번호	자료명	
中C9-11	91	風水說	
작성자	생산기관	생산 연도	
金敎獻	조선총독부 중추원	-	
지역	언어	분량	소장기관
-	한문	46면	국사편찬위원회
키워드	풍수설, 풍수법, 상지술, 길흉, 집자리		

[기본정보]

이 자료는 조선총독부 중추원이 기록한 자료로 자료명은 '풍수설(風水說)'로 표기되어 있으며 작성자는 김교헌(金敎獻)이며 생산연도는 알 수 없다. 조선총독부 중추원에서 풍수와 관련하여 조사한 책으로 46면으로 구성되어 있다.

[내용정보]

풍수설에 전반적인 내용으로 풍수법 및 집자리 선택, 묘지선정, 땅의 생김새를 살펴보고 길흉(吉凶)을 판단(判斷)하는 일 즉 상지술(相地術)을 기록해 놓았다. 또한 고려시대와 조선시대 전반의 풍수설을 각 왕대별로 소개해 놓았다.

[가치정보]

이 자료는 풍수법, 집자리 선택, 묘지선정 등을 조사하여 정리한 것으로 고려시대, 조선시대 전반의 풍수설에 대해 알 수 있다는 점에서 의미가 있다.

III-3-7-39. 흉례

관리기호	기록번호	자료명	
B-18F-120	26	凶禮	
작성자	생산기관	생산 연도	
-	조선총독부 중추원	-	
지역	언어	분량	소장기관
-	일본어	39면	국사편찬위원회
키워드	흉례, 상례, 일성록, 정조, 철종		

[기본정보]

조선총독부 중추원에서 흉례와 관련하여 조사한 책으로 39면으로 구성되어 있다. 작성자와 생산연도는 알 수 없으나 '작성자인'란의 서명이 기록번호 144번 '풍속' 자료와 같다.

[내용정보]

내용은 『일성록』에서 발췌한 것으로 정조와 철종대의 기사를 정리하였다. '정종(正宗)'은 정조를 말한다. '흉례'와 '상례'로 나누어 수록하였으나 내용에서는 차이가 없다.

정조대의 기사를 살펴보면 1779년(정조 3) 6월에 상을 치르기 위해 정조가 신하들과 의논을 하는 내용이다. 혼궁도감(魂宮都監)과 원소도감(園所都監) 등을 설치하고 발인인 20일까지 예에 따라 정리해야 할 일들을 왕이 직접 신하들에게 의견을 구하는 모습을 보여준다. 빈궁(殯宮)에서 발인례를 습의하고 여사군(轝士軍)을 위문하는 등 상례에 대해 상세히 기술한 『일성록』의 내용을 정리하였다.

철종대의 기사는 철종 즉위년 헌종의 국상을 치르는 내용으로 시호의 결정부터 다양한 준비과정을 수록하였다.

[가치정보]

이 자료는 정조·철종대의 '흉례'와 '상례'를 통해 조선의 흉례, 상례에 대한 관습을 파악할 수 있다는 점에서 의미가 있다.

III-3-7-40. 주거

관리기호	기록번호	자료명		
-	28	住居		
작성자	생산기관	생산 연도		
趙漢克 등	조선총독부 중추원	-		
지역	언어	분량	소장기관	
-	일본어	205면	국사편찬위원회	
키워드	주거, 가옥, 목척, 택지, 온돌, 가구			

[기본정보]

이 자료는 조선총독부 중추원에서 수행한 풍속조사 가운데 하나로, 조선의 주거에
관한 보고서이다. 조한극(趙漢克) 등이 조사하여 정리하였고, 조선총독부 중추원 원고용지
(原稿用紙)에 작성되었다. 이 보고서는 실지조사 및 문헌조사를 토대로 주거에 관한 내용을
기술한 것으로, 가옥과 가구에 관한 기술의 초고와 사본 등을 묶은 것이다.

[세부목차]

기술합책목차(記述合冊目次)

　제책번호 81 주거(住居)

　제책번호 82 주거(住居)

　제책번호 83 가구(家具)

　제책번호 89 가옥가구류명칭(家屋家具類名稱)

　제책번호 84 주방(廚房)

　제책번호 86 묘전궁사 및 단(廟殿宮祠及壇)

　제책번호 87 묘사(廟祠)

　제책번호 88 사찰(寺刹)의 구조

　제책번호 288 온돌생활(溫突生活)

[내용정보]

조선총독부 중추원은 1921년 초, 이전까지 구관조사사업의 일환으로 부분적으로 실시해 오던 풍속조사를 독립시켜 조사하기 시작하였다. 풍속조사는 조선에서 풍속의 연혁과 변천을 구명하기 위한 것으로, 복장, 음식, 주거, 차(車)·여(輿)·선(船), 출생, 관혼상제 등 조선의 풍속 일반을 조사 대상으로 삼았다.

이 자료는 이와 같은 풍속조사의 일환으로 '주거'에 대한 항목을 조사한 것이다. 표지를 보면 '주거 1(住居 一)' 하단에 '기술 합책(記述 合冊)'이라 병기되어 있는데, 이는 이 자료가 주거에 관한 실지조사와 문헌조사 보고서들을 토대로 내용을 정리한 원고들을 묶어놓은 자료 가운데 첫 번째 책임을 의미한다. 이 자료에는 첫 번째로 '기술합책목차(記述合冊目次)'가 등장한다. 여기에는 주거에 관한 기술보고서 9종의 제책번호(製冊番號)별 제명과 기술자를 기록하고 있는데, 이 자료에는 이 가운데 해당 목차의 첫 3종의 기술보고서를 함께 수록하고 있다.

실제 이 자료에는 총 5종의 기술보고서가 합철되어 있다. 이 가운데 앞의 3종이 기술합책목차의 첫 번째인 '81 주거'에 해당하는 것으로, 초고에 해당하며 기술자는 알 수 없다. 네 번째로 묶여 있는 원고가 주거에 관한 최종 정리본으로, 원본이 아니라 사본이다. 그리고 마지막 원고가 가구에 대한 기술보고서로, 촉탁(囑託) 조한극(趙漢克)이 작성하였다.

'제3 주거(第三 住居)[의·식·주(衣·食·住)]'의 제명으로 수록된 첫 번째 원고는 본문에 앞서 23개 항목을 나열식으로 서술한 목차가 별도로 존재한다. 그러나 실제 내용에는 목차에 따른 구분이 없이 전체 내용을 이어서 기록하고 있다. 그리고 목차에는 누락되어 있는 온돌(溫突)에 대한 내용이 존재한다.

대략적인 내용을 살피면, 중류 이상의 가옥을 중심으로 가옥의 구조와 제한을 언급하였고, 와가(瓦家)와 토장옥(土墻屋), 반가(斑家)(얼룩집), 교가(窖家), 석옥(石屋) 등의 종류, ㄱ자형 6간옥(間屋)과 ㄷ자형 10간옥(間屋), 대가(大家)의 약도(略圖) 등을 사례로 구조를 설명하고 있다. 이어서는 대목(大木)을 의미하는 목척(木尺)을 중심으로 한 가옥의 건축, 택지(宅地)와 지리(地理), 재목의 선택, 지신제(地神祭)에 관련한 내용들을 기술하였다. 그리고는 고유의 난방법인 온돌을 설명한 후, 가옥 내의 명칭을 기술하였고, 이어서는 내방(內房)[안방]과 대청(大廳) 등 가옥을 구성하는 여러 건물과 문 및 담에 대하여 기술하였다.

두 번째와 세 번째로 묶여있는 기술자료들은 원고의 초고로서 내용에 있어 많은 교열과 수정의 흔적을 볼 수 있다. 앞의 원고와 마찬가지로 본문에 앞서 목차가 존재하지만 실제 내용은 별다른 구분 없이 이어서 기록하고 있다. 내용은 앞의 것보다 간단하고,

교열과 첨삭이 다수 존재하는 것으로 볼 때 보다 초기의 원고로 추정된다.

네 번째로 등장하는 원고는 '제3장 주거(住居)'의 원고로, 비록 사본이지만, 이전의 내용들을 최종 정리한 기술보고서 원고로 추정된다. 목차를 보면 '제1절 가옥의 종류, 제2절 가옥의 제도 및 제한, 제3절 가옥의 구조와 명칭'의 3개 절 하위로 관(款)과 항(項)을 배치하여 내용을 구성함으로써 앞의 원고에 비해 엄밀하고 완성도 높은 구성을 보여주며, 하단에 해당 면수까지를 함께 기록하였다. 이 가운데 '제1절 가옥의 종류'부터 제3절의 '제6관 장(墻)'까지의 원고는 본문에 정리하고 있으며, 제3절의 '제7관 가구(家具)'의 원고는 별도의 기술보고서로 엮고 있다. 그리고 목차에는 누락되어 있으나, 제3절의 '제8관 연료'가 존재하는데, 이는 온돌과 난방에 대한 기술항목이다.

본 보고서의 마지막 원고는 '제책번호(製冊番號) 83 가구(家具)'에 해당하는 원고이자, 주거에 관한 기술보고서 제3절의 '제7관 가구(家具)'에 해당하는 원고의 초고 및 참고자료이다. 가구를 크게 '내방(內房)세간, 대청(大廳)세간, 주방(廚房)세간, 장옹대(醬甕臺)세간, 사랑(舍廊)세간, 기타(其他)'로 나누어 가구의 명칭과 간단한 설명 및 도판을 수록하고 있다. 우선은 대표적인 가구의 도판을 제시하였고, 이어서 각각의 가구에 대하여 한글명칭과 한자표기, 그리고 해당 설명을 일본어로 간단하게 기술하고 있다. 여기에서의 "가구"는 온갖 살림살이를 포함하는 것으로, 옷장과 같은 일반적인 가구류 외에 각종의 가재도구와 침구류 및 문방구와 제기 등의 살림과 관련한 집기를 포함한다. '내방세간'에서는 옷장 등 16점의 도판이 수록되었고, 삼층장 등 90종의 가구가 소개되어 있다. '대청세간'에는 뒤주 등 10점의 도판과 탁자 등 33종의 가구가, '주방세간'에는 주전자 등 7점의 도판과 교자상 등 43종의 가구가 수록되었다. 그러나 목차에 존재하는 '제4항 사랑(舍廊)세간'과 '제5항 장옹대(醬甕臺)세간'은 본문의 내용에는 누락되어 있다.

[가치정보]

이 자료는 조선총독부 중추원에서 1921년 이후 본격적으로 수행한 풍속조사의 일환으로 생산된 것으로, 당대 일제의 조선에 대한 관습조사의 양상을 보여준다. 동시에 이 자료는 당대에 확인할 수 있는 조선의 주거에 대한 조사보고서로서, 조선의 주거상황을 이해할 수 있는 기초자료로서의 가치도 지니고 있다.

III-3-7-41. 주례

관리기호	기록번호	자료명	
中B18E 115 v.2	170	酒禮	
작성자	생산기관	생산 연도	
-	조선총독부 중추원	-	
지역	언어	분량	소장기관
-	한문	17면	국사편찬위원회
키워드	향음주례, 향사례, 주례, 대사례		

[기본정보]

이 자료는 조선총독부 중추원에서 작성한 것으로, 향음주례(鄕飮酒禮)를 비롯한 주례(酒禮)에 대하여 조사하여 정리한 보고서이다. 성종으로부터 정조연간까지의 왕조실록에서 주례와 관련한 9개의 기사를 발췌하여 수록한 문헌조사 보고서로, 조선총독부 중추원 조사용지에 작성하였다.

[내용정보]

이 자료는 조선왕조실록에서 주례(酒禮)와 관련한 기사 9건을 발췌하여 수록한 문헌조사 보고서이다. 표지에는 '중종(中宗)-정종(正宗)'으로 기록되어 있으나, 실제의 기사는 중종 이전인 『성종실록』에서 3건이 수록되었으며, 『중종실록』에서 3건, 그리고 『명종실록』과 『선조실록』, 『정조실록』에서 각 1건씩의 기사를 발췌하여 수록하였다.

본문은 12×17㎝의 조선총독부 중추원 조사용지(調査用紙)에 작성하였으며, 본문의 상단에는 해당 기사의 연월일을 기록하였고, 하단 3칸에는 해당 기사가 수록된 서명과 권차 및 매수를 기록하였다. 본문의 우측 난외에는 '향음주례(鄕飮酒禮)', '향례(鄕禮)' 등 관련 주제를 기록하였고, 우하 조사자인(調査者印) 난에는 이를 작성한 조사자의 붉은색 서명이 날인되어 있다.

주례로서 이 자료에 수록된 9건의 기사들 가운데 대부분인 7건은 향음주례와 관련한 것이다. 향음주례는 향촌의 선비와 유생들이 향교나 서원 등에 모여 예(禮)로써 주연을 함께 즐기는 향촌의례로서, 고을의 수령이 주인이 되어 향중의 덕 있는 자를 주빈으로 맞고 유생과 선비들을 손님으로 맞이함으로써 이루어졌다. 이는 단지 음주를 즐기는 것이 아니라 주례를 통한 예법의 훈련으로 간주되었고, 향촌 교화를 위하여 수령이 효(孝)·제(悌)·충(忠)·신(信)·예(禮)에 뛰어난 자를 초청하여 주연을 베풀고 활쏘기행사를 거행하던 향사례(鄉射禮)와 함께 언급되고 하였다.

향음주례와 향사례는 고려말에 이미 관련 지식이 알려진 듯하며, 『세종실록』 중 「오례의(五禮儀)」에 규정되었다. 그러나 실제의 시행은 성종대에 이르러 지방 사림들이 본격적으로 중앙관직에 진출하면서부터였다. 성종 초년에 중앙에 진출한 김종직(1431~1492)과 그의 문인들은 향촌 질서의 확립을 위한 방안으로 향사례와 향음주례의 시행과 보급을 적극적으로 추진해 나갔다. 그리고 이는 중종대에 보다 확장되어 향약의 보급과 궤를 함께하여 진행되어 갔다.

이 자료에 실린 기사들 가운데 성종과 중종 대의 6건의 기사가 바로 이 시기 향음주례와 향사례의 시행 및 보급과 관련한 기사들이다. 향음주례와 관련한 나머지 1건의 기사는 정조연간의 기사로, 향음주례를 강습시킬 내용에 대한 것이다. 나머지 2건의 기사는 중앙의 주례에 대한 것으로, 명종 즉위년에 2품 이상 및 양사와 홍문관 등의 관원에게 잔치를 베푼 내용과 성종 32년에 상중인 이승훈에게 주례를 행할 수 있는지에 대한 논의 기사이다.

[가치정보]

이 자료는 조선조의 주례에 대하여 성종 등 5대의 왕조실록에서 관련 기사를 발췌하여 수록한 것이다. 성리학이 지배한 조선은 주연에 있어서도 예를 통하여 효(孝)·제(悌)·목(睦)·인(隣)과 같은 유교 덕목을 보급, 훈련시켜 나갔다. 그 대표적인 것이 국가의 오례(五禮) 가운데 가례(嘉禮)의 항목으로도 포함된 향음주례였다. 이 자료는 이와 같은 조선의 주례 문화를 파악하기 위한 문헌조사 보고서이다.

III-3-7-42. 차, 여, 선에 관한 사항

관리기호	기록번호		자료명
中C11A 1	369		車, 輿, 船ニ關スル事項
작성자	생산기관		생산 연도
吳在豐	조선총독부 중추원		-
지역	언어	분량	소장기관
-	국한문	33면	국사편찬위원회
키워드			차, 여, 연, 교, 선

[기본정보]

이 자료는 조선총독부 중추원에서 조선의 차(車), 여(輿), 선(船) 등 탈것에 대하여 조사하여 정리한 조사보고서이다. 문헌 및 실지 조사 보고서를 바탕으로 정리하여 기술한 보고서로, 작성자는 오재풍(吳在豐)이며 11줄의 조선총독부 중추원 용지에 작성되었다.

[내용정보]

조선총독부 중추원에서 조선의 탈것인 차(車), 여(輿), 선(船)에 대하여 조사, 정리하여 기술한 이 자료는 국한문으로 기록되었고, 한글 조사 옆에 붉은색으로 일본어 현토를 부기하였다. 본문의 첫면 하단에는 "오재풍(吳在豐)"이란 인명이 기록되었는데, 이 보고서를 작성한 인물로 보여진다. 오재풍은 1908년 비서관(祕書官)을 역임하였으며, 1910년 이후 1932년까지 조선총독부 중추원에서 부찬의(副贊議)와 참의(參議)로 근무한 인물이다. 1894년 내무아문주사(內務衙門主事)와 궁내부위원(宮內府委員) 등을 시작으로 1905년 관제(官制)개정시 내부참서관(內部參書官)을 역임하는 등 관제의 시행 및 관제의 내용과 밀접한 직책을 수행하였다(국사편찬위원회『직원록 자료』및『대한제국관원이력서』).

이 자료는 차, 여, 선을 각각의 독립된 절로 구성하여 서술하고 있다. 제1절의 차(車)에 대해서는 우차(牛車)와 초헌(軺軒)이 설명되고 있다. 우차는 1789년(정조 13) 화성성역(華城城役) 시에 만들어 사용한 것으로, 대차(大車)와 평차(平車) 및 발차(發車)의 3종이 존재한다. 대차는 원주(圓柱) 등 큰 석재와 큰 목재를 운반하며 소 40여 마리가 끈다. 평차는 강(杠)이

대차와 같고 바퀴가 작아 중석(中石)과 누주(樓柱) 등의 재(材)를 운반하며, 가우(駕牛)가 많으면 10여 마리고 적어도 4~5마리에 이른다. 발차는 이륜으로 나무로 제작하여 1마리의 가우가 끌며 작은 석재만 운반한다. 초헌은 조선초에 창시(創始)되었는데, 아래에 바퀴 하나를 매달고 인부(人夫)가 앞뒤에서 운행하는 것으로, 2품 경대부(卿大夫) 이상이 탔으나 1894년(고종 31)에 폐지하였다.

여(輿)를 다루고 있는 제2절은 연(輦)과 신여(神輿), 난여(鸞輿) 등 16종의 수례에 대하여 수록하고 있다. 연은 왕(王)이 출궁할 때 타는 상승(常乘)이며, 신여는 진전어진(眞殿御眞) 이봉(移奉) 시와 국휼(國恤) 시에 노부(鹵簿)에 공(供)하는 것, 난여는 군왕(君王) 승여(乘輿)의 별칭, 봉여(鳳輿)는 왕비 승여의 별칭 등 각각의 수례에 대하여 간단한 설명을 기술하였으며, 필요하다면 「오례의」 등의 문헌을 이용하기도 하였다.

마지막으로 제3절에서 선을 다루고 있다. 총 5종의 배에 대하여 언급하고 있는데, 진선(津船)과 장선(長船), 통구미, 선유선(船遊船), 그리고 구선(龜船)이다. 진선은 진두(津頭)에 비치하여 행객(行客)과 우마(牛馬) 및 물품을 운반하는 것으로 도선(渡船)이라고도 칭한다. 장선은 조운선(漕運船) 또는 상선(商船)으로, 혹칭 널배이다. 관선(官船)과 사선(私船)의 구별이 있어, 전자는 공용품을 장재(裝載)하고, 후자는 개인소유로 상업상 수운에 이용한다. 이에 대해서는 『대전회통(大典會通)』의 규정을 인용하여 제시하기도 하였다. 통구미는 거목(巨木)을 뚫어 통(桶)과 같이 만든 배로, 통배라 칭하기도 한다. 또한 그 모양이 외양간의 구양통과 같다하여 구융배라 칭하기도 한다. 얕은 물에서 사용하는 것으로 2~3인이 탈 수 있다. 선유선은 별도의 정해진 배는 아니며, 배를 연결하고 보판(步板)을 펼쳐서 평지와 같이 운용하는 배를 이른다. 마지막으로 구선에 대해서는 1592년(선조 25)에 이순신(李舜臣)이 전라좌도수사로 부임하여 제작하였다고 하면서, 『문헌비고(文獻備考)』에 기술된 제도를 제시하였다.

[가치정보]

본 자료는 차(車), 여(輿), 선(船) 등 조선의 탈것에 대하여 다루고 있다. 주로는 문헌 조사를 배경으로 활용하여 내용을 정리한 것으로 보여진다. 조선시대는 가마와 수레 등의 탈것에 대하여 용도 및 신분에 따라 차이가 존재했다. 이 자료는 이와 같은 조선시대의 탈것에 대한 이해에 있어 기초적인 자료가 될 수는 있으나, 상당히 소략한 내용으로 인해 한계를 지닌다.

III-3-7-43. 풍수설

관리기호	기록번호		자료명
中B18F 110	139		風水說
작성자	생산기관		생산 연도
조종완	조선총독부 중추원		-
지역	언어	분량	소장기관
-	한문	84면	국사편찬위원회
키워드	풍수, 융릉, 수릉, 인릉, 천장		

[기본정보]

이 자료는 조선총독부 중추원에서 조선의 풍수설에 관하여 조사한 것이다. 정조와 헌종 및 철종 연간의『일성록』에서 융릉(隆陵)의 조성 등 왕릉의 조성 및 천장과 관련한 15건의 기사를 발췌하여 수록하였다. 조선총독부 중추원 조사용지에 기록된 것과 백지에 기록된 것이 혼재되어 있다.

[내용정보]

조선의 풍수설에 관한 조사보고서인 이 자료는『일성록』에서 왕릉의 조성 및 천장과 관련한 기사를 발췌하여 수록한 문헌조사 보고서이다. 전체 15건의 기사를 수록하고 있는데, 1789년(정조 13)의 융릉(隆陵) 조성 관련 기사가 1건, 1846년(헌종 12)의 수릉(綏陵) 천장 관련 기사가 4건이고, 1855년(철종 6)의 수릉 천장 관련 기사가 9건, 1856년(철종 7)의 인릉(仁陵) 천장 기사가 1건이다.

정조연간의 기사와 관련한 융릉은 정조의 아버지인 장헌세자(1735~1762)와 어머니인 혜경궁 홍씨(1735~1815)의 묘소이다. 이 기사는 백지에 작성되었는데, 융릉의 조성시 묘자리의 풍수에 대한 대신과의 논의로, 영의정 김익(金熤, 1723~1790) 등이 수원의 치표(置標)한 곳을 살펴 보고한 내용이다.

헌종연간의 기사로 수릉의 천장과 관련한 4건의 기사는 1846년 2~3월에 집중되어 있고, 조선총독부 중추원 조사용지에 기록되었다. 수릉은 순조의 세자이자 헌종의 아버지로, 후에 문조(文祖)로 추존된 효명세자(1809~1830)의 능이며, 1890년(고종 27) 비 신정왕후 조씨(1808~1890)가 사망한 후 합장되었다. 이 4건의 기사들은 수릉의 풍수의 관점에서 능의 위치를 논하고, 천장을 결정하는 과정에 관한 기사들이다.

수릉은 철종연간에 다시 천장을 하게 되는데, 이와 관련한 9건의 기사는 1855년 2~8월에 집중되어 있으며, 백지에 기록되었다. 이때의 천장은 양주 용마봉에 있던 수릉을 양주 건원릉(健元陵) 좌강(左岡)으로 옮기는 것으로, 이 과정에서의 논의 내용들을 수록하였다. 이 가운데 '을묘 3월 17일 기묘'조의 기사의 첫 줄 아래쪽에 정리자로 보이는 조종완(趙鍾琬)이라는 이름이 기록되어 있다.

그 이듬해인 1856년(철종 7)에는 인릉의 천장과 관련한 논의가 있었고, 이와 관련한 1건의 기사를 백지에 기록하였다. 인릉은 조선의 제23대 임금인 순조와 왕비 순원왕후 김씨(1789~1857)의 능이다. 1834년 순조가 죽자 파주 교하의 장릉(長陵) 국내(局內)에 초장(初葬)했으나, 풍수상 불길하다는 이유로 1856년에 현재의 자리인 헌릉(獻陵) 오른쪽으로 이장하게 된다. 여기에 수록된 기사가 바로 이 이장에 관한 논의이다.

[가치정보]

풍수설은 산세나 지세, 수세 등 지리적 상황을 판단하여 인간의 길흉화복에 연결시키는 설이다. 재화(災禍)를 물리치고 복을 가져오는 땅의 형세를 판단하려는 것으로, 수도와 사찰, 주거, 분묘 등을 축조하는 데 있어 보편적으로 고려되었다. 이 자료는 이 가운데 왕실의 분묘인 왕릉의 조성 및 천장에 있어 풍수설과 관련한 논의들을 『일성록』에서 발췌하여 수록한 것이다. 이는 일제의 조선 풍속에 대한 이해의 일환으로 진행된 것이다.

III-3-7-44. 민요

관리기호	기록번호	자료명		
中D6B 5	風俗 120~121	民謠(1,2 합철)		
작성자	생산기관	생산 연도		
金敦熙 등	조선총독부 중추원	-		
지역	언어	분량	소장기관	
-	국한문, 일본어	165면	국사편찬위원회	
키워드	민요, 타령, 동요, 시조, 가요			

[기본정보]

이 자료는 조선총독부 중추원에서 수행한 풍속조사의 일환으로, 조선의 민요에 관한 조사보고서이다. 12줄의 조선총독부 중추원 용지에 작성하였으며, 김돈희(金敦熙) 등이 촉탁으로 작성하였다. 실제 조선의 민요를 조사하여 수록한 '민요 1(民謠一)'과 '민요 1(民謠一)'의 초본, 그리고 관련 조사연구를 수록한 '민요 2(民謠二)'를 합책하였다.

[세부목차]

민요1(民謠一)

· 목차

· 제13 노인헌화가(老人獻花歌)

· 제14 안민가(安民歌)

· 제17 서동동요(薯童童謠)

· 제24 신충백수가(信忠栢樹歌)

· 거사연(居士戀)

· 사리화(沙里花)

· 이조(李朝)의 요(謠)

조선민요(朝鮮民謠) 초고(草稿)

민요2(民謠二)

- 발췌자료(拔萃資料)
- 조선민요(朝鮮民謠)의 유래와 이에 나타난 민족성의 일단(一端)
- 조선가요(朝鮮歌謠)의 사적고찰(史的考察)과 이에 나타난 시대색과 지방색

[내용정보]

이 자료집은 조선총독부 중추원에서 1921년부터 진행한 풍속조사의 일환으로 수행한 민요에 대한 조사보고서이다. 풍속조사는 이전까지 구관조사사업의 일환으로서 부분적으로 실시해 오던 것을 독립시킨 것이다. 그 목적은 조선에서 풍속의 연혁과 변천을 구명하기 위한 것으로, 복장, 음식, 주거, 차(車)·여(輿)·선(船), 출생, 관혼상제 등 조선의 풍속 일반을 조사 대상으로 삼았다.

민요에 관한 이 조사보고서는 실제 조선의 여러 민요들을 조사하여 수록한 1책과 1책의 초고, 그리고 관련 연구를 수록한 2책으로 구성되어 있다. 자료집의 표지에는 '제46 미신(第四十六 迷信)'이라 기록되어 있으며, 표제는 '민요 1 기술합책(民謠一 記述合冊)'이다. 좌상쪽에 장원형 안에 '풍속(風俗)'이라 붉은색 도장이 찍혀 있고, 그 옆으로 장방현의 난에 120번이란 일련번호가 기록되어 있다. 1책의 내용이 끝나고 2책이 시작하는 지점에 2책에 대한 표지가 마찬가지 형식으로 존재하는데, 장방형의 난에는 121번이라 기록되어 있으며, 표제는 '민요 2 제서발췌자료(民謠二 諸書拔萃資料)'로 표기되어 있다.

1책에는 민요에 대한 개설을 일본어로 기술한 후, 조선의 민요를 '가사(歌辭)-의역(意譯)-주해(註解)'의 구성으로 기술하였다. 가사는 국한문으로 기록하였고, 나머지 의역과 주해는 일본어로 기록하였다. 별도의 항목으로 기술한 민요는 연대가 올라가는 것으로써 신라대까지의 향가인 노인헌화가(老人獻花歌)와 안민가(安民歌), 서동동요(薯童童謠), 신충백수가(信忠栢樹歌), 고려가요인 거사연(居士戀)과 사리화(沙里花)이다. 이어서 조선시대의 노래에 대해서는 다시 그 개설을 정리한 후, 다양한 노래들을 수록하였다.

조선시대의 노래로 이 자료집에 수록된 노래들로는 맹꽁이타령과 바위타령, 곰보타령, 육자배기, 수심가, 배다라기, 자진배다라기 등의 민요를 우선 확인할 수 있다. 이어서 경기와 충청도, 평안남도 지역의 농요들을 수록하였고, 그밖에 '새야 새야 파랑새야'나 '달아 달아 밝은 달아'와 같은 동요들도 수록하고 있다.

1책의 내용이 마무리된 후에는 1책의 초고를 이어서 묶어 놓았다. 1책의 초고로서 이 자료는 최초 보고서의 작성형태와 수정내용 등을 참고할 수 있는 자료이다.

2책은 '제서발췌자료(諸書拔萃資料)'라 표지에 기술되어 있으나, 실제로는 1928~30년

시기에 『조선급만주(朝鮮及滿洲)』에 실린 이원규(李源圭)의 「조선민요의 유래와 이에 나타나는 민족성의 일단(朝鮮民謠の由來と此に現はれたる民族性の一端)」(『조선급만주(朝鮮及滿洲)』 제248호)와 「조선가요의 사적고찰과 이에 나타나는 시대색과 지방색(朝鮮歌謠の史的考察と此に現れたる時代色と地方色)」(『조선급만주(朝鮮及滿洲)』 제253~254호)의 두 글을 전재한 것이다.

「조선민요의 유래와 이에 나타나는 민족성의 일단(朝鮮民謠の由來と此に現はれたる民族性の一端)」은 1928년 조선급만주사(朝鮮及滿洲社)에서 간행한 『조선급만주(朝鮮及滿洲)』 7월호에 게재된 글이다. 글은 '민요(民謠)와 조선(朝鮮)', '민요(民謠)의 유래(由來)', '민요(民謠)에 나타나는 조선민족성(朝鮮民族性)의 일단(一端)' 등으로 구성되어 있다. 또한 월명사(月明師)의 도솔가(兜率歌)와 융천사(融天師)의 혜성가(彗星歌), 노인헌화가(老人獻花歌), 충담사(忠談師)의 찬기파랑가(讚耆婆郞歌) 등의 향가와 옥산신사(玉山神社)의 예제축사(例祭祝詞)와 고려촌(高麗村) 용패(踊唄) 및 어신행축사(御神幸祝詞) 등의 가사와 일본어 번역문을 수록하였다.

'조선가요의 사적고찰과 이에 나타난 시대색과 지방색(朝鮮歌謠の史的考察と此に現れたる時代色と地方色)'은 『조선급만주(朝鮮及滿洲)』의 1929년 12월호와 1930년 12월호에 수록된 글이다. 이 글은 '조선가요의 발달과 환경', '조선가요의 종류', '시조의 기원', '시조의 시대전 변천', '가요에 보이는 시대상' 등으로 구성되었다. 이 가운데 조선가요의 종류를 분류한 내용을 살펴보면, 전체 7종으로 나누어 기술하였다. 첫 번째는 '고가(古歌)'로써 공후인(箜篌引), 황조가(黃鳥歌), 향가(鄕歌) 등을 사례로 기술하였고, 두 번째는 '시조(時調)', 세 번째는 '편(編)', 네 번째는 '가(歌)', 다섯 번째는 '단가(短歌)', 여섯 번째는 '잡가(雜歌)', 그리고 마지막 일곱 번째는 '동요(童謠)'이다.

[가치정보]

이 자료는 조선총독부 중추원에서 1921년 이후 본격적으로 수행한 풍속조사의 일환으로 생산된 것으로, 당대 일제의 조선에 대한 관습조사의 양상을 보여준다. 동시에 조선의 민요에 대한 일제의 접근과 이해를 보여주며, 다른 한편으로 당대에 수집된 우리 민요의 양상을 살펴보는 것에도 도움이 된다.

III-3-7-45. 악

관리기호	기록번호	자료명	
中C10 F 2	風俗 101	樂	
작성자	생산기관	생산 연도	
-	조선총독부 중추원	-	
지역	언어	분량	소장기관
-	일본어, 국한문	616면	국사편찬위원회
키워드	악, 율려, 악조, 아악, 향악, 속악		

[기본정보]

이 자료는 조선총독부 중추원에서 수행한 풍속조사의 일환으로, 조선의 궁중음악에 관한 조사보고서 가운데 하나이다. 12줄의 조선총독부 중추원 용지에 작성되었다. 이 자료는 궁중음악에 관한 보고서 가운데 제1책으로, 문헌조사 등의 내용을 토대로 작성한 보고서의 초고 원고 등 다양한 기술 원고들을 수록하였다.

[세부목차]

<37 악(樂)> 기술합책(記述合冊) 목차

199. 조선악가무(朝鮮樂歌舞) 1(기술)

199. 별책. 조선악가무(朝鮮樂歌舞) 1(기술)

200. 조선악가무(朝鮮樂歌舞) 1(초고)

211. 악(樂)의 종류(기술)

212. 악(樂)의 종류(초고)

209. 악가무나(樂歌舞儺)(기술)

214. 악가무(樂歌舞) 2편(기술)

201. 조선악가무(朝鮮樂歌舞) 2(기술)

202. 조선악가무(朝鮮樂歌舞) 2(초고)

※ "212. 악(樂)의 종류(초고)"이하의 내용은 본 자료에 수록되지 않았음.

조선총독부 중추원은 1921년 초, 이전까지 구관조사사업의 일환으로 부분적으로 실시해 오던 풍속조사를 독립시켜 조사하기 시작하였다. 풍속조사는 조선에서 풍속의 연혁과 변천을 구명하기 위한 것으로, 복장, 음식, 주거, 차(車)·여(輿)·선(船), 출생, 관혼상제 등 조선의 풍속 일반을 조사 대상으로 삼았다.

이 자료집은 이와 같은 풍속조사의 일환으로 궁중음악에 대한 항목을 조사한 것이다. 책등 및 내제를 보면 "제37 악(第卅七 樂)"이라 기록되어 있으며, 내표지의 장원형 안에 "풍속(風俗)"이라 붉은색 도장이 찍혀 있어, 풍속조사의 37번 항목인 음악에 대한 조사보고서임을 알 수 있게 해준다. 제목을 보면 "악 1 기술 합책 기1(樂 一 記述 合冊 其一)"로 나타나 있는데, 이는 이 자료가 음악에 관한 여러 책의 조사서 가운데 1책이고, 여러 기술 원고들을 합철하여 엮은 2책 이상의 자료 가운데 1책이기 때문이다. 그러나 국사편찬위원회에서 소장하고 있는 음악에 관한 조사보고서는 확인할 수 없으므로, 전체 구성이 어떻게 이루어졌는지를 알기는 어렵다.

본문의 맨 앞에는 '기술합책 목차(記述合冊 目次)'가 수록되어 있는데, 이 책뿐 아니라 기술합책 전체의 목차를 수록하였다. 전체 9장의 목차 가운데 앞의 4개 장은 이 자료집에 수록되었으며, 나머지 5개 장은 '기술 합책 기2(記述 合冊 其二)'에 수록되었을 것으로 추정할 수 있다.

내용에서 첫 번째로 등장하는 '199. 조선악가무(朝鮮樂歌舞) 1'은 2장으로 구성되었는데, 1장은 악률(樂律)과 악조(樂調)를, 2장은 악보와 악현(樂縣)을 각각 수록하였다. 악률과 악조에 대해서는 중국 3대의 황제헌원씨로부터의 율려(律呂)의 기원과 명칭, 5음의 성의(聲義), 율성(律聲)의 장단, 악률의 제도와 악조의 뜻 등을 다루고 있다. 그리고 정률자보(正律字譜)와 반률자보(半律字譜), 배율자보(倍律字譜) 등의 악보에 대한 내용과 악현법상(樂縣法象), 신법헌현(新法軒懸), 악제고증(樂制考證) 등의 악현에 관한 내용을 2장에 수록하였다.

두 번째 '199. 별책(別冊). 조선악가무(朝鮮樂歌舞) 1'은 앞선 '199. 조선악가무(朝鮮樂歌舞) 1'의 별책이다. 그러나 여기에 수록된 내용은 '199. 조선악가무(朝鮮樂歌舞) 1'의 제1장의 내용과 동일하다. 다만 목록상에는 내용엔 수록되어 있지 않은 '악기론(樂器論)'이나 '악기(樂器)의 도수(度數)'와 같은 제목을 확인할 수 있어 별책의 대체적인 내용을 가늠할 수는 있다.

세 번째로 묶여 있는 '200. 조선악가무(朝鮮樂歌舞) 1'은 '199. 조선악가무(朝鮮樂歌舞) 1'의 초고이다. 국한문으로 작성하였으며, 한글로 된 조사 옆에 가타카나(カタカナ)를 주묵으로

부기하였다. 수록된 내용은 목록을 통하여 확인할 수 있는 내용의 채 반이 되지 않는다. 목록을 통해 보면, 별책을 포함한 원고 대부분의 내용이 포함된 초고임을 확인할 수 있으나, 장절의 구성 등에서 다소 차이를 보이고 있다.

마지막으로 수록된 '211. 악(樂)의 종류(種類)'는 말 그대로 조선의 궁중음악을 종류에 따라 설명하고, 해당 노래 등을 수록하였다. 아악(雅樂)과 향악(鄕樂) 및 속악(俗樂)의 3개 항으로 구성하였다. 아악은 송나라에서 들어와 궁중음악으로 정착한 문묘제례악을 칭하고, 향악과 속악은 궁중음악 중 아악 등 외래음악의 대칭개념으로 한국전래음악을 지칭한다. 그러나 본 자료집에서 향악은 별도의 분류를 통하여 설명하고 있으나, 『악학궤범(樂學軌範)』의 시용향악정재도설조(時用鄕樂呈才圖說條)에 기록된 9조만을 간단히 언급하였고, 그 마저도 별도로 '무조(舞條)'에 싣는다고 하여 생략하고 있다.

반면 아악에 대해서는 악조와 율성, 율려, 주례악(周禮樂) 등에 대하여 설명하고 있고, 동지아악(冬至雅樂)과 정조아악(正朝雅樂), 구월양로연아악(九月養老宴雅樂) 등을 수록하는 등 매우 자세하게 설명하였다. 속악에 대해서는 속악의 종류와 신라와 고구려 및 고려, 조선의 왕조별 내용을 구분하여 설명하였다.

[가치정보]

이 자료는 조선총독부 중추원에서 1921년 이후 본격적으로 수행한 풍속조사의 일환으로 생산된 것으로, 당대 일제의 조선에 대한 관습조사의 양상을 보여준다. 동시에 조선의 궁중음악에 대한 일제의 접근과 이해를 보여주며, 다른 한편으로 아직 궁중음악이 어느 정도 현전하던 시대에 정리한 내용으로써 오늘날의 궁중음악 연구를 위한 보조자료로써의 가치를 지닌다고 할 수 있다.

관리기호	기록번호	자료명		
中C11B 4	-	煙草		
작성자	생산기관	생산 연도		
-	조선총독부 중추원	-		
지역	인어	분량	소장기관	
-	일본어	139면	국사편찬위원회	
키워드	연초, 남초, 연구, 연죽, 담배			

[기본정보]

이 자료집은 조선의 담배 및 담배 관련 물품에 대하여 조선총독부 중추원에서 조사하여 작성한 보고서의 초고이다. 조선총독부 중추원 용지에 작성되었으며, 풍속조사의 일환으로 수행된 것으로 보인다. 전반부에는 조선의 담배와 종류를 기술하였으며, 후반부에는 담배와 관련한 각종 도구를 조사하였다.

[내용정보]

이 자료집은 조선총독부 중추원에서 수행한 풍속조사의 일환으로 수행한 조선의 담배에 대한 조사보고서 초고로 추정된다. 조선총독부 중추원은 1921년 초, 이전까지 구관조사사업의 일환으로 부분적으로 실시해 오던 풍속조사를 독립시켜 조사하기 시작하였다. 풍속조사는 조선에서 풍속의 연혁과 변천을 구명하기 위한 것으로, 복장, 음식, 주거, 차(車)·여(輿)·선(船), 출생, 관혼상제 등 조선의 풍속 일반을 조사 대상으로 삼았다.

표제는 "연초(煙草)"로 나타나고 있으나 이는 후대에 개장된 표지의 기록이고, 실제는 담배뿐 아니라 관련한 물품도 포함한다. 실제 본문의 첫 면에는 "36절 연초급연구(卅六節 煙草及煙具)"로 나타나고 있으며, 전체 내용도 앞부분에는 담배, 뒷부분에는 담배 관련 물품에 대한 내용이 기술되고 있다.

담배에 대한 내용은 "제1관 연초(第一款 煙草)"에서 다루고 있는데, 이는 다시 총설과 여러 목(目)의 본문으로 구성되었다. 이와 같은 구성은 담배 관련 기구에 대하여 기술하고 있는 "제2관 연구(第二款 煙具)"에서도 동일하게 나타난다. 내용을 기술하고 있는 면모를 살펴보면, 다른 용지에 정리한 내용을 오려 붙이고, 연필과 만년필 등을 이용해서 정리 및 가필하고 있다. 이를 통해 볼 때 이 자료가 일차로 조사한 자료들을 토대로 제작한 담배에 관한 보고서의 초고임을 알 수 있다.

"제1관 연초(第一款 煙草)"의 총설은 일본어[히라가나(ひらかな)]로 작성되었는데, 조선의 담배에 대한 관습과 연혁 등 일반적인 내용을 정리하여 수록하였다. 본문은 총 25개의 목으로 구성되었으며, 담배의 종류별로 별도의 목에 기술하였다. 내용은 비교적 간단하여, 명칭과 이칭, 방언 등을 한자와 한글로 나타내었고, 간단한 설명과 관련 지역을 기술하였다. 이와 같은 내용은 비록 담배에 국한된 것이지만, 어휘의 측면에서 상당히 유용하다 할 수 있다.

이와 같은 기술은 제목이기도 한 "연초(煙草)"에 대한 총설에서도 나타나는 바, "담파고(淡婆古), 담파고(淡婆姑), 남초(南艸), 담빅, 연초(煙艸)"라는 담배와 관련한 표기 및 이칭들을 기술하고 있다. 본문의 첫 번째로 등장하는 "절초(切草)"에 대해서도 "지삼이, 기삼이, 쓴담빅, 지ᄉ미, 살담빅, 각연초(刻煙艸)"와 같이 여러 명칭들을 나열하고, '잘라낸 연초(煙草)로, 일명 "디사미"라 하며 4종의 등급이 있다'는 설명과 '경성에서 피운다'라고 하여 관련 지역을 설명하고 있다. 이와 같은 기술방식은 담배의 종류에 따라 생략되는 경우가 있으나 기본적으로는 동일하다. 여기에서 확인할 수 있는 담배의 종류는 이미 언급한 절초(切草)를 비롯하여, 지역성을 띠는 성천초(成川草)와 평양초(平壤草), 품질에 따른 명칭인 순쓰지와 막붉엉이, 입담배를 의미하는 엽권연(葉卷烟), 일본산 담배인 왜초(倭草), 여행에서 얻은 담배를 뜻하는 행초(行草) 등 25종이다.

"제2관 연구(第二款 煙具)"는 간단하게 정리한 총설과 각종의 담배 관련 물품을 기술하고 있는 28개의 목(目)으로 구성되어 있다. 정리하는 방식은 담배에 관한 부분과 동일하다. 여기에서 기술하고 있는 담배 관련 물품은 담뱃대와 담배쌈지, 담배합, 재떨이 등 28종이다. 담배와 마찬가지로, 해당 물품의 명칭과 이칭, 방언 등을 한자와 한글로 나타내었고, 간단한 설명 등을 기술하였다.

[가치정보]

이 자료는 조선총독부 중추원에서 1921년 이후 본격적으로 수행한 풍속조사의 일환으로 생산된 것으로, 당대 일제의 조선에 대한 관습조사의 양상을 보여준다. 당대의 담배문화를 살필 수 있는 기초자료로서의 성격과 더불어 우리말의 어휘자료로서의 가치를 지닌다고 할 수 있다.

III-3-7-47. 풍속조사서 정리보고서

관리기호	기록번호	자료명	
中B6B-289	-	風俗調査書 整理報告書	
작성자	생산기관	생산 연도	
正木薰	조선총독부 중추원	1934~1936	
지역	언어	분량	소장기관
-	한문, 일본어	190면	국사편찬위원회
키워드	구관, 풍속, 유교, 도교, 불교, 음식, 미신, 연중행사		

[기본정보]

이 자료는 1915년 5월 관제개정에 의해 구관(舊慣) 및 제도조사가 중추원에 이관된 이후 조사된 풍속관련 사항을 정리하고, 조사 기본방침을 수립하기 위해 작성한 것이다. 대상이 되는 자료는 서무계에서 인계된 책자(출장보고 서류, 법전조사국 조사 서류 제외)와 풍속계에 보관된 서류 등 총 1,076책이다. 작성자 마사키 가오루(正木薰)는 1934년 풍속조사 책자정리를 구두로 보고한 이후 1936년까지 정리한 내용을 중추원 서기관장 우시지마 슈조(牛島省三), 오다케 주로(大竹十郎) 등에게 보고하였다. '풍속조사 책자정리 구두보고 요지' 등 13개 항목으로 구성되어 있다. 이 자료는 모두 190면이다.

[내용정보]

이 자료는 조선총독부 중추원에서 기존에 조사한 사항을 재검토하여 조사자료의 보존상태와 작성된 내용을 비판하고 새로운 기준에 맞추어 분류 및 재정리한 것이다. 내용상 조선풍속조사 책자정리의 기준과 방침 및 항목별 조사서의 정리보고서로 분류할 수 있다. 주요내용은 풍속조사 책자정리에 대한 구두보고 요지, 1915년 이후 풍속조사 책자의 정리보고서, 풍속조사서 중 중복사항 정리안(整理案), 풍속조사자료 정리목록, 복장조사서 정리보고서, 음식조사서 정리보고서, 불교조사서 정리보고서, 유교조사서 정리보고서, 도교조사서 정리보고서, 종교조사서 정리보고서, 풍속분류, 미신조사서 정리보고서, 연중행사조사서 정리보고서 등 14개 항목으로 구성되어 있다.

조사 방침은 기술(記述)과 자료(資料)의 구별, 기술의 정도 파악, 인용 서적 및 삽입 그림, 기술한 사람 이름 및 연대 조사, 기술 항목에 따른 기술여부 조사, 자료의 정도 파악, 조사항목에서 누락된 사항 발견시 추기(追記)함, 중복된 기술 및 자료여부 조사 등으로 설정되었다. 조사 결과 표제의 부족으로 인한 기술과 자료의 구별 곤란, 소략한 서술과 출전의 불분명, 그림과 삽화의 부족 등 기술 내용의 부적절, 수집자료의 통일성 결여 및 중복 인용, 중요 자료의 누락 등 자료 수집의 불충분 등이 지적되었다.

정리 순서는 제1정리 서무계 보관책자 196책 조사, 제2정리 풍속계 보관책자 436책 정리, 제3정리 서무과 보관책자 중 자료 99책 합병, 제4정리 풍속계 보관 책자 345책 정리의 순으로 진행되었다. 그 결과 풍속조사서의 중복사항을 정리하여 풍속을 복장, 음식, 주거, 차(車), 여(輿) 등 총 56건으로 재분류하였다. 정리의 사례는 복장, 음식, 불교, 유교, 도교, 종교, 미신, 연중행사조사서 등이 수록되어 있으며, 방법은 ① 목차 조제(調製), ② 기술(記述)의 합병, ③ 자료의 합병, ④ 사진 수록 등이었다.

[가치정보]

이 자료는 1915년 업무 이관에 따라 중추원에서 조사, 정리한 풍속조사 자료가 1930년대 중반 어떠한 필요에 의하여 어떤 방식으로 재검토·재정리되었는지를 확인할 수 있는 자료이다.

III-3-7-48. 조선의 동

관리기호	기록번호	자료명	
-	-	朝鮮の冬	
작성자	생산기관	생산 연도	
後藤一郎	朝鮮總督府	刊行年不明	
지역	언어	분량	소장기관
京城	일본어	24면	국립중앙도서관
키워드	조선, 겨울, 삼한사온, 한위, 일교차		

[기본정보]

이 자료는 조선총독부가 기록한 자료로 자료명은 '조선의 동'으로 표기되어 있으며 작성자는 조선총독부의 관측소장인 고토 이치로(後藤一郎)이며 작성년도는 알 수 없다. 이 자료는 모두 24면이며 일본어로 기록되어 있다.

이 자료는 조선의 겨울에 관한 조사로 겨울의 시작과 끝, 기온, 기후 등을 조사하여 기록하였다. 조선과 일본, 중국이 나타나는 동북아시아 지도에 겨울의 시작과 끝 날짜를 기록하는 등의 삽화를 수록하였다. 이 자료는 인쇄자료(책자형) 총 1책(冊)으로 이루어졌으며 삽화(揷畫)가 포함되어 있으며 국립중앙도서관에 소장되어 있다.

[내용정보]

이 자료는 조선총독부의 관측소장인 고토 이치로(後藤一郎)가 조선의 겨울에 대한 전반을 조사하여 기록하였다. 겨울은 언제부터 언제까지이며 겨울이 빨리 시작되는 지역과 늦게 시작되는 지역, 그 지역들의 평균 기온과 일교차를 적고 있다. 제1도(第一圖)와 제2도(第二圖)에서는 지역별로 겨울의 시작과 끝 날짜를 기록하고 있다. 그리고 겨울의 기온, 1월의 평균기온을 적고 있으며 각 지역별 위도와 기온 또한 기록하고 있다. 조선의 겨울이 따뜻해지고 있는가라는 조사에서도 각 지역별 겨울 기온을 비교하여 겨울의 기온을 예상하고 있다. 그리고 조선의 한위(寒威)[추위의 위세]와 삼한사온(三寒四溫)에 대해서도 기록하고 있다. 조선에는 삼한사온이라는 특이한 현상이 있으며 이것을 조사해 보니 대략적으로 삼일이 춥고 그 후 사일이 따뜻한 것이 드러나나 기온에 있어서 완벽하게 들어맞는 것이라고 보지는 않았다.

[가치정보]

조선의 사계절 중 겨울을 한반도 전체에 대해 조사하였다. 겨울에 대한 조사의 의도와 의미를 파악할 필요가 있을 것이다. 오늘날에 당시의 날씨 특히 겨울에 대한 연구에 도움이 될 것이다.

7) 물권, 채권, 상사에 관한 자료

III-3-8-01. 조선향약에 관한 서

관리기호	기록번호	자료명	
-	-	朝鮮郷約ニ關スル書	
작성자	생산기관	생산 연도	
-	조선총독부 중추원	1920	
지역	언어	분량	소장기관
-	일본어	88면	국립중앙도서관
키워드	조선향약, 향약, 여씨향약, 서원향약		

[기본정보]

이 자료는 조선총독부 중추원이 발간한 자료로 자료명은 '조선 향약에 관한 서(朝鮮郷約 ニ關スル書)'로 표기되어 있으며 일본어로 기록되어 현재 국립중앙도서관에 소장되어 있 다. 향약(郷約)에 관한 전반적인 사항뿐만 아니라 남전여씨향약(藍田呂氏郷約), 주자증손여씨 향약(朱子增損呂氏郷約), 향약사목(郷約事目), 향회조규(郷會條規) 등에 대해 적고 있다.

중국 송대(宋代)에 만들어진 향약이 중국으로부터 들어왔지만 조선시대의 실정에 맞게 새롭게 발전하면서 조선시대 국민의 도덕생활을 지배해왔다고도 할 수 있다. 이에 관한 조사로써 조선인들의 일상생활을 조선총독부 중추원을 통하여 조사하였다.

[내용정보]

조선시대의 사상사가 주자사상의 실현을 위한 역사였다면, 향약은 바로 주자사상의 집약적 표현형태라고도 할 수 있다. 중국 송대로부터 들어온 주자학과 함께 조선의 일상

생활을 지배하였다고도 할 수 있다. 향약은 중국 북송말(北宋末) 협서성(陝西省) 남전현(藍田縣)의 도학자 여대균 4형제가 그들 일가친척을 비롯하여 향리(鄕里) 전체를 교화·지도할 목적으로 덕업상권(德業相勸), 과실상규(過失相規), 예속상교(禮俗相敎), 환난상휼(患難相恤)의 4강령(綱領)을 토대로 창안한 규약(規約)이다. 특히 조선에서는 남전여씨향약(藍田呂氏鄕約), 서원향약(西原鄕約) 등이 대표적이며 중추원에서는 이 향약들 외에도 해주향약(海州鄕約), 향입약조서(鄕立約條序), 향약서(鄕約序), 향약조목(鄕約條目), 별록유민인등(別錄諭民人等), 향약사목(鄕約事目), 향회조규(鄕會條規), 향약변무규정(鄕約辨務規程), 주대오가의 조합(周代五家ノ組合)에 대한 향약의 전반을 기록하여 정리하였다.

[가치정보]

이 자료는 조선총독부 중추원이 조사하여 기록한 자료로 조선시대의 향약 전반에 대한 내용을 담고 있다. 이 기록을 통하여 조선의 향약에 대한 전반, 특히 일본이 바라본 조선의 향약을 알 수 있을 것으로 보인다.

III-3-8-02. 평안남도(시장)

관리기호	기록번호	자료명		
中B16BBF 48	-	平安南道(市場)		
작성자	생산기관	생산 연도		
平壤府尹 등	조선총독부 중추원	1920		
지역	언어	분량	소장기관	
平安南道	일본어	237면	국사편찬위원회	
키워드	시장, 상인, 상품, 매매, 조합			

[기본정보]

이 자료는 조선총독부 중추원에서 평안남도 지역의 시장(市場)에 대하여 조사한 조사보고서이다. 평양(平壤)과 순천(順川) 등 평안남도의 12개 읍과 평안북도 영변(寧邊)의 시장에 관한 자료를 수록하였다. 이 자료는 1920년 중추원이 발송한 시장에 관한 조사 요청 공문에 대한 각 지역의 회신과 참고자료들을 엮은 것이다.

[내용정보]

이 자료는 조선의 시장에 관한 조사보고서로, 평안도의 13개 읍에서 조사한 내용을 엮은 것이다. 1920년 2월 26일, 조선총독부 중추원이 평안남도의 각 읍에 '조추(朝樞) 제41호'로 시장에 관한 조사를 의뢰하는 공문을 발송하였다. 이 자료는 이러한 중추원의 의뢰에 대한 회신으로 각 읍에서 발송한 공문과 참고자료들을 철하였다. 여기에 수록된 지역은 평양(平壤), 순천(順川), 맹산(孟山), 양덕(陽德), 강동(江東), 중화(中和), 용강(龍岡), 강서(江西), 평원(平原), 안주(安州), 개천(价川), 덕천(德川) 등 평안남도의 12개 읍과 평안북도 영변(寧邊)의 13개 읍이다.

각 읍별 자료는 '시장(市場)에 관한 건'이라는 각 읍에서 조선총독부 중추원에 발송한 공문을 두고, 이어서 '시장(市場)에 관한 관습(慣習)'이라는 조사사항을 첨부하였다. 공문의 상단에는 "조사과장(調査課長)"의 고무인과 도장이 날인되어 있으며, 구체적인 조사항목은 다음 표와 같다.

각 읍별 내용은 대체로 각 읍에 존재하는 시장들에 대하여 앞의 14개 항에 대하여 기술하고, 필요한 경우 참고자료를 첨부하고 있다. 평양의 경우를 살피면, 평양가축시장(平壤家畜市場)과 사창시장(司倉市場), 평양어시장(平壤魚市場), 평양과채시장(平壤果菜市場) 등 4개 시장을 정리하고 있다. 주요 상품은 사창시장의 경우 농산물과 직물 및 기타잡화이고, 평양가축시장은 소와 돼지, 평양과채시장은 과일과 채소 외에 수산물과 기타잡화를 취급하였으며, 평양어시장에서는 어류를 주로 취급하였다.

평양에 존재한 시장들의 물자의 공급수용 구역은 평양가축시장은 평안남북도와 황해도 및 남부지방에까지 미쳐 있었으며, 사창시장은 평양과 대동 및 중화 일대, 평앙어시장은 평양과 진남포, 원산, 부산, 군산, 밀양, 마산, 인천, 통영 등지에 걸쳐 있었으며, 평양과채시장은 평안남도와 황해도 및 내지에 미치고 있었다. 반면 시장에 출입하는 상인의 행상구역은 보다 좁았는데, 평양가축시장은 평안남북도 및 황해도, 사창시장은 평양과 대동 및 중화군 일대였으며, 평양어시장은 평양에만 국한되었고, 평양과채시장 역시 평양과 대동군에 국한되었다.

<表> 조사항목

시장(市場)에 관한 관습(慣習)
  1. 시장(市場)의 설치
    (1) 시장의 연혁(沿革) : 시장의 창설과 그 변천, 시장창설의 수속, 시장 부지의 소유권
    (2) 시장의 구역(區域)
    (3) 개시지명급개시일(開市地名及開市日)
    (4) 주요상품(主要商品)
  2. 물자(物資)의 공급수용(供給需用)의 구역
  3. 시장출입상인(市場出入商人)의 행상구역(行商區域)
  4. 시장에서 물자의 종류수량병가격표(種類數量並價格表)
  5. 매매방법(賣買方法)
  6. 시장에서 시장세(市場稅)와 그 징수기관 및 방법
  7. 시장에서 감독기관과 매매의 매개자
  8. 시장에서 매개자의 수수료
  9. 시장에서의 사용료
    (1) 시장부지의 사용료
    (2) 건물의 사용료
  10. 시장에서의 이식(利息)
  11. 시장에서 관습 중 광정(匡正)해야 할 것과 그 개요
  12. 시장에서 관습 중 특기(特記)할 것과 그 개요
  13. 시장에서 조합(組合)의 설치와 그 정설관(定設款)
  14. 기타 기재사항

　　평양 내 시장에서 판매되는 물자의 종류별 가격은 평양가축시장이 축류(畜類) 381,409엔(円) 규모였고, 사창시장은 농산물 20,780엔(円)을 비롯하여 전체 97,050엔(円)의 규모였으며, 평양어시장은 수산물만 208,121엔(円), 평양과채시장은 농산물 45,804엔(円)을 포함하여 71,099엔(円)의 규모였다. 시장의 관습으로 바로잡을 필요성이 있는 것으로는 가축시장에서의 수수료 징수의 폐해를 언급하였다.

　　여타의 지역에 있어서도 지역 내 시장에 대하여 이상의 14개 항목 순서에 따라 해당 내용을 정리하는 기본적인 방식은 유사하다. 다만 중화와 영변의 경우는 시장별로 구분하여 14개 항목을 정리하고 있다. 참고자료로는 순천의 경우 '1919년(대정 8)도분 관내 각시장화물취인고조사표(大正8年度分官內各市場貨物取引高調査表)'를 첨부하였으며, 맹산의 경우는 '시장(市場)에서 물자(物資)의 종류수량병가격표(種類數量並價格表)(1919년 1월분)'를, 양덕에서는 '양덕상업조합규약(陽德商業組合規約)'을 첨부하였다. 이 밖에도 용강이 '1919년(대정 8)중 각시장취인고표(大正8年中各市場取引高表)', 안주가 '1920년(대정 9) 1월분 관내 각시장화물취인고조사표(大正9年1月分管內各市場貨物取引高調査表)'를 첨부하고 있다.

[가치정보]

이 자료는 1920년 당대의 평안남도 지역에 존재한 시장들의 현황에 대한 조사보고서이다. 비록 전통시대의 관습에 대한 조사보고서는 아니지만, 평안도 지역 13개 읍에 존재한 시장들을 대상으로 동일한 항목에 대한 내용들을 일목요연하게 수록하고 있다는 점에서 당시 평안도 지역을 비롯한 조선의 시장을 알 수 있는 자료이다.

III-3-8-03. 양고승전발췌

관리기호	기록번호	자료명		
B-1-625	-	梁高僧傳拔萃		
작성자	생산기관	생산 연도		
-	조선총독부 중추원	1921		
지역	언어	분량	소장기관	
-	한문	5면	수원시박물관	
키워드	축도잠전(竺道潛傳), 배도전(杯度傳), 승려, 축찬, 고구려			

[기본정보]

이 자료는 『양고승전』 4권과 10권의 내용 중에서 「축도잠전(竺道潛傳)」, 「배도전(杯度傳)」을 발췌 정리한 것으로 총 5면으로 구성되어 있다.

[내용정보]

이 자료는 『양고승전』 4권과 10권 중에서 조선과 관련 있는 「축도잠전(竺道潛傳)」, 「배도전(杯度傳)」을 발췌 정리하였다. 「축도잠전」에서는 동진의 고승 도림이 고구려 승려에게 축찬을 소개하는 서신을 보냈다는 것, 「배도전」에서는 오군의 백성으로 주영기란 사람이 고려에 사신으로 갔다가 돌아오면서 일어났던 일 등을 정리하였다.

[가치정보]

이 자료는 『양고승전』 중에서 중국의 역대 고승과 조선과의 관계를 파악할 수 있는 것으로 조선총독부 중추원에서 정리한 자료이지만 조선 불교의 일면을 알 수 있다는 점에서 의미가 있다.

III-3-8-04. (조선민정자료) 계에 관한 조사

관리기호	기록번호	자료명	
-	0763	(朝鮮民政資料) 契に關する調査	
작성자	생산기관	생산 연도	
李覺	조선총독부	1923	
지역	언어	분량	소장기관
-	일본어	16면	국립중앙도서관
키워드	계, 계장, 계원, 동계, 유사		

[기본정보]

이 자료는 조선총독부 재판소에서 작성한 자료로 자료명은 '조선민정자료(朝鮮民政資料) 계에 관한 조사(契に關する調査)'로 표기되어 있으며, 조선총독부 촉탁 이각(李覺)이 작성하였고, 1923년에 생산되었다. 조선민정자료 중에 계(契)에 관한 것을 소개한 자료이다. 16면으로 구성되어 있으며, 일본어로 작성되었다.

[내용정보]

이 자료는 총설, 계(契)의 종류와 계의 기관(機關), 계의 재산(財産), 계의 해산(解散)으로 구성되어 있다. 계의 종류로는 공공사업을 목적으로 하는 것이 있는데 동계(洞契), 호포계(戶布契), 송계(松契), 거계(擧契) 등이 있다. 부조(扶助)를 목적으로 하는 것은 혼상계(婚喪契), 계원(契員)의 동거(同居)가족의 혼인 및 사망에 대해 금품을 보조해 주는 계가 있었다. 종계(宗系)는 동성(同姓) 친족의 결합으로 조선(祖先)의 숭배(崇拜) 및 동족상애의 정신을 고양시키고, 부조(扶助)를 하기도 한다. 또한 산업을 목적으로 하는 계(契)가 있는데 농계(農契), 우계(牛契)가 있으며 오락을 목적으로 하는 계와 금융(金融)에 목적을 둔 계로서 식리계(殖利契), 저축계(貯蓄契) 등이 있다. 계의 기관에는 계장(契長), 유사(有司), 서기(書記) 등이 있다. 계의 재산은 계원(契員)의 출자로 구성되는데, 이것을 보관하고 관리하는 것은 별도의 감독기관이 있으며, 계의 재산을 조성하기 위해서 차입금(借入金)을 받기도 한다. 계의 해산은 각각의 목적에 따라 존립연한(存立年限)이 다름을 간단히 소개하였다.

[가치정보]

이 자료는 계에 대해 조사 정리한 것으로 계의 종류, 기관, 재산, 해산 등에 대해 파악할 수 있다는 점에서 의미가 있다.

III-3-8-05. 조선의 시장

관리기호	기록번호	자료명	
朝33-58	-	朝鮮の市場	
작성자	생산기관	생산 연도	
善生永助	조선총독부 서무부 조사과	1924	
지역	언어	분량	소장기관
-	일본어	649면	국립중앙도서관
키워드	시장, 시장세, 시장취인고, 가축시장, 특수시장		

[기본정보]

이 자료는 조선총독부에서 1924년 촉탁 젠쇼 에이스케(善生永助)가 중심이 되어 조선의 시장에 대해 문헌조사와 실지조사 등을 포괄하여 정리한 것으로 총 649면으로 구성되어 있다.

[내용정보]

조선총독부가 시장에 관한 문헌조사와 실지조사 등을 포괄하여 작성한 종합보고서로서 최초로 간행한 것이 『조선의 시장(朝鮮の市場)』(1924)이다. 이 책의 서문에 따르면 조선의 상거래에 대한 조사를 책임지고 있던 곳은 조선총독부 서무부(庶務部) 조사과(調査課)였다. 이 당시 조사과 소속으로 1930년대 중반까지 조선총독부의 경제·사회관련 조사를 실질적으로 책임지고 있던 사람은 촉탁 젠쇼 에이스케(善生永助)였다. 그는 1923년 7월에 조선으로 와서 1936년 10월까지 머물렀으며, 조선총독부 직원록에 따르면 주로 총독관방 문서과의 촉탁으로 재임하면서 방대한 규모의 조사와 편찬에 주도적으로 참여했다. 그는 이 자료집 간행의 책임자로서, 특히 식산국(殖産局) 조사자료에 많이 의존하였으며 그 외에도 각 부면(府面) 및 경찰관서의 조사로부터 도움을 얻었다고 밝히고 있다. 그러나 이 책을 간행하면서 중추원의 도움을 얻었다는 언급은 어디에도 없었다.

이 책의 편찬 방침은 역사적 기술을 간략히 하고 오로지 현상을 소개하는 데 노력하였다. 조선총독부 조사자료 제8집으로서, 조선의 시장을 기술하고 있다. 이 책자는 모두 6개장으로 구성되어 있는데, 제1장에서는 시장의 연혁을 기술하였다. 신라의 시장, 고려의 시장, 조선의 시장, 대한제국의 시장, 식민지 초기의 시장 등 시장의 연혁을 기술하였다. 제2장에서는 시장의 상거래를 기술하였는데 주요 내용으로는 시장의 구관, 시장의 분포, 시장 취인고(取引高), 연도별 시장의 매매고, 1인당 시장취인고, 시장세 등을 기술하였다. 제3장에서는 한국의 주요 시장을 기술하였는데 대구시장, 평양시장, 강경시장 등 한국을 대표하는 주요 시장의 현황과 그 특징을 기술하고 있다. 제4장에서 가축시장을 기술하였는데 가축시장의 현상황, 가축거래 상황[소의 거래, 돼지의 거래, 닭 및 계란의 거래], 가축매매와 금융, 축산동업조합 등을 기술하였다. 제5장에서는 특수시장을 기술하였는데 어시장, 곡물시장, 주식시장을 중심으로 기술하였다. 제6장에서는 시장의 현상을 기술하였는데 전국의 8개도의 주요 시장 현황을 기술하였다.

[가치정보]

이 자료는 조선총독부에서 조사한 것이지만 1920년대까지 조선의 시장 관습을 파악할 수 있다는 점에서 의미가 있다.

III-3-8-06. 조선의 특수부락

관리기호	기록번호	자료명	
-	-	朝鮮の特殊部落	
작성자	생산기관	생산 연도	
李覺鍾	조선총독부	1924	
지역	언어	분량	소장기관
경성	일본어	15면	국립중앙도서관, 국회도서관
키워드	조선, 백정, 특수부락, 형평운동, 혜장		

[기본정보]

이 자료는 이각종(李覺鍾)이 기록한 자료로 자료명은 '조선의 특수부락(朝鮮の特殊部落)' 으로 표기되어 있으며 조선총독부에서 발간하였다. 작성년도는 1924년(대정 13)이다. 이 자료는 모두 15면이고 일본어로 기록되어 있으며, 국립중앙도서관과 국회도서관에 소장 되어 있다.

이 자료는 조선인 중 백정에 대한 짧은 보고서로 이각종(당시 내무부 사회과 촉탁)이 백정의 유래와 생활상태, 처우, 반인, 혜장 등과 관련하여 쓴 글이다. 이 글은 1924년 당시 『조선』 76호(1924년 1월)에도 한글로 번역되어 실려 있다.

[내용정보]

백정을 중심으로 비슷한 천민 부류로 성균관에 예속되었던 반인(泮人)과 혜장(鞋匠, 갓바치) 등의 역사적 유래와 생활상태, 처우, 그리고 1920년대의 백정 해방운동인 '형평운 동(衡平運動)'에 대해서 간략히 언급했다. 백정의 유래를 역사적 사료에서 찾고자 하였으며 이들의 처우는 백정의 유래와 관련하여 적고 있다. 그들은 호적에 편입되지 못하여 국민 으로 취급되지 않고 있다고 적고 있다. 백정들은 거주의 제한이 있었으며, 의식주 생활이 일반 백성과 다름을 지적하였다. 또한 관혼상제(冠婚喪祭)의 예법을 지킬 수도 없었으며 일반인과도 교제할 수 없음을 지적하였다. 기본적으로는 백정, 갓바치 등의 처지를 동정 하고 사회를 비판하면서도, 백정의 처우는 결코 형평운동 같은 사회운동이나 단체 결성을 통해 개선되지 않고, 사회 일반의 점진적 인식 변화가 있어야 가능하다고 주장했다.

[가치정보]

이 자료는 조선시대 백정에 관련한 글로, 특히 저자 이각종의 지위와 그의 생각을 함께 고려해야 할 것이다. 저자 이각종은 1888년 대구에서 태어나 관립 한성중학교와 보성전문학교 법률과를 졸업, 1909년 대한제국 학부에 들어간 이래 식민지시기 내내 내무국과 학무국 등에서 근무했다. 1937년에는 학무국 촉탁으로 있으면서『시국독본(時局讀本)』을 저술했고, '황국신민서사(皇國臣民誓詞)'의 문안도 작성한 것으로 추측된다. 김포군 수로 3·1운동을 겪었고, 이후로도 총독부 관료로 근무하면서 일제의 식민지 지배에 적극 협력했던 그의 삶과 인식을 살펴 백정을 바라보는 시선이 일본인 혹은 일본에 협력했던 일본관료의 시선임을 염두에 둘 필요가 있다.

III-3-8-07. 승니의 사제관계

관리기호	기록번호	자료명		
C4 17	370	僧尼ノ師弟關係		
작성자	생산기관	생산 연도		
渡邊業志	조선총독부 중추원	1930		
지역	언어	분량		소장기관
-	일본어	109면		국사편찬위원회
키워드	승니, 사제, 은사, 상좌, 승려			

[기본정보]

이 자료집은 조선의 승려와 여승의 사제관계에 대한 조사보고서이다. 특히 은사(恩師)와 상좌(上佐)와의 관계를 중점으로 작성하였다. 조선총독부 중추원 용지에 작성하였으며, 1930년에 중추원의 조사원 와타나베 교시(渡邊業志) 등이 실지 인터뷰를 통하여 수집한 내용을 정리한 것이다. 주로는 은사와 상좌가 될 수 있는 요건과 구체적 관계, 효력 등에 대하여 조사하였다.

[세부목차]

조사사항목록(調査事項目錄)

승니(僧尼)의 은사(恩師)와 상좌(上佐)와의 관계

　은사(恩師)와 상좌(上佐)와의 관계의 성질

　은사(恩師)와 상좌(上佐)와의 관계의 창설

　은사(恩師), 상좌(上佐)의 관계창설(關係創設)의 효과

　은사(恩師), 상좌(上佐)의 관계의 해소

　은사(恩師)의 유산(遺産)과 그의 상좌(上佐)의 상관관계(相續關係)

참고자료(參考資料)

[내용정보]

이 조사보고서는 승려와 여승의 사제관계에 대한 실지조사 내용을 수록하였다. 특히 은사(恩師)와 상좌(上佐)의 관계를 중심으로 다루고 있다. 불교에서 은사라 함은 자신을 출가시켜 길러준 스승으로, 일반적인 가르침을 내려주는 교사(教師)를 뜻하는 화상(和尚)과는 구별되며, 상좌 역시 사승(師僧)의 대를 이을 여러 제자 중 수제자를 뜻하는 것으로 일반적인 제자와는 다소 차이가 있다.

본문의 처음에는 조사사항의 목록을 수록하였으며, 바로 뒤이어 본 조사보고서의 조사일과 작성자 및 조사자를 수록하였다. 이에 따르면 조사일은 1930년 1월 20일이고, 조사원은 중추원 관리 와타나베 교시(渡邊業志)와 촉탁 김성목(金聖睦)이었다. 조사대상은 두 사람으로, 경성 수송동(壽松洞)의 중앙교무원(中央教務員)인 권상로(權相老)와 고양 숭인면 불교전문강원의 박한영(朴漢永)이었다.

인터뷰 내용은 주로 은사와 상좌와의 구체적 관계, 관계의 발생과 제한 및 해소, 효력 등에 대한 것으로, 특히 민법과의 관련성을 염두에 두고 진행되었다. 그것은 첫 번째 인터뷰에서부터 나타나는데, 이 경우 은사와 상좌와의 관계에 대하여 물으면서, 그것이 단지 종교상의 사제관계인지 아니면 사법(私法) 상의 양친자(養親子)와 같은 관계인지를 묻고 있다.

이어서는 관계의 창설, 효력, 해소의 순으로 조사를 수행하였다. 우선 은사와 상좌의 관계 창설에 관한 항목에 대해서는 당사자의 합의가 필요한지, 상좌의 부모 혹은 호주의

동의가 필요한지, 은사의 사승(師僧)이나 주지(住持)의 동의 등이 필요한지와 관의 허가를 득해야 하는지, 신분상의 제한은 없는지 등에 관한 내용을 조사하고 있다. 관계의 효력에 대해서는 당사자인 은사와 상좌에 대한 것뿐 아니라 각각의 법류(法類)와의 관계 및 혈족과의 관계에 대한 효력까지를 조사하였다. 관계의 해소에 대해서는 해소의 조건과 수속을 조사하고, 이어서 양육 및 기타비용에 대한 상환의 문제까지 다루고 있다. 그리고 마지막으로는 은사의 유산을 상속받을 수 있는 상좌의 조건에 대하여 수록하였다.

본 보고서에는 이상의 실지조사 내용뿐 아니라 여러 문헌의 관련내용들을 뒷부분에 참고자료로서 수록하고 있다. 1916년 11월 정부통감이 관통첩(官通牒) 제184호로 발한 「승려(僧侶)의 민적(民籍)에 관한 건」을 수록한 것을 시작으로, 1918년 이능화가 펴낸『조선불교통사』에서 '조선승려법류(朝鮮僧侶法類)의 범위(範圍)'와 본말사법(本末寺法) 중 승현분한조(僧現分限條)와 예계조(禮戒條)를 수록하였다. 또한『대전회통』과『신보수교집록』,『세종실록』등의 조선왕조실록,『조선금석총람』등의 문헌들에서 승려의 친족 및 상속에 관한 기록들을 발췌하였다. 그리고 마지막으로는 1925년 대구호적 등을 통하여 동화사(桐華寺)를 비롯한 여러 사찰의 승려 및 여승의 호적을 뽑아서 수록하였다.

[가치정보]

이 자료집은 승려와 여승의 사제관계로서 나타나는 은사와 상좌의 관계에 대하여 그것의 실체와 발생, 효력 및 해소 등을 조사하여 수록한 것으로, 일종의 특수관계의 수립에 대한 법적 지위의 검토라는 측면에서 가치를 지닌다.

III-3-8-08. 미권창고에 관한 조사서

관리기호	기록번호	자료명	
-	0587	米券倉庫ニ關スル調査書	
작성자	생산기관	생산 연도	
-	조선총독부	-	
지역	언어	분량	소장기관
-	일본어	42면	국립중앙도서관
키워드	미권창고(米券倉庫), 지방창고, 중앙창고, 연합조합, 소작미		

[기본정보]

이 자료는 조선총독부 재판소에서 작성한 자료로 자료명은 '미권창고에 관한 조사서(米券倉庫ニ關スル調査書)'로 표기되어 있으며, 작성자와 생산연도는 알 수 없다. 미권창고와 관련한 조사보고서이다. 42면으로 구성되어 있으며, 일본어로 작성되었다.

[내용정보]

이 자료는 미권창고의 연혁과 조직, 지방창고·중앙창고, 연합조합, 지방의 미권창고의 업무[보관기관 및 책임, 보관료, 화재보험, 사무원], 중앙창고의 업무[미권미의 이송, 공동판매, 위탁판매], 소작미 공동징수, 미곡검사, 미권창고의 성적, 미권창고의 이편에 관한 내용을 전반적으로 소개하고 설명한 것이다.

[가치정보]

이 자료는 미권창고의 연혁, 조직, 연합조합, 소작미 공동징수, 미곡검사 등의 관습에 대해 파악할 수 있다는 점에서 의미가 있다.

III-3-8-09. 의장에 관한 건

관리기호	기록번호	자료명	
B-13G80	395	義莊ニ關スル件	
작성자	생산기관	생산 연도	
-	조선총독부 중추원	-	
지역	언어	분량	소장기관
-	일본어	11면	국사편찬위원회
키워드	의장, 종중재산, 종계, 일족		

[기본정보]

조선총독부 중추원에서 의장(義莊)에 관하여 조사한 책으로 약 11면으로 구성되어 있다. 작성자와 생산연도는 표기되어 있지 않다. 수기로 작성한 자료이다.

[내용정보]

이 자료는 먼저 의장(義莊)의 성질과 연혁을 밝히고 있다.

'의장'은 종중재산의 일종으로 그 수입에 의해 일족 중 빈곤한 자가 있을 때 구제를 하거나 일족의 번영을 목적으로 하는 것으로서, 종족 1인의 기부행위 또는 1족의 형편이 좋은 사람들이 출자하여 설립하는 일족의 공동재산이다.

의장의 연혁을 살펴보면 원래 중국 한대에 만들어져서 규범적 완성을 본 것은 송대이다. 북송대 범중엄이 일족을 위해 사재를 내어 소주지역에 전답을 구입한 것이 의장의 규범으로 내려오게 되었다. 의장의 재산은 일족 중 한 사람이 관리하면서 그 수입으로 일족의 의식·혼례·상례 등에 사용하였다. 이후 범중엄의 아들이 아버지의 뜻을 이어받아 전답을 증여하면서 의장이 더욱 확장할 수 있었다. 조선은 유학을 신봉하는 나라이므로 각 문중이 이러한 예를 따라 의장을 설치하였다.

의장에 대한 설명을 마친 후에는 범중엄이 처음 의장을 설치하면서 전해오는 규범들을 정리하여 수록하였다. 이와 함께 종계라는 이름으로 의장의 형식이 유지되는 모습을 풍양조씨 문중에 전해지는 문건을 통해 보여주고 있다.

[가치정보]

이 자료는 의장의 연혁, 설치, 형식 등에 대해 조사 정리한 것으로 의장의 성질과 연혁을 알 수 있다는 점에서 의미가 있다.

III-3-8-10. 제사

관리기호	기록번호	자료명	
B-18B61	9	祭祀	
작성자	생산기관	생산 연도	
-	조선총독부 중추원	-	
지역	언어	분량	소장기관
-	일본어	14면	국사편찬위원회
키워드	제사, 왕실제사, 종묘천신, 왕, 비변사등록		

[기본정보]

조선총독부 중추원에서 제사와 관련하여 조사한 책으로 약 14면으로 구성되어 있다. 표지에 '비국등록(備局謄錄)'으로 표기되어 있는 것으로 보아 『비변사등록』에서 발췌하여 정리한 것으로 보인다.

[내용정보]

내용은 크게 왕실제사와 종묘천신으로 나누어진다. 총 8개의 기사를 수록하고 있으며 자료의 오른쪽 상단에 해당 왕명이 나와 있으며 날짜를 시작으로 내용을 기록하였다.

인조·효종·현종 대의 내용으로 인조대의 기사가 4개이며 그 외의 왕들은 각각 2개씩의 기사가 정리되어 있다. 종묘천신과 관련한 기사는 『비변사등록』 권25에서 발췌한 것으로 1665년(현종 6) 9월 6일 기사이다.

이 자료는 왕실제사와 종묘천신을 정리한 것으로 조선시대 왕실의 제사와 관련된 관습을 알 수 있다는 점에서 의미가 있다.

III-3-8-11. (금석문 명칭) 삼척 척주동해비등

관리기호	기록번호	자료명	
B-1-690	-	(金石文名稱) 三陟陟州東海碑等	
작성자	생산기관	생산 연도	
-	조선총독부 중추원	-	
지역	언어	분량	소장기관
삼척,고양	한문	179면	수원시박물관
키워드	금석문, 명릉비, 신도비, 탁본		

[기본정보]

이 자료는 강원도 삼척(三陟)에 소재한 「척주동해비(陟州東海碑)」를 비롯하여 전국에 설치되어 있는 1,624개의 비를 탁본하고 금석문명칭, 종류, 금석소재지 지명 등으로 구분하여 정리한 것으로 총 179면으로 구성되어 있다.

[내용정보]

강원도 삼척군 삼척면 하리(현 강원도 삼척시 정상동 82-1)에 설치된 「척주동해비(陟州東海碑)」에서 경기도 고양군 신도면 용두리(현 경기도 고양시 용두동 산30-1)에 설치된 「조선인원왕후명릉비(朝鮮仁元王后明陵碑)」에 이르기까지 전국에 설치된 1,624개의 금석을 탁본하고, 그 금석문의 명칭, 종류, 금석소재지 지명 등을 정리하였다.

[가치정보]

이 자료는 전국에 설치되어 있는 금석문에 대해 파악할 수 있다는 점에서 의미가 있다.

III-3-8-12. (명문) 건륭삼년오월초삼일 이서방댁노청복전명문등

관리기호	기록번호	자료명
B-1-626	-	(明文)乾隆三年五月初三日 李書房宅奴靑福前明文等
작성자	생산기관	생산 연도
-	조선총독부 중추원	-
지역	언어	분량	소장기관
-	한문	29면	수원시박물관
키워드	한성부, 명문, 토지, 입안, 노비		

[기본정보]

이 자료는 한성부에서 처분한 '1738년 5월 초 3일 이서방댁 노비청복전명문' 등 토지 관련 증명문서들을 모아 정리한 것으로 총 29면으로 구성되어 있다.

[내용정보]

'건륭(乾隆) 3년 5월 초3일(乾隆三年五月初三日) 이서방댁노청복전명문(李書房宅奴靑福前明文)', '건륭(乾隆) 5년 2월 일 한성부입안(漢城府立案)', '강희(康熙) 40년 신사(辛巳) 10월 24일 전성군일아지씨비례상전명문(全城君一阿只氏婢禮尙前明文)', '건륭(乾隆) 5년 경신(庚申) 2월 26일 양평군별실권씨비유화전명문(陽平君別室權氏婢有花前明文)', '건륭(乾隆) 5년 윤6월 11일 한성부입안(漢城府立案)', '옹정(雍正) 10년 임자(壬子) 12월 초7일 최차의전명문(崔次義前明文)', '강희(康熙) 39년 경진(庚辰) 6월 13일 부사과허시준전명문(副司果許時俊前明文)', '강희(康熙) 39년 8월 초5일 한성부입안(漢城府立案)', '순치(順治) 11년 갑오(甲午) 12월 23일 양녀안소사전명문(良女安召史前明文)', '순치(順治) 4년 정해(丁亥) 8월 초2일 전주부백충언전명문(前主簿白忠彦前明文)', '천계(天啓) 6년 병인(丙寅) 12월 11일 첩삼촌질이응용역중명문(妾三寸姪李應龍亦中明文)', '순치(順治) 6년 을축(乙丑) 5월 21일 최생원댁노인남전명문(崔生員宅奴仁男前明文)', '강희(康熙) 33년 갑술(甲戌) 3월 25일 정시한전명문(鄭時漢前明文)', '강희(康熙) 33년 2월 초8일 한성부입안(漢城府立案)', '가경(嘉慶) 16년 신미(辛未) 2월 일 김도욱전명문(金道郁前明文)' 등 토지관련 증명서를 수집하여 정리해 놓았다.

[가치정보]

이 자료는 조선후기 토지소유관계 및 매매 등 토지소유권에 대해 파악할 수 있는 자료로 조선후기 토지소유권의 일면을 알 수 있다는 점에서 의미가 있다.

III-3-8-13. 계에 관한 자료

관리기호	기록번호	자료명		
中B13G25	-	契二關スル資料		
작성자	생산기관	생산 연도		
-	조선총독부 중추원	-		
지역	언어	분량	소장기관	
-	일본어, 한문	229면	국사편찬위원회	
키워드	계, 불계, 동갑계, 포계, 동계, 족계, 송계, 향약			

[기본정보]

이 자료는 조선총독부 중추원에서 계(契)에 관하여 수행한 전적조사의 결과자료들을 엮은 책이다. 실록과 문집,『증보문헌비고』등 다양한 문헌에서 조선의 계와 관련한 기록들을 발췌하여 수록하였다.

[내용정보]

조선총독부 중추원 용지에 기술된 이 자료는 조선총독부 중추원에서 조선의 계(契)와 관련한 전적조사를 실시하면서 각 문헌에서 발췌한 기사들을 엮은 것이다. 동갑계(同甲契)와 문계(門契), 포계(布契), 동계(洞契), 생호계(省護契) 등 다양한 계와 계의 목적, 유래 등과 관련한 다양한 기사들을 수록하였다.

제일 처음에는『조선사찰사료(朝鮮寺刹史料)』에 수록된「불계비문(佛稧碑文)」을 수록하였고, 이어서 동갑계인「갑술계서(甲戌稧序)」를 소개하였는데 이는 경성대학(京城大學)에서 소장하고 있는『절목(節目)』에서 발췌한 것이다. 본 자료에서 소개하고 있는 기사들의 다수는 각종의 문집류에서 발췌한 계(契)의 서문(序文)이다.『학암선생문집(鶴岩先生文集)』에서 발췌한「명산수계서(鳴山修稧序)」를 비롯하여『겸재선생문집(謙齋先生文集)』의「고양박씨문계첩서(高陽朴氏門稧帖序)」,『유제선생집(游齊先生集)』의「사우계서(四友稧序)」,『유제선생집(游齊先生集)』의「종계서(宗稧序)」,『후천집(朽淺集)』의「금난계서(金蘭契序)」,『온유재집(溫裕齋集)』의「동문계서(同門契序)」 등을 발췌하였으며, 이 밖에『유제선생집』에서 발췌한「경서병자갑계첩후(敬書丙子甲稧帖後)」와『조선금석총람(朝鮮金石總覽)』에 수록된 금석문인「평양성루신건비(平養聖樓新建碑)」 등도 소개하였다.

소개된 계의 성격을 대략 살피면, 이미 언급한 불계(佛契)와 동갑계(同甲契)를 비롯하여 정약용의『여유당집(與猶堂集)』과『목민심서(牧民心書)』에서 발췌한 포계(布契)가 있고,『귀록집(歸鹿集)』의「중갑계서(重甲稧序)」와「물망계첩서(不忘稧帖序)」 등은 기념(記念)을 목적으로 하는 계(契)로 제시되었다. 그 밖에도 동계(洞契)로『번암집(樊巖集)』의「죽산남부동계헌좌목서(竹山南部洞稧憲座首座目序)」와『상암교(橡菴橋)』의「금계동계서(錦溪洞稧序)」를 발췌한 것과 더불어 봉선계(奉先契), 종계(宗契), 필계(筆契), 강학계(講學契), 송계(松契), 보민계(補民契) 등과 관련된 기록들을『서하집(西河集)』과『기원집(杞園集)』,『경재집(景齋集)』,『백사집(白沙集)』,『여헌집(旅軒集)』,『대동야승(大東野乘)』,『만희집(晩羲集)』 등의 자료에서 발췌하였다.

특정 계에 대한 직접적인 기술뿐 아니라 계의 성격 및 개관을 파악할 수 있는 기록들도 많은 자료에서 발췌하였다. 다루고 있는 자료들은『오주연문장전산고(五洲衍文長箋散稿)』의「향도변증설(香徒辨證說)」을 비롯하여『경제야언(經濟野諺)』,『성호사설(星湖僿說)』,『율곡전서(栗谷全書)』,『지봉유설(芝峯類說)』,『연려실기술(練藜室記述)』과 같은 개인 저술은 물론, 실록(實錄)과『고려사(高麗史)』,『승정원일기(承政院日記)』,『일성록(日省錄)』,『비국등록(備局謄錄)』,『대전회통(大典會通)』 등의 법전류,『동국통감(東國通鑑)』과『경조지(京兆誌)』,『용비어천가(龍飛御天歌)』,『증보문헌비고(增補文獻備考)』에 이르기까지 매우 다양하다.

이 자료에서 전거로 활용하고 있는 것은 과거의 문헌에만 국한되지 않는다. 이미 언급한『조선사찰사료(朝鮮寺刹史料)』와『조선금석총람(朝鮮金石總覽)』과 같이 옛 문헌을 수록한 자료집과『불교대자전(佛敎大字典)』과 같은 문헌들에서 관련 기사를 발췌해 내고 있다. 또한 1928년 이타니 젠이치(猪谷善一)가 저술한『조선경제사(朝鮮經濟史)』에 계(契)와 관련한 내용들이 정리되어 있는데, 이 가운데 「계개론(契槪論)」과 「계(契)의 역사(歷史)」의 부분을 발췌하였다. 심지어는 조선이 아닌 대만의 사례까지 기술하고 있는데, 1909년 임시대만구관조사회(臨時臺灣舊慣調査會)가 편찬한 『대만사법(臺灣司法)』 제1권(하)에 수록된 「부모회(父母會)」에 대한 발췌가 그것이다.

[가치정보]

일제는 조선의 구관조사(舊慣調査)에 있어 계(契)에 대한 관심은 개별 인간이 아닌 법인(法人)으로서의 권리주체적 성격 여부 등을 규명하기 위한 목적에서 지속적으로 이루어져 왔다. 방대한 문헌자료를 통하여 관련기사를 발췌하여 수록한 이 자료는 조선의 계(契)에 대한 일제의 관심과 구관조사의 실례를 잘 보여주는 자료로서 의미를 지닌다.

III-3-8-14. 보통인 분묘

관리기호	기록번호	자료명	
B16FB-38	-	普通人墳墓	
작성자	생산기관	생산 연도	
이능화	조선총독부 중추원	-	
지역	언어	분량	소장기관
-	한문	280면	수원시박물관
키워드	조선총독부 중추원, 문중, 종중, 가문, 족보, 문장		

[기본정보]

자료명은 '보통인 분묘'이다. 『조선왕조실록』에 기록된 내용을 기술해놓았다. 분량은 총 280면이다. 한문으로 기술되어 있다.

[내용정보]

보통인 이장법, 분묘의 종별, 보통인 및 사대부 분묘 등의 특징 및 방식에 대한 내용이다. 분묘를 정해진 지역에서는 경작이 금해지지만 장사를 지내기 전에 개간을 한 경우에는 금하지 못한다. 그리고 장사를 지낼 수 없는 지역, 투장(偸葬)의 금지, 사대부가 상천의 장처를 탈점한 경우의 처벌 등에 대해 다루고 있다. 또한 보통인이나 사대부는 지사를 불러 좋은 곳을 골라 장지를 쓰는데, 누대로 갈수록 묘지의 수가 늘어 좋은 장지가 줄어들기 때문에 입장(入葬)·범장(犯葬)이 늘어난다. 또한 분묘에 따라 주변 토지가 포함되는지 여부, 산림의 개간으로 소유권을 획득하는 방법 등 분묘에 대한 전반적인 내용을 다루고 있다.

[가치정보]

이 자료는 보통인의 분묘 관습에 대해 조사 정리한 것으로 보통인 이장법, 분묘의 종별, 보통인 및 사대부 분묘 등의 특징 및 방식에 대해 파악할 수 있다는 점에서 의미가 있다.

III-3-8-15. 조선사료

관리기호	기록번호	자료명	
B-1-623	-	朝鮮史料	
작성자	생산기관	생산 연도	
-	조선총독부 중추원	-	
지역	언어	분량	소장기관
-	한문	213면	수원시박물관
키워드	삼한, 기언집, 동국여지승람, 금마, 성호사설		

[기본정보]

이 자료는 삼한 이전부터 전개되었던 조선의 역사적 사실을 기록한 사료들을 수집하여 정리한 것으로 총 214면으로 구성되어 있다.

[내용정보]

조선에 대한 옛 사료를 수집하여 정리한 것이다. 삼한 이전의 역사에 대한 기록으로 『동국여지승람』, 『기언집(記言集)』, 『삼국사기』「최치원전(崔致遠傳)」으로 정리하였고, 삼한은 『동국사략』, 『삼국사절요외기(三國史節要外紀)』, 『대한강역고(大韓疆域考)』, 『증보문헌비고』 등을 통해 정리하였으며, 삼한 금마는 『성호사설』로 정리하였다.

[가치정보]

이 자료는 삼한 이후 조선의 역사를 알 수 있다는 점에서 의미가 있다.

III-3-8-16. 특수재산

관리기호	기록번호	자료명	
B13G 109	-	特殊財産	
작성자	생산기관	생산 연도	
-	조선총독부 중추원	-	
지역	언어	분량	소장기관
-	일본어	78면	국사편찬위원회
키워드	재산, 시장, 종중, 분묘, 위토, 능원		

[기본정보]

이 자료는 조선총독부 중추원에서 시장(市場)과 종중재산(宗中財産), 무후재산(無後財産), 향교재산(鄕校財産)과 서원전(書院田), 사당(祠堂)과 비각(碑閣), 분묘(墳墓)와 위토(位土) 등을 특수재산(特殊財産)이라 칭하여 정리한 조사보고서이다. 그 내용은 각 지역을 대상으로 상속에 대하여 조사한 실지조사서를 정리한 것이다. 10줄의 조선총독부 용지에 작성되었다.

[세부목차]

목차(目次)

- 특수재산(特殊財産)
  - 시장(市場)
  - 종중재산(宗中財産)
  - 무후재산(無後財産)
  - 향교재산(鄕校財産)
  - 서원전(書院田)
  - 사당(祠堂), 비각(碑閣), 사정(射亭)
  - 분묘급위토(墳墓及位土)
  - 분묘급위토(墳墓及位土)의 소유(所有), 관리(管理), 처분(處分)
  - 조선(祖先)의 묘위토급제위토(墓位土及祭位土)의 소유(所有), 관리(管理), 처분(處分)
  - 한광지(閒曠地)에 대한 사유(私有)의 분묘(墳墓)
  - 회답(回答)

[내용정보]

조선의 특수재산에 대한 이 자료는 시장과 종중재산, 무후재산, 향교재산과 서원전, 사당과 비각, 분묘와 위토 등에 대하여 정리한 조사보고서이다. 각 지역에서 상속에 대하여 조사한 실지조사서를 정리한 것으로, 각 주제의 끝에는 해당 실지조사서 번호와 해당 지역이 표기되어 있다. 이를 통해 살펴면, 시장은 양양(襄陽)과 간성(杆城) 및 통천(通川)지방에 대한 '신조(新調) 제130호' 조사보고서를 정리한 것이고, 종중재산은 무주 등지에 대한 '신조 제145-4호' 보고서, 무후재산은 '신조 제104호', 향교재산과 서원전은 '신조 제141호', 사당과 비각 및 사정(射亭)은 '신조 제100호', 분묘와 위토는 '신조 제154호'와 의주(義州)·정주(定州)·영변(寧邊)에 대한 '신조 제104호' 및 광주(廣州)·이천(利川)·여주(驪州)에 대한 '신조 제88호' 조사보고서를 각각 정리하여 수록하였다. 분묘에 대해서는 마지막 "회답(回答)"이라는 별도의 절을 통하여 해당 조사와 관련한 공문을 수록하였다.

시장에 대한 내용에는 시장의 위치 및 상인과 상점 및 상품 등 일반적인 내용과 함께 상인의 토지에 대한 권리와 상속에 대한 조사 내용도 정리하였다. 또한 거간(居間)의 존재와 역할, 그리고 그밖에 유사(有司)와 감고(監考), 접장(接長), 서기(書記), 본방(本房), 한산접장(閑散接長), 동몽대방(童蒙大房) 등 시장의 직원에 대해서도 정리하고 있다. 이와 관련하여 양양(襄陽), 포천(浦川) 등의 사례를 정리하였으며, 이식(利息)과 시변(市邊), 간변(間邊)과 같은 금전 차용에 대한 이자의 종류에 대하여도 기술하였다.

종중재산은 종재(宗財), 종산(宗山), 종토(宗土)[종전(宗田), 종답(宗畓)], 종계전답(宗契田畓), 문계전답(門契田畓)이라 칭하는 모든 종중의 재산에 대한 것이다. 여기에서는 이와 같은 종중재산 설치와 목적을 개괄하였고, 이어서 구체적인 재산의 소유와 관리에 대하여 설명하고 있다. 우선 공동 선조의 분묘 및 묘지의 소유와 처분을 정리하였고, 이어서 제위전답(祭位田畓)과 묘위전답(墓位田畓), 묘직전답(墓直田畓) 등의 소유관계 및 설정과 관리, 수익의 사용에 대하여 정리하였다.

무후재산에 대해서는 후손이 없는 자의 봉사(奉祀)와 관련한 재산을 의미한다. 이 경우 대체로 동리(洞里)소유로 귀속되며, 동리나 동(洞)·동계(里契) 또는 사원(寺院)에 기부하여 자기의 제사를 의뢰하는 경우를 언급하고 있다.

향교재산은 강계(江界)와 위원(渭原), 초산(楚山) 등을 사례로, 각 사례별 향교와 부속건물의 현황 및 용도를 설명하였다. 재산의 측면에서 건설에 있어서의 과정과 소용되는 재원과 부역의 출처, 이건과 수선 등의 재원에 대하여 우선적으로 정리하였다. 또한 제사와 교육 등 향교의 운영과 교장(校長), 도유사(都有司), 장의(掌議), 재임(齋任) 등 향교의 임원에 대해서도 기술하였다. 그리고 기타 재산의 유래와 소유명의, 관리와 운영 등에 대해서도 기록하였으며, 무주의 「향교재산명세서(鄕校財産明細書)」와 1916년 「무주군향교개산경비예산(茂朱郡鄕校改刪經費豫算)」을 사례로 첨부하였다.

서원전 역시 무주지역을 대상으로, 죽계사원(竹溪祠院)과 도산사원(道山祠院), 설천사원(雪川祠院) 등의 사례를 들어 정리하였다. 내용은 서원의 건설과 토지의 취득 등에 대한 것이고, 훼철 후 재산의 향방에 대해서도 기록하였다. 사당과 비각, 사정(射亭)에 대해서는 원주(原州)의 칠봉서원(七峰書院), 도천서원(陶川書院), 충렬사(忠烈祠) 등의 사례를 통하여 재산의 형성과 운영, 관리 등을 정리하였고, 그밖에 폐사(廢寺)와 기타 유지(遺址)에 존재하는 석비(石碑), 석탑(石塔), 불상(佛像) 등 유물에 대해서도 기록하였다.

분묘와 위토에 대해서는 풍수설에 의한 위치의 선정을 비롯하여 투장(偸葬)과 늑장(勒葬), 『대전회통』 등에 규정된 분묘의 한계, 부부합장(夫婦合葬), 분묘의 형상과 구조 등에 대하여 설명하고 있다. 또한 무주공산(無主空山)이나 부락소유 토지에 분묘를 설치하거나 무주지에 분묘를 설치한 경우 등의 소유와 관리 및 처분에 대해서도 기술하였다.

마지막으로는 "회답"이라 하여 1911년부터 1921년까지 취조국(取調局)과 참사관실(參事官室) 및 중추원에서 평양지방재판소(平壤地方裁判所) 등과 분묘와 관련하여 주고받은 13건의 공문을 등사해 놓았다. 이 가운데 앞의 11건은 일반 분묘와 관련된 사항이고, 마지막 2건은 능원(陵園)과 관련한 민유지(民有地)에 관한 건이다.

[가치정보]

이 자료에 실린 이른바 '특수재산'은 일반적인 민유(民有) 또는 국유(國有)나 공유(共有)의 경우로 간단하게 정리하기 어려운 둘 이상의 물권이 관련되고 있는 재산들이다. 조선에 있어 이와 같은 재산의 권리관계는 근대와 같이 명확하지 않은 부분들이 존재하였고, 많은 경우 관례와 전통에 따랐다. 그러나 일제는 조선의 토지 등 제반 재산에 대하여 근대적 물권의 기준에 따라 규정함으로써 조선에 대한 식민통치의 물적 토대를 구축하려 하였다. 이 보고서에서 다루고 있는 특수 사례에 대한 조사는 이와 같은 물권의 확립과 관련하여 이해할 수 있으며, 전통시대 조선의 물권에 대한 기초자료로서 가치를 지닌다.

III-3-8-17. 분묘의 종류와 그 경계

관리기호	기록번호	자료명		
中B16F 41	291	墳墓ノ種別及其界限		
작성자	생산기관	생산 연도		
-	조선총독부 중추원	-		
지역	언어	분량	소장기관	
-	한문, 일본어	85면	국사편찬위원회	
키워드	분묘, 능원, 능묘, 태실, 풍수설			

[기본정보]

이 자료는 조선총독부 중추원에서 수행한 풍속조사의 일환으로 만들어진 것으로, 조선의 분묘에 관한 조사보고서이다. 조선총독부 중추원 용지에 작성하였으며, 『삼국사기』와 『대전회통』 등의 문헌 내용을 바탕으로 분묘의 의의와 기원, 경계 등에 대하여 정리하였다.

[세부목차]

· 목차(目次)

- 참고서목록(參考書目錄)
- 분묘(墳墓)의 의의(意義)
- 분묘(墳墓)의 기원(起源)
- 계급(階級)에 따른 분묘(墳墓)의 종별(種別)
- 분묘(墳墓)의 계한(界限)
- 능원묘(陵園墓)의 계한 부(附) 태실(胎室)의 계한
- 분묘(墳墓)의 계한과 변천
- 분묘(墳墓)의 계한과 습관(習慣)
- 분묘(墳墓)의 계한과 영역(塋域)
- 계급에 따라 영역 내에 설치하는 의물(儀物)의 차이
- 분묘(墳墓)와 금령(禁令)
- 분묘외부(墳墓外部)의 구조

[내용정보]

조선의 분묘에 관한 이 조사보고서는 조선의 분묘에 대한 의의와 기원 등 개설과 더불어 종류와 경계 등을 기술하고 있다. 특히 많은 부분을 그 경계의 서술에 할양하고 있다. 실지 조사보고서는 아니며, 많은 문헌들에서 관련한 내용을 발췌하여 정리한 것이다.

대체적인 서술방식은 주제별 장절을 분류하고, 그 서두에 관련 내용을 정리하여 간략히 서술한 후, 이어서 각 문헌에 수록된 관련 기록들을 수록하는 방식이다. 예를 들어 '분묘의 의의'에 대해 기술하고 있는 부분을 보면, 우선 앞부분에는 '분묘는 일반적으로 산소, 묘소 혹은 무덤이라 칭하며, 사람의 유해를 매장하는 장소를 이른다. 묘 위에 흙을 덮어 소위 토만두형(土饅頭形)으로 만드는데, 봉분(封墳) 혹은 분(墳)이라 칭한다.'라고 그 개요를 간단히 정리하였다. 그리고 이어서 『주례(周禮)』와 『광아(廣雅)』, 『삼재도회(三才圖會)』 등에 나타나는 분묘의 정의와 관련한 기록들을 나열하였다.

이 자료에서 활용하고 있는 문헌들은 34개에 달한다. 『대전통편』과 『대명률』, 『형법대전』과 같은 법전류를 비롯하여, 『삼국사기』와 『고려사』 등의 사서, 『증보문헌비고』나 『임원경제지』와 같은 백과전서류, 『성호사설』과 『목민심서』 같은 저술들을 포함하고 있다. 이외에 『후한서』와 『당서』, 『사기』, 『맹자』 등의 중국측 문헌과 『강희자전』과 『옥편』 등도 참고하였다. 또한 『조선휘보(朝鮮彙報)』와 「분묘에 관한 자료(墳墓ニ關スル資

料)」 등과 같이 당대의 기록들도 함께 활용하고 있음을 확인할 수 있다.

본문의 많은 부분이 분묘의 경계를 설명하기 위하여 할양되었는데, 이는 조선의 분묘가 단지 매장지만으로 국한된 것이 아닌, 전체 산세를 염두에 둔 형국을 범위로 하는 이유에서 비롯한 것으로 판단된다. 마지막 부분에는 '분묘와 금령' 및 '분묘 외부의 구조'가 별도로 서술되고 있는데, 이 부분은 목차에는 누락된 부분이다. 이 중 '분묘와 금령'에 대해서는 『형법대전(刑法大全)』의 장매위범율조(葬埋違犯律條)와 『대명률(大明律)』의 예율(禮律)과 형률(刑律), 병률(兵律)의 관련 조항을 수록하고 있다.

[가치정보]

분묘는 대체로 그 예제와 묘제양식 등의 측면에서 관심의 대상이 되어왔다. 그러나 일제는 매우 이른 시기부터 조선의 분묘가 가지는 영역적 특성에 관심을 기울였다. 그리고 이를 신분, 종류, 시기별로 유형화하여 이해하고자 하였다. 이와 같은 일제의 관심은 그것을 토지소유권과 밀접히 관련하여 접근하였기 때문이라 믿어진다. 이 자료는 이와 같은 일제의 분묘에 대한 이해와 의도를 잘 보여주는 자료이다.

III-3-8-18. 관계전망

관리기호	기록번호	자료명		
B-1-756	-	館界展望		
작성자	생산기관	생산 연도		
-	조선총독부 중추원	1939, 1940		
지역	언어	분량	소장기관	
-	일본어	8면	수원시박물관	
키워드	국서관, 평양부립국서관, 전주부립국서관, 원산			

[기본정보]

이 자료는 국서관(國書館)의 계획을 정리한 것으로 총 8면으로 구성되어 있다.

[내용정보]

국서관의 1년 일정에 대해 정월부터 9월까지로 나눠 주요 일정을 정리하였다. 2월의 경우 전주부립국서관 개설, 원산의 국서관 신설 발표, 평양부립국서관 개설 등 지방의 국서관에 대해서도 정리하고 있으며, 9월의 경우에는 주요 일의 일정도 정리하고 있다. 또한 1940년도 예산표도 정리하고 있다.

[가치정보]

이 자료는 일제시기 국서관의 운영과 예산 등을 파악할 수 있다는 점에서 의미가 있다.

8) 왕실자료

III-3-9-01. 종묘연혁

관리기호	기록번호	자료명		
B-1-753	-	宗廟沿革		
작성자	생산기관	생산 연도		
-	이왕직	1938		
지역	언어	분량	소장기관	
-	일본어	7면	수원시박물관	
키워드	묘, 묘제, 왕신신앙, 단군기자, 종묘			

[기본정보]

이 자료는 종묘의 연혁에 대해 정리한 것으로 총 7면으로 구성되어 있다.

[내용정보]

묘(廟)의 기원은 왕신신앙(王神信仰)에서 시작되었으며, 조선에서 묘(廟)의 시초를 단군기자로 기술하고 있다. 또 동사(東史)에 전하는 역대 묘제(廟制)에서는 단군신화, 고구려, 백제, 가락(駕洛), 고려의 종묘에 대해 서술하고 있다.

[가치정보]

이 자료는 사당이 설치된 것과 조선 이전의 묘제에 대해 파악할 수 있다는 점에서 의미가 있다.

III-3-9-02. 종묘연혁(후속)

관리기호	기록번호	자료명	
B-1-753-1	-	宗廟沿革(後續)	
작성자	생산기관	생산 연도	
-	이왕직	-	
지역	언어	분량	소장기관
-	일본어	8면	수원시박물관
키워드	종묘, 영녕전, 희생, 묘, 왕실		

[기본정보]

이 자료는 조선시대 종묘에 대해 정리한 것으로 총 8면으로 구성되어 있다.

[내용정보]

이 자료는 조선시대 종묘의 연혁, 영녕전(永寧殿)의 설치, 종묘제사의 기원, 희생(犧牲)의 기원과 변천, 조선 왕실에서 희생의 용례(用例)와 대용례(代用例)에 대해 문헌비고를 참조하여 정리한 것이다.

[가치정보]

이 자료는 조선시대 종묘의 연혁 및 그 운용에 대해 파악할 수 있다는 점에서 의미가 있다.

III-3-9-03. 왕가혼례에 관한 건

관리기호	기록번호	자료명		
中B13FB-13	-	王家婚禮ニ關スル件		
작성자	생산기관	생산 연도		
-	조선총독부 중추원	-		
지역	언어	분량	소장기관	
-	국한문	126면	국사편찬위원회	
키워드	왕가 혼례, 혼인, 간택, 의혼, 납채, 납폐, 친영			

[기본정보]

이 자료는 조선총독부 중추원이 기록한 자료로 자료명은 '왕가혼례에 관한 건'으로 표기되어 있으며 작성자와 작성년도는 알 수 없다. 이 자료는 모두 126면이며 국한문혼용으로 기록되어 있다. 이 자료는 혼인, 특히 왕실의 혼인과 관련된 자료로서 왕실에서의 혼인 절차를 상세히 설명하고 있다. 1책(冊)으로 이루어졌으며 사본(寫本)이고 28×20㎝의 형태로 국사편찬위원회에 소장되어 있다.

[내용정보]

이 자료는 조선총독부 중추원이 조선왕실 혼례에 관한 것을 정리한 자료이다. 조선시대의 왕들의 혼인연령을 일일이 기술하고 또한 몇 세에 몇 명이 혼인하였는지까지 구체적으로 기술하고 있다. 혼인의 절차 또한 자세히 적고 있는데 간택, 의혼, 납채, 납폐, 친영의 단계를 설명하며 왕비가 되는 자의 신분과 각 절차의 의례를 적고 있다.

[가치정보]

이 자료는 조선 왕들의 혼인 연령, 혼인 절차, 왕비의 신분 등을 조사 정리한 것으로 조선왕실의 혼례에 대해 파악할 수 있다는 점에서 의미가 있다.

III-3-9-04. 왕공가상복규정

관리기호	기록번호	자료명	
B-1-679	-	王公家喪服規程	
작성자	생산기관	생산 연도	
-	조선총독부 중추원	-	
지역	언어	분량	소장기관
-	일본어	11면	수원시박물관
키워드	상복, 왕공족, 황실, 증보사례편람, 유물		

[기본정보]

이 자료는 왕공가 상복규정과 조선상복의 유서(由緖), 상복의 제식 등에 대해 정리한 것으로 총 11면으로 구성되어 있다.

[내용정보]

왕공족(王公族)의 상복은 황실의 상복규정에 준용하고, 조선의 상복은 조선에서 일반적으로 상례(常例)에 따른다는 규정이 있다. 참고자료로 조선상복의 유래에 대해 기술하고 있는데, 『증보사례편람(增補四禮便覽)』에 따르고 조선의 상복은 상고시대의 유물이라고 하였다. 또 조선상복제식에서 남자용, 여자용의 의상(衣裳), 관(冠), 수질(首絰), 요질(腰絰), 교대(絞帶) 등의 지질(地質), 제식(製式) 등에 대해 서술하였다.

[가치정보]

이 자료는 조선시대 왕실의 상복규정 등을 파악할 수 있다는 점에서 의미가 있다.

III-3-9-05. 황족의 소송에 관한 사항

관리기호	기록번호	자료명	
中B13IB-36	197	皇族ノ訴訟ニ關スル事項	
작성자	생산기관	생산 연도	
金榮漢	조선총독부 중추원	-	
지역	언어	분량	소장기관
-	국한문	49면	국사편찬위원회
키워드	황족, 소송, 인민, 대명률, 명례율, 팔의		

[기본정보]

이 자료는 조선총독부 재판소에서 작성한 자료로 자료명은 '황족의 소송에 관한 사항(皇族ノ訴訟ニ關スル事項)'으로 표기되어 있으며, 찬의(贊議) 김영한(金榮漢)이 작성하였고, 생산연도는 알 수 없다. 조선총독부 중추원이 조선의 황족소송과 관련된 건을 묶어 놓은 자료이다. 49면으로 구성되어 있으며, 국한문혼용으로 작성되었다.

[내용정보]

이것은 설명서(說明書)적인 특징을 가지며 황실상호의 민사소송, 황족 대 인민의 민사소송, 황족형사의 소송, 황족의 징계, 황족 치산(治産)의 금(禁), 『대명률』·『명례율』 팔의(八議)의 내용을 자세히 소개하였다.

[가치정보]

이 자료는 황족의 소송에 관한 사항을 정리한 것으로 황실 상황의 민·형사소송, 황족 대 인민의 민·형사소송 등에 대해 알 수 있다는 점에서 의미가 있다.

ㄱ

『결송유취(決訟類聚)』　157
『계서야담』　329
『계후등록(繼後謄錄)』　286
고토 이치로(後藤一郎)　364
곽한탁(郭漢倬)　301
관습이동표(慣習異同表)　20
구관주의(舊慣主義)　121
권상로(權相老)　376
김교헌(金教獻)　343
김돈희(金敦熙)　218, 354
김성목(金聖睦)　233, 376
김영한(金榮漢)　398
김완규(金完珪)　227
김한목(金漢睦)　108, 157

ㄷ

다카하시 기시치로(高橋喜七郎)　291
다카하시 도루(高橋亨)　309
『대전회통(大典會通)』　27, 65, 157,
　158

ㅁ

마사키 가오루(正木薰)　231, 314, 362
마쓰다 고우(松田甲)　110
무라야마 겐안(村山源俺)　42

무라야마 지준(村山智順)　303, 304,
　306, 308, 320, 322, 323, 331
미즈노 렌타로(水野鍊太郎)　135
『민사관습회답휘집(民事慣習回答彙
　集)』　132, 199, 200

ㅂ

박종렬(朴宗烈)　213
박한영(朴漢永)　376
『법외계후등록(法外繼後謄錄)』　50,
　53, 55, 68, 274, 285
『별계후등록(別繼後謄錄)』　62

ㅅ

『사법협회잡지(司法協會雜誌)』　91
소작관행조사서　149
쇼다 마사히로(勝田雅弘)　149
『수양시양등록(收養侍養謄錄)』　68
『신보수교집록(新補受教輯錄)』　128

ㅇ

아사미 린타로(淺見倫太郎)　282
아소 다케키(麻生武龜)　195, 275
아소 조쿠초(麻生屬調)　156
오규식(吳圭植)　257
오다케 주로(大竹十郎)　251, 312, 362

오재풍(吳在豐)　350
오태환(吳台煥)　222
와타나베 교시(渡邊業志)　375, 376
와타나베 도요히코(渡邊風子)　309
요시다 마사히로(吉田正弘)　149
우시지마 슈조(牛島省三)　200, 362
유맹(劉猛)　27, 34
이각(李覺)　371
이각종(李覺鍾)　374
이마니시 류(今西龍)　130
이마무라 도모(今村鞆)　317
이마이(今井三喜治)　213
『일성록(日省錄)』　164, 277

ㅈ

장행원(張行遠)　223, 227
전적조사(典籍調査)　20
『전택에 관한 자료(田宅에 關한
　資料)』　186
정범조(鄭範朝)　257
『제사상속에 관한 자료(祭祀相續에
　關한 資料)』　274
젠쇼 에이스케(善生永助)　142, 372
조범하(趙範夏)　230, 265
조병교(趙秉敎)　137
『조선(朝鮮)』　125
조선구관급제도조사사업개요
　254
『조선구관급제도조사연혁』　262
『조선구관제도조사사업개요(朝

鮮舊慣制度調査事業槪要)』 240, 245

『조선도서해제(朝鮮圖書解題)』 292

『조선동화집(朝鮮童話集)』 292

『조선리언집(朝鮮俚諺集)』 298

조선민정자료(朝鮮民政資料) 371

『조선법령집람(朝鮮法令輯覽)』 125

『조선사료집진(朝鮮史料集眞)』 280

『조선사찰사료(朝鮮寺刹史料)』 384

『조선어사전(朝鮮語辭典)』 292

『조선의 소작관행』(상·하) 149

조선의 유사종교(朝鮮の類似宗教)
　　307

『조선인명휘고』 234

『조선종교특집호(朝鮮宗教特輯號)』
　　309

『조선풍속자료집설』 317

『조선휘보(朝鮮彙報)』 198

조종완(趙鍾琓) 335, 353

조한극(趙漢克) 345

조한용(趙漢鏞) 339

종약소 31

『증보문헌비고(增補文獻備考)』 383

『증보사례편람(增補四禮便覽)』 397

＿ㅊ

척주동해비(陟州東海碑) 381

＿ㅎ

하나부사 요시모토(花房義質) 258

하야시 곤스케(林權助) 258

현준호(玄俊鎬) 264

형평운동(衡平運動) 374

근대 한국학 총서를 내면서

새 천년이 시작된 지도 벌써 몇 해가 지났다. 식민지와 분단국가로 지낸 20세기 한국 역사의 와중에서 근대 민족국가 수립과 민족문화 정립에 애써 온 우리 한국학계는 세계사 속의 근대 한국을 학술적으로 미처 정립하지 못한 채, 세계화와 지방화라는 또 다른 과제를 안게 되었다. 국가보다 개인, 지방, 동아시아가 새로운 한국학의 주요 연구대상이 된 작금의 현실에서 우리가 겪어온 근대성을 다시 한 번 정리하고 21세기에 맞는 새로운 모습으로 탈바꿈시키는 것은 어느 과제보다 앞서 우리 학계가 정리해야 할 숙제이다. 20세기 초 전근대 한국학을 재구성하지 못한 채 맞은 지난 세기 조선학·한국학이 겪은 어려움을 상기해 보면, 새로운 세기를 맞아 한국 역사의 근대성을 정리하는 일의 시급성은 아무리 강조해도 지나치지 않다.

우리 '근대한국학연구소'는 오랜 전통이 있는 연세대학교 조선학·한국학 연구 전통을 원주에서 창조적으로 계승하고자 하는 목표에서 설립되었다. 1928년 위당·동암·용재가 조선 유학과 마르크스주의, 그리고 서학이라는 상이한 학문적 기반에도 불구하고 조선학·한국학 정립을 목표로 힘을 합친 전통은 매우 중요한 경험이었다. 이에 외솔과 한결이 힘을 더함으로써 그 내포가 풍부해졌음은 두말할 나위가 없다. 연세대학교 원주캠퍼스에서 20년의 역사를 지닌 '매지학술연구소'를 모체로 삼아, 여러 학자들이 힘을 합쳐 근대한국학연구소를 탄생시킨 것은 이러한 선배학자들의 노력을 교훈으로 삼은 것이다.

이에 우리 연구소는 한국의 근대성을 밝히는 것을 주 과제로 삼고자 한다. 문학 부문에서는 개항을 전후로 한 근대 계몽기 문학의 특성을 밝히는 데 주력할 것이다. 역사부분에서는 새로운 사회경제사를 재확립하고 지역학 활성화를 위한 원주학 연구에 경진할 것이다. 철학 부문에서는 근대 학문의 체계화를 이끌고 사회과학 분야에서는 학제간 연구를 활성화시키며 근대성 연구에 역량을 축적해 온 국내외 학자들과 학술교류를 추진할 것이다. 이러한 연구들은 일방성보다는 상호 이해와 소통을 중시하는 통합적인 결과물의 산출로 이어질 것이다.

근대한국학총서는 이런 연구 결과물을 집약적으로 정리하기 위해 마련하였다. 여러 한국학 연구 분야 가운데 우리 연구소가 맡아야 할 특성화된 분야의 기초 자료를 수집|출판하고 연구 성과를 기획|발간할 수 있다면, 우리 시대 연구자들뿐만 아니라 학문 후속세대들에게도 편리함과 유용함을 줄 수 있을 것이다. 새롭게 시작한 근대 한국학 총서가 맡은 바 역할을 충분히 할 수 있도록 주변의 관심과 협조를 기대하는 바이다.

연세대학교 원주캠퍼스 근대한국학연구소

편자

최원규 | 연세대학교를 졸업하고 동 대학원에서 박사학위를 받았다. 현재 부산대학교 사학과 명예교수이다. 『대한제국의 토지조사사업』, 『일제하 만경강 유역의 사회사』, 『Landlords, Peasants & Intellectuals in Modern Korea (Number128 in the Cornell East Asia Series)』, 『대한제국의 토지제도와 근대』, 『일제의 창원군 토지조사와 장부』, 『일제의 창원군 토지조사사업』 등 공저가 있다. 『한국토지용어사전』 편찬에 참여하였다. 최근에는 한국 근대 토지제도사에 관한 글을 정리하여 출간 준비 중에 있다.

김경남 | 경북대학교 사학과 조교수로 재직 중이다. 경북대 사학과를 졸업하고 부산대 대학원에서 한국근대사를 전공하였으며, 일본 호세이대학에서 준교수를 역임하였다. 한국 식민도시 건설과 자본가에 대해 박사논문을 썼으며, 일제강점기 도시사와 한국의 기록관리제도사에 대하여 연구하고 있다. 주요 저서로는 『일제의 식민도시와 자본가』, 『조선총독의 편지』 등이 있다.

류지아 | 울산대학교 외래강사로 재직 중이다. 부산대학교 역사교육과를 졸업하고, 동 대학원 사학과에서 한국근대사를 전공하였다. 일제강점기 사상사 중 아나키즘에 대하여 연구하고 있다. 논문으로는 「신채호의 민중혁명론과 역사인식」이 있으며, 「디지털 부산문화역사대전」, 「합천군통합100년 역사이야기」, 「우리의 삶터 중구, 부산을 담다」 등을 공동집필하였다.

원재영 | 연세대학교 원주캠퍼스 사학과를 졸업했고, 같은 대학원에서 석사와 박사학위를 받았다. 조선후기 신분·사회제도에 대한 연구를 진행하고 있다. 주요저서와 논문으로는 『송와 이희의 생애와 사상』(공저), 「17~18세기 재해행정과 御史의 역할」(『한국문화』 75), 「18세기 지방행정과 수령의 역할」(『한국사연구』 182호) 등이 있다.

연세근대한국학총서 114 (H-027)
근대 한국 관습조사 자료집 5

일제의 조선관습조사 자료 해제Ⅲ
조선총독부 중추원 관련 자료

최원규/김경남/류지아/원재영 편

초판 1쇄 발행 2019년 7월 17일

펴낸이 오일주
펴낸곳 도서출판 혜안

등록번호 제22-471호
등록일자 1993년 7월 30일

주소 04052 서울시 마포구 와우산로 35길 3(서교동) 102호
전화 02-3141-3711~2 / **팩스** 02-3141-3710
이메일 hyeanpub@hanmail.net

ISBN 978-89-8494-584-5 93910

값 42,000 원